GEORG LOHMEIER

G'SCHICHTEN
AUS DER
GESCHICHTE

Georg Lohmeier

G'schichten aus der Geschichte

Bayern von der Steinzeit zu Stoiber

LANGEN MÜLLER

Bildnachweis
Süddeutscher Verlag, Bilderdienst: 1, 2, 3
Privatarchiv: 4

1. Auflage Januar 1997
2. Auflage Juni 1997

Neu durchgesehene und erweiterte Ausgabe des 1987 erstmals
erschienenen Titels »Auf den Spuren der Väter«

© 1997 by Langen Müller
in der F. A. Herbig Verlagsbuchhandlung GmbH, München
Alle Rechte vorbehalten
Schutzumschlag: Bernd und Christel Kaselow, München
Schutzumschlagmotiv: Süddeutscher Verlag Bilderdienst, München
Satz: Schaber Satz- und Datentechnik, Wels
Gesetzt aus der 10/12 Punkt Stempel Garamond in PostSkript
Druck und Bindung: Wiener Verlag, Himberg
Printed in Austria
ISBN 3-7844-2600-X

Inhalt

Vorwort	11
Das Neolithikum	15
Die Straubinger Kultur	16
Kelten 1	18
Kelten 2	20
Römer 1	21
Römer 2	23
Kontinuität	24
Wie die Bayern katholisch geworden sind	26
Teutelinde	28
Von der Souveränität der Agilolfinger	29
Die Agilolfinger, die Merowinger und die Franken	31
Die heiligen bayerischen Glaubensboten	32
Herzog Theodo und seine Söhne	33
Herzog Oatilo und die Beschimpfung der fränkischen Truppen am Lech	35
Tassilo dux fortis	36
Bayerns erster Schriftsteller, Bischof Arbeo von Freising	38
Die Lex Baiuvariorum, das erste bayerische Gesetzbuch	39
Der Prozeß Tassilos	41
Der heilige Gerold oder Karl in Bayern	43
Bayern unter den Karolingern	44
Die selige Irmingard vom Chiemsee	46
Ludwig das Kind	47
Arnulf der Böse	49
Unter sächsischer Herrschaft	51
St. Ulrich von Augsburg	52
Der heilige Wolfgang von Regensburg (972–994) und Pilgrim von Passau (971–991)	54
Heinrich und Kunigund (995–1017)	55
Die Salier in Bayern (1027–1070)	57
Bayern zwischen Kaiser und Papst	58
Die selige Edigna von Puch	60
Abt Wilhelm von Hirsau, ein Regensburger (1069–1091)	61
Bischof Altmann von Passau (1065–1091)	63

Der Sohn erhebt sich wider den Vater 65
Der Kreuzzügler Thiemo von Salzburg bleibt
bei den Sarazenen... 66
Heinrich der Stolze und die steinerne Brücke von Regensburg .. 68
Otto von Bamberg (*1062 †30. 6. 1139) –
das Wormser Konkordat 70
Der Reichstag zu Babing
oder Bayern seit über 800 Jahren ein geteiltes Land 72
Otto von Wittelsbach in der Veroneser Klause 73
Heinrich der Löwe, der Gründer Münchens 75
Otto I. von Wittelsbach wird Herzog in Bayern – anno 1180 ... 76
Von der Herkunft der Wittelsbacher 78
Die Grafen von Dießen und Andechs, Herzöge von Meranien .. 80
Vom geistig-geistlichen Leben im 12. Jahrhundert und
von den Quirinalien des Metellus von Tegernsee 81
Das Attentat von Kelheim anno 1231 83
Otto der Erlauchte, der geniale Erbe (1231–1253) 85
Albert von Böhaimb, Domdekan von Passau 86
Die erste Teilung Bayerns anno 1255 88
Verlorn ist das Slüzzelin! Oder von
bayerischen Minnesängern 89
Der Pfalzgraf, Herzog von Oberbayern 91
Ludwig der Strenge und Maria von Brabant (1253–1294) 92
Albertus Magnus, gebürtig aus Lauingen in Bayerisch Schwaben,
der größte Gelehrte seiner Zeit (1193–1280) 94
Konradin, der Sohn einer bayerischen Prinzessin (†1268) 96
Das staufische Erbe 97
Otto III. Herzog von Niederbayern und König von Ungarn
(1261–1312), regiert seit 1290 in Niederbayern
und 1306–1308 in Ungarn 99
Otto III. von Niederbayern, zugleich König von Ungarn,
und seine Ottonische Handfeste von 1311 101
Ludwig der Bayer und Friedrich der Schöne oder
Wie es zur Schlacht von Gammelsdorf kam 103
Kaiser Ludwig der Bayer und die Schlacht
von Gammelsdorf 1313 104
Ludwig der Bayer, König und römischer Kaiser (1314–1347) ... 106
Wie Preußen, von 1323–1373, bayerisch gewesen
oder Die Söhne Ludwigs des Bayern 108

Der Verlust Tirols und die Maultasch 110
Herzog Stephan mit der Hafte und
Albert von Straubing-Holland 111
Die bayerischen Reichsstädte 112
Stephan der Kneißl (1375–1413) 114
Königin Isabeau (1370–1435) 116
Ludwig im Bart von Bayern-Ingolstadt (1413–1447) 117
Albrecht und Agnes Bernauer (ertränkt 1435) 119
Die reichen Landshuter und die erste bayerische Universität ... 120
Die alten Rittersleut 122
Herzog Christoph der Starke 123
Die frankischen Reichsritter und Reichsgrafen 125
Der Böhm Hans, der Pfeifer von Niklashausen 127
Die Bauernkriege 128
Der Landshuter Erbfolgekrieg 129
Die Reformation in Bayern 131
Albrecht V. und die Bayern auf dem Konzil von Trient 132
Wilhelm der Fromme (1579–1598) 134
Maximilian I. (1597–1651) 135
Die Bayern im Dreißigjährigen Krieg (1618–1648) 137
Markgraf Albrecht Alcibiades von Kulmbach (1522–1557) –
Ein chaotischer »Kriegsheld« 138
Ein »Echter Ausgleich«. Julius Echter von Mespelbrunn
und seine Gegenreformation (1545–1617) 140
Georg Friedrich von Ansbach und Bayreuth, ein friedliebender
und erfolgreicher Diplomat (1539–1603) 142
Salzburg, eine Oase des Friedens 143
Patrona Bavariae 145
Ein bayerisches Jahrhundert 146
Ferdinand Maria (1651–1679) 148
Erlanger Geschichten um Markgraf Christian 149
Die Schönborn in Würzburg und Bamberg 151
Der Held der Nation, Maximilian II. Emanuel (1679–1729) 153
Der weiß-blaue Traum 154
Die Sendlinger Mordweihnacht (1705) 156
Max Emanuel wieder in München (1714) 157
Die Heiratslizenz 159
Unterm Krummstab 160
Bayerische Geistigkeit im 18. Jahrhundert 162

Kaiser Karl VII. (1726–1745) 164
Wilhelmine von Bayreuth 165
Friedrich von Seinsheim, Fürstbischof von
Würzburg und Bamberg 167
Josef Franz von Auersperg und
Franz Ludwig von Erthal (1730–1795) 169
Kurfürst Maximilian III. Joseph (1745–1777) 171
Das Sterben des Max III. Joseph 173
Bayern und Pfalz, Gott erhalt's! Karl Theodor 174
Maximilian IV. Joseph 176
Von der Säkularisation 178
Bayern wird Königreich 179
Napoleon in München 181
Max I. stirbt 182
Ludwig I. der Mäzen 184
Ludwig I., ein demokratischer Alleinherrscher 185
Ludwig I. und die Revolution, Hambach und Gaibach:
Siebenpfeifer und Michael Behr 187
Das Prinz-Carl-Palais oder Prinz Carl reitet gegen die
Barrikaden – Revolutionäres aus dem Jahre 1848 189
Lola Montez 191
Kronprinz Maximilian 192
Die soziale Frage unter König Maximilian II. (1848–1864) 194
Die Symposien 196
Der König stirbt (1864) 197
Ludwigs II. Thronbesteigung 199
Königlich-bayerischer Kriegsrat anno 1866 201
Der 66er Krieg 202
Die Folgen von anno 66
oder Die deutschnationale Agitation in Bayern 204
Ludwig II. der Mäzen 206
Völkerversöhnung und Unfallversicherung 208
Kulturkampf im Königreich Bayern 210
Die Taten des Königs 212
Des Märchenkönigs Hinrichtung wegen Hochverrats 213
Mißtrauen gegen Luitpold 215
Noch deutscher! 217
Königlich-bayerische Demokratie und die Branntweinsteuer ... 218
Prinz Luitpold und die Prinzregententorte 220

König Otto (1886–1916), der Patient von Fürstenried 221
»Der« Plazet 223
Die Swinemünder Depesche und der Rücktritt des
Ministerpräsidenten von Crailsheim 225
Königlich bayerische Diplomatie und das Kriegerdenkmal 226
Des Königreich Bayerns Parlament um 1905 228
Die Monumentalbaukommission 230
Lenin in München (1900–1902) 231
Bayern und Preußen 233
Bauernbündler 235
Das Bürgerliche Gesetzbuch 237
Die Steuerschraube 239
Die Kategorie 242
Das neue Ministerium 244
Der Prinzregent stirbt am 12. 12. 1912 247
Ludwig III. (1912/13–1918) 250
Die neue Zeit vor anno 1914 252
1914 254
Die sechste Armee 256
Verdun 259
Der Dotschenwinter (1916–1917) 264
Bayerische Kriegsziele 266
»Majestät, gehn S'heim!« 269
Das Ende der Hoflieferanten 276
Kurt Eisner 278
Eisners Ermordung 280
Die Auerochsen 283
Die Kontinuität des Freistaates 286
Im Schlafzimmer der Königin
oder Die erste Räterepublik in Bayern 288
Freiheit statt Ordnung 291
Der Held von Dachau 293
Schlachthofgeschichten
oder Die Befreiung München 295
Verlust des Reservatsrechts 298
Der letzte König stirbt 300
Die bayerische Politik und Adolf Hitler 303
Der deutsche Kampfbund 305
Der Prozeß 307

Die Ära Held 310
Der neue Ökonomierat 312
Der Wittelsbacher Ausgleichsfond 314
Der kleine Apparat 316
Hitler in Landsberg 319
Die Bayern haben nicht mehr viel zu reden 321
Der Reißverschluß 323
Die Legalität 325
Weltwirtschaftskrise in Bayern 327
Das Braune Haus 329
Die Dietramszeller Notverordnung 331
Wes Brot ich ess', des Lied ich sing'
oder Das Parteiabzeichen 333
Die Gleichschaltung 336
Die Hauptstadt der Bewegung 338
Nicht hinschaun! 341
»Der Röhm-Putsch« 344
Die Katastrophe 348
Nach 1945 wieder keine Monarchie 350
Seine Majestät der Herzog:
Herzog Albrecht von Bayern (1905–1996) 354
Es lebe Herzog Franz 357
Zum Tode Erhard Auers (am 20. März 1945) 358
Bayerns Ministerpräsidenten (und wichtige Parteiführer) seit 1945
Der Anfang: Fritz Schäffer und Wilhelm Hoegner 362
Hans Ehard 363
Viererkoalition unter Wilhelm Hoegner 365
Der Spielbankenprozeß 367
Hanns Seidel 368
Waldemar von Knoeringen (1906–1971) 370
Alois Hundhammer 373
Alfons Goppel 375
Franz Josef Strauß (1915–1988) 376
Max Streibl 383
Edmund Stoiber 386
Von einer schneller rechnenden Staatsverwaltung 390
Register 397

Vorwort

Die Funde an steinernen Werkzeugen, im Sammelbegriff früher »Schuhleistenkeile« genannt, an Steinbeilen, Hämmern, kleinen Pflugscharen, Feuersteinen und Feuersteinschabern, Steinmeißeln und vielen Scherben von allerlei Gefäßen, Schüsseln mit umlaufenden Kornstichmustern, polierten Gefäßen mit Fingerstichverzierungen der Glockenbecherzeit, der Schnurtöpfer-, bandkeramischen und der Straubinger Kultur sind in den fünfziger und sechziger Jahren immer zahlreicher geworden. An allen größeren Flußläufen vom Main bis zur Donau weisen sie eine fünftausendjährige Kultur nach, und immer wieder finden sie neue Steinwerkzeuge, neue keramische Topfformen, Schüsseln und Kessel. Die Leut hatten damals bereits Ideen und »Innovationen«, was auch heut wieder gefragt ist.

Am interessantesten erscheint mir, daß wir schon frühe bayerische Spuren finden. Ich denke jetzt nicht an den Regensburger Nachttopf, der eine typisch bajuwarische Form haben soll. Schon eher an die älteren Trinkgefäße aus der Zeit der Straubinger Kultur, an schnurkeramische Verzierungen oder an bandkeramische, die schon eine bodenständige Freude am Schönen aufweisen. Auch fromm sind die Menschen schon gewesen in der jüngeren Steinzeit, wie das betende Männlein mit den ausgebreiteten Armen auf dem Landauer Tonkessel es beweist. Von diesem steinzeitlichen Beter bis zur CSU vergehen gute fünftausend Jahre. Nicht nur zweihundert Geschichten sind da passiert, die erzählenswert wären, sondern zweihunderttausend. Leider sind viele unserer gelehrten Universitätshistoriker noch zu sehr der Wissenschaftsgläubigkeit des 19. und 20. Jahrhunderts verpflichtet und schreiben keinen Satz hin, ohne ihn hundertfach zu belegen, um ihn mit dem allerkritischsten Vorbehalt schließlich rein abstrakt in hermeneutischen Fernen zu verlieren. Ich halte mich auch an die Tatsachen, veranschauliche sie halt mit ein bißchen Phantasie. Wie einfach sind die Arm- und Beinspiralen aus der Bronzezeit zu erklären: Die Straubinger hatten halt immer schon eine Freude am Geld. Manche bronzene Ringbarren konnten sie gar als Halsschmuck tragen.

Sie haben ihre Toten mit angezogenen Knien bestattet – in der bequemen Schlafstellung! Auch den Leichentrunk haben sie schon gekannt, denn in all den Hügelgräbern finden sich viele Trinkgefäße. Bei der Beerdigung tranken die Verwandten und Freunde aus diesen Krügen und Krüglein ihren Met oder ihr Emmerbier. Und dann, zum letzten Mal gefüllt, stellten sie die Krüge zum Toten, bevor sie das Grab mit Erde bedeckten.

Von den aufgefundenen Doppelgräbern von Mann und Frau getraut man sich im Zeitalter der Emanzipation kaum etwas sagen. Die Frauenschädel, die neben den Männerköpfen liegen, sind eingeschlagen. »Witwentötung« nennen diesen alten Brauch die Archäologen. Daraus folgere ich: Die erste Frauenrechtlerinnen-Demonstration stand unter dem Thema: »So weit geht die Liebe nicht!«

Ein entscheidender Wendepunkt in der Geschichte der Menschheit und gut verfolgbar in Bayern war die »Seßhaftmachung«. In weitläufigen Hecken pferchten sie das wilde Vieh zusammen. Um frisches Fleisch zu haben, brauchten sie nun nicht mehr auf die Jagd zu gehen. Ein Griff in den neolithischen Kühlschrank, in den Geißen-, Schaf- oder Schweinepferch genügte. Sie wurden Fleischfresser, und das hatte religiöse Folgen. Mit dem lieben Kälblein aufgewachsen, bekommt der Pferchhalter nun beim Töten ein schlechtes Gewissen: »Aber, liebes Kälblein, ich muß dich abstechen, Gott will es, du wirst ein Schlachtopfer!«

Die schöne Keltenzeit, in der ursprünglich die Bezahlung ein »Cumal« gewesen ist, ein gesundes, junges Mädchen, ehvor das goldene Regenbogenschüsselchen aufgekommen ist, kommt uns bereits verständlich vor. Die Händler bekamen für so ein keltisches Goldstück, für ein »Cumal«, denn das Goldstück behielt den Namen für Mädchen, drei Rinder oder sechs Kälber oder ein Fuder griechischen Wein.

In der Keltenzeit gab es auch schon Fürsten und Stadtrepubliken mit scharfen Druiden-Senatoren. Aus der frühen Bronzezeit hat Herr Oberlehrer Hans Dirscherl aus Garching an der Alz (Post Hopfen und Malz, schrieb er immer dazu) in Hart (bei Garching) ein stolzes Wagengrab entdeckt, ausgegraben und zusammengesetzt. Es ist heut ein Schaustück im Prähistorischen Museum zu München.

Dann kam die Römerzeit, fortschrittlich im Waffenhandwerk, in der Bürokratie und Hygiene. Es kamen die Agilolfinger und die Karolinger, die vielen Königs- und Kaisergeschlechter des Mittelalters, vor allem die Welfen, und dann endlich die Thronbesteigung des ersten Wittelsbachers. Fest katholisch sind sie geblieben und kunstsinnig. Nach dem Tod Ludwigs II. beherrschen uns die Preußen, es kommt der Weltkrieg und 1918 die Revolution. Von der braunen Schreckenszeit wird selbstverständlich auch ausführlich berichtet. Sie war grausam und nirgendwo gemütlich. Besonders nicht in der »Hauptstadt der Bewegung«. Auch die Münchner Polizei hat mit dem Wittelsbacher Palais der Gestapo zusammengearbeitet.

Schön und frei ist die enge weite Welt unseres Vaterlandes erst wieder nach der Währungsreform von 1948 geworden. Und war man auch noch arm, ein jeder wollte vorankommen. Die Geschichte der bayerischen Ministerpräsidenten von Hoegner bis Strauß und Edmund Stoiber liest sich – trotz der Vorkommnisse – fast wie ein hohes Lied auf Bayern. Wir bleiben königstreu: Bis ein Wittelsbacher wieder Bayernkönig wird, genießt der gewählte Ministerpräsident dieses Freistaates, derzeit also Herr Dr. Edmund Stoiber, die Würden eines bayerischen Königs.

Mit den Wittelsbachern haben wir ein Glück gehabt. Die Schönheitsgalerie halt und die Sünden wider das 6. Gebot. Aber dafür haben wir ja das Sakrament der Buße. Und selbst König Ludwig I. hat sich noch zum Beichten angestellt wie die anderen armen Sünder auch. Er besonders wollte die Herzen der Bayern durch Schönheit bilden, Frauenschönheit selbstverständlich eingeschlossen. Und dann hat er z. B. die Glyptothek und die Pinakotheken gebaut, die Bavaria auf der Theresienwiese und dahinter die bayerische Ruhmeshalle, in der die Büsten der Unsterblichen dieses Landes verehrt werden.

Erinnerung ist Poesie. Es ist wichtig und trostreich, auf den Spuren der Väter zu wandeln, denn die *vestigia patrum* bringen uns voran. – Sie zeigen uns die Traditionen und den Nationalcharakter.

Viel an uns läßt sich bis auf uralte keltische Veranlagungen zurückahnen. Anderes wieder ist benediktinisch, denn dies Bayern – Schwaben – Franken war immer auch ein benediktinisches Land, eine terra benedictina, sonst hätten wir noch mehrer Schlawina.

Die meisten Geschichtsschreiber sind entweder zu weitschweifig, allzusammenfassend und geistig komplex geworden, oder sie korrigieren die vergangenen Ereignisse und hinterkünftigen Vorkommnisse zugunsten der gerade vorherrschenden Meinung. Sie schrieben vor hundert Jahren königlich bayerisch-wittelsbachisch, dann sozialdemokratisch-freistaatlich, dann nach dem Wunsche des christlichen Bauernvereins und schließlich stramm nationaldeutsch und immer wieder noch großdeutscher. Darum schwanken die Gestalten unserer kleinen Weltgeschichte im Spiegelbild der Regierungen. Und wenn diese Regierenden die Materie gar nicht gekannt haben, werden sie auf des Professors Lieblingsthema erst aufmerksam gemacht.

Diese »G'schichten aus der Geschichte« wollen niemandem imponieren, sie wollen einfach erzählt werden und dem Leser und Zuhörer gefallen. So hab' ich mich an die Kaiser und Könige, an die Gewalten- und Volkssouveränitätstheorien herangewagt, wie wenn ich es am Stammtisch dem Pfandlbräu von Greimelfing hätte auseinanderklauben müssen. Und hat der Herr Ökonomierat Pfandl sogar einmal in Weihenstephan vier Semester lang das Bierbrauen studiert. – Freundlichen Umtrunk!

Herzog, König, Prinzregent
Oder wie man's sonst noch nennt:
Wir bleibn bayerisch ganz und gar
Vielleicht noch einmal tausend Jahr.

Georg Lohmeier

Das Neolithikum

Schon in der ältesten Steinzeit hat es in Bayern Menschen gegeben, wie der Faustkeil von Pösing bei Roding beweist. Damals hat der Mensch von der Jagd gelebt. Die Weiber und die Kinder haben Früchte gesammelt. – Aber um etwa fünftausend Jahr' vor Christi Geburt ist der Mensch auf einmal auf die Idee gekommen, Tiere um sich zu halten und einzupferchen, auf daß er allerweil frisches Fleisch bei der Hand hat. Rind und Schaf und Säu. Das war ein unglaublicher Umschwung. Waren die Weideplätze ergiebig, wie im Ries und an der Donau, ist man länger geblieben, hat sich Hütten gebaut, rechteckige Pfostenhäuser, und ist seßhaft geworden. Solche jungsteinzeitliche Bauernhäuser, d. h. nur die verfaulten Pfosten davon, haben die Archäologen gefunden, zum Beispiel auch in Polling bei Weilheim.

Gerste und Erbsen, ja sogar schon Weizen haben diese Wanderbauern angebaut, mit dem Pflanzstock mühsam gesetzt.

Genial fortschrittlich damals! – Man muß direkt von einer neolithischen Revolution reden. Zugleich hat man die Töpferei erfunden, um Gefäße zum Aufbewahren des Getreides zu haben, ja Töpfe zum Kochen, bandkeramische Dreifüße bereits. Auch in unserer Gegend. Die bandkeramische Zeit!

Die ersten Töpfe hatten breitere Zierbänder, im Unterschied zur Jungsteinzeit, wo die Verzierungen am Geschirr wie mit einer Schnur gemacht aussehen. Diese schnurkeramische Zeit geht um 2500 vor Christi Geburt zu Ende und beginnt die kupferne und bronzene Glockenbecherzeit. Nun fängt die Bronzezeit an. Und in Bayern, sagen die Archäologen, findet man schon bodenständige Verzierungen. Typische, die sich von den Bändern in anderen Gegenden Europas unterscheiden.

Man kennt steinerne Sicheln. Sogar schon steinerne Bohrmaschinen. – Auch hatten sie am Anfang der Bronzezeit schon eigene Bergwerke, z. B. in der Bärenhöhle im Kaisertal bei Kufstein. Und im Untersberg bei Salzburg, wahrscheinlich auch in den Chiemgauer Bergen. Jetzt aber einer der aufregendsten Funde: Bei Landau a. d. Isar hat man einen jungsteinzeitlichen Tonkessel gefunden – auf dem ein Männlein mit ausgebreiteten Armen zu sehen ist. – Ein erster Beter? – Und in der Jungfernhöhle bei Bamberg weisen die Ablagerungen gar auf rituelle Menschenopfer hin. –

Also hat der Mensch vor 6000 Jahr' auch bereits eine Religion gehabt. Und zwar waren unsere damaligen Vorfahren der Konfession nach Kannibalen gewesen. – Wahrscheinlich Kannibalen aus Mitleid mit den zu schlachtenden Haustieren? – Natürlich: Der Jäger hat sich kein Gewissen gemacht, wenn er endlich ein Stück erlegen hat können. Aber der Hirte, jetzt nach der Siedlung, der mit dem Vieh aufgewachsen ist, der mit ihm gred't hat und sei Kuahle oder Schafei gestreichelt hat, der hats am End mit Aufregung und mörderischen Gefühlen getötet.

Weils sein hat müßn! Und da hat er zum Schlachtopfer eines Tages dann gesagt: »Denk dir nix, Kuahle, net grad so liebe Kuahli werden geopfert, auch mir Menschen werdns. Glaubst es net? Schaug zua! Aber der Herrgott will es so. Der deine und der meine.« So ist vielleicht der hiesige neolithische Kannibalismus entstanden.

Nix Gewisses weiß man nicht. Man muß hineinhorchen in unser vergangenes Gemüt – fünf- und siebentausend Jahr' weit zurück – bis zur neolithischen Revolution des Seßhaftwerdens.

Die Straubinger Kultur

Was heißt da bayerische Geschichte? Wenn man ganz vorne anfangen will, bei der Bronzezeit, z. B., wie der Mensch das erstemal was Metallenes in der Hand gehabt hat. Und net grad immer einen Stein. Man hat noch keine Obrigkeit gebraucht. Man hat auch so zusammengelebt und hat gewußt, was sich gehört und was nicht. Priester hat es vor viertausend Jahr' noch keine gegeben. Es haben die Väter und Großväter selber gebetet und geopfert. Und die Kinder und Kindskinder haben brav gefolgt.

Diese Übergangsgeneration von der Jungsteinzeit zur Bronzezeit nennt man die Glockenbecherkultur. Wegen der breiten, niederen und schön geformten Tonbecher, die mit Kerben und Schnüren und mancherlei bänderartigem Zierwerk geschmückt sind.

Bei uns heißen die Jahrhunderte zwischen 1800 und 1000 vor Christi Geburt schon mit einem gewissen frühgeschichtlichen Stolz die »Straubinger Kultur«!

Und haben diese niederbayerischen Ururvorfahren bereits eine Art Geld erfunden, die bronzenen Ringbarren. Es war schon ein Handel donauauf- und -abwärts. Scharfe Bronzedolche haben sie bereits gekannt, Arm- und Beinspiralen, Gürtlscheibn, schöne Sicherheitsnadeln, sogenannte Fibeln, und sogar wunderbare bronzene Fingerring! – Das damalige Geld, die bronzenen Ringbarren, konnte auch als Halsringe getragen werden. Bei Ergolsbach hat man in den fünfziger Jahren sogar einen Schatz von sechzig Bronzeringbarren gefunden. Im Straubinger Gäubodenmuseum sind tausend Funde aus der Bronzezeit der Straubinger Kultur zu studieren.

Auch hat man in der Zeit die Toten bereits in Hügelgräbern beigesetzt. Das heißt, man hat den Leichnam meist in der Schlafstellung, also mit angezogenen Knien, auf die Erde gelegt und hat ihn dann mit einem großen Erdhügel bedeckt. – Aus der Zeit also stammt noch der Brauch, daß jeder anwesende Trauergast drei Schaufeln voll Erde ins Grab wirft. Erst um das Jahr tausend vor Christi Geburt hat man dann angefangen, die Toten nicht mehr zu begraben, sondern zu verbrennen.

Die Asche haben sie in Urnen gefüllt, und diese Urnen haben sie in flachen Gräbern, also in nur wenig ausgehobenen Gruben, beigesetzt. Darum nennt man die späte Bronzezeit auch die Urnenfelderzeit. Solche Urnenfriedhöfe oder Urnenfelder sind reich an Beigaben. In der Straubinger Gegend, meinte der überaus findige Archäologe Dr. Josef Keim, seien die den Urnen beigegebenen Tongefäße vor der Beerdigung beim Leichentrunk von den Trauergästen wirklich gebraucht und dann, zum letzten Male gefüllt, dem Toten mit ins Grab gegeben worden.

Der Schmuck wird immer raffinierter und schöner, die Webstühle zahlreicher, die Gewandnadeln bekommen doppelkonische Köpfe. Trichterhalsgefäße kommen in Mode. Die Urnen erhalten einen Graphitüberzug, und die Leut werden mehr und dann doch auch wieder weniger. Weil das Eisen aufkommt und mit dem Eisen das Schwert. – Es kommen Kriegszüge auf und Fliehburgen. Und die Obrigkeit beginnt sich zu organisieren. – In der Bronzezeit, besonders in der Straubinger Kultur, sind die Gräber einer Gemeinde noch alle gleich arm oder reich. Erst gegen Ende der Bronzezeit und in der Eisenzeit stößt man auf reich ausgestattete Fürstengräber wie z. B. auf das Wagengrab von Hart an der Alz.

Doppelgräber von Mann und Frau erzählen uns von dem schaurigen Brauch der Witwentötung. In einem reichen Großgrab bei Sulzbach sind die Reste mehrerer Leichenpaare gefunden worden. Die einen begraben, die anderen verbrennen jetzt ihre Toten. Es geht auf einmal durcheinander auf der Welt. Die Zeiten werden grausamer, und unter den symbolischen Zeichen findet man das Hakenkreuz. Und das im ostbayerischen Raum am Ende der Eisenzeit, in der Hallstattkultur, gut 2500 Jahre vor der Nazizeit. Und haben damals die Töpfer ihre Gefäße mit einer extrigen Tonbrühe auch besonders gern hellbraun gefärbt!

Das Rad wird verbessert, immer neue Gewandnadeln und Fibeln werden erfunden, der Fortschritt ist unverkennbar in der Hallstattzeit. – Aber in der Straubinger Kultur ist das Leben wahrscheinlich noch friedlicher gewesen.

Kelten 1

Erinnerung ist Poesie. Besonders die Erinnerung an unsere keltische Vergangenheit, an die fünf Jahrhunderte vor Christi Geburt.

Weil der römische Feldherr Drusus in der großen Schlacht am 1. August anno 15 vor Christi Geburt – bei Manching – doch nicht alle umbringen und in die Sklaverei verkaufen hat können.

Etliche sind übriggeblieben, und manche sind wieder heimgekommen. Denn: Die Kelten sind sehr fromm gewesen und haben viele Priester gehabt – die Druiden. Die die Römer freilich nicht mehr geduldet haben, weil sie auch politisch waren.

Zwanzig Jahre lang haben unsere keltischen Buben, wenn sie Druiden haben werden wollen, in die Klosterschulen gehen müssen. Erst in die kleinen Seminare, dann in die mittleren und schließlich in die hohen Schulen. –

Und sind diese Druidenklöster vielleicht auch schon an den nämlichen Örtlichkeiten gelegen wie unsere berühmten Stifte und Klöster heut: in Salzburg und in Tegernsee, in Weltenburg, in Gars und im Chiemsee.

Sie haben die großen Geheimnisse der Natur, der Erde und des Himmels studiert. Das Recht und die Medizin ganz besonders. Denn die Druiden waren auch Richter und Ärzte. – Ihr Wissen haben sie nicht aufgeschrieben, sondern in Driaden, in dreizeiligen Schnaderhüpfl-Versen, auswendig gelernt.

Wie zum Beispiel:

Nix Gewisses weiß man nie
Aber eine Verehrung muß man habn
Und ein Mannsbuild sein dazu!

Der Druide war so angesehen, daß er noch vor dem König gesprochen hat. Und er hat auch die Opfer dargebracht. In der hl. Sowannacht, ungefähr unser heutiges Weihnachtsfest, hat er sogar das furchtbare Opfer der Erstgeburt darbringen müssen, bei Einbruch der Dunkelheit, im heiligen Hain, auf einem steinernen Opferaltar.

Und is' ein schlechtes Jahr gewesen, daß' zuwenig geregnet hat, daß eine Viehseuch war oder ein unglücklicher Krieg, dann hat sich der Keltenkönig zur Versöhnung der Götter selber opfern lassen. Das waren noch Repräsentanten des Volkes! –

Kaum war der Leichnam des geopferten Königs in der Grube versenkt, haben die Druidenpriester ein neues Licht geschlagen und haben in feierlicher Prozession einem neuen König gehuldigt, am liebsten dem neugeborenen Sohn des geopferten, dem Druidenkind. –

Und der ist inmitten des hl. Haines in einer Krippe oder Wiege gelegen, unter einem hölzernen Dach. Und Ochsen, die heiligen Zugtiere eines Keltenkönigs, sind dabeigestanden.

Und neben einem hl. Fasten haben die Kelten auch ein hl. Überessen gekannt, besonders die Dichter haben viel trinken müssen, damit sie – nach ausgeschlafenem Rausch – schöner und wahrer haben dichten können.

Und vorm Sterben hat sich kein Kelte gefürchtet, weil er fest an das ewige Leben geglaubt hat. Das beschreibt schon der Aristoteles. Und der Cicero, der sich in Rom mit dem Druidenbischof Divitiacus darüber drei Wochen lang unterhalten hat.

In den keltischen Städten hat es große Handelshäuser gegeben. In Manching hat man über 200 verschiedene Spezialwerkzeuge gefunden: Treib- und Niethämmer, Feilen, Bohrer und Zangen.

Und sie hatten schon eine Goldwährung: die Regenbogenschüsselchen. Genannt: Cumal. – Das war die größte Zahlungseinheit. Ein Cumal war aber nichts anderes wie eine junge, gesunde Sklavin. Und man hat für so eine Sklavin drei Kühe oder sechs Kälber bekommen. Und kein Großreich haben sie mögen. Jeder Stamm hat seine eigene Souveränität gehabt und seinen König.

Dem Charakter nach waren sie unmäßig im Essen und Trinken, jäh-

zornig, aber offen und mutig, daß sie nur barhäuptig gekämpft haben und mit entblößtem Oberkörper.
Sie waren halt bereits gut bayerisch.

Kelten 2

Nix währt ewig. Auch die 500jährige Keltenzeit ist anno 15 vor Christi Geburt zu Ende gegangen. Die Kelten sind romanisiert worden. Ihre mächtigen Priester, die Druiden, haben nichts mehr zu sagen gehabt, haben nicht mehr Recht sprechen dürfen und sind verjagt worden, und die Götter haben römische Namen bekommen.

Dank der vielen Funde in Manching kennen wir die keltischen Werkzeugmacher, die Schmiede und die Schmuckfabrikanten, die sogar schon Würfelspiele hergestellt haben. Aber trotz ihres gerühmten Glaubens an die ewige Glückseligkeit wissen wir von ihren Göttern wenig. Der oberste Himmelsgott soll Lug geheißen haben. Er hat sich in den Tagen vor der Ernte mit der Erdgöttin vermählt. Das war ein ganz wichtiger »Oenach« im Kalender. – Und heißt Oenach soviel wie Volksfest. Bei dem drei Tage lang im hl. Hain getrunken werden mußte.

Und wahrscheinlich gar kein so schlechtes Bier. Im Rausch war der Kelte selig. – Ja, seine berühmte ewige Seligkeit war für ihn nichts anderes als ein ewiger Rausch, ein himmlisches Festmahl. – Im Rausch war er mit seinen Göttern sogar befreundet. –

Anfang Februar hat man den Oenach der großen Mutter gefeiert. Das Fest der Reinigung, des Waschens und Badens. – Natürlich auch des Geldbeutelwaschens. Und im Mai mit großen Freudenfeiern den Gott Bel. Von den Römern Apoll identisch gemacht. Auch Fruchtbarkeitszaubereien haben sie gekannt, wo die Burschen freudige Schreie haben ausstoßen müssen. Bei der Nacht hat ein Eid nichts gegolten.

Und nach dem hl. Sowanabend im Dezember sollen sie einen Winterschlaf gehalten haben. – Eine wichtige Göttin war »Rosmerta«, die jungfräuliche Mutter mit dem Kind. Und Epona, die mütterliche Göttin für die Tiere, besonders für die Pferde.

Gern haben sie um den Hals einen großen Ring getragen, den Torques. Der Ring ist überhaupt ihr Symbol. So einen Halsring haben aber nur ganz Tüchtige tragen dürfen. Mit Hammerschlag haben sie

Verträge geschlossen, ja sogar Ehen. Heute noch wird bei der Versteigerung mit dem Hammer gewerkt. Und man sagt, dieses Gut ist unter den Hammer gekommen. Nebenfrauen, wenn sie sich einer hat leisten können, waren nicht ehrenrührig. Lebendig fließen die keltischen Quellen in den Sagen. Der heilige Gral ist nichts Germanisches, sondern etwas Keltisches. Und wahrscheinlich alle die Geschichten, die im Himmel spielen. Ganz bestimmt auch der Brandner Kaspar und das ewige Leben. In unserer Sprache sind noch viele keltische Brocken zu spüren. Kempten und Regensburg, Isen und Isar, Vils und Lech sind keltische Namen. Carras hat Wagen geheißen. Heute noch sagt man zum Auto der Karrn. – Gneifa hat man den Speer genannt. –»Gib'n her, dein Gneifa!«– Gobban war der Schmied, der Grobian. – Ordos der Hammer. Und sagt man nicht:»Hau ordentlich drauf?«

Klangerinnerungen verraten Uraltes. Voran Himmelsgott Lug: Es ist nicht alles Lug und Trug. Der keltische Mars war der Teutates – Kriegs- und Handelsgott in einem. – Der Teidades –»Gell, istz hast an Deitarer kriagt!« Vom Deitades einen göttlichen Wink. – Eine andere Gottheit hat Taranis geheißen. – Ein keltischer Urvatergott –»Dran is was«–»Daranis«. – Mögen die letzten Druiden noch einmal gesagt haben, da sie schon christliche Missionare geworden sind: Dran is was! – Was christenkeltisch bayerisches! –

Römer 1

Die ersten vierhundert Jahr' nach Christi Geburt sind wir eine römische Provinz gewesen mit dem Namen Rätien. Und die Hauptstadt war Augsburg, damals Augusta Vindelicorum genannt. – Östlich vom Inn aber hat das Land zur Provinz Noricum gehört. Unter Kaiser Claudius war Rätien bereits so befriedet, daß um das Jahr 50 die gallischen Legionen abgezogen werden konnten und statt der Militärverwaltung ein kaiserlicher Procurator regieren durfte.

Die römische Verwaltung hat fei schon a Mords-Bürokratie kennt! Das Officium z. B., die Justiz- und Staatsverwaltung – und das Tabularium, das Finanzamt.

Im Officium haben nur freie römische Bürger arbeiten dürfen, aber die Finanzer im Tabularium sind lauter Sklaven gewesen. – Schön!

Indem die Römer noch gewußt haben, daß das Steuereintreiben eine böse, eine sklavische Arbeit ist! –
Die Staatskanzlei vom Herrn Procurator war das Prätorium und hat allein tausend Mann umfaßt! – (Dös warn sovuil wie lauter Ministerialrät.)
Und alles hat funktioniert. Hat der Procurator von Augsburg dem Kaiser in Rom einen Brief geschrieben, war der Brief den fünften Tag bereits in den Händen des Kaisers. – Schneller gehts heut no net. – Hygienisch warns uns sowieso voraus. So viel warme und heiße Bäder, Dampf-, Schwitz- und Duschbäder, haben wir heut noch nicht. Dazu die großartigen Warmlufteizungen! Die römischen Landhäuser haben jeden Luxus kennt – und eine vollständige Ökonomie dazu.

Eine glückliche Friedenszeit hat angefangen, die »Pax Romana«. Um die Garnisonskastelle haben sich Siedlungen und Städte mit einem regen Geschäftsleben entwickelt. Canaba heißt die Krämerbude, und »Canabae«, das war die Budenstraße vor dem Lager. Ins Castell durfte kein Zivilist. Aber Meretrices aller Art trieben in der Canabae ihre Geschäfte: Wahrsager und Wunderheiler, Sklavenverleiher und natürlich auch die sogenannten Lenocinii, die gewerbsmäßigen Sklavinnen-Verleiher.

In Serviodurum, dem heutigen Straubing, ist die Caranthener-Kohorte in Garnison gelegen. Das waren Elitesoldaten einer Bogenschützeneinheit. Eine Doppelkohorte von tausend Mann, die aus der orientalischen Stadt Caranthenum rekrutiert worden sind, aus dem anderen Ende des Riesenreiches.

Und die Veteranen dieser Caranthener siedelten nach ihrer Dienstzeit in der Straubinger Gegend.

Zahlreich sind die Münzfunde. Am wertvollsten war der Aureus, ein Golddukat. Er war 25 Denare oder 100 Sesterzen wert – oder 200 Dupondien und schließlich 400 Asse.

Und hat man für ein Ass bereits ein Viertel Wein kriegt in der Canabae. Im Jahr 214 hat man dann freilich bereits die erste Währungsreform erleben können. – Und alles ist teurer gwordn. Natürlich auch die Sklaven und Sklavinnen.

Und die Lenocinii san reich gwordn. – Übrigens hat die Moraltheologie die Unterscheidungen der römischen Unzuchthändler, der Lenocinii, der Terminologie nach übernommen: Stuprum und Fornicatio hat man damals schon für verwerflicher gehalten wie das einfache Lenocinium. Auch eine Art Kontinuität!

Bene und Lene und der Zapfenstreich. – Und wahrscheinlich aa dös alte Kammerfensterliadl »Wenn der Bene mit der Lene bei der Nacht um halbe zehne ...« Bene heißt gut, und Lene heißt eine sanfte Schmuskatze. – Nix für unguat, Herr Professa! Vivite felices: Die schöne Römerzeit is oamal z'schnell verganga!

Römer 2

Viel zuwenig denken wir an die schöne Römerzeit zurück, die bei uns bis zum Goteneinfall anno 377 gedauert hat. – Damals waren wir eine friedliche Welt in Noricum und Rätien, und gut römisch dazu. (Das Keltische war mit dem Lateinischen eh a bisserl verwandt.) Im Jahre 121 besucht Kaiser Hadrian Augsburg und Regensburg. Er verbessert Verwaltung und Heerwesen. Und Marc Aurel, der Philosoph auf dem Kaiserthron, kann nach den Markomanneneinfällen den Frieden wiederherstellen. In Regensburg liegt die dritte italienische Legion mit einem Legaten als Kommandeur.

Die Zivilverwaltung, in der Römerzeit »Municipalverwaltung« genannt, kennt schon einen Bürgermeister und Stadträte. Die Stadt Salzburg z. B. hat den ganzen Chiemgau mitverwaltet – bis hin zum Inn. Und die Salzburger Bürgermeister, die duoviri Iuvavensium, waren auch die Municipalchefs von Traunstein und Rosenheim.

Das Steuerrecht hat Kinderfreibeträge gekannt. Auszeichnungen waren mit Steuerbefreiung verbunden! – Auch Künstler waren von der Steuer befreit! – Vor den Markomanneneinfällen hat man nur zwei Prozent Umsatzsteuer bezahlt, nach den Markomannenkriegen aber drei.

Der Papierbedarf soll respektabel gewesen sein – ungefähr wie der nach dem Ersten Weltkrieg. Dabei schrieben die kleinen Händler und Unteroffiziere noch auf Schreibtäfelchen. Und zwar mit den Stili, den Schreibstiften.

»Lesen und Schreiben können sie fast alle. Es gibt kaum noch Analphabeten in Rätien«, schreibt der Regensburger Legat an Kaiser Traian um 110 nach Rom!

Horaz und Vergil hat man in Pons Oeni, in Rosenheim, in Serviodurum, in Straubing, in Eining und Künzing gradeso gern gelesen wie in Augsburg und Regensburg.

Ein beliebtes Zitat soll damals bei uns gewesen sein der Horaz-Vers: »Wenn ich verliebt bin, geht's mir gut.« Freili, die Sklaverei halt! – Überall habns mit Sklaven gearbeitet. Auf den Gütern, in den Ziegeleien und feineren Sigilatfabriken. – Aber auch die Ärzte waren Sklaven. Die Lehrer sowieso, die Kellnerinnen, Köchinnen, die Tänzerinnen und Badeweiber etc. – lauter Sklavinnen! Ihr Los darf man sich nicht allzu traurig vorstellen. Sie durften heiraten und hatten ein sehr unterschiedliches Einkommen. – Berühmte Sigilatkünstler in der Töpferei zu Pons Oeni haben wahrscheinlich mehr verdient als ihre Herren. – Desgleichen manche Ärzte. – Solche Sklaven wurden verhätschelt und umsorgt.

Der berühmte Töpfer zu Rosenheim hat sogar seinen Namen eingravieren müssen. Comitialis hat er geheißen. Ein anderer Diaconus. Und der Ziegeleibesitzer Marcus Vindelicus Surinus aus Abbach hatte einen berühmten Leibarzt. –

Die Töpfermeister haben damals auch schon Sparschweindln gemacht, die oben zwei Schlitze gehabt haben, einen für die kleinen Asse-Münzen und einen größeren für die Dupondien und Sesterzen.

Und in der Canabae, der Budenstraße vor den Kastellen, haben sich die Menschenrassen vermischt: Afrikanische und orientalische Legionäre haben herübergekaufte Goten- und Vandalensklavinnen geheiratet, keltische Vindeliker haben Schwiegersöhne aus Britannien kriagt.

Und es werden auffallend hübsche Menschen geboren, rätisch-norische Europäer. Oder wie der Legatus von Regensburg nach Rom geschrieben hat:

»Hier haben Sie die typische Provinzialbevölkerung am Limes. – Da draus wird amal a bravs Volk.«

Kontinuität

Glaubns' bloß net, daß wir mit den alten Römern in Bayern nimmer verwandt waarn! – Unsere ganze Kultur tradiert in die Römerzeit zurück. Das könnte man beweisen. Viele Orte, sogar Dörfer, tragen Römernamen, wie Weichs, das von vicus, das Dorf kommt, Künzing, das damals Onintiana geheißen hat. Und eine Almhütte heißt ja heut noch der »Kasa«! –

Dieses römische Weiterleben in uns heißt man Kontinuität. Sogar aus den Schimpfnamen sind römisch-bajuwarische Klänge herauszuhören: »Du werst a so a Lattierl sein!« – d. h. eigentlich: Du wirst so ein »Latinulus« sein, was soviel bedeutet wie einer, der nur gebrochen Latein spricht. Ein kleiner Lateiner, ein Latinulus.

Selbstverständlich ist das in den Städten bei den römischen Rätern schon geübte Christentum tradiert worden. So ist aus einer käuflichen Soldatenbraut in Augsburg z. B. – die heilige Afra geworden.

Und natürlich san Liabsgschichtn vor und nach der Völkerwanderung passiert (in Kontinuität vom Altertum zum Mittelalter!) – in Rätien – Noricum (Bayern – Österreich)!

Nur mit den Germanen hat man es etwas strenger gehalten. Darum hat es den Limes gegeben, die Mauer, den damaligen »eisernen Vorhang«. – Manchmal haben Germanenstämme diesen Limes überschritten und sind, Kastelle erobernd, in die Canabae eingedrungen. Es sind Bräute erobert worden und außergewöhnliche Heiraten passiert.

Glauben Sie nur nicht, die Archäologen hätten von diesen Liebesgeschichten keine Spuren entdeckt. Mit dem Spaten auf den Spuren der Liebe!

Man hat in den Villengruben Reste von Speiseabfällen, feine Knochenteile gefunden und festgestellt, wieviel die hohen Herren mehr Brathänderl und Täuberl verspeist haben als die Sklaven, die ja viel Bohnen haben essen müssen, was die damaligen Kartoffeln gewesen sind. –

Der Direktor der prähistorischen Sammlungen von Bayern kann auf Grund der Abfallfunde genaue Prozentzahlen der römischen Viehhaltung angeben: Rinder 63 %, Ziegen nur 9,5 %, Schweine 19 % und Schafe aber nur 9 %. – Wenn mans so gnau woaß, stößt ma aa auf Liabsgschichtn.

Wie der Fund von dem schönen Ring in Regensburg es beweist, der die Aufschrift trägt: »Da, do vita amica!« – »Gib du mir, und ich geb' dir das Leben, Freundin!«

Vielleicht hat dös Ringerl ein gewisser Centurio Titus Claudius Sextilius seiner Anastasia Geilswintha zur Verlobung geschenkt? – Und sie war bloß eine germanische Bedienung bei einem Weinschenken in der Canabae des Auxiliarkastells von Abusina gewesen? – Ein Centurio aber war ein Hauptmann! Er hat zum Kommandanten müssen, zum Herrn Praefekten gar, und der hat ihn eingesperrt. Daraufhin ist die Geilswintha in eigener Person zum Praefekten vorgedrungen, hat

den verführen können und hat gemeint, er soll eine keltische Offizierstochter heiraten. Aber na, der Sextilius hat sich seine Anastasia nimmer ausredn lassen. Auch nicht mit der Androhung des Degradierens. – Also hat man doch eine Ausnahme gemacht, und er hat seine Kellnerin heiraten dürfen.
Nix Gwiß woaß ma net. –
Aber Liabsgschichtn, die guat ausgehn, hats allerweil schon gebn, gwiß in der bayerischen Römerzeit. Weil viel Gmüat müaßns ghabt habn die romanisiertn Keltn, was unserne Vorfahren gwen san, a feins und a poetischs Gmüat!»Da, do vita amica!« – »I bin dein Lebn, und du bist dös meine!«
Anno 275 in Regensburg.

Wie die Bayern katholisch geworden sind

I trau' mir's kaum z'sagn, aber von Haus aus san mir Bayern net katholisch gwen, sondern arianisch. Und als arianischer Christ is' net so gnau ganga, da hat mar aa no die alten Heidengötzn anrufen dürfen. Erst die Frankenapostel haben uns den wahren Glauben gebracht, heißt es. – Schön langsam – so zwischen anno 500 und 700. Wenns wahr is!
Die Heiligen Korbinian, Emmeram und Kilian. Woher sind sie gekommen? Wer hat sie geschickt? Waren sie nur Missionare oder auch fränkische Agenten? – Die Meinungen der Geschichtsforscher gehen auseinander, und ihre streitlustigen Traktate über die Missionierung Bayerns sind eine spannende Lektüre.

739 ernennt Bonifatius in Altbayern auf Wunsch Papst Gregors III. drei neue Bischöfe: Johannes für Salzburg, Gaubald für Regensburg und Erembert für Freising; der vom Papst vorher schon geweihte Vivilo von Passau darf bleiben. Die Bistümer Augsburg und Säben sowie das Bistum Staffelsee und das Bistum Chiemsee werden nicht erwähnt. Sie sind uralte Bischofssitze, die bereits in römischer Zeit gegründet worden waren und weiterbestehen durften. Zwei oder drei Jahre später gründet der »Apostel der Deutschen« noch ein neues Bistum, Eichstätt, und ernennt Willibald zu seinem Bischof.
Das fränkisch-katholische Ordnungswerk war getan. Von jetzt ab

sind die Reihen unserer bayerischen Bischöfe vollständig und lückenlos überliefert.

Was aber war vorher? Vor 739? Der »Abgesandte des heiligen Petrus« hatte ja in Bayern bereits christliche Verhältnisse angetroffen. Er hat hier nicht erst missionieren brauchen. Bonifatius ist nicht der Apostel Bayerns. Die Männer, die diesen Titel verdienen, heißen anders. Und überhaupt, in den Tagen des heiligen Bonifatius war das Christentum in Bayern bereits 500 Jahre alt. Die römischen Kolonisten in Rätien und Noricum hatten ihre Priester und Bischöfe in Augsburg und Regensburg. Daß die kirchlichen Überlieferungen im Sturm der Völkerwanderung ganz zusammengebrochen wären, ist unwahrscheinlich. Vor allem in Salzburg, Augsburg, Regensburg und Passau lebten Reste der römischen Kolonisten weiter.

Aber die eingewanderten Bayern waren keine Katholiken, sondern Arianer, wie die Goten und die Langobarden. Der Arianismus leugnete die Gottgleichheit Jesu und hielt sich bei den Germanen bis ins siebte Jahrhundert. Die Arianer benutzten in der Liturgie die Volkssprache wie wir heut wieder! Sie ließen die heidnischen Gebräuche weiterbestehen und stellten überhaupt keine hohen Ansprüche. Ihr Hauptfeiertag war der 6. Januar, wo sie die Adoption Christi durch Gottvater feierten. Wie lange hat sich der Arianismus bei uns gehalten? – Der Irenapostel Kolumban ist mit der bayerischen Prinzessin Teutelinde befreundet. Er weilt längere Zeit an ihrem Hof in Pavia, und sie baut ihm das Kloster Bobbio. Kolumban, der große Abt von Luxeuil, 615 gestorben, ist der erste, der nach Bayern Mönche schickt und die heidnischen Arianer missioniert. Weltenburg an der Donau wird ein erstes Zentrum der irischen Missionstätigkeit.

Zu den irischen Glaubensboten im siebten Jahrhundert gehören Virgil von Salzburg und Magnus, der Apostel des Allgäus, mit seinen Genossen Theodor und Tasso. In Kempten beginnen sie ihre Mission. Vielleicht sind die am Irschenberg gemarterten Heiligen Marinus und Anianus irische Wanderbischöfe gewesen? Oder waren sie, wie Emmeram von Regensburg, Korbinian von Freising und Rupert von Salzburg von den Franken geschickte Bischöfe gewesen? Die sich um eine frankophile Kirchenpolitik in Bayern zu bemühen hatten – ja gar fränkische Statthalter waren – und deswegen von den Agilolfingern, die der fränkischen Oberherrlichkeit überdrüssig waren, verfolgt worden sind?

Also war von Anfang an bei uns die Religion auch ein Politikum gewesen. Damals ein fränkisches, heut ein soziales. Vielleicht waar's gscheiter gwen, mir waarn arianisch bliebn?

Teutelinde

Wir Bayern haben schon im Jahre 589, also vor 1400 Jahren, eine Prinzessin hervorgebracht, der Papst Gregor der Große das Buch gewidmet hat, das die Regel des heiligen Benedikt enthält. – Es war die bayerische Prinzessin Teutelinde – auch Theodolinde, die 589 nach Pavia geheiratet hat und Königin der Langobarden geworden ist. Und hat der Langobardenkönig Authari als durchreisender Graf, also unerkannt, um sie in Regensburg geworben.

Daß sie ihn ja nicht nur wegen der Partie geheiratet hat. Der Heilige Vater tituliert sie in vielen Briefen »excelentissima filia nostra«, »unsere hochverdiente Tochter«. Und das Buch, das ihr der Kirchenlehrer widmet, heißt »Dialoge« und enthält die Biographie des abendländischen Mönchvaters Benedikt und dessen Regel.

Diese Regel von der Kunst des Zusammenlebens ist seit 1500 Jahren hoch aktuell, heute noch für jede Kommunität bedeutsam. Außerdem basiert auf dieser Regel die Geistigkeit des Abendlandes.

Benedikts Orden hat unsere Welt mitgestaltet, hat die Künste und Wissenschaften überliefert, Ackerbau und Viehzucht in die Höhe gebracht und die Christenlehre nach der Bibel gepredigt. – Ohne die Benediktinerregel hätten wir nicht einmal Brauereien in Bayern. – Drum hoaßts ja »Bavaria terra benedictina, sonst hätt ma no mehrer Schlawina«.

Darum hat Papst Gregor der Große seine Dialoge gerade einer bayerischen Prinzessin widmen müssen. –

Schon im Jahre 590 nach Christi Geburt ist der Langobardenkönig Authari verstorben, und Teutelinde wird die Gemahlin des Thronfolgers Agilulf, eines Halbbruders des Königs. Als ihr Agilulf beim ersten Zusammentreffen die Hand küssen will, sagt sie zu ihm: Einer, der den Mund küssen darf, braucht keine Zeit vertun, mir die Hand zu küssen.

Auch Agilulf war noch ein Arianer. Die Arianer glaubten zwar an Jesus, verehrten aber auch noch ihre heidnischen Götter. Es hat noch

Jahre gedauert, bis sich ihr zweiter Gemahl zur römischen Kirche öffentlich bekannt hat. Aber sie hats durch Beten erreicht.

Ihre beiden Kinder, Prinzessin Gundiperga und Prinz Adaloald, hat sie gleich katholisch taufen lassen, worüber Papst Gregor erfreut war. – Nach Agilulfs Tod im Jahre 616 nach Christi Geburt, konnte Teutelinde als Vormund und Regentin für ihren Sohn Prinz Adaloald das gesamte Volk der Langobarden zur römischen Kirche bekehren und sieben Diözesen gründen.

Alles Politik! Hat der Papst Gregor, der lateinische Kirchenvater, mit ihrer Hilfe also erreicht, was er wolln hat. Krach mit Ostrom, dafür aber die Missionierung der europäischen Völkerschaften. Natürlich, die Geschichte der Völker ist immer eine Religionsgeschichte.

Arianer, Byzantiner, Goten und Franken, der Osten und der Westen! –

Aber die bayerische Prinzessin Teutelinde war federführend dabei. Bis zu ihrem seligen Tod im Jahre 626. – In der von ihr erbauten Kirche von Monza liegt sie begraben. – Und ohne Heiligsprechung wird sie als Heilige verehrt. Im Domschatz von Monza kann man die Geschenke des Papstes heut noch bewundern: die goldene Henne mit den sieben Küken für die sieben Diözesen, ihr silbernes Fächeretui und das Taufkreuz für Prinz Adaloald.

Teutelinde, Garibald des Bayernherzogs Tochter, befreundet mit dem Kirchenvater Gregor, die Langobardenkönigin aus Regensburg.

Von der Souveränität der Agilolfinger

Wir Bayern sind fei schon vor 1500 Jahren eine Monarchie gewesen! Und unsere ersten Herzöge, das waren die Agilolfinger. Dann hatten wir noch fünf hohe Adelsgeschlechter: die Huosi, die Fagana, die Hahiling, die Drozza und die Annionen. Aber der Bayernherzog hat immer ein Agilolfinger sein müssen. In der Ahnengalerie in der Residenz in München können wir in vergoldeten Stuckrahmen die prächtig gemalten Köpfe der alten gotischen Noricer-Boijerfürsten bewundern. Theoderich den Großen und Herzog Garibald, Otilo und Tassilo – und seinen Überwinder, Karl den Großen. – Wie viele Völker in Europa gibt es schon, die ihre Könige seit dem Jahre 550 in un-

unterbrochener Folge hernennen können? Von Garibald I. bis zu Ludwig III., bis zu Albrecht und Franz? – (Es sind sogar die Namen von Garibalds Vorfahren bekannt. Sie sollen Diet geheißen haben.) Selbstverständlich waren die fürstlichen Familien miteinander verwandt und verschwägert: die Langobardenkönige mit den Agilolfingerherzögen ganz besonders. Aber auch mit den fränkischen Merowingern, mit den Thüringern, mit den Ost- und Westgoten. Und die Frauengestalten jener Zeit haben oft handgreiflich mitregiert. Besonders die holden Königinnen der Franken haben sich damals nicht selten gegenseitig vergiftet. Fredegund brachte König Chilperich dazu, ihre Rivalin Gailswintha erdrosseln zu lassen. Und die Schwester der Ermordeten, Brunhilde, entfesselte daraufhin einen Bruderkrieg.

Fredegund ließ aber noch vorher den König Sigibert erschlagen und auch ihre Stiefkinder vergiften. – Brunhilde wurde schließlich von einem wilden Pferd zu Tode geschleift. – Vielleicht sogar im Auftrag ihrer mündig gewordenen Enkel? – Dergleichen Geschichten erzählen uns die alten Chronisten. Der politische Kampf war halt immer schon grausam.

Unter den Agilolfingerinnen überwiegen die guten, die lichten Frauengestalten: Garibalds Gemahlin Walderade und seine Tochter Theodolinde, von der wir sogar den Hochzeitstag kennen, den 15. Mai 589. Auf dem Sardisfeld zwischen Trient und Verona hat sie mit dem Langobardenkönig die Hochzeit gefeiert. (Erzählt Paulus Diaconus, der Geschichtsschreiber der Langobarden.) – Aber auch ihr Gemahl, König Authari, hat das erste Ehejahr nicht überlebt. – Und, heißt es, er soll auch vergiftet worden sein. – Von wem?

Unter gar keinen Umständen von der Theodolinde! Indem sie zu den Heiligen gezählt wird. Paulus nennt zwar Theodolindes Vater Garibald einen nahen Verwandten des Frankenkönigs Chlotar (den Schwiegervater von der Brunhilde und der Fredegund).»Unus ex suis«! – schreibt er.»Er ist aa oaner von dene.« – Woraus hervorgeht, daß Garibalds Mutter eine Tochter Chlothars gewesen sein muß. Eine allerhöchst noble Verwandtschaft unseres Königshauses schon im 6. Jahrhundert! Aber in Bayern geht trotzdem alles allerweil wieder guat aus.

Die Agilolfinger, die Merowinger und die Franken

Die Politik war aa vor 1500 Jahr' schon a Lumpenspuil. – Die Könige haben ihre Königreiche immer größer und größer machen wollen. Besonders die Franken. Unsere bayerischen Fürsten, die guten, braven Agilolfinger, nicht. Die haben zu viele Feinde gehabt. Im Osten und Südosten die Slawen und die Awaren. Da habns gegen die Slowenen im Pustertal und in Kärnten schwer Krieg führen müaßn! – Im Süden und Südwesten waren die befreundeten Langobarden! – Im Norden die mit den Franken bereits verbündeten Thüringer unter Herzog Radulf, der schon in Würzburg seine Residenz gehabt hat. (Und war dieses Würzburg in der Keltenzeit unter dem Namen Uburzis bereits eine große Stadt gewesen.) Im Westen saßen dann die ebenfalls schon frankenhörigen Alemannen.

Gegen Bayern und das Langobardenreich konnten die Franken lange nicht an. Der Frankenkönig Childebert war 584 mit einem starken Heer nach Norditalien gezogen, um die arianischen Heidenchristen zur römischen Kirche zu bekehren. Hunger und Krankheiten, aber auch König Autharis Schwert, haben das stolze Frankenheer fast aufgerieben.

Childebert war froh, über Bayern aus den Alpentälern wieder herauszukommen. Er schließt Frieden mit den Langobarden, mischt sich aber dann gleich in die bayerische Verwandtschaft, hilft den alten Herzog Garibald absetzen und dem jungen Tassilo I. auf den Thron. –

Man muß sich diese erste Einflußnahme Frankens in Bayern nicht allzu kriegerisch vorstellen. Die meisten Historiker schreiben freilich, Bayern sei 594 zum erstenmal unter die fränkische Abhängigkeit gekommen. Weil man halt auch als bayerischer Geschichtsprofessor gern gesamtdeutsch denkt.

Aber nach altem Recht war es damals der Brauch, »solange der alte Herzog ins Feld ziehen kann, nach Mannesart noch aufs Pferd steigen, die Waffen schwingen und auch noch selber Recht sprechen kann, so lange darf ihm der Sohn nicht nach der Herrschaft trachten, er verliere denn das Erbe«. Die Bauern übergebn ja auch den Hof, wenns alt werdn.

Und der alte Garibald I. hat im Jahre 594 bereits vierzig Jahre lang regiert gehabt! – Er kann nimmer der Jüngste gewesen sein. Und so gut römisch-katholisch wie seine Gemahlin und seine Tochter ist er wohl auch nicht gewesen. Wohl aber sein Sohn Tassilo I., der Bruder der Langobardenkönigin. Infolgedessen hat ihm sein mächtiger Vetter, der Frankenkönig, bei der Abhalfterung seines Vaters halt a bisserl geholfen. Und Tassilo I. hat sich dafür zum Freund des Frankenreiches erklärt. Und wohl auch versprochen, in kirchlichen Dingen etwas missionseifriger zu werden. Jetzt erst kamen immer mehr irische Missionare ins Land. Und sie alle kommen über Frankreich nach Bayern. Bald auch waren sie gebürtige und mächtige Franken. Wie Korbinian und Emmeram, Rupert und Kilian. Sie haben das arianische Bayern katholisch gemacht. Der heilige Glaube der römisch-katholischen Kirche kommt nach Franken.

Die meisten von diesen berühmten Heiligen sind bei uns, in diesem so gemütlichen Bayernlandl, damals als heilige Märtyrer eines grausamen Todes gestorben. In Würzburg habns an Kilian derschlagn, in Helfendorf den heiligen Emmeram geblendet und gevierteilt. Im 7. Jahrhundert, mitten in der Agilolfingerzeit! – Da müaßt ma uns eigentlich heut no schaama.

Die heiligen bayerischen Glaubensboten

Bis wir in Bayern den rechten Glauben gehabt haben, das hat Generationen gedauert. Jahrhunderte! – In den Biographien der großen Glaubensboten wenn man liest, muß man den Kopf schütteln. Der heilige Eustasius findet um 615 in Bayern noch lauter Heiden und Arianer. Auch unter den Großen! Er muß viele Wunder tun und neben den Priestern auch noch weise Männer aufstellen, die den Glauben überwachen helfen.

Kommt so ein irischer Missionar um das Jahr sechshundert an einem bayerischen See vorbei und trifft seine schon getauften und gefirmten Christgläubigen, wie sie gerade dem alten Gott Wotan opfern – in der Oberpfalz auch Wouzl genannt –, und der Missionar muß also mit ansehen, wie seine versammelte Gemeinde dem alten Heidengott ein üppiges Bieropfer darbringt. Und gestern haben sie noch so andächtig seiner Predigt zugehört! Heut hockns zu Ehren Wotans um einen Bottich herum, in dem zwanzig Eimer Bier sind, jammert der Chronist. Bei solchen Opfern habns dann sogar auch noch manchmal eingefangene Feinde als Menschenopfer dargebracht! –

Hundert Jahre später trifft Bonifatius gelegentlich auf christliche Priester, die zugleich noch dem Heidengott Thor oder Aer opfern, dem bei uns der Erchtag geweiht war, der Irta. Bei den Alemannen hieß er der Ziu, der Dienstag. – In den Wäldern haben sie lange noch versteckte heilige Götterhaine gekannt, die alten Bayern und Franken und Schwaben. Bei uns hieß so ein heiliger Hain die Loh. Dort hat man heimlich Bock- und Pferdefleischkommunion gehalten. In manchen Gegenden angeblich noch bis ins späte Mittelalter. Bei so Opfern, wenn man getrunken hat, hat man zuerst aus dem Becher etliche Tropfen zu Ehren des alten Heidengottes auf den Boden hingespritzt. – Sie habns wirklich schwer ghabt: die Heiligen Kolumban, Gallus und St. Mang.

Darum hat ja der heilige Papst Gregor der Große zu den nördlich der Alpen wirkenden Heidenmissionaren gesagt: »Seid nicht zu streng und laßt ihnen einige ihrer äußeren Zeichen und Freuden. Diese werden dazu dienen, die wirklichen Freuden des Evangeliums bald besser verstehen zu lernen!« – Und tatsächlich ist aus den uralten Bräuchen eine neue christliche Volksfrömmigkeit geworden. Die Kräutlweihe und das Gelöbnis, eine Wallfahrt zu tun. Die Verehrung der Heiligen und Seligen, besonders die des Rosseheiligen St. Leonhard. Die armen Seelen im Fegefeuer statt des Umganges der Todesgöttin Perchta mit den abgeschiedenen Ahnen, den gräußlichen Larven. Dem Nikolo sein kettenrumorender Knecht Ruprecht statt Dunarkeil und Peitschenknallen. Alte Bräuche haben wir viele.

Bald vertraut die gläubige Seele einem Zauberspruch »Bluat zu Bluate«, dann wieder versucht man die einwendige Krankheit mit einem Wurmsegen zu bannen: »Gang uz, nesso ... vonna demo velle in tiz Tulli! – »Geh heraus, Wurm, aus dem Fleisch in diesen Pfeil!« Und man läßt von einem Hexerer die Krankheit mit dem Pfeil davonschießen. Dann wieder betet man: Got almachtico! –

Und ist damals bei den frommen Bayern der Spruch aufgekommen: »Nix Gwiß woaß ma net.«

Herzog Theodo und seine Söhne

Es hat auch bei uns gewisse Vorkommnisse gegeben, an die wir gar nicht gern denken. Z. B. an jene im Winter anno 630 auf 31. Damals haben die Awaren 9000 Bulgaren verjagt. Mit Frauen und Kindern sind sie im Winter 630 ins Bayerische gezogen. Sind aber bös aufgenommen worden. In einer einzigen Winternacht sollen sie alle, bis auf siebenhundert, niedergemetzelt worden sein. Nur die Frankenchronik erzählt von dieser holocaustischen Bluttat. Aber, fügt der fränkische Geschichtsschreiber hinzu, »auf Befehl des Frankenkönigs Dagobert« hätten die Bayern in jener Nacht die Bulgaren ermorden müssen. – Ungarische Archäologen wollen bei Linz die Bulgarengräber gefunden haben. – Ein dunkles Kapitel in der sonst so freundlichen bayerischen Gschicht!

Um die Zeit geht es mit den Merowingern in Franken zu Ende. Die wirklichen Machthaber werden die Hausmeier von Austrasien, die Pippiniden, später die Karolinger genannt. Und das fränkische Großreich wird für Bayern immer gefährlicher. Und weil die Bischöfe von Freising, Regensburg und Passau zu sehr auch fränkische Staatsbeamte sind und die bayerische Unabhängigkeit immer mehr als eine fränkische Statthalterei verstehen, reist der greise Bayernfürst Theodo im Jahre 716 nach Rom. Er will vom Papst eine eigene bayerische Kirchenprovinz mit bayerischen Bischöfen. – Daheim regieren die Söhne des Herzogs, Grimoald in Freising, Theodebert in Bozen, Theodebald in Passau, Tassilo II., der jüngste, weilte noch beim Vater in Regensburg. Der Zeitpunkt der Reise war günstig. Denn in Franken wütete eine Palastrevolution. Pippin war gestorben, und Karl Martell, der Sohn einer Nebenfrau, wird wegen seiner illegitimen Geburt von der Erbfolge im Hausmeieramte ausgeschlossen. Er wird von den rechten Erben festgenommen, kann sich dann aber befreien und wird von seinen starken Anhängern zum Gesamtregenten aller Frankenreiche gewählt.

Und in Rom ziehen sich die Verhandlungen in die Länge. Der Papst versprach zwar, Legaten nach Bayern zu schicken, die prüfen sollen, ob drei oder vier Bistümer errichtet werden müssen. Da sitzt Karl Martell fest im Sattel, und Theodo stirbt auf der Heimreise. Auch Sohn Theodebert stirbt, und Grimoald vermählt sich gleich mit seiner Witwe Pilitrud. Aber ihr Sohn Hugibert ruft Onkel Karl Martell gegen Grimoald zu Hilfe. Der erscheint sofort mit Heeresmacht, und Neffe Hugibert wird 728 alleiniger Herzog in Bayern. Grimoald wird ermordet, und Pilitrud muß in die Gefangenschaft. Und die bayerische Kirchenprovinz wird im Auftrag des Papstes – und Karl Martells – von Bonifatius neu organisiert. Pilitruds Nichte aber, die schöne junge Bayernprinzessin Swanahilt, wird Karl Martells Gemahlin. Und mit einer Hochzeit findet die grausamste Geschichte ein schönes Ende.

Herzog Oatilo und die Beschimpfung der fränkischen Truppen am Lech

Sind wir noch selbständige Bayern, oder gehörn wir bereits zum großmächtigen, europaweiten Frankenreich? – Man kennt sich nicht mehr aus im Jahre 737, als Herzog Hugibert anno 737 kinderlos stirbt und der heilige Bonifatius zu den vier bayerischen Bistümern auch noch für seinen Neffen Willibald das Bistum Eichstätt gründet. – Den bayerischen Thron besteigt Tassilo II., Sohn Oatilos. – Sagen wir halt, wir sind Christenmenschen, das ist nie falsch. Oatilo heiratet Hiltrudis, eine Tochter Karl Martells. Und der fränkische Einfluß am Hof in Regensburg ist gesichert. Es heißt, Oatilo habe auch den Titel eines Königs der Bayern führen dürfen. Eines fränkischen Teilkönigs vielleicht. Vorsichtig baut Oatilo dennoch eine bayerische Opposition auf, indem er zahlreiche Klöster gründet, deren Mönche und Äbte ihm treu ergebene Bayern sind. Niederaltaich, Mondsee, Osterhofen und Niedernburg in Passau. Und auch seine Verwandten stiften große Abteien: Tegernsee und Benediktbeuren, Altomünster, Wessobrunn, Ottobeuren, Polling und Kochel und noch andere. Die bayerische Welt wird immer benediktinischer und geistiger. Auch ökonomischer und gebildeter. Bavaria terra benedictina, sonst hätten wir noch mehr Schlawiner, sagt man seit damals! In den Klosterschulen lernen viele lesen und schreiben. Und die bayerischen Mönche empfinden nicht so frankentreu wie die bayerischen Bischöfe.

Und dann ergibt sich für Oatilo eine Gelegenheit, das fränkische Oberjoch abzuschütteln. Als nämlich Karl Martell im Jahre 741 stirbt, machen dessen Söhne Karlmann und Pippin (Oatilos Schwäger) ihrem Stiefbruder Grifo, dem Sohn der bayerischen Prinzessin Swanahilt, die Karl Martell auf seinem Bayernfeldzug 728 als Siegeskranz mitgenommen hatte – gerade diesem Grifo machen sie das Recht mitzuregieren streitig. Diese neuerliche fränkische Palastrevolution benützt Oatilo und bringt eine ansehnliche Koalition gegen die fränkischen Hausmeier zustande. Und gleichzeitig bittet er den Papst um einen gebürtigen bayerischen Erzbischof. Der Papst schickt einen gewissen Vivilo, den späteren Bischof von Passau.

Aber die bayerische Koalition aus Schwaben und thüringischen Ostfranken, aus Sachsen und Aquitaniern gar, auch aus etlichen Slawen, ist der fränkischen Taktik nicht gewachsen. (Noch ehe sich die zaudernden Fürsten vereinen können, werden sie der Reihe nach besiegt.) Im Frühjahr 743 steht das fränkische Heer am Lech dem bayerischen Heerbann gegenüber. Und die beiden Heere beschimpfen sich heftig, heißt es, und mit groben Worten. Das war aber nur eine fränkische Kriegslist. Während der wüsten Schimpfereien, denen sich das bayerische Heer freudig hingibt, umgehen die Franken die Stellung, und es kommt zu einem furchtbaren Gemetzel von allen Seiten. Oatilo muß fliehen. Er wird aber gefangen und muß auf dem Lechfeld dem König Pippin den Lehenseid schwören. Erst jetzt, im Sommer 743, verliert also Bayern erstmals seine volle Souveränität an das Großreich. Oatilo huldigt dem Schwager Pippin, dem Bruder seiner Frau Hiltrudis.

Hörns' mir mit den Brüdern auf! In der Politik schon gleich gar. Da heißt's: Bruder bleibt Bruder!

Tassilo dux fortis

Die Obrigkeit hört nicht auf. Stirbt der Alte, regiert der Junge. Aber wenn der Junge noch ein Kind ist? Wie anno 748 beim Tode Herzog Oatilos? Da war der kleine Tassilo erst sieben Jahre alt. Die Regentschaft will die Mutter Hiltrudis ausüben, die gebürtige fränkische Prinzessin, die Schwester König Pippins. Aber Grifo, Pippins Stiefbruder, der Sohn, den Karl Martell von jener Prinzessin Swanahilt als Nebenfrau gehabt und den Pippin schon einmal verbannt hat, versucht jetzt, wenigstens zu einem bayerischen Erbe zu kommen. Er will für den kleinen Tassilo regieren. Er eilt nach Regensburg und reißt das Regiment an sich. Viele Bayern mögen diesen auftrumpfenden Grifo und ziehen für ihn, einen Enkel Theodos, das Schwert. Aber König Pippin sieht nicht lange zu. Es kommt zu einem neuen fränkischen Feldzug in Bayern – und recht blutig geht's wieder zu. Die patriotischen Bayern kämpfen gegen die reichstreuen Bayern. Da weiß man natürlich, wie's ausgeht.

Prinz Grifo wird gestürzt, und die Regentschaft übernimmt Tassilos Mutter Hiltrudis. – Jetzt ist Bayern direkt eine fränkische Provinz. Der kleine Tassilo wird mehr als fränkischer denn als bayerischer Herzog erzogen. Vielleicht sieht ihn König Pippin, der sich von Bonifatius zum Frankenkönig hat krönen lassen und die letzten Merowinger in ein Kloster gesteckt hat, sowieso eher für einen degenerierten Merowinger an. Aber er ist ja auch sein Neffe. So läßt er ihn denn mit 14 Jahren wehrhaft machen und als Herzog Tassilo III. in Regensburg die Regierung antreten. – Das bayerische Episkopat ist ohnehin stramm reichstreu. Da kann es zu keiner neuen Verschwörung kommen, wird sich König Pippin gedacht haben. – Außerdem hat er die Absicht, den jungen Bayernfürsten mit seinem Heerbann in den fränkischen Kriegszügen ständig in Europa herummarschieren zu lassen. Und gleich nach der Thronbesteigung muß Tassilo im Jahre 757 dem Frankenkönig auf dem Reichstag zu Compiegne den Treueid leisten. Die Bayern kämpfen in Sachsen und in Aquitanien, während daheim die Awaren und Slawen im Pustertal und an der Enns die bayerischen Grenzen bedrohen. Mit 21 Jahren wird Herzog Tassilo nachdenklich. Und plötzlich weiß er es, daß ihn Onkel Pippin nur ausnützt. Da hat er sich dann anno 763 eines Tages gesagt: Jetzt ist es genug. Wir mögen nimmer. Und er hat – auf dem vierten aquitanischen Feldzug – mit dem bayerischen Heerbann kurzerhand das fränkische Heer verlassen und ist eigenmächtig in die Heimat marschiert. Auch weil er heiraten hat wollen.

Und wieder war der Zeitpunkt äußerst günstig gewählt. Die Langobarden benützten angesichts der Unruhen im fernen Aquitanien, die Pippin bis an sein Lebensende beschäftigten, die Gelegenheit, sich der Pippinschen Schenkung zu bemächtigen. Das waren jene Länder, die Pippin auf seinem Italienzug dem Papst als Patrimonium Petri zu einem eigenen Staat, zum Kirchenstaat, geschenkt hatte. Außerdem drohten die rivalisierenden Söhne Pippins, Karl und Karlmann, in ihrem neuerdings ausbrechenden Familienstreit das fränkische Reich aufzusplittern. Tassilo suchte Rückhalt beim Langobardenkönig Desiderius und vermählte sich mit dessen Tochter Luitbirga. Oder hat man ihm die Liebesbotschaft ins Feld geschickt?

Das war die berühmteste Hochzeit des ganzen Jahrhunderts. Bayern und Langobarden haben miteinander getanzt und tagelang gefeiert. Ein eigener Meßkelch wird zum Hochzeitsgottesdienst angefertigt, der Tassilokelch, auf dem die stolzen Worte stehen: Tassilo dux fortis et Luitpirg virga regalis. Tassilo, starker Herzog, und Luitpirg, königliche Jungfrau.

Bayerns erster Schriftsteller, Bischof Arbeo von Freising

Daß man die uralten bayerischen Geschichten nicht alle vergessen hat, das verdanken wir den Geschichtsschreibern. – Und wir Bayern haben sehr viele Historiographen hervorgebracht. Drum sind ja unsere Geschichtsbücher so dick! – Und gleich am Anfang der bayerischen Literaturgeschichte steht ein fleißiger und kurzweiliger, der Bischof Arbeo von Freising. Der zweite Nachfolger des hl. Korbinian und zugleich sein Biograph.

Arbeo ist ein gebürtiger Bayer und stammt aus der hochadeligen Familie der Huosi. Seine Eltern sind natürlich auch in Südtirol begütert, haben bei Meran eine Burg. Und als Bub, erzählt er in seinem Korbiniansbuch, ist er einmal über den Berg in die Passeier Schlucht hinabgefallen, daß alle gemeint haben, er sei tot. Auf wunderbare Weise aber ist er unversehrt an einem Felsen hängengeblieben und mit einem zugeworfenen Seil die Felswand heraufgezogen worden. – Um später Bischof von Freising werden zu können, setzt er hinzu.

Mit bajuwarischer Freudigkeit und mit vielen Wundertaten geschmückt erzählt Arbeo das Leben des hl. Korbinian. Und weil wir dieser bedeutenden Geschichtsquelle so viel verdanken (und weil es das erste Buch der bayerischen Literatur überhaupt ist, geschrieben um 770 – mit der Authentizität eines Zeitgenossen), müssen wir Ihnen diesen kräftig-frischen Bilderbogen in einem raschen Überblick vorstellen.

Korbinian, schreibt Arbeo, stammt aus sehr vornehmem Geschlecht aus Charettes zwischen Paris und Orleans. Er ist ein Freund des Hausmeiers Pippin und bewohnt als frommer Einsiedler (mit zahlreicher Dienerschaft) eine Art Klause. Und dann gehen die Wundergeschichten gleich an, die einen heute noch fesseln können. Wie der Heilige nachts betend aus dem Weinkeller einen Knall hört. Der gute Wein wird jetzt ausrinnen, denkt er. Betet aber weiter, und am Morgen ist – trotz des ausgetriebenen Zapfens – kein Tropfen herausgeronnen. Und gleich erzählt er das nächste Wunder. Wie er einen zum Tode verurteilten Straßenräuber mit Namen Adalbert aus Mitleid vom Galgen rettet und ihn dann zeitlebens als Kammerdiener um sich hält. Wie ihn Pippin an seinem Hof auszeichnet und ihn mit Geschenken überhäuft. Wie er zum ersten Mal nach Rom reist und vom Papst gleich zum Erzbischof geweiht wird. Wie er sich, heimgekehrt, besonders der Jungfrauen annimmt und Klöster stiftet. Die wunderbarsten Geschichten gehn ihm nicht aus. Und zwischendurch ahnt man immer auch ein wenig Korbinians fränkisch-politische Mission. Pippin schickt ihn nach Regensburg an den Hof Herzog Theodos, der überhäuft ihn mit Geschenken und bittet den vornehmen Frankenprinzen, doch an den Hof seines Sohnes Grimoald nach Freising zu gehen. Und nun wirds interessant. Er zieht von Freising ein zweites Mal nach Rom. Mit großem Gefolge, mit rassigen Pferden vor allem, die fortwährend gestohlen werden. Aber die Diebe kommen alle auf wunderbare Weise ums Leben. – Und auch ein Bär schlägt ein Saumpferd des Heiligen. Aber Korbinian befiehlt seinen Knechten, den Bären einzufangen, ihn zu schlagen und mit dem Zaumzeug zu belasten. Und willig trägt der gebannte Bär – mitten unter den Dienern und Pferden Korbinians – das Gepäck nach Rom. Mit apostolischem Auftrag kehrt er zurück nach Freising und verkracht sich mit der Herzogin Pilitrud, die ihm nach dem Leben trachtet. Er flieht schließlich nach Südtirol und kehrt erst wieder nach Karl Martells Feldzug nach Freising zurück. Und tut als Bischof von Freising noch größere Wunder. – Arbeo ist auch heute noch mit Genuß zu lesen. Ein schöner Einstieg der Bayern in die Literatur. – In der Emmeramsbiographie schildert er mit den schwärmenden Augen Emmerams sein geliebtes Bayern mit diesen schönen Sätzen:

»Ein gutes Land, dieses Bayern, lieblich anzusehen, reich an Hainen, wohlversehen mit Wein. Seine Männer sind hochgewachsen und stark, auf Nächstenliebe und Sitte gegründet. Das Erdreich ist fruchtbar und bringt üppige Saaten hervor, und der Erdboden scheint von Vieh und Herden aller Art nur so zu wimmeln. Honig und Bienen sind in reicher Menge vorhanden. In Seen und Flüssen Fische in großer Zahl. Klare Quellen und Bäche bewässern das Land, und Salz hat es, soviel es bedarf...«

Bayern ein Paradies! So schön könnt's heut nicht einmal ich beschreiben.

Die Lex Baiuvariorum,
das erste bayerische Gesetzbuch

Wie's der Brauch ist, ist's recht. Und die Sitten und Bräuche lernen die Jungen von den Alten. »Wenn dir einer einen Schlag gibt, daß dir's Hirn rausschaut – oder dir die Därme ritzt – was man Leibwunden nennt, der zahlt eine Buße von sechs Schilling.« – Da weiß jeder, was eine Rauferei kostet. Und wieviel man sich erlauben darf. Als Frilazzi, als Freigelassener, natürlich weniger wie als gebürtiger Freier. Wenn beispielsweise ein Frilazzi einen Knecht sticht, daß er dran stirbt, zahlt er dem Herrn des Knechtes 40 Schilling.

»Wenn einer beim Weibe eines anderen liegt (die eine Freie ist) und ertappt wird, muß er dem Ehemann das Wergeld büßen.« Heißt es da in der Lex Baiuvariorum im achten Teil, der überschrieben ist mit »De uxoribus causis saepe contingunt. Von den Rechtsfällen der Frauen, die sich häufig zutragen«. – »Wird er umgebracht, braucht niemand zahlen, da liegt er tot in der Schandtat und darf keine Rache geübt werden...« Das sind die uralten Rechtsbräuche der alten Bayern, aufgezeichnet im ältesten bayerischen Rechtsbuch. – Wenn aber einer nur mit einem Fuß ins Bett gestiegen ist und die Frau um Hilfe geschrien oder ihn sonst abgewehrt hat – oder auch wenn einer nur im Bett gelegen und aber sonst nichts getan hat, was sie beschwören muß, so braucht er nur eine Buße von 15 Schilling zahlen. – Und tuts ein Knecht und wird dabei umgebracht, zahlt sein Herr nur die Hälfte Wergeld. – So stehts da, und das sind die ältesten Paragraphen, die's in Bayern gibt.

Wenn einer aus Lust an eine freie Frau Hand anlegt (sie sei eine Jungfer oder verheiratet), was in Bayern »ein Griff« genannt wird, der büßt sechs Schilling. »Hebt er ihr aber den Rock übers Knie hinauf (was man ›Hililzorrung‹ – Kittlzerrung – nennt), so büßt er zwölf Schilling.« – Mit Geld läßt sich alles richten, haben sich die alten Bajuwaren gesagt. –

Den Spruch hab' ich selber noch aus dem Mund alter Großväter gehört, wenn sie beim Kartenspiel verspielt haben und zahlen haben müssen: »Ja, mit Geld laßt se alls richtn«, da ein jeder ein Fünferl! Das Wergeld war die höchste Buße. Vierzig bis zweihundert Schilling, je nach Stand, ob Knecht oder Frilazzi, ob Freier oder Adeliger. – Und hat das Wergeld zu einem Drittel der Fiskus kassiert, zum andern die Sippe und zum dritten erst die Erben.

»Reißt einer einer Frau in verliebter Hitzigkeit die Haube vom Kopf«, was man in Bayern den »Walcwurf« nennt, »oder einer Jungfer gar die Haare vom Kopf, so büßt der Mann mit zwölf Schillingen.« – »Raubt einer aber eine Witwe, die in der Not ist, so büßt der vierzig Schillinge an den Fiskus.« Weil der Schutz der Witwen dem Herzog von Bayern und seinen Richtern besonders angelegen hat sein müssen. Bei einer freigelassenen Jungfer büßt man mit acht, bei einer Magd, die noch Jungfer ist, aber nur mit vier Schillingen. Nach altem bayerischem Volksrecht. Nach der Lex Baiuvariorum von 742, geschrieben vom Abt Eberswind von Niederaltaich, auf Befehl Oatilos und des Frankenkönigs Karl Martell. Unter ganz besonderer Berücksichtigung der kirchlichen Stiftungen und Güter. Indem die ersten und umfangreichsten Paragraphen für die alten Bayern unbedingt ganz neu waren. Daß niemand sich am gestifteten Kirchengut vergreifen darf, daß niemand Vater oder Mutter daran hindern darf, der Kirche zu ihrem Seelenheil Gründe und Güter zu schenken, er verfalle denn seines Erbes. »Kirchen in Brand stecken und Priester töten« wird am stärksten bestraft. Auch das Marksteinherausreißen bei gestifteten Kirchengründen durch gottlose Erben.

Ja no, neue Gesetze hat man nie gern. Es sind die alten hart genug. –

Der Prozeß Tassilos

Got almachtico – der Männer mildester – und alle ihr guten Geister – gib mir Kraft, den Teufeln zu widerstehen! – So seufzt der unbekannte Dichter des Wessobrunner Gebetes in den Junitagen des Jahres 788, da man seinem lieben guten Herrn und Stifter des Klosters, Herrn Herzog Tassilo, in Ingelheim den Prozeß macht. Weil der Frankenkönig in seinem europäischen Großreich kein selbständiges Bayern mehr dulden kann. Und Karl der Große in eigener Person ist der Richter. Die Anklage lautet auf Harislitz – auf Fahnenflucht –, die Tassilo vor 25 Jahren begangen hatte, als er das Heer König Pippins in Aquitanien verlassen hatte, um Bayern gegen die Awaren zu verteidigen und um die Langobardenprinzessin Luitpirg zu heiraten. Das Urteil, das Karl selber spricht, lautet auf Tod. – Bayerische Bischöfe und dem König Karl getreue Bayern treten als Zeugen auf und belasten ihren Fürsten schwer: Er hätte wiederholt zornig gesagt (nachdem er seinen Sohn Theodo als Geisel hat stellen müssen): »Und wenn ich zehn Söhne hätte und sie alle zehn dem Karl als Geisel überlassen müßte, das würde mich nicht davon abhalten, das verhaßte fränkische Joch nicht dennoch eines Tages abzuschütteln!« Ja, selbst der Bischof von Freising läßt Tassilo im Stich und äußert sich anklagend: Tassilo und Luitpirg hätten dem Bischof Arbeo (vor vier Jahren verstorben) viele Gotteshäuser wieder entzogen und ihn, den gottseligen Bischof und

Geschichtsschreiber, auch einmal angefahren, warum er dem König Karl getreuer sei als ihnen.

Tassilo hat sich gewünscht, nach bayerischem Recht verurteilt zu werden. Und nach der Lex Baiuvariorum hätte ihm, dem Herzog, nichts passieren können. Da soll Karl geschrien haben: »Gut, du sollst nach deiner Lex Gerechtigkeit erfahren, aber vorher wollen wir dieses Bayernrecht noch um etliche Artikel vermehren!« Und es kam zu den Paragraphen, nach denen der Ungehorsam des Bayernherzogs wider die Befehle eines Frankenkönigs mit dem Tode bestraft wird.

Wie wir aus den Lorcher Annalen erfahren, die unmittelbar nach dem Prozeß niedergeschrieben worden sind, hat endlich König Karl – auf heftiges Bitten Tassilos – die Todesstrafe in Verbannung in ein Kloster umgewandelt. Ob Tassilo, wie überliefert wird, auch geblendet wurde, steht nicht aufgezeichnet. Auf der Stelle, heißt es, sollten ihm die Haare geschnitten werden, verlangte Karl. – Aber, erzählt der Chronist weiter, da fing Herzog Tassilo wieder zu betteln an: »Ach, Karl, nicht hier auf der Pfalz zu Ingelheim laß mir die Haare scheren, ich müßte mich zu Tode schämen, bin ich doch dein Vetter und hab' auch fränkisches Blut in mir. –«

König Karl, heißt es in den Lorcher Annalen weiter, schwieg zu diesen Bitten und ließ ihn nach St. Goar bringen, wo Tassilo denn auch am 6. Juli 788 zu einem Kleriker gemacht wurde. Später brachten sie ihn in ein Kloster im Inneren des Frankenreiches. Auch seine Söhne Theodo und Theodebert wurden als Prinzen abgesetzt und zu Mönchen geschoren. Und Luitpirg, Tassilos Gemahlin, die königliche Prinzessin der Langobarden, wurde ebenfalls in ein Kloster verbannt.

Denkt man an Karls Bruder (Karlmann), der 771 plötzlich verstorben ist – und an so viele Merowinger und Karolinger, die auch vergiftet und getötet worden sind, so ist Tassilo noch gut davongekommen. Von zehn Entthronten der damaligen Zeit sind sieben umgebracht worden. Erst im 8. Jahrhundert wurden die Rivalen nicht mehr liquidiert, sondern sind mit der Tonsur davongekommen.

Ja no, regieren möcht grad einer, beten dürfen alle.

Der heilige Gerold oder Karl in Bayern

Grad schön war's gewesen im Bayernland unterm letzten Agilolfinger anno 788. – Die Erde fruchtbar, die Saaten üppig, Viehherden aller Art und fischreich die Wasser, schreibt Arbeo, der Freisinger Bischof. Und es war eine schöne, friedliche Zeit gewesen. In den Klosterschulen hat man bereits Bücher geschrieben, man hat Maler und Goldschmiede beschäftigt und Kirchen gebaut. Und alles in einem etwas eigenen Stil. Sogar der lateinische Text der Bibel war anders als der der Vulgata. Ebenso der Gesang der Mönche. Mehr columbanisch und ambrosianisch, weniger römisch, weil ja das alte Bayern noch mehr zur Kirchenprovinz Aquilea gehört hat. Man könnte fast von einem eigenartigen ravennensisch-langobardisch-bajuwarischen Kulturraum sprechen. Es ist also kein Wunder, daß dieses paradiesische Bayernland ins Reich Karls des Großen einverleibt hat werden müssen. Oder hat er's gar nicht gekannt, und es ist ihm mehr um die strategische Bedeutung der Alpenpässe gegangen? – Jedenfalls sind die Zeiten jetzt gefährlicher geworden und genauer. Durch die strengen Gaugrafen und Sendboten Karls, die sich um alles gekümmert haben. Und trotzdem schreiben die meisten Historiker: »Bayern hätte jetzt endlich auch an den Segnungen des karolingischen Weltreiches teilnehmen können!« – Sogar bayerische Geschichtsschreiber sagen das. Als ob nur ein großes Reich Segen bringen könnte! – Wie Arbeo schreibt, waren wir ja genug gesegnet. Aber bitte, zählen wir einmal die Segnungen des karolingischen Großreiches alle auf! Statt der Kloster- und Bistumsvielfalt mit noch uralten Traditionen gab es jetzt nur noch die streng organisierte römisch-fränkische Reichskirche. Auch nur noch ein einziger Bibeltext war erlaubt, die Vulgata, die Reichsbibel. Und wo die alten Mönche noch beinahe oströmische Weisen gesungen haben, durfte jetzt nur noch der gregorianische Choral gesungen werden, der Reichschoral.

Und nachher erst die vielen Kriege. Die systematische Ausrottung ganzer Völkerschaften, wie z. B. der Awaren, die Tassilo schon fast zu befreundeten Nachbarn gezähmt hatte. – Kaiser Karl hat sie allesamt umbringen lassen. – Er hat überhaupt sein Regiment in Bayern hübsch scharf angefangen. Auf Allerheiligen 788 hat er das erstemal von seiner bairischen Hauptstadt Regensburg Besitz ergriffen und hat gleich etliche agilolfingische Lehensträger des Landes verwiesen. »Treuloserweise«, sagt er dabei, »haben die böswilligen Menschen Odilo und

Tassilo dieses Herzogtum unserem fränkischen Reiche eine Zeit entzogen und abwendig gemacht«, aber diese Zeiten waren nun endgültig vorbei. – Karl setzte seinen Schwager Gerold, den Bruder der seligen Hildegard, als Regierungschef in Bayern ein, mit dem Titel eines Grafen und Präfekten. Dieser Gerold von Bertoldsbaar war kein gebürtiger Bajuware, sondern ein Schwab und ein erprobter Kampfgefährte des Kaisers. Er war natürlich bei den Bayern nicht beliebt und wurde bald ermordet. Aber erst nach dem sogenannten Regensburger Aufstand, wo einige vielleicht noch agilolfingisch gesinnte Bayern sich wegen der Grausamkeiten der Königin Fastrade gegen Karl unbotmäßig geäußert haben. Ihr Anführer soll ein bereits zum Priester geweihter unehelicher Sohn Karls gewesen sein. Graf Gerold hat energisch durchgegriffen und durch ein Volksgericht alle Beteiligten zum Tode verurteilen lassen. Da braucht man sich nicht wundern, wenn den Herrn Präfekt Kaiser Karls dann im wieder aufgelodertem Awarenkrieg am 1. September 799, wie er grad vor der Front seinen angetretenen Bayern eine ermunternde Ansprache halten will, plötzlich aus den hinteren Reihen ein Pfeil trifft und er tot vom Pferd sinkt. – Sein Leichnam wird nach dem Kloster Reichenau überführt. Karl betrauert seinen bayerischen Gouverneur und gibt sich ziemlich niedergeschlagen, schreibt Alkuin. Worauf aber ein Reichenauer Mönch nachts ein Gesicht hat und Graf Gerold im roten Gewand der Märtyrer unter den heiligen Blutzeugen schaut. – Seitdem wird Gerold als heiliger Märtyrer verehrt. – Und er zählt obendrein zur Verwandtschaft der Dießen-Andechser Grafen. Ja, ja, in Andechs gibt's nicht nur ein Bier.

Bayern unter den Karolingern

Je größer die Zeiten, je größer die Not! – Es war ein unglaubliches Durcheinander in dem so streng organisierten fränkischen Riesenreich. Und man findet kaum ein Friedensjahr. Weil's Reich immer größer werden hat müßn. Besonders von Bayern aus gegen Osten. Darum hat der Kaiser an den Grenzen Bayerns drei militärische Grenzmarken eingerichtet: die böhmische Mark auf dem Nordgau gegen die tschechischen Wenden. »Karmula« nennen die Tschechen heute noch einen Volksaufstand oder Unruhen. Und Karl heißt bei vielen Slawen König.

Und jenseits der Enns, wo Bayern früher aufgehört hat und das Reich der Awaren angefangen hat, wurde unter Karl jetzt die bayerische Ostmark gegründet. Die Kriege hörten aber niemals auf, denn nachrückende, mit den Awaren verwandte Völkerschaften wurden jetzt erst übermütig. Nicht besser ging es in Kärnten zu. Wo freilich spitzfindige Missionare die einheimischen Alpenslawen mit üppigen Tafelfreuden leichter bekehren konnten wie durch des Erzbischofs von Salzburg anbefohlene scharfe Höllenpredigt. Ein bereits getaufter und bajuwarisierter einheimischer Graf Nigo, ein origineller und populärer Mensch, ließ seine Leute, so sich haben taufen lassen, an eine fürstliche Tafel sitzen und herrlich bewirten, auch wenn sie nur Leibeigene gewesen sind, während er die verstockten heidnischen Herrn Vettern vor der Tür mit einer dünnen Milchsuppe abspeiste. Und Graf Nigo hatte einen so großen Erfolg, wie zehn heilige Missionare nicht haben, meint der Salzburger Erzbischof Arn. – Drum ist's in Kärnten heut noch so gemütlich, weil sich ihre Vorfahren seinerzeit so schlau haben bajuwarisieren lassen und katholisch geworden sind. – Sonst findet man selten eine schöne Geschichte aus der Zeit Karls des Großen. Es hat halt stolze Siege gegeben, wo überall die Bayern haben mitmarschieren müssen. Auch gegen die Sachsen. Indem es Karl geliebt hat, gleich mit drei Heersäulen von drei Seiten in ein Feindesland einzufallen. Und seitdem ist keine Ruhe gewesen. Auch nicht, wie er 814 gestorben ist. – Gewiß, Bayern ist jetzt größer gewesen. Aber was haben wir davon gehabt?

Karls Sohn Ludwig der Fromme hat sich um sein Königreich Bayern nicht mehr kümmern brauchen. Es war alles vom Vater genügend organisiert gewesen. Und wurde ein Sentgraf ermordet, wurde gleich wieder ein anderer ernannt. Einer der tüchtigsten war der aus dem ostfränkischen Taubergau stammende Präfekt Audulf, vordem Seneschalk des Königs. – Die Bischöfe und Klöster waren nun alle brav reichstreu. Und die Steuerlast ist immer drückender geworden. Wie könnt's anders sein! Das Kriegführen kostet Geld.

Unter den Enkeln des Kaisers kommt es bereits zu gefährlichen Bruderkriegen. Und auch die Söhne erheben sich wider den Vater. Der Kampf um die Macht wird immer unerbittlicher. Und die Stämme und Völker können sich nun auch nicht mehr verstehen. Die einen sprechen romanisch, die andern bleiben bei ihren angeborenen Barbarensprachen. So teilen sich die Enkel Karls Erbe im Vertrag zu Verdun im Jahre 843. Dreißig Jahre nach Karls Tod! – Karl behält das Westreich, und Ludwig regiert mit dem Titel eines »Königs der Bayern und der angrenzenden Gebiete« das fränkische Ostreich, aus dem einmal Deutschland werden wird. Auch die folgenden Karolinger residieren gern in Regensburg, Karlmann und Ludwig der Jüngere, Arnulf und Ludwig das Kind. Dieser letzte Karolinger »Carlito« stirbt als Elfjähriger in Regensburg. Und das bayerische Land steht am Ende der glorreichen Epoche arm und ausgesogen da und hat die einst friedlichen Nachbarn, die Slawen und Ungarn, nun zu mächtigen Feinden. Der verfluchte politische Größenwahn wird seit damals in Bayern gehaßt und auf Augenmaß Wert gelegt. Klein bleiben, und sonst ist's uns wurscht, wer uns regiert. Besser wird's nie. – So ähnliche Gefühle haben sich damals im bayerischen Gemüt eingenistet.

Die selige Irmingard vom Chiemsee

In der bayerischen Geschichte kommen viele Heilige und Selige vor. – Und nicht bloß Frauen. Sogar Karl der Große ist heilig gesprochen worden. Nicht zuletzt in seiner Eigenschaft als König der Bayern, wo er sehr viele Klöster gegründet und vergrößert hat und den Bischöfen überaus hilfreich gewesen war. Seine Heiligsprechung wird ausführlich begründet: daß er z. B. den Choralgesang geliebt und daß er – und das klingt sehr merkwürdig für uns – die Unsitte des Zuprostens verboten hat. Weil durch dieses Laster so viele Mäßige zum Trinken verführt würden. – Damals hat's halt noch keine umsatzlüsternen Bierbrauer gegeben.

Auch Hildegard, eine der Gemahlinnen Karls, aus dem Geschlechte der alemannischen Herzöge, wird als Selige verehrt. Sie hat das Kloster Kempten gestiftet, die stolze Reichsabtei. Und Karls Schwester war die heilige Gertrudis, die sich geweigert hat zu heiraten und lieber in Ostfranken, in der Nähe Würzburgs, in Karlsbruck, mit dem Priester Attalongus ein Nonnenkloster gegründet hat. –

Der Bruder unserer seligen hohen Frau vom Chiemsee, Kaiser Karl der Dicke, schließlich war der Gemahl der heiligen Richardis gewesen, die mit dem unglücklichen Kaiser, der bald gemütskrank geworden, eine Josefsehe geführt hat. Später ist sie von ihm – allerdings zu Unrecht, wie ihre Biographen schreiben – als eine Geliebte des Bischofs Ludwart beschimpft und ins Kloster geschickt worden. – Kurz darauf wird Kaiser Karl der Dicke abgesetzt und stirbt. – Auf Grund vieler Wunder aber, die am Grab der hl. Richardis geschehen, werden ihre Gebeine vom Papst feierlich erhoben.

Die berühmteste Karolingerin in Bayern bleibt die selige Irmingard vom Chiemsee, die Tochter Ludwigs des Deutschen, der sich selber »König von Bayern und der angrenzenden Gebiete« nennt. – In ihrer Familie ist es nicht gerade vorbildlich hergegangen. Im Jahr ihrer Geburt etwa, anno 833, besiegt ihr Vater mit seinen Brüdern den Großvater, den alten Kaiser Ludwig den Frommen, bei Kolmar. Gerade sie wird eine vorbildliche Klosterfrau und eine Wohltäterin der Armen. Schon ihre Mutter, die Welfin Hemma, gilt als eine besonders tugendhafte und fromme Königin, denn barfüßig teilt sie, die Herrscherin, im Kloster zu Obermünster an die Regensburger Stadtarmen allwöchentlich ihre Gaben aus. – So ist es kein Zufall, daß alle Töchter Ludwigs des Deutschen den Schleier nehmen.

Irmingard, in einem Nonnenkloster bei Reichenau erzogen, kommt schon als junges Mädchen nach Frauenwörth. Vielleicht will sie gerade in dieser Abgeschiedenheit für die Sünden ihrer Familie büßen? – Sie ist, wie die Untersuchungen ihres Skeletts ergeben haben, eine überaus zarte Person. Nach der Tradition des Hauses wird sie bald zur Äbtissin gewählt. In ihrer Zeit soll es im Chiemgau keinen Armen gegeben haben. – In ihrer Grabschrift heißt es: »Sie hat ihre Herde und sich selber dem göttlichen Lamme zugeführt.«

In ihrem Grab fand man 1961 bei Ausgrabungen ein Bleitäfelchen mit der Aufschrift: »Hier ruht Irmingard, die Tochter Ludwigs, des großmächtigen Königs, eine überaus heilige Jungfrau. – Glaubt und freuet euch im Herrn!« – Und am Rand steht auch noch der Spruch: Modestia vestra nota sit – Euere Bescheidenheit sei allen Menschen bekannt!

Ludwig das Kind

Es ist uns in Bayern noch selten das Bier ausgegangen – nicht leicht –, aber schon gleich gar nie hat es uns an Regenten gefehlt. Manchmal hat der Stammbaum allerdings mit einem Kind der Liebe fortgepflanzt werden müssen. Wie König Karlmann 880 in Altötting stirbt, hinterläßt er nur von der Nebenfrau Liutwinda einen Sohn, mit dem Namen Arnulf. Dieser Arnulf ist ein sehr schneidiger Bursch, und der Vater hat ihn bereits als Jüngling zum Markgrafen von Kärnten erhoben. Karlmanns Nachfolger wird der Brudersohn Ludwig. Aber den braucht man sich gar nicht merken, der regiert nur ein Jahr. (Sein Bub ist ihm in Regensburg aus dem Fenster des königlichen Palastes gefallen und hat sich das Genick gebrochen. Der Verdruß darüber tötet den Vater noch im selben Jahr.) – Jetzt erbt der noch einzig rechtmäßige Karolinger, Karl der Dicke, König von Schwaben und Lothringen, von Franken und Italien, auch noch Bayern und Deutschland. Er wird zum Kaiser gekrönt. Aber seine epileptische Krankheit macht ihn regierungsunfähig, und er wird abgesetzt. – Trotz seiner heiligen Gemahlin Richardis. – Jetzt kommt Arnulf von Kärnten, das Kind der Liebe, doch noch auf den Thron. Als vorletzter Karolinger anno 887. –

Übrigens, wie sein Vater Karlmann in Rom zum Kaiser gekrönt werden sollte, ist plötzlich sein ganzer Heerbann krank geworden. Alle, schreibt der Chronist, seien von der Seuche des Niesens befallen worden. Und sind viele daran auch gestorben. Auch Karlmann hat niesen müssen und hat deshalb das Unternehmen abgebrochen und ist rasch heimwärts gezogen, gegen Altötting. – Und schreibt Aventin, damals sei der Brauch aufgekommen, daß man zu einem Niesenden sagt: Helf dir Gott! 896 wird Liutwindas Sohn Arnulf in Rom zum Kaiser gekrönt. Aber wie sein Vater Karlmann ist auch er krank heimgekommen und verstorben. Erst 54 Jahre alt. Er liegt in St. Emmeram begraben. Der neue König, sein Sohn Ludwig, ist erst sieben Jahre alt.

Und im Fränkischen gehts drunter und drüber. Die Markgrafen haben untereinander Krieg geführt. Die Popponen (die Herren im Grabfeld und in der sorbischen Mark), also die Markgrafen in Franken und Thüringen, später die Babenberger genannt, kämpfen gegen die Konradiner aus dem Lahngau, denen der Kaiser als Schwager noch die Herzogwürde in Franken übertragen hatte. Der Poppone Adalbert verwüstet das Bistum Würzburg und erschlägt den eben ernannten Herzog Konrad. Er wird geächtet, der bayerische Markgraf Luitpold belagert mit dem Mainzer Bischof Hatto den Babenberger Adalbert in seiner Burg Theres am Main. Durch eine List wird Adalbert aus seiner Burg heraus gebunden, ins Lager des Mainzer Bischofs Hatto gebracht und enthauptet. Seine Güter werden konfisziert und Konrads Sohn als Herzog in Franken bestätigt.

Um die Zeit – um 890 – beginnen die Ungarneinfälle. Markgraf Luitpold der Schire von Bayern, ein Vetter Arnulfs von Kärnten – zugleich der Stammvater des bayerischen Königshauses –, führt das Heer der verbündeten Markgrafen und Bischöfe gegen die Ungarn an. Auch der 14jährige deutsche König das Kind reitet mit. Aber am 5. Juli 907 wird dieses Heer von der Übermacht der Ungarn vernichtet. Markgraf Luitpold, die Bischöfe von Freising, Säben und Salzburg und mit ihnen viele tapfere Bayern werden getötet. Mit knapper Not kann sich der königliche Knabe retten. Viele Klöster werden niedergebrannt und Frauen und Mädchen, mit Vieh zusammengekoppelt, gen Ungarn geschleppt. Keine schöne Zeit. Und bald darauf, im August 911, stirbt in Regensburg im 18. Lebensjahr der letzte männliche Karolinger, Ludwig das Kind. Ja no, das ist menschlich, auch noble Stammbäume werden dürr.

Arnulf der Böse

In Bayern gehts allerweil wieder weiter. Auch damals ists weitergegangen, nach der Katastrophe des Jahres 907, da in der mörderischen Ungarnschlacht an der Enns – hinter Linz – Markgraf Luitpold der Schire gefallen ist. Und mit ihm fast der ganze bayerische Heerbann. Da übernimmt Luitpolds Sohn Arnulf das Kommando. Er läßt sich, nach einem alten Recht aus der Agilolfingerzeit, zum Herzog der Bayern küren. Und stolz nennt er sich »Herzog der Bayern und der angrenzenden Länder«. Fünf Jahre lang hält er sich still und rüstet. Und als dann eines Tages wieder die ungarische Gesandtschaft in Regensburg erschien, um den ausgehandelten Tribut zu kassieren, soll er ihnen herrisch geantwortet haben: Ich habe nur befehlen, aber nicht gehorchen gelernt. Und freiwillig bekämen sie nichts mehr.

Schon im kommenden Frühjahr des Jahres 913 sind sie wieder herangestürmt – auf ihren Streitrossen, d. h., die Pferde hatten an den Köpfen große spitze Hirsch- und Elchgeweihe umgebunden, um noch verheerender in die Reihen des bayerischen Fußvolkes eindringen zu können. Hinter Ötting ist es zur Schlacht gekommen. Und Arnulf hat mit seinen Bayern einen Sieg errungen. Bis an die Leitha soll er die Fliehenden verfolgt haben – mit seinen bayerischen Streitrössern. Und kaum dreißig Ungarn, schreibt ein Regensburger Mönch, sind mit dem Leben davongekommen. –

Jetzt war der junge Bayernherzog noch selbstbewußter und verweigerte dem vom Erzbischof von Mainz eben zum deutschen König gekrönten Frankenherzog Konrad die Anerkennung. Sein Bayern sei so bedeutend, daß es selber ein Königreich sei. Konrad rückte zwar mit einem Heer gegen Regensburg, konnte aber nichts ausrichten. Um aber mit dem selbständigen Bayernfürsten dennoch etwas gesamtdeutsche Politik machen zu können, heiratete König Konrad Herzog Arnulfs Mutter, die Witwe des von den Ungarn erschlagenen Markgrafen Luitpold des Schiren. Auch diese Friedensehe mit der aus dem schwäbischen Herrscherhaus stammenden und auch noch ansehnlichen Matrone konnte den Bayernherzog nicht zur Anerkennung eines deutschen Königs bringen. Nachdem die karolingische Dynastie erloschen sei, soll er gesagt haben, stehe es jedem Stammesfürsten frei, einen gesamtdeutschen König zu wählen oder abzulehnen. Und er lehne einen solchen ab. Eine interessante Persönlichkeit, dieser Arnulf, da er als erster Bayernfürst mit einem Zunamen in die Geschichte eingeht. Ein St. Gallener Mönch nennt ihn »Arnulf den Bösen«. Ebenso Bischof Otto von Freising und Metellus von Tegernsee. Während andere wieder meinen, boshafterweise werde er der Böse genannt. Auf einer Bischofssynode zu Nördlingen soll er sogar gebannt worden sein. Und warum verdammen ihn die Geschichtsschreiber? Weil er ein paar Dutzend Klöster aufgehoben hat, um nach der Katastrophe von 907 das bayerische Heer wieder aufrüsten zu können. Metellus von Tegernsee schreibt, daß damals in Bayern der Mönchsstand so gut wie aufgehört habe. Aber ohne diese Arnulfische Säkularisation hätten die wilden Ungarn 909 und 913 nicht besiegt werden können.

Nach dem Tod König Konrads hat sich Arnulf auch geweigert, den mächtigen Sachsenkönig Heinrich anzuerkennen. Und König Heinrich, der Vogler, zog mit Heeresmacht vor Regensburg. Nach ergebnisloser Belagerung hat König Heinrich den Bayernherzog zu einer gütlichen Aussprache eingeladen. Und der Sachsenkönig gewährte ihm königlich-bayerische Sonderrechte, wie z. B. die Ernennung der Bischöfe und das Recht, eigene Münzen zu prägen. Und Arnulf verweigerte Heinrich nicht mehr die Anerkennung der deutschen Königswürde.

Also hat's bereits anno 919 bayerische Reservatrechte gegeben – anläßlich der Gründung des ersten deutschen Reiches. Das ist ein wichtiger Punkt in der bayerischen Geschichte, und den darf man nie vergessen.

Unter sächsischer Herrschaft

Das ist das Schöne an der bayerischen Geschichte, daß die fremden Herren, die Unterdrücker und Eroberer, schnell heimisch werden im Land und nachher selber noch bayerisch-unabhängiger, selbstbewußter, ja direkt gradso aufsässig fühlen, wie kurz vorher abgehalfterte angestammte Bayernfürsten gefühlt und gehandelt haben. – Bei sächsischen Bayernfürsten kann man das am deutlichsten studieren.

Nach des ersten deutschen König Heinrich Tod wählen die Stammesfürsten im August 936 in Aachen dessen Sohn Otto I., den Großen, wie er später genannt wird. Seine Mutter ist die heilige Mathilde, eine Urenkelin des Sachsenherzogs Widukind. Da sie die Stammutter mehrerer bayerischer Herzöge ist, wird sie auch zu den Heiligen des Bayernlandes gezählt.

Herzog Arnulf der Böse ist bei der Königswahl anwesend und übt das Ehrenamt eines Erzmarschalls des Reiches aus. Aber er ist nicht mehr der Gesündeste. Im folgenden Jahr stirbt er in seiner Hauptstadt Regensburg eines qualvollen Todes, wie seine Biographen schreiben. Der St. Gallener Mönch berichtet gar, daß der Teufel ihm drei Wochen lang auf dem Sterbebette die Seele kleinweis aus dem Leibe herausgequält haben soll. Und das, obwohl er auf der Synode zu Dingolfing anno 932 den Bischöfen die Rückgabe der seinerzeit konfiszierten Kirchengüter versprochen hat.

Sein Sohn, Herzog Eberhard, verweigerte aber dem Sachsenkönig Otto I. die verlangte Huldigung. Ein bayerischer Herzog dürfe niemals einem gewählten deutschen König huldigen. Das war auch die Meinung seiner beiden Brüder. Und man verstärkte die Festungsanlagen von Regensburg. – Das war auch höchste Zeit, denn König Otto rückte mit dem starken sächsischen Heerbann vor die bayerische Hauptstadt. Er konnte Regensburg aber nicht einnehmen. Und mußte nach vier Monaten, im Dezember, unverrichteter Dinge wieder abziehen. – Ist aber das kommende Jahr wieder angerückt. Und diesmal gelingt die Einnahme der damals größten deutschen Stadt. Herzog Eberhard wird aus dem Land vertrieben und dann hingerichtet.

So gehts, wenn einer der Große heißt! Die bayerischen Herrscher haben andere Zunamen. Man nennt sie die Bösen oder die Frommen, manchmal gleich gar die »Vielgeliebten«. Aber niemals die Großen. – Auch Eberhards Brüder werden von den Historiographen als »verschollen« gemeldet. Neuer Bayernherzog wird Arnulf des Bösen Bruder Berthold, der mit Wildtrud, einer Nichte des Sachsenkönigs, verheiratet ist. So bleibt das luitpoldingische Geschlecht der alten bayerischen Pfalzgrafen doch noch eine Zeitlang am Ruder. Auch vermählt sich König Ottos Bruder Heinrich mit der schönen Judith, einer Tochter Herzog Arnulfs des Bösen. Obwohl sie doch die Schwester des hingerichteten Eberhard ist. – Verwandt und verschwägert und doch zerkriegt.

Nach Bertholds Tod wird Ottos Bruder Heinrich Herzog in Bayern. Und da dieser im Jahre 953 Mainz belagert, zettelt der noch einzig überlebende Bruder Eberhards, Pfalzgraf Arnulf, in Regensburg einen Aufstand an. Die Bischöfe Salzburgs und Aquileas stehen auf seiner Seite. Auch der Schwabenherzog. Regensburg kann sich lange halten, fast ein Jahr lang. Der Hunger zwingt die Aufständischen zu einem Ausfall. Vier Stunden tobt der Kampf. Doch der Kaiser erringt den Sieg. Pfalzgraf Arnulf fällt. Die rebellierenden Bischöfe werden vom Sachsenkaiser entmannt und geblendet. –

Gott sei Dank passieren solche Geschichten in der bayerischen Geschichte nur ganz selten oder fast nie ...

St. Ulrich von Augsburg

Einmal ist's Frommsein der Brauch, und nachher wieder glauben die Leut gar nichts. Vor tausend Jahren hat man Angst gehabt, daß bald das Ende der Welt anbrechen wird. Da haben die Leute gebetet!

In Bayern haben damals große Bischöfe gewirkt: Heilige und Helden. Wie in Augsburg der hl. Ulrich. Grad über den hl. Ulrich wissen wir viele Einzelheiten, weil sein Biograph, Propst Gerhard von Augsburg, ein Zeitgenosse gewesen ist. Er war der Sohn des Grafen von Dillingen, und seine Mutter war eine alemannische Herzogstochter. Der Bub bekam die beste Erziehung, er wurde in der Klosterschule von St. Gallen erzogen, und Notker der Stammler war sein Lehrer. Anschließend wurde er gleich Kämmerer des Augsburger Bischofs Adalbero. Unter dessen Nachfolger aber wollte Ulrich nicht dienen. Er verwaltete lieber das Erbe seiner Mutter. Erst 924 wurde er zum Augsburger Bischof geweiht. Er setzt seine Bischofsstadt gleich in einen guten Verteidigungszustand und hält in den vielen schwäbischen und bayerischen Aufständen immer treu zum Kaiser.

Und dann stürmen hunderttausend Ungarn gegen Augsburg an! Die Stadtmauer hält stand. Ulrich steht segnend hinter seinen Kämpfern, und er läßt Nonnen in einer Prozession durch die Stadt beten. Ja, sogar Säuglinge läßt er auf die Altäre legen, auf daß ihr Schreien den himmlischen Beistand erbitten hilft. Und wirklich ziehen die Ungarn ab, denn der Kaiser Otto führt ein gewaltiges Ersatzheer heran. Ein glänzender Sieg wird errungen. Der Ungarnfürst Bulscu wird gefangen und in Regensburg gehängt.

Ulrich baut die zerstörten Kirchen wieder auf und stiftet Klöster. In heiligmäßiger Strenge visitiert er seine Pfarreien. Von Ochsengespannen, schreibt der Biograph, läßt er sich von Pfarrei zu Pfarrei fahren, mahnend, predigend und armen Kranken Almosen spendend. Ja, die Allerärmsten gar ladet er an seine bischöfliche Tafel. Aber er hält auch Gerichtstage ab, auf denen bei schwierigen Fällen noch das Gottesgericht zur Urteilsfindung herangezogen wird: daß der Angeklagte seine Unschuld dadurch beteuern muß, daß er, ohne Schmerzen zu empfinden, heiße Eisen anfassen kann. Auch Eideshelfer können einen Freispruch erzwingen.

Bei seinen Predigten sollen viele geweint haben. Tag und Nacht singt er die Psalmen. Geschlafen hat er nur wenig. Die großen Jahresfeste feiert er in aufwendiger Pracht. Noch zu Lebzeiten des Heiligen werden Wundertaten beobachtet. Ein verschenktes Stück Fleisch z. B. wird am Freitag zu Fisch.

Dreimal reist er nach Rom, zuletzt in Kissen aufs Pferd gebunden, weil er das Fahren nicht mehr aushält. An seinem Todestag läßt er sich sein Sterbekleid anziehen und stirbt am 4. Juli 973.

Sein Nachfolger, Heinrich der Luitpoldinger, zettelt mit Heinrich dem Zänker und Heinrich von Kärnten 977 gegen Kaiser Otto II. noch einmal einen bayerischen Aufstand an.

Auf den reichstreuen Sankt Ulrich folgt also wieder ein bayerisch-schwäbischer Partikularist.

Natürlich, schöner wärs! – Aber die Idee des Gottesstaates erfordert ein großmächtiges heiliges Reich.

Der heilige Wolfgang von Regensburg 972–994 und Pilgrim von Passau 971–991

Ohne den heiligen Wolfgang, den Bischof von Regensburg, wärn wir in Bayern niemals das geworden, was wir heut noch sind: brav und fromm, einfach und ein bisserl geistig. Außerdem tät ohne diesen liebenswürdigen Heiligen der Mozart nicht Wolfgang heißen.

Wolfgang ist ein gebürtiger Schwabe. Und er ist der erste Bischof seiner Zeit, der nicht aus dem Hochadel gebürtig ist, sondern aus bescheideneren Verhältnissen stammt. Von einem Priester wird er zum Eintritt in die Klosterschule von Reichenau vorbereitet, wo auch die Söhne aus großen Familien studieren. Heinrich der Babenberger befreundet sich mit ihm und nimmt ihn mit an den bischöflichen Hof nach Würzburg. Wenig später wird dieser Heinrich Bischof von Trier und Wolfgang Trierer Domdekan. Wolfgang sehnt sich aber nach klösterlicher Ruhe und Muße fürs Studium. Er schlägt verlockende Angebote aus und wird Mönch in Kloster Einsiedeln. Als Leiter der Klosterschule dringt sein Ruf dennoch in die Welt, und Bischof Ulrich von Augsburg weiht ihn zum Priester und begeistert ihn für die Ungarnmission. – Aber er hat kein Glück in Ungarn und kehrt nach einem Jahr zu Bischof Pilgrim nach Passau zurück. – Zu jenem Pilgrim übrigens, der die Geschichten des Nibelungenzuges zu König Etzel in Latein aufzeichnen läßt. Geschichten, die, wie allerjüngste Forschungen des Professors Heinrich Kunstmann, Slawistik, dartun, nicht die Nibelungennot besingen, sondern den bayerischen Völkermord an den 9000 Bulgaren in jener Winternacht des Jahres 631. Eine Art Schockdichtung in poetischer Verfremdung.

Eine schlimme Geschichte, die aber in den Tagen Bischof Pilgrims schon dreihundertfünfzig Jahre zurückliegt. Und gleich gar der heilige Wolfgang ist eine lichte Gestalt. Auf Wunsch des Kaisers Otto II. wird er 972 mit 47 Jahren zum Bischof von Regensburg gewählt, der auch Abt von St. Emmeram ist. Er beginnt gleich mit seinem Reformeifer, trennt den Bischofsstuhl von der Emmeramer Abtei und hebt das mönchische Lehen. Diese vom hl. Wolfgang ausgehende Regensburger Reform setzt sich im ganzen Reich durch. Die Regensburger Domschule wird durch Wolfgang so berühmt, daß man von Regensburg wie von einem zweiten Athen spricht. Auch die Kinder Herzog Heinrichs II. sind seine Schüler: der spätere Kaiser Heinrich der Heilige, Gisela, die heilige Königin der Ungarn.

Wolfgang verkleinert seine Diözese, indem er den Böhmen, mit Erlaubnis des Kaisers, in Prag ein eigenes Bistum errichten hilft. Das hat ihm zwar Feinde gemacht, aber dem hl. Wolfgang ist es mehr um die Seelsorge zu tun gewesen. Wie weit es damals gefehlt hat, beweist die in den Biographien angeführte Entrüstung des Heiligen über den Geiz vieler Pfarrer, die in der Messe nicht Wein, sondern Wasser, Met oder Bier verwandelten. Jeden Monat mußten sie nun im bischöflichen Keller den Meßwein holen.

Berühmt ist St. Wolfgang durch seine Flucht aus Regensburg an den Arbersee geworden, den heutigen Wolfgangsee, wo er sich als Einsiedler in der Nähe des Klosters Mondsee, das ja damals regensburgisch gewesen war, drei Jahre lang versteckt gehalten hat.

Und warum? Weil er den politischen Wirren im Kampf zwischen Bayernherzog und gesamtdeutschem Kaiser entgehen hat wollen. »Aus Kaiserfehde und Fürstenstreit – floh er zur Alpeneinsamkeit. Denn wo der Haß in Waffen tost, ist Hochgebirg des Weisen Trost.« Besingt Scheffel des hl. Wolfgang romantische Flucht. Und hier, in der schönen Bergeinsamkeit, in der Nähe des glänzenden Sees, wird von vielen Wundern des Heiligen erzählt. Wie z. B. die Steine unter den Knien des Beters weich werden.

Es gab einmal eine eigene Wolfgangslitanei, in der er so gepriesen wird: Du Wundermann des Teutschland, du Trost des Österreich, du Vorsprecher Böheimbs, du Glory der Stadt Regensburg, du allgemeiner Nothelfer.

Nicht grad die Fürsten sind in der bayerischen Geschichte bekannt, auch unsere Heiligen sind unsterblich.

Heinrich und Kunigund
995–1017

Die Familien sind verwandt und verschwägert. Während in Augsburg Bischof Ulrich im Sommer 955 die Ungarn besiegt, stirbt in Regensburg Herzog Heinrich. Seine Gemahlin Judith ist eine geborene Luitpoldingerin, eine Schwester des aufständischen Arnulf. Sie wird nun für ihren minderjährigen Sohn Heinrich II. die Regentin Bayerns. Dieser Herzog Heinrich II. ist schon mehr ein Bayer als ein Sachse; er erhält deshalb auch den Beinamen »der Zänker«. Seine Mutter hat sich ins Regensburger Kloster Niedermünster zurückgezogen. Aber sie erlebt noch die wiederholte Gefangennahme ihres Sohnes und die Vergabe der Ostmark an den Babenberger Leopold. Erst in seinen letzten Jahren vergeht dem sächsischen Bayernherzog seine auftrumpfende Souveränität, und er wird ein kaisertreuer Bayernfürst. Die Politik der Sachsenkaiser war eher bayernfeindlich als bayernfreundlich. Ausgenommen ist natürlich der letzte Sachse in Bayern, Herzog Heinrich IV., als Kaiser dann Heinrich II. der Heilige genannt. Er war ein Sohn des Zänkers und der burgundischen Königstochter Gisela. Eine lichte Gestalt, ein Schüler des heiligen Wolfgang von Regensburg. Sagen Sie nun nicht, dieser Heinrich II. habe keinen Tropfen bayerischen Blutes in den Adern gehabt! Seine Großmutter war immerhin eine Luitpoldingerin gewesen.

Warum heißt er der Heilige? Weil er die Bischöfe von den unrechtmäßigen Lasten ihrer Vögte befreit. Er reformiert die Klöster, verbreitet im ganzen Reich die ideale Ordnung und strenge Reformlehre seines väterlichen Erziehers, des heiligen Wolfgang von Regensburg. Die Renaissance der Sachsenkaiserzeit erfährt mit ihm noch einmal einen von Bayern ausgehenden Aufschwung. Auf die Bischofsstühle setzt er hervorragende Persönlichkeiten seiner Wahl, Jugendfreunde, Schüler des heiligen Wolfgang. Gotthart, der Abt von Niederaltaich, wird Bischof von Hildesheim, Wigbert Bischof von Merseburg, Tagino Erzbischof von Magdeburg. Er gab den Bischöfen ihre Macht zurück und kümmerte sich um eine freie Abtwahl in den Mönchskonventen. Fehlte es an Zucht, brachte er den neuen Abt gleich mit. Seine größte Tat aber war die Gründung des Bistums Bamberg. Aber auch dieser gottesfürchtige Kaiser Heinrich der Heilige mußte »für die Ehre Gottes und um das Wohl seines Volkes« Kriege führen. Vor allem gegen Polen. Und gegen den Babenberger Heinrich von Schweinfurt. Aber auch in Italien wurde er in verschiedene Händel verstrickt, als er sich dort im Jahre 1014 die Kaiserkrone holte. Auch seine fromme Gemahlin, die heilige Kunigunde, wurde gekrönt. Sie führten eine keusche, »geschwisterlich-reine Josefs-Ehe«, die natürlich kinderlos geblieben ist.

Und doch hat dieser brave Kaiser seine Gemahlin einmal des Ehebruchs bezichtigt. Er sei dazu von hinterhältigen Eiferern aufgestachelt worden, heißt es in den Berichten. Kunigunde war erschüttert und begehrte ein Gottesurteil. Über acht glühendheiße Pflugscharen schritt sie hinweg, ohne sich dabei die Fußsohlen zu verbrennen. Da verzieh ihr der Kaiser. Noch an seinem Sterbebett, da er sich in Schmerzen windet und die Großen des Reiches um sein Bett stehen, bekennt er, daß sein früherer Verdacht gegen die Kaiserin ganz und gar falsch gewesen sei.

Ja no, gegen die Eifersucht kann keiner an. Nicht einmal ein heiliger Kaiser.

Die Salier in Bayern
1027–1070

Bayern und Deutschland! Das ist ein aufregendes Kapitel! Und es waren nicht die friedlichsten Jahre, in denen die Reichsidee von Bayern ausgegangen ist. Vor allem die fränkischen Kaiser, die Salier, haben viel von Bayern aus Krieg geführt. Konrad II. z. B. hat gleich seinen kaum zehnjährigen Sohn Heinrich zum Herzog in Bayern ernannt. Das heißt, die in Regensburg versammelten bayerischen Grafen haben ihn zu ihrem Herzog wählen müssen anno 1027.

Der junge Bayernherzog wurde auf der Burg Andechs bei den verwandten Grafen unter Aufsicht des Freisinger Bischofs Engelbert ziemlich geistlich erzogen, denn aus Heinrich wurde im Jahre 1039 einer der frömmsten Kaiser in der deutschen Geschichte. Wegen seiner schwarzen Haare und seines dunklen Bartes wird er in vielen Klosterchroniken Heinrich der Schwarze genannt. Und wahrscheinlich nennt man seitdem einen besonders kirchentreuen Staatsmann einen »Schwarzen«. Sein Vater Konrad II. war ein schlauer, origineller und bäurisch denkender Herrscher gewesen, der für das jetzt Mode werdende überspitzte Geistig-Geistliche, vor allem für die cluniazensischen Klosterreformen, eher ein spöttisches Lächeln übrig gehabt hat. Außerdem sagten sich auch viele bayerische Äbte: »Wir brauchen keine Reform, bei uns ist eh alles in Ordnung.« – Heinrich III. aber, ein hochgebildeter Theologe, wird eine Art Priesterkönig, der auch als Kaiser manchmal die Kanzel besteigt und seinem Volke eine Predigt hält. So im Jahre 1042 in Konstanz, wo er den Gottesfrieden verkündet, die »Treuga Dei«, nach der vom Donnerstag abends bis Montag früh keine Waffen geführt werden dürfen. (Denn das sind die Leidenstage des Herrn.)

In den Jahren, da er als bayerischer Herzog noch ein Knabe ist, erhebt der Ungarnkönig Stephan der Heilige einen Erbanspruch auf

Bayern, denn seine Gemahlin, die heilige Gisela, ist ja eine Schwester des kinderlos verstorbenen Heinrich des Heiligen. Der fromme Ungarnkönig fällt in Bayern ein, um sein bayerisches Erbe mit Gewalt ungarisch zu machen. Kaiser Konrad II. eilt ihm mit Heeresmacht entgegen. Die Bayern können aber den Ungarnkönig nicht besiegen, denn, so schreiben die Zeitgenossen, der heilige Stephan habe die Bayern durch die Inbrunst seines Gebetes gebannt. Und den Bayern seien daraufhin alle Lebensmittel abhanden gekommen. Kaiser Konrad schickt sein Söhnlein, den bayerischen Herzog Heinrich VI., mit dem Bischof von Freising nach Ungarn, um mit König Stephan Frieden zu schließen.

Da er 1039 die Nachfolge seines Vaters auf dem Kaiserthron antritt, behält er die Würde eines Bayernherzogs bei. Und er errichtet im Osten und Südosten Bayerns viele kleine Grenzmarken: zwei böhmische und eine ungarische. Sogar im bayerischen Nordgau die Marken zu Cham und Nabburg.

Und geheiratet hat er nach dem frühen Tod seiner dänischen Gemahlin – anno 1043 – in Ingelheim die strenggläubige französische Prinzessin Agnes, die auch im cluniazensischen Geiste erzogen war. Auf ihrer Hochzeit haben sie sich jeden Tanz verboten und die Musikanten davongejagt. Da ist es kein Wunder, daß aus dieser Ehe der unglückliche Kaiser Heinrich IV. geboren wurde, der mit dem Papst den Investiturstreit ausfechten hat müssen, wegen dem Zölibat. –

Aber heiliggesprochen ist er doch nicht wordn, der fränkische Bayernfürst und römische Kaiser Heinrich III. – Trotz seines Eifers.

Bayern zwischen Kaiser und Papst

Es hat bei uns auch geistige Vorkommnisse gegeben. Z. B. unter Kaiser Heinrich IV. die Gaudi mit dem Zölibat und dem Investiturstreit. Das sind weltbewegende Themen in der bayerischen Geschichte. Damals sind die Päpste mächtiger geworden als die Kaiser. Kaiser Heinrich IV. und Papst Gregor VII. waren die Kontrahenten. Und in Bayern stand man auf der Seite des vom Papst gebannten Kaisers. Nicht nur der niedere Klerus hat sich kaisertreu gehalten, da er sich gegen die Einführung der vorgeschriebenen Ehelosigkeit gesträubt hat, auch das bayerische Episkopat hat sich gegen den Papst aufgelehnt. – Man könnt' am Glauben zweifeln bei der Lektüre dieser fürchterlichen Geschichten, wenn man keine Festigkeit hätt'.

In den Zölibatsvorschriften wimmelt es nur so von unanständigen Ausdrücken vom Konkubinat der Geistlichen, vom Crimen fornicationis, dem Verbrechen der Unzucht. Und daß die Gläubigen einem solchen Priester ja das Messelesen verwehren sollten, schreibt der Papst in einem Brief an den Bischof von Passau. Gegen die Simonisten ist die Sprache noch schärfer. Simonisten, das sind Geistliche, die ihre Pfarrei oder ihr Bistum vom Herzog oder Kaiser gekauft haben.

»Aber ohne Simonie oder Investitur kann man das Reich nicht regiern«, hat schon der heilige Kaiser Heinrich gesagt. – Angefangen hat diese schlimme Zeit mit dem frühen Tod des frommen, aber mächtigen Kaisers Heinrich III. im Oktober 1056. Er war erst 39 Jahre alt. Und sein Sohn, Kaiser Heinrich IV., erst sechs. Und dessen Mutter, die Kaiserinwitwe Agnes, eine gebürtige Französin, kaum dreißig. Sie war eine attraktive Erscheinung und führte die Regentschaft. War aber den Einflüsterungen der Fürsten nicht gewachsen. Zunächst konnte freilich noch nicht zuviel passieren, denn Papst Viktor II., der am Sterbebett des Kaisers zufällig anwesend war, war der Regentin ein Helfer und Berater.

Agnes übte für den jungen Heinrich nicht nur die kaiserliche Regentschaft aus, sondern auch die bayerische, denn ihr Sohn war bereits mit drei Jahren in Regensburg zum Bayernherzog gewählt worden. Die Kaiserinregentin, voll der cluniazensischen Begeisterung für ein vollkommenes Leben, bejahte die Einführung des Zölibats, konnte aber ihrem Sohn die kaiserliche Macht nicht erhalten. – Einer ihrer Hofkapläne war Altmann, ein gebürtiger Westfale, der in Paris studiert hat und den sie zum Bischof von Passau erhob. Auf den Salzburger Thron brachte sie ebenfalls einen ihrer Hofkapläne, den hl. Gebhard, einen Freund Altmanns. Und gerade diese beiden Kirchenfürsten wurden später die erbittertsten Feinde ihres Sohnes.

1061 hat sie Bayern dem sächsischen Fürsten Otto von Nordheim abgetreten. – Aber bereits im kommenden Jahr 1062 entriß dieser Otto von Nordheim mit dem Erzbischof von Köln ihr den Sohn und damit zugleich die Regentschaft des Reiches.

Als der junge Heinrich mit fünfzehn volljährig wird, macht er Otto von Nordheim einen Hochverratsprozeß, nimmt ihm das Herzogtum Bayern und verleiht es 1070 dem Grafen Welf. Weil aber der neue Bayernherzog mit einer Tochter Ottos von Nordheim verheiratet ist, verstößt er diese seine Gemahlin Etelinde, um dem jungen Kaiser noch sympathischer zu sein. Aber dafür wechselt er später »zur Buaß« die Partei, wird päpstlich und stiftet das Chorherrnstift Rottenbuch.

Die selige Edigna von Puch

Selige und Heilige sind auch heute noch keine Langweiligen. Denn die bayerischen Geschichtsschreiber wissen zwar viel, aber alles auch nicht. Es ist einmal zuviel passiert, und nicht wenig hat man mit Fleiß vergessen. Also darf man auch einmal ein bisserl spekulieren. Z. B. über die selige Reclusin Edigna von Puch bei Fürstenfeldbruck. Sie ist in der hohlen Linde neben dem Pucher Kirchlein gestorben. In derselben Linde, in der sie gelebt hat und die heute noch – nach fast 900 Jahren im Pucher Friedhof zu bewundern ist.

Da soll plötzlich um das Jahr 1072 oder 1073 ein Ochsenkarren den Pucher Berg heraufgezogen sein. Und auf dem Wagen saß eine schöne Jungfrau, die hatte nichts dabei als einen Gockelhahn und eine kleine Glocke. Und während sie gerade an der Pucher Linde vorbeifährt, hat ihr Gockel gekräht und ihr Glöcklein geläutet. Das nahm sie als Zeichen, daß sie hier an der Stätte ihres Bleibens angekommen sei. Und sie ist geblieben. Über 35 Jahre lang im hohlen Stamm der Linde. Sie hat gebetet und gebüßt und den armen Bauersleuten geholfen mit Gebet und himmlischem Rat. Eine heiligmäßige Einsiedlerin oder Reclusin, eine wie die selige Aurelia von Regensburg, eine Stadtbettlerin, die der heilige Abt Romuald von St. Emmeram aber sofort als französische Königstochter erkannt haben will. Eine andere Zeitgenossin war die gottselige Jungfrau Herluka gewesen. Sie hat sich besonders der Waisenkinder angenommen, hat ihnen die Köpfe gewaschen und sie mit Unterwäsche versorgt.

Von dieser Herluka sagt ihr Biograph Paulus von Bernried, daß ihr einmal die heilige Felicitas erschienen sei, als sie gerade eine Notlüge gebraucht habe, um einer ungeschickten Magd zu helfen. Da wäre ihr also die heilige Felicitas erschienen und hätte zu ihr gesagt: »Meine liebe Jungfrau Herluka, nicht lügen ist für eine Jungfrau fast noch wichtiger, als nur den Umgang mit Männern zu meiden.«

Was waren das für edle Damen der allerersten Gesellschaft, die im 11. Jahrhundert als Reclusinnen ein so gottesfürchtiges Leben geführt haben? Wer war die heilige Edigna von Puch wirklich gewesen? Eine vom Reformgedanken der Zeit des hohen Mittelalters begeisterte Frau? Eine Cluniazenserin? Eine Schülerin des strengen Abtes Wilhelm von Hirsau? Obschon der Abt von Tegernsee damals gesagt hat: »Mir Bayern san brave Leut, mir habn koa cluniazensische Reform durchaus net notwendig.«

Eine schwere Zeit, diese Jahre der gottseligen Edigna zwischen 1070 und 1109. Ob sie eine französische Königstochter gewesen ist? Vielleicht sollte mit dieser Legende ein Alibi ihrer Herkunft geschaffen werden? Zahlreiche Fürsten und Grafen haben damals ihre Gemahlinnen verstoßen, je nachdem, ob sie von der päpstlichen zur kaiserlichen Partei übergewechselt sind oder umgekehrt. Zum Beispiel der damalige Bayernherzog Welf I. Nachdem sein Schwiegervater Otto von Nordheim wegen versuchten Königsmordes anno 1070 von Kaiser Heinrich IV. entmachtet wurde, hat Welf sofort seine zweite Gemahlin, Edelinde, die Tochter ebendieses Otto, verstoßen. Und er hat Judith, die Tochter Balduins von Flandern, geheiratet.

Eine müßige Spekulation, in der gottseligen Edigna von Puch die verstoßene Bayernherzogin Edelinde zu sehen? Und hat die heilige Edigna in einer Linde gehaust, weil sie vielleicht vorher »Edelinde« geheißen hat?

Nix Gwiß woaß ma net, aber denken kann man sich allerhand!

Abt Wilhelm von Hirsau, ein Regensburger 1069–1091

Ein heutiger Christenmensch kann sich das asketische Leben unserer Vorfahren nicht vorstellen. So viel gebetet und gefastet haben die damals in der zweiten Hälfte des 11. Jahrhunderts! Man wollte auf einmal vollkommen sein und die Hindernisse der Vollkommenheit, die menschlichen Leidenschaften und Neigungen, durch fortwährend harte Bußübungen, durch Ehelosigkeit, ständiges Beten und Fasten beseitigen. Auch durch Abstinenz von Fleisch und Wein, durch körperliche Züchtigung und alle möglichen Bußübungen im Menschen allmählich niederringen, auf daß er sodann durch häufigen Empfang der heiligen Sakramente, durch geistliche Lesungen und Anleitungen ständig in der Gegenwart Gottes wandle. – Und so eifrig streng wollten's nun auf einmal nicht nur die Mönche des französischen Klosters Cluny haben, auch nicht nur jene des Schwarzwaldklosters Hirsau, sondern ganze Dörfer taten sich zusammen und erklärten sich als eine Art offenes Kloster, beteten und kasteiten sich. Ja, auch die radikale Frömmigkeit kann einmal Mode werden.

In Bayern war diese heiligmäßige Bußfreudigkeit nicht so groß wie in Schwaben und Burgund, aber der eifrigste Künder dieses asketisch-frommen neuen Lebensstils war der Regensburger Mönch Wilhelm von St. Emmeram. Als hochgebildeter Astronom, Kirchenmusiker und glühender Asket wurde er so bekannt, daß ihn Graf Adalbert von Calw 1069 zum Abt seines Hausklosters Hirsau berufen hat, und Wilhelm machte die Abtei so groß, daß von Hirsau aus eine gewaltige Reformbewegung ihren Ausgang genommen hat. An die dreißig Mönche schrieben ohne Unterlaß Bücher über die Regeln und Gewohnheiten der Mönche von Hirsau, ermunternde Briefe und andere betrachtende Schriften, die in andere Klöster verschickt wurden. – Abt Wilhelm stellte, wie er selber sagt, alle auffindbaren Anleitungen zu einem vollkommenen Mönchsleben zusammen, die er aus den geistlichen Schriftstellern der frühen Zeit der ersten Mönche und der Kirchenväter finden konnte.

Da braucht man sich nicht wundern, wenn dieses übertriebene fromme und bußbegeisterte Leben immer wieder neue Anstöße bekommen hat und allerweil mehr in Mode gekommen ist. Über 150 Mönche haben in Hirsau ihr aktives, vorbildliches und radikales Büßerleben geführt. Dazu kamen noch ebenso viele Laienbrüder und führten eine Art Drittordensleben. Wilhelm nannte sie die »Gebarteten«, und sie arbeiteten, so die Zeit des Betens noch etwas zu tun übrigließ, als Handwerker, Steinhauer und Baumeister, als Künstler und Schreiner und Schneider. Täglich sangen sie in der Nacht die Mette, und viele beteten dann bis zur Morgenmesse gleich weiter. Anschließend kamen sie täglich im Kapitel zusammen und gestanden sich gegenseitig ihre Fehler ein und verlangten ihre Buße.

Das Schwarzwaldkloster wurde selbstverständlich den Gegnern Kaiser Heinrichs IV., den getreuen Anhängern des Papstes Gregor VII., eine schützende Zuflucht. Und da der gebannte Kaiser eine Heeresmacht gegen Hirsau anmarschieren ließ, kam ein Donnerwetter auf, und der anführende Bischof wurde vom Blitz erschlagen, daß die Soldaten umgekehrt sind. – Nie verließen die Hirsauer die Partei des Papstes, und wer immer von den Papsttreuen in Bedrängnis gekommen ist, dem hat Abt Wilhelm seine Klosterpforte aufgetan.

Viele Klöster gründete Abt Wilhelm. In Bayern z. B. zu Fischbachau, das der heilige Hirsauer Abt selber einmal besucht hat. Diese Hirsauer Gründung ist heute noch ein lebendiges bayerisches Benediktinerkloster, aber nicht mehr in Fischbachau, sondern in Scheyern. In den Stiften Ottobeuren und Benediktbeuren hat er seine strenge Zucht und Ordnung eingeführt. Seine ausgesandten jungen Äbte waren fromm und zugleich auch gute Verwalter. – Aber in Tegernsee und Niederaltaich haben sie von einer Hirsauer Reform nichts wissen wollen. »Weil es«, wie die Äbte gesagt haben, »bei uns net so weit feit!«

Bischof Altmann von Passau
1065–1091

Ideale braucht der Mensch. Das Verwirklichen hochgesteckter Ziele ist aber meistens mit großen Schwierigkeiten verbunden. Auf der Fastensynode des Jahres 1074 hat Papst Gregor VII. das Verbot der Priesterehe mit besonders scharfen Worten der ganzen Christenheit verkündet. Aber zunächst hat das noch niemand ernst genommen. Besonders in Bayern nicht. Nicht einmal der sonst so eifrige Erzbischof von Salzburg – der heilige Gebhard – hat reagiert. Gregor mußte ihm ein Mahnschreiben schicken. Nur der Bischof von Passau, der befreundete Hofkaplan der Kaiserinwitwe Agnes, der heilige Altmann, hat die Zölibatsgesetze des Papstes seinen Klerikern verkündet. Und zwar am 20. Dezember des Jahres 1074 noch. Er hat es gewagt, denn er war ein gebürtiger Westfale.

Man muß sich diese Situation am Stephanitag 1074 im Passauer Dom vorstellen. Man feiert das Patroziniumsfest der Kathedralkirche. Die Domherren assistieren ihrem Bischof, in den Chorstühlen knien zahlreiche Kanoniker und eingeladene Pfarrherrn. In den ersten Stühlen haben die Frauen der Geistlichen Platz genommen. Bischof Altmann begibt sich an den Ambo und verliest furchtlos diese überaus strengen Worte gegen das Crimen fornicationis der Priester, gegen die schamlose Unzucht der Geistlichen. Die Frauen werden übel tituliert. Sie beginnen als erste zu murren und zu widersprechen. Es kommt zu Zwischenrufen. Auch die betroffenen geistlichen Eheherrn wagen etwas zu sagen. Die Stimme des heiligen Bischofs wird kräftiger. Er wiederholt die scharfen Worte des Papstes. Und nun steigert sich das Murren zur Empörung.

Die Vita Altmani schildert den Hergang. Die Passauer Geistlichkeit stürzt sich auf den eigenen Bischof. Die Priester werden handgreiflich. Auch Laien werden aufsässig. Nur mit Müh und Not kommt der Bischof mit dem Leben davon, heißt es. – Denn nur das gerade noch rechtzeitige Eingreifen der Dienstmannen der auf seiten Altmanns stehenden Kaiserinwitwe Agnes verhindert den Mord im Dom.

Wie weit es damals an der sittlichen Reinheit im kirchlichen Leben Bayerns gefehlt hat, erfahren wir zwar aus der Lebensbeschreibung Altmanns, aber ob man das alles glauben kann, wenn man bedenkt, daß der politische Haß gegen die kaiserliche Partei mitschwingt, ist vielleicht doch etwas fraglich. – Da heißt es:

»Vor der Ankunft des sittenreinen heiligen Bischofs Altmann waren alle Kirchen im Bistum nur hölzern. Und hölzern waren auch die Priester, da sie verheiratet und irdischen Geschäften hingegeben und in den gottesdienstlichen Obliegenheiten ganz unwissend waren. Statt des Canons lasen sie das Miserere und statt der Passion das Attendite. Aber nach seinem Wirken waren alle Kirchen aus Stein gebaut, mit Gemälden und anderem Zierat geschmückt und mit sittenreinen, gebildeten Klerikern versehen. Und überall glänzt nun das Vaterland mit Klöstern von Mönchen und Kanonikern, in denen Tag und Nacht das Lob Gottes erschallt.«

Bedenkt man aber, daß Altmann 1065 Bischof von Passau geworden war und 1077 bereits vom Kaiser verjagt wurde, daß er über Jahre als Verbannter im kaiserfeindlichen Lager und in Rom verbringen muß und schließlich 1091 stirbt, ohne seine Bischofsstadt je wieder betreten zu haben – nur im östlichen Teil seiner Diözese konnte er wirken –, dann erscheint der Wandel der Verhältnisse doch etwas übertrieben. Oder aber die Verkommenheit des verehelichten Klerus war gar nicht so erschütternd. Altmann liegt in dem von ihm 1083 gegründeten Stift Göttweig begraben.

Damals sind in Bayern viele Augustinerchorherrnstifte gegründet worden. In Rottenbuch durch Herzog Welf I. In Polling und in Sankt Nikola in Passau eben durch Bischof Altmann, im Chiemsee und in Gars am Inn, in Reichenhall und auch in Reichersberg. Denn einer der größten Theologen der Zeit, Propst Gerhoh von Reichersberg, hat gesagt: »Nur in einer strengen klösterlichen Gemeinschaft kann ein Priester ehelos leben, niemals in der Welt!« – Weshalb er verlangt hat, daß jeder Geistliche in einem Kloster leben solle, wenigstens in einem Chorherrnstift. Ein schwieriges Kapitel! Aber heute ist alles historisch.

Lang hat es gedauert, bis der Zölibat einmal heimisch geworden ist bei uns. Und viele Opfer hat er gekostet. Freilich auch manche erspart.

Der Sohn erhebt sich wider den Vater

Es kämpft der Sohn gegen den Vater: Henricus junior gegen Henricus senior. Und hat dieses grausame Treffen anno 1104 in Bayern stattgefunden, am Regenfluß.

Seit 1080 wütet zwischen den Anhängern des Kaisers und denen des Papstes ein schrecklicher Bürgerkrieg. Die meisten Bischöfe stehen zwar noch auf der Seite des gebannten Kaisers. Aber der Bayernherzog Welf I. – vom Kaiser abgesetzt – kämpft mit den Gegenkönigen auf seiten der päpstlichen Partei. Bistümer werden mit Gegenbischöfen besetzt. Bald ist Bamberg, Salzburg, Augsburg oder Regensburg kaiserlich und bald wieder welfisch-päpstlich. Und alles für die Freiheit der Kirche! Wer soll sich da noch auskennen! – Bei uns ist damals der Spruch aufgekommen: »Lacha taat i, wenn ma den falschn Glaubn hättn!«

1088 z. B. erobert Welf die kaisertreue Stadt Augsburg und sengt und brennt und plündert sie drei Tage lang. Und der Papst vermittelt die Vermählung des 19jährigen Welfensohnes mit der papsttreuen 43jährigen Markgräfin Mathilde von Tuscien. Fünf Jahre später erfahren die Welfen, daß sie ihre Länder dem Stuhl Petri verschrieben hat. Welf läßt sich sofort scheiden und wechselt jetzt – 1095 – zur angeschlagenen kaiserlichen Partei über. Und der Kaiser erhebt ihn wieder zum Herzog. Auch gelehrte Mönche kennen sich nicht mehr aus. In manchem Kloster zerfällt der Konvent in zwei Parteien. Überall debattiert und streitet man über die päpstlichen Forderungen. Muß der Papst dem Kaiser wirklich die Füße küssen? Oder braucht er ihm nur die Steigbügel halten? – Darf ein schismatischer Abt oder Bischof – also ein vom Kaiser ernannter Kirchenfürst – überhaupt noch eine Messe lesen? – Und ist diese Messe dann gültig? Oder noch ungültiger als die eines verheirateten Priesters? – Sogar der hochberühmte und schreibfreudige Mönch Othilo von St. Emmeram hat sich wegen dieser Fragen mit seinen Mitbrüdern verkracht und ist nach Fulda geflüchtet. Während der Abt von Niederaltaich Kirchengerät verkauft, um des gebannten Kaisers Kriege zu finanzieren.

»Viele Priester wissen nicht mehr, was geistlich ist und was weltlich«, seufzt der Kanzler Heinrichs IV., der spätere Bamberger Bischof Otto der Heilige. Er allein versteht es, dem Kaiser fast bis zuletzt die Treue zu halten und dennoch auch sich mit den Päpsten gut zu stehen. – Aber doch passiert ihm im Jahre 1105, daß ihm der radikal papsttreue Abt Erminold von Prüfening den Eintritt ins Kloster verwehrt, weil er in Begleitung des gebannten Kaisers war. – In St. Nicola in Passau fegten die Chorherrn ihr Kloster mit in Weihwasser getauchten Besen aus, um es von den teuflischen Spuren des Tage vorher anwesenden Kaisers zu reinigen. – Dafür wurden sie von den Kaisertreuen wieder mit Ruten ausgepeitscht.

Da ergreift auch noch der kaiserliche Sohn Heinrich V. gegen den Vater die Waffen. – Vor allem bayerische Grafen haben ihn dazu aufgestachelt. Die Herren von Kastl und Sulzbach, die Diepoldinger und Babenberger, die Ebersberger und Dießener. Auch Welf II. hielt es nun mit dem rebellierenden Kaisersohn. 1101 war sein Vater auf dem ersten Kreuzzug, den er zur Buße wegen der Verwüstung Augsburgs unternommen hat, auf der Insel Zypern verstorben.

Doch Welf II. und die bayerischen Aristokraten hatten auch eine gewisse Angst vor dem immer verrückter werdenden alten Kaiser, der immer mehr kleine Dienstmannen zu grafenähnlichen Ministerialen aufsteigen läßt, die bereits hier und da alteingesessene Adelige vor den Augen des Kaisers im Jähzorn erstechen dürfen. Es war also die Angst vor dem Sozialrevolutionär Heinrich IV. die Ursache zum Kampf des Sohnes wider den Vater, hat Professor Bosl gemeint.

Und etwas ist dran. Weil man sich halt gar nimmer ausgekannt hat mit dem Zölibat. Ob die Messen von unserem Pfarrer gelten oder die von eurem.

Der Kreuzzügler Thiemo von Salzburg bleibt bei den Sarazenen...

Sie sind im Mittelalter auch schon weit herumgekommen, damals anno 1099 auf dem ersten Kreuzzug. Bis nach Jerusalem! – Und es haben auch viele Bayern das Kreuz genommen. – Schon auf dem ersten Kreuzzug waren nachweislich Bayern dabeigewesen, mit ihrem Herzog Welf, nicht nur Franzosen. Z. B. auch der gebürtige Graf von

Megling, Thiemo, der Erzbischof von Salzburg, ein unverwüstlicher bayerischer Kopf und ein Künstler dazu.

Die Grafen von Megling-Frontenhausen hatten ihre Stammburg bei Kraiburg auf dem Stampfl – und waren zugleich die Chiemgaugrafen. Thiemo, ein nachgeborener Bruder, wurde Mönch in Niederaltaich. Er hat sich nicht nur in den philosophischen und theologischen Schriften seiner Zeit ausgekannt, er konnte auch gut zeichnen und malen, schnitzen und bildhauen. St. Peter in Salzburg besitzt heute noch Werke aus seiner Hand: eine steinerne Marienstatue, einen heiligen Christophorus aus Elfenbein und einen hölzernen St. Benedikt. In seiner Biographie heißt es, daß er nur den einen Fehler des Jähzorns gehabt habe. –

Sein bußfertiges Beten hat ihn allmählich auch über den Jähzorn Herr werden lassen. – So ein tüchtiger und exemplarischer Pater – noch dazu ein Graf Megling, dessen Bruder gerade bayerischer Pfalzgraf geworden ist – wird natürlich auffällig. Und mit Zustimmung des Kaisers beruft ihn der Erzbischof Gebhard von Salzburg anno 1075 zum Erzabt von St. Peter. – Aber da fängt gerade der Investiturstreit an, der Kampf Heinrichs IV. gegen Papst Gregor VII. Und die geistig-geistlichen Auseinandersetzungen werden täglich verworrener. Und als Kaiser Heinrich IV. den Salzburger Erzbischof verjagt und 1085 Berthold von Moosburg auf den Bischofsstuhl setzt, flieht Thiemo ins geistliche Zentrum der päpstlichen Partei, ins Schwarzwaldkloster Hirsau. Das Geistig-Geistliche wird immer wichtiger, und nix Gwiß woaß ma do net. Thiemos Verwandte halten mit dem Bayernherzog Welf ohnehin zum Papst. Von 1086 bis 1092 sitzt der Kaiser in Verona. Der Bayernherzog läßt ihn nicht über die Alpen. Da wagt sich Thiemo wieder nach Salzburg. Aber er kann mit dem simonistischen Gegenbischof nicht auskommen, er flieht in die Bergeinsamkeit des Klosters Admont. Da stirbt der papsttreue Erzbischof Gebhard, und Herzog Welf und die päpstliche Partei wählen Thiemo 1090 zum neuen Erzbischof. Das läßt sich der Gegenbischof Berthold von Moosburg nicht gefallen. Der Kaiser ist wieder im Land. Es kommt zu einem Krieg. Die ganze Verwandtschaft der Meglinger Grafen kämpft im Heere des Erzbischofs Thiemo gegen Berthold. Aber die kaiserliche Partei kann 1097 bei Saaldorf den Sieg erringen. Thiemo gerät in Gefangenschaft und muß vor der finsteren Felsenburg Frisack alle möglichen Grausamkeiten mitmachen. Sogar seine eigene Hinrichtung. Doch sein unbeugsamer Nacken war stärker, heißt es in seiner Biographie, als das

Schwert des Scharfrichters. Nach dem dritten Hieb wird er begnadigt und kann sich freikaufen. Eine fürchterliche Geschichte.

Aber der Thiemo übersteht alles und reist sofort nach Piacenza zur Synode, in der Papst Urban 30 000 Anwesende zum Kreuzzug begeistert, zur Befreiung Jerusalems von den Sarazenen. Eine neue Idee der siegreichen Kirche! Über 160 000 ziehen ins Heilige Land. Sie tragen ein Kreuz auf der rechten Schulter. Und grüßen sich mit dem Gruß: Gott will es. –

Auch der Salzburger Erzbischof ist dabei und gerät kämpfend in die Gefangenschaft der Seldschuken, wo er 1101 bei Askalon zugrunde geht. Der Biograph meint sogar, da er sich geweigert habe, Mohammedaner zu werden bzw. von Mohammed eine Statue zu schnitzen, sei er grausam zu Tode gefoltert worden, indem man ihm Hände und Füße stückweise abgehackt habe. Ein echter Meglinger vom Stampflberg, ein Chiemgaugraf mit einem romtreuen Dickschädel, aber künstlerisch hochbegabt!

Heinrich der Stolze und die steinerne Brücke von Regensburg

Die bayerische Geschichte liest sich manchmal wie eine Kirchengeschichte. Aber es regieren in Bayern nicht nur Bischöfe und Äbte, es gibt im Mittelalter auch noch weltliche Regenten, wie z. B. die romtreuen Welfenherzöge im 12. Jahrhundert. Welf II. stirbt 1120 kinderlos. Sein Bruder Heinrich IX. – der Schwarze – wird jetzt Bayernherzog. Er hat viele Töchter und verheiratet sie an bayerische Grafen. Seine Tochter Judith aber wird die Gemahlin des Stauferherzogs Friedrich des Einäugigen. – Jetzt sind sie alle verwandt und verschwägert. Denn Heinrich des Schwarzen Gemahlin, Frau Wulfhilde, stammt von der ungarischen Königstochter Sophie her. Mit ihr und dem ungarischen Königshaus sind also auch die Staufer und die Grafen von Scheyern verwandt. So daß Kaiser Barbarossa, Otto von Wittelsbach und Heinrich der Löwe Geschwisterkindkinder sind! Der letzte Salierkaiser Heinrich stirbt 1125 ohne Leibeserben. Aber die beiden Staufer, »Friedrich Monoculos«, wie die Geschichtsschreiber den Einäugigen nennen, und sein Bruder Konrad, sind seine Neffen und wollen nicht nur salische Länder erben, sondern auch den Kaiserthron. – Noch mehr Hoffnungen macht sich der Bayernherzog. Aber der Papst entscheidet sich für einen Außenseiter, für den Sachsen Lothar von Supplinburg. Der Kardinallegat Gerhard läßt die Wahl mit Hilfe vieler Reichsbischöfe unglaublich schnell geschehen, so daß die enttäuschten Staufer und Welfen nicht einmal protestieren können. – Der Bayernherzog wird sofort entschädigt. Sein Sohn, Heinrich X. der Stolze, seit 1126 Herzog, bekommt die Tochter des neuen deutschen Königs zur Gemahlin. – Diese Königstochter Gertrud ist am Tage der Vermählung erst zwölf Jahre alt, Heinrich der Stolze von Bayern immerhin schon 24. – Die Hochzeit wird eine überaus große Festlichkeit. Im Mai 1127 wird sie auf freiem Felde, auf dem Welfenhügel Gunzenleh bei Augsburg, gefeiert. Wegen dieser aufwendigen Hochzeit soll er den Beinamen »der Stolze« bekommen haben. Gar in der Regensburger Kaiserchronik ist von ihr die Rede.

Gertrud bringt ihm die Fürstentümer zu Braunschweig, Lüneburg und Göttingen mit in die Ehe. Und Papst Innozenz II. gibt ihm – wegen seiner Kirchentreue – die toskanischen Länder zu Lehen. So reicht die Macht Heinrichs des Stolzen von der Ostsee bis zum Mittelmeer. Der Bayernherzog ist wieder einmal der größte unter allen deutschen Fürsten.

Das kann auf die Dauer nie gutgehen. Die hohenstaufischen Vettern schauen voll Neid und Haß auf die welfische Macht. Zu Regensburg schreibt Heinrich einen Landfrieden aus und setzt ihn auch durch – indem er viele Burgen zerstört und zahlreiche Störenfriede hinrichten läßt. – Aber gegen die Grafen von Bogen und Wolfratshausen hat er mehrere Feldzüge unternehmen müssen. Und auch gegen den heiligen Markgrafen Luitpold von Österreich. Bis dann Pfalzgraf Otto von Wittelsbach im Jahre 1133 zu Wolfratshausen die verfeindeten Vettern versöhnen kann. Gleichzeitig bekriegen sich Kaiser Lothar und die schwäbischen Herzöge von Hohenstaufen. Und erst nach dreijähriger Belagerung kann der deutsche König Nürnberg aus der hohenstaufischen Gewalt befreien. Er übergibt die Stadt sofort seinem Schwiegersohn. Augsburg und Ulm kann der stolze Heinrich selber erstürmen. Auf dem Bamberger Reichstag, im März des Jahres 1135, kann dann der Bamberger Bischof Otto alle Reichsfürsten versöhnen.

Im Sommer dieses Jahres wird das Land von einer noch nie dagewesenen Hitzewelle heimgesucht. Die Donau bei Regensburg hat so wenig Wasser, daß man zu Fuß durchwaten kann. Diesen seichten Wasserstand benutzte Herzog Heinrich, um in seiner Residenzstadt den Bau der steinernen Brücke zu beginnen. 1200 Fuß lang und 23 Fuß breit ist sie das größte Bauwunder des ganzen Mittelalters. 15 Schwibbogen hat sie, und elf Jahre lang haben die Regensburger an ihr gebaut.

Und man kennt heute noch den Vers: Es reiten drei Reiter über d'Regensburger Bruck, hat a jeder a braunbratns Brustbratl am Ruck...

Otto von Bamberg (*1062, †30. 6. 1139) – das Wormser Konkordat

Mit dem Wormser Konkordat vom 23. September 1122 ist der grausame Investiturstreit nach fast fünfzig Jahren zu Ende gegangen. Die Kirche ist jetzt frei und mächtig, aber »ob sie nun Gott mehr gefalle als früher?« zweifelt Gerhoh von Reichersberg. Im Konkordat heißt es: »Der Kaiser übergibt Gott, dem heiligen Petrus und Paulus alle Investitur im Ring und Stab und gestattet Wahl und Weihe frei nach den kanonischen Gesetzen. Dagegen gestattet der Papst, daß der Kaiser die gewählten Bischöfe in Bayern, Sachsen und Schwaben vor, in Italien und Burgund nach ihrer Weihe mit dem Szepter belehne.«

An diesem Kompromiß haben die bayerischen Herzöge entscheidend mitgearbeitet. Aber auch der heilige Otto von Bamberg, vordem Kanzler Heinrichs IV., hat dazu das Seinige getan. Er, ein gebürtiger Schwabe, war schon der allerbedeutendste Bischof seiner Zeit. Er hat nicht nur den Bamberger Dom gebaut, er hat schon den Speyrer Dombau geleitet. Und er hat über zwei Dutzend Klöster gegründet oder wirtschaftlich wieder in die Höhe gebracht.

Er war ein Heiliger, freigebig zu den Armen, bescheiden im eigenen Auftreten, mäßig im Essen und Trinken, fleißig im Gebet und zugleich aber ein Finanzgenie. Er hat sich gesagt: Um Gutes tun zu können, braucht man Geld. Und um immer wieder Guttaten austeilen zu können, braucht man eine blühende Klosterökonomie. – Darum war für Otto das wichtigste bei einer Klostergründung eine reiche Dotierung und Ausstattung mit Höfen, Weinbergen, Wäldern und Gerechtsamen. Dann erst kümmerte er sich um die Frömmigkeit und Gelehrsamkeit der Mönche. Sein Wahlspruch war: Für Gott und den Nächsten.

Er hatte zwar keine tiefe Gelehrsamkeit, schreiben seine Biographen, aber er war ein ausgezeichneter Volksredner, und er war sich als

Bischof nicht zu gut, in der Sprache des ganz einfachen Mannes zu predigen. (Als ihn seine Domherrn wegen seiner geflickten Kleider tadelten, weil solche Armut sich für einen Bamberger Bischof nicht schicke, meinte er: »Der Besitz eines Bischofs besteht aus den Almosen der Gläubigen. Und es ist nicht erlaubt, diese hart erarbeiteten Almosen in Eitelkeit zu vergeuden.«) – Im Sommer lebte er gern in Pottenstein, das er für das Kloster Aurach um 17 Pfund Gold und 800 Pfund Silber gekauft hatte. Immer und überall war er drauf aus, Klöster zu gründen und Grundstücke zu erwerben.

Er muß ein Original gewesen sein, dieser Kaiserkanzler und heilige Bischof von Bamberg. Von seiner Leutseligkeit erzählte man sich noch nach Jahrhunderten. Wie er alle Bamberger Mönche beim Namen habe nennen können, wie er besonders mit den Alten gern geplaudert habe. Wie er manch einfachem Priester ministriert, wie er manchmal den Mesner gespielt habe. Und wie er nach einer Hungersnot tausend Sicheln hat schmieden lassen und sie den Armen, die er das ganze Jahr ernährt hat, übergibt mit den Worten: »Die bösen Tage sind vorbei, Kinder, das große Ährenfeld da gehört euch!«

Einmal hat er am Weg – nach der großen Pest – eine Frauenleiche gefunden. Er läßt anhalten und will sie beerdigen. Aber die bischöflichen Diener wollen den Leichnam nicht berühren. Da trägt sie Otto eigenhändig in den nächsten Kirchhof und bestattet sie nach christlichem Brauch. »Warum sollte ich an ihrem Leichnam meine bischöflichen Hände beschmutzen, da ich sie hätte speisen sollen, solang sie noch am Leben war.« Von da an hat er sich immer eine Liste der Kranken der Stadt geben lassen.

Otto von Bamberg ist auch als Missionsbischof nach Pommern gereist und hat dort Kirchen und Klöster gebaut. Gefragt, warum er denn soviele Klöster gründe, hat er geantwortet: »Früher, wie's noch weniger Menschen gegeben hat auf der Welt, da hat man ans Heiraten und Kinderkriegen denken müssen, aber heut, am Ende der Zeiten, da der Menschen übermäßig viele sind, ist die Enthaltsamkeit an der Zeit.«

Und allerweil wieder hat er sich auch um die große Reichspolitik kümmern müssen. 1133 kann er König Lothar mit dem Gegenkönig Konrad von Schwaben aussöhnen. 1135 hat er den heiligen Bernhard von Clairvaux zu Besuch. Siebzigjährig stirbt er friedlich im Juni 1139 und liegt zu Bamberg auf dem Michelsberg begraben.

Er gehört schon ganz besonders zur bayerischen Geschichte.

Der Reichstag zu Babing oder
Bayern seit über 800 Jahren ein geteiltes Land

Nach dem Tod Kaiser Lothars wählten die deutschen Fürsten nicht den mächtigen Bayernherzog Heinrich den Stolzen zum deutschen König, sondern den Staufer Konrad III. Und der hat unseren Heinrich sofort aufgefordert, auf das Herzogtum Sachsen zu verzichten, denn es sei nicht der Brauch, daß ein deutscher Fürst zwei Herzogtümer in einer Hand halte. – Unser Herzog rückte nun zwar die Reichskleinodien heraus, die ihm sein Schwiegervater bereits hinterlassen hatte, aber auf Sachsen wollte er nicht verzichten. Da verhängte König Konrad über den stolzen Heinrich die Reichsacht. Und es kam zunächst zu einem Krieg in Sachsen, wo sich Heinrich aber siegreich behaupten konnte. Daraufhin verlieh der König im Mai 1139 dem Markgrafen der bayerischen Ostmark, dem Babenberger Leopold, das Herzogtum Bayern. Leopold war König Konrads Stiefbruder, weil Heinrichs IV. Tochter Agnes in erster Ehe mit Friedrich dem Staufer verheiratet gewesen war, ehe sie österreichische Pfalzgräfin geworden. In erster Ehe hatte sie zwei Söhne geboren, Friedrich und Konrad. Aber ihrem zweiten Gemahl, dem heiligen Markgrafen Leopold, hatte sie gleich 18 Kinder geschenkt, darunter die beiden heiligen Bischöfe Otto von Freising und Konrad von Salzburg. – Dabei war sie die Tochter des größten Gegners des Papsttums, des gebannten Kaisers Heinrich IV. –

1105 hatte sie als noch junge Witwe den heiligen Markgrafen geheiratet. Und schon 1106 hat ihr Mann das Augustinerchorherrnstift Klosterneuburg bei Wien gestiftet. Wahrscheinlich, wie manche Autoren vermuten, zur Sühne für den eben verstorbenen gebannten Schwiegervater. – Und der Herr hat die Bußtat des heiligen Leopold gelten lassen und hat die Ehe mit 18 Kindern gesegnet.

Bald sollte das markgräfliche Haus mehr gesegnet werden. Gleich zwei Söhne Leopolds und Agnes' werden hintereinander Herzöge von Bayern: Leopold und Heinrich Jasomirgott, weil er immer »Ja, so mir Gott helfe« gesagt hat. Leopold kann sich nur mit Mühe in Regensburg durchsetzen und muß wegen der welfischen Umtriebe wiederholt die Stadt verlassen. – Er stirbt kaum 35jährig 1141.

Auch Heinrich der Stolze stirbt in jungen Jahren und hinterläßt einen erst 10jährigen Buben, den ihm die Kaisertochter Gertrud als kaum 15jährige geboren hat. Und der einmal den Namen Heinrich der

Löwe tragen wird. Für diesen Welfenprinzen kämpft sein Onkel Graf Welf. Er will ihm Bayern erhalten. Und doch verleiht König Konrad Bayern jetzt an Leopolds Bruder Heinrich Jasomirgott. Zum Glück unterbricht die Kreuzzugsbegeisterung, die Bernhard von Clairvaux auch in Bayern predigt, z. B. in Bamberg und Speyer, den Krieg zwischen Welfen und Ghibellinen. Gemeinsam ziehen die Feinde 1146/47 nach Jerusalem. In Regensburg steigen sie in die Donauschiffe. Nur wenige kommen zurück, todkrank. Auch König Konrad stirbt 1152. Und der neue Stauferkaiser, Friedrich Barbarossa, löst die bayerische Frage politisch. Er teilt das Land und stiftet Österreich.

Der feierliche Akt dieser Teilung Bayerns geschieht im Zeltlager des Kaisers vor Regensburg. In der Nähe des Dorfes Babing. Also ungefähr gegenüber der Walhalla König Ludwigs I. Heinrich Jasomirgott gibt dem Kaiser die sieben Fahnen Bayerns, von denen Friedrich fünf Heinrich dem Löwen überreicht und zwei dann – für die bayerische Ostmark – an Heinrich Jasomirgott. Man schreibt den 8. September 1156. Bayern ist zweigeteilt: in ein Österreich und in ein Bayern.

Und wir ertragen die Trennung unseres Stammes bereits über 800 Jahr'. Wir haben uns gut gehalten und betrachten uns eher als eine bayerisch-österreichische Verdoppelung.

Otto von Wittelsbach in der Veroneser Klause

Hier und da muß was passiern, sonst könnt niemand eine Heldentat tun. Auf seinem ersten Reichstag hat Friedrich Barbarossa dem Heinrich dem Löwen bereits das Herzogtum Bayern zugesagt. Und fleißig begleitet der mächtige Welfenherzog den jungen und diplomatisch hochbegabten Kaiser nach Italien zur Kaiserkrönung. Im Oktober 1154 – auf dem Lechfeld – sammelt sich das gewaltige Heer. Das Reichsbanner trägt der Pfalzgraf von Bayern, Otto von Wittelsbach, seit Jahren Kaiser Rotbarts bester Freund.

Der Zug wälzt sich über die Alpen, überwintert in Oberitalien, sammelt sich im Frühjahr auf den ronkalischen Feldern, wo der Kaiser Heerschau und Gericht hält. Dann läßt sich Barbarossa in Pavia die lombardische Königskrone aufsetzen und am 18. Juni von Papst Hadrian IV. in Rom die Kaiserkrone.

Dafür mußte der Kaiser allerdings den nach Florenz geflohenen

Theologen Arnold von Brescia ausliefern, der den totalen Verzicht der Bischöfe und Priester auf weltliche Macht und auf Besitz mit Erfolg gepredigt hatte. Und Papst Hadrian IV. ließ diesen unbeugsamen Irrlehrer sofort hängen, den Leichnam verbrennen und die Asche in den Tiber streuen. Daraufhin kam es in Rom zu einem Volksaufstand, den Heinrich der Löwe mit seinen Bayern unterdrücken konnte. Aber es war Zeit zum Aufbruch.

Bei all diesen aufregenden Unternehmungen und Feierlichkeiten war der bayerische Pfalzgraf Otto von Wittelsbach führend. Im Sommer noch bricht das kaiserliche Heer, das überwiegend aus bayerischen Reisigen besteht, in Rom auf und zieht rasch den Alpenpässen entgegen. Ein Teil segelt von Ancona nach Venedig. Den Rest führt der Kaiser über den Brenner. In Verona hat man noch Rast gemacht und mit den Herrn der Stadt bankettiert, ihnen auch die kaiserlichen Steuern abkassiert und ist dann weitergezogen.

Kaum nach einer Tagesreise, man war in der Etschklause von Rivoli, der reißende Fluß auf der einen, die steilen Felswände auf der anderen Seite begleiten die enge Straße, wird das kaiserliche Heer von Wegelagerern angehalten. Es sind dieselben Veroneser adeligen Herren, die gestern noch dem Kaiser gehuldigt hatten. Und die hoch oben auf dem Fels eine Burg besitzen, von der aus sie die schmale Bergstraße unpassierbar machen können. Fünfhundert Veroneser halten die Höhen besetzt und lassen Geschosse und Steinblöcke niedersausen. Und sie verlangen eine enorme Summe. Der Kaiser sitzt in der Klause fest, kann weder vorwärts noch rückwärts. Und will natürlich den Wegelagerern auch nichts zurückbezahlen. Die Forderungen werden immer höher. Die Veroneser wollen jedes Pferd und jeden Harnisch zum Wegegeld dazu. Schon sind einige Reisige von herunterstürzenden Steinen erschlagen worden. In dieser Not klettert der bayerische Pfalzgraf mit 200 ausgesuchten Landsleuten den steilen Felsen zur Räuberburg hinauf und überrascht die Veroneser Patrizier von rückwärts. Bis auf zwölf Adelige werden alle niedergemacht. Der Kaiser verhandelt mit ihnen aber nicht und verurteilt sie sofort zum Tod durch den Strang. Nur einer wird begnadigt. Aber auch nur unter der Bedingung, daß er seinen Freunden den Henker macht.

Zu beiden Seiten der Straße werden die Leichen der fünfhundert Veroneser aufgetürmt. »Ein schreckliches Mahnmal des kaiserlichen Zorns«, heißt es bei Rahewin. Kaiser Rotbart, Heinrich der Löwe und die anderen Fürsten ziehen mit dem Heer ungehindert über den Brenner gen Regensburg. Die Heldentat Ottos von Wittelsbach aber wird gerühmt bis auf den heutigen Tag.

Ja no, meine lieben Veroneser, wo käm man denn hin, wenn man dem Staat die gezahlten Steuern wieder abpressen dürft?!

Heinrich der Löwe, der Gründer Münchens

Seit 1156 regiert der junge und tatkräftige Heinrich der Löwe in Bayern. – Wenn auch in einem um die Ostmark und die Mark ob der Enns verkleinerten Bayern. Es verblieben ihm noch fünf Grenzmarken: die Chamer Mark, die Steiermark, Kärnten, Görz und Krain. – Aber Heinrich der Löwe hat dem Bamberger Herzog Heinrich Jasomirgott nicht nur die Provinz Österreich abgetreten, er hat ihm auch seine junge Mutter Gertrud zur Gemahlin überlassen müssen. Das war ein Wunsch der Fürsten. Auf daß durch diese Heirat das welfische Haus mit dem babenbergischen ausgesöhnt würde. – Als wenn's Heiratn die Menschen besser machen würde!

Gertrud, die Heinrich den Löwen bereits mit 15 Jahren geboren hatte, starb dem Jasomirgott schon nach einjähriger Ehe im Kindsbett. Sie hatte ihren zwölfjährigen Sohn, den Löwen, noch zu einem Verzicht auf Bayern überreden können – zugunsten ihres zweiten Mannes. Fast alle Geschichtsschreiber der Zeit nehmen ihr das übel. Und sehen in ihrem frühen Tod eine Art Strafe für diese hochverräterische Tat. – Heinrich der Löwe hat diesen Verzicht als Sechzehnjähriger ohnehin widerrufen.

»Nicht gültig, da einem Unmündigen entlockt.« Und als die Kreuzfahrer zurückkehren, hat er mit dem bayerischen Pfalzgrafen Otto von Wittelsbach gleich einen Aufstand gegen seinen Rivalen Jasomirgott angezettelt. Der Kaiser belagert den Pfalzgrafen in seiner Burg Kehlheim, und Otto muß seinen Sohn, den späteren ersten Herzog, dem Staufenkönig als Geisel stellen. Dadurch wird aber Otto von Wittelsbach mit dem Neffen des Königs, mit dem späteren Kaiser Rotbart, befreundet. Und die Freundschaft hält ein Leben lang.

Als 1156 im Regensburger Zeltlager Barbarossa an Heinrich Jasomirgott die bayerische Ostmark als selbständiges Herzogtum übergibt, erhält dieser das neue Herzogtum zu ganz außergewöhnlich günstigen Bedingungen, wie man sie in der deutschen Geschichte noch nie gekannt hat. Österreich wird ihm zum Erbeigentum gegeben, in dem sogar die weibliche Erbfolge gültig sein soll. Er bekommt die volle Gerichtsherrlichkeit und braucht dem Reich gegenüber nur einen um gut die Hälfte verminderten Heeresdienst leisten. So kommt Österreich geschwind in die Höhe und wird zu einem bedeutenden Staat. – Und warum hat Kaiser Friedrich Rotbart diesem jungen Herzogtum solche Privilegien gegeben? – Die meisten Geschichtsschreiber meinen, weil der eben verwitwete Jasomirgott eine byzantinische Kaisertochter hat heiraten können. Und diese überaus vornehme Prinzessin Theodora Komnena hätte die Bedingungen beim Kaiser Barbarossa herausgehandelt. Und natürlich auch der Bischof von Freising, sein Bruder.

Heinrich der Löwe aber ist jetzt wieder der mächtigste Fürst im Reich. Als Herzog von Sachsen erobert er Mecklenburg und halb Pommern, stiftet neue Bistümer und gründet Städte wie Lübeck, unterstützt Handel und Verkehr. – Das versucht er auch in Bayern. Eine immer fließende Einnahmequelle ist der Salzzoll über die Isar bei Föhring. Aber diese Maut gehört dem Bischof von Freising.

Und das ist der Bruder Heinrich Jasomirgotts, Bischof Otto von Freising, der bedeutendste Geschichtsschreiber seiner Zeit. Der Löwe will zunächst die Salzmaut mit dem Bischof teilen, aber Otto weist das Ansinnen zurück.

Da verbrennt der Herzog die Föhringer Brücke und baut eine neue, etliche Kilometer flußaufwärts, bei dem Fischerdorf, das den Schäftlarner Mönchen gehört, wo man es bei den Munichen nennt. Man schreibt das Jahr 1158. Der Freisinger Bischof ärgert sich so sehr, daß er noch im selben Jahr mit 49 Jahren stirbt. Munichen aber wächst rasch zu einer schönen Stadt heran und heißt heute München.

Die gemütliche Münchner Stadt widerlegt also heute noch den Spruch: »Merk dir, lieber Bösewicht: Unrecht Gut gedeihet nicht!«

Otto I. von Wittelsbach wird Herzog in Bayern – anno 1180

In einer eineinhalbtausendjährigen Geschichte weiß man von manchem Thronwechsel. – Aber wie anno 1180 der populäre Otto von Wittelsbach, der Freund Kaiser Barbarossas, den bayerischen Herzogsstuhl bestiegen hat, haben sich die Bayern doch gefreut. Wahrscheinlich haben sie es geahnt, daß wir noch nach 800 Jahren ausrufen können: Wir haben mit den Wittelsbachern ein Glück ghabt. – Von ein paar Ausnahmen abgesehen.

Warum damals der so mächtige Herzog Heinrich der Löwe – der Herr von Bayern und Sachsen – seine Herzogtümer überhaupt eingebüßt hat, das wundert einen heute noch. Weil er 1176 dem Kaiser die Heeresfolge nach Italien verweigert hat. – Barbarossa hat damals nur ein Heer von achttausend Mann zusammengebracht. Und das waren nicht die besten. – Heinrich dem Löwen hat die kaiserliche Städtepolitik nicht gefallen. Und die stammte ja von den oberitalienischen Reichsstädten, von Mailand und Genua. Das war eine neue Welt, in der das Geld die Hauptrolle gespielt hat. – Die Städte, die Bürger und Kaufleute, sichere Straßen, Handel und Verkehr waren dem Stauferkaiser wichtiger als die alte feudale Lehensordnung. – Alles wollte er mit Geld kaufen. Und Geld hatten die Städte Oberitaliens. Jetzt auch schon die neugegründeten kaiserlichen Städte in Schwaben und Franken.

Nicht nur Heinrich der Löwe hat die Heeresfolge verweigert, auch die Kirchenfürsten hielten sich zurück. – Am meisten war Heinrich über Barbarossa wegen der Erbschaft verärgert, die er ihm von seinem Onkel Welf von Memmingen weggefischt hatte. Welf von Memmingen hatte seinen einzigen Sohn vor Rom verloren, und er benötigte Geld. Er verlangte von seinem Neffen Heinrich dem Löwen auf die zu erwartende Erbschaft der Güter in Italien und am Bodensee eine Rente. Aber Heinrich hat schlecht gezahlt, da er ja die Grafschaften seines Onkels sowieso erben würde. – Da wandte sich der Memminger Erbonkel an seinen Neffen mütterlicherseits, an den Kaiser Friedrich. Und der hat die verlangten Gelder von seinen lombardischen Regalien gleich auszahlen können. – Aber eben jetzt schlossen sich diese lombardischen Kaiserstädte und Stadtrepubliken – unter Führung Mailands – mit dem Papst zu einem Städtebund zusammen, der gegen den Kaiser gerichtet war. – Trotz seiner diplomatischen Begabung konnte Friedrich den Papst nicht umstimmen. – Da zog der Kaiser ohne die Hilfe Heinrichs des Löwen nach Italien, konnte aber mit seinem schwachen Heer nichts ausrichten. Er eilte zu Heinrich über die Alpen, bat ihn um eine Zusammenkunft in Chiusa und sprach ernste Worte mit dem Welfen. Der aber blieb unbeugsam bei seinem Nein.

Barbarossa hat die Schlacht bei Legnano trotzdem gewagt und eine schwere Niederlage einstecken müssen. Im Frieden von Venedig mußte er sich dem Papst unterwerfen. Zürnend kehrte der Staufer nach Deutschland zurück und lud Heinrich den Löwen vor den Reichstag zu Worms. Aber Heinrich ist nicht erschienen – auch nicht nach dreimaliger Vorladung. Da tat ihn der Kaiser am 13.Januar 1180 in die Reichsacht. – Und löste auch den Eid der bayerischen Grafen und Bischöfe gegen Heinrich den Löwen. – Das war auf dem Reichstag zu Würzburg geschehen. – In einer Stadt, in der Friedrich sich gern aufgehalten hat. Hat er doch in Würzburg anno 1156 mit Beatrix von Burgund sieben Tage lang eine glänzende Hochzeit gefeiert. Im September 1180 wurde dann – auf dem Altenburger Schloß in Thüringen – Otto von Wittelsbach mit dem Herzogtum Bayern feierlich belehnt.

Und heute würden sie noch regieren, die Wittelsbacher, wenn sie anno 1918 dem Kurt Eisner seine Revolution nicht so ernst genommen hätten.

Von der Herkunft der Wittelsbacher

Also die Welfen mögen noch älter sein. Aber nachher kommen die Ahnen unseres angestammten Hauses. Die Erstürmung der Veroneser Klause im September 1155 war nicht die einzige kaiserliche Heldentat Ottos von Wittelsbach. Und er ist auch nicht der erste seines Geschlechts. Er stammt von den Grafen von Scheyern her. Und die Scheyrer sind Luitpoldinger. Und die Luitpoldinger wieder waren Karolinger. Aber dieses Thema: die Herkunft des Hauses Bayern, das ist – gerade in den letzten 100 Jahren – eine Wissenschaft für sich geworden.

Pfalzgraf Otto von Wittelsbach jedenfalls war über die Maßen kaisertreu gewesen. Er unterstützte die staufische Politik in Italien, wo er nur konnte. So hat er 1157 auf dem Reichstag zu Besançon – oder Bisanz, wie man damals gesagt hat – den päpstlichen Kardinallegaten mit dem Schwert bedroht, als dieser das Kaisertum ein päpstliches Beneficium genannt hat. Nur das rasche Dazwischentreten Kaiser Friedrich Barbarossas hätte damals den Kardinalsmord durch einen Wittelsbacher noch verhindert, kann man lesen. Der Sinn des Pfalzgrafenamtes war es ja, dem Kaiser ergebener zu sein wie dem eigenen Herzog. Und natürlich war man immer darauf aus, den eigenen Besitz zu mehren.

Als Pfalzgraf hat man das auch eher gekonnt, als es die anderen gräflichen Familien in Bayern gekonnt haben. Wie die Grafen von Bogen, die Meglinger, Leuchtenberger oder gar die Herren von Andechs. Unsere Wittelsbacher waren ein besonders aufstrebendes Geschlecht. Um elfhundert haben sie die erste Geige gespielt unter all den bayerischen Grafen. Seit 1120 war nämlich das Pfalzgrafenamt für ihr Haus wieder erblich geworden. Als Luitpoldinger waren sie 150 Jahre früher schon einmal Pfalzgrafen gewesen, ja gar schon Herzöge. Kurzum, sie zählen zu den ältesten Herrscherfamilien in Europa. Eine uralte Wurzel des bayerischen Volkes verkörpern sie, eine echte stirps regiae. Bischof Otto von Freising, der große Geschichtsschreiber, sagt es bestimmt und mit der Zuverlässigkeit fast eines Zeitgenossen der Enkelgeneration, daß jener Urgroßvater Herzog Ottos II. von Wittelsbach ein direkter Sohn jenes letzten luitpoldingischen Pfalzgrafen Berthold gewesen ist, dessen Onkel, Herzog Eberhard, ein Sohn Arnulfs des Bösen, von Kaiser Otto wahrscheinlich enthauptet worden ist. Demnach sitzen die Wittelsbacher nicht erst seit 1180 auf dem bayerischen Thron, sondern seit 895!

Erst im vorigen Jahrhundert, im Zeitalter der deutschen Einigung unter Bismarck und den Hohenzollern, haben die deutsch-nationalen Historiker, auch die bayerischen – ja sogar ein Sigmund von Riezler –, die Herrscher des Hauses Bayern jünger und traditionsärmer zu machen getrachtet. Und sie haben die Formulierung »von den Vögten des Hochstiftes Freising herstammend« unter die allzeit beflissenen deutschen Historiker verbreitet. Fälschlich und im Widerspruch zu der Wahrheit der Quellen. Halt national gesamtdeutsch. Und nach dem letzten Krieg wieder betont »republikanisch«. Eines muß man aber den Wittelsbachern lassen: Sie waren friedliebende, kunstliebende Herrn. Nur untereinander haben sie sich schwer vertragen. Otto I. hat sich nur drei Jahre lang der herzoglichen Würde erfreuen können – von 1180 bis 1183. Und da nicht uneingeschränkt. Kaiser Barbarossa hat Bayern noch mal verkleinert, hat die Steiermark zum selbständigen Herzogtum erhoben. Und auf den ersten Landtagen des Wittelsbachers haben sich die alten Grafen nicht sehen lassen. – Sie haben sich vielleicht gesagt: So vornehm wie der sind wir schon lang. – Aber das hat sich bald geändert. Weil halt der Ober den Unter allweil schon gestochen hat.

Die Grafen von Dießen und Andechs, Herzöge von Meranien

Wir haben eine bedeutende historische Herrscherfamilie, die gleich 28 Selige und Heilige aufweisen kann: die Grafen von Dießen und Andechs, Markgrafen von Istrien und Herzöge von Meranien. Grafen auf der Plassenburg bei Kulmbach, wo sie besonders gern residieren, Herren von Hof, Grafen von Kufstein und Tirol, Gründer von Innsbruck, Grafen von Wasserburg und Sempt, von Reichenhall und Schärding etc. – In der prächtigen Dießener Stiftskirche kann man über dem Altarraum ein Fresko schauen, auf dem alle diese 28 heiligen Dießener Grafen und Komtessen zu bewundern sind. Der Kreuzfahrer und Kriegsheld Rasso und auch der Karl der Große, von dem das Geschlecht herstammt.

Eine Nebenfrau Kaiser Arnulfs von Kärnten, der 899 stirbt, gebiert die ersten Andechser Grafen. Ratold und Zwentibold! Als natürliche Kaisersprößlinge werden sie mit mehreren Grafschaften reich bedacht und bringen das Geschlecht rasch zu hohem Ansehen. 1180 – im gleichen Jahr, da Otto von Wittelsbach Herzog von Bayern wird – erhebt sie der Kaiser zu Herzögen von Meranien.

Die Töchter der Andechser Grafen haben in alle Länder Europas geheiratet, sind Königinnen von Ungarn geworden oder – wie die heilige Hedwig – Herzogin von Schlesien. Die in der mörderischen Schlacht 1241 bei Liegnitz – wo die Horden Dschingis Khans angehalten werden können – ihren Sohn verliert und den enthaupteten Leichnam desselben auf dem Schlachtfelde findet und mit den Worten beweint: »Der Herr hat ihn gegeben, der Herr hat ihn genommen.« Auch die heilige Elisabeth, die Landgräfin von Thüringen, stammt aus dem Andechser Grafenhaus. Ist sie doch die Tochter der Andechserin Gertrud, der Königin von Ungarn. Mit vier Jahren wird sie mit dem thüringischen Markgrafen verlobt, mit 15 Mutter und mit 20 Witwe. Und sie stirbt mit 27. – Sie widmet sich ganz den Kranken, ja der Pflege der Ärmsten. Ihr Onkel ist Bischof Eckbert von Bamberg. Eine andere Tochter des Grafen Otto VII. von Andechs, Agnes mit Namen, bringt es gar bis zur Königin von Frankreich. Aber leider ist sie nicht die rechtmäßig angetraute Gemahlin König Philipps, der seine englische Gemahlin verstoßen hat und mit der schönen Andechserin – und mit ihm ganz Frankreich – im Kirchenbann lebt. Diese Agnes fehlt natürlich auf dem Heiligenhimmel.

Dafür aber sind viele Andechser Komtessen selige und heilige Nonnen geworden.

1208 feiert Otto VII. von Andechs-Meranien im bischöflichen Palast zu Bamberg die größte Hochzeit, die ein Andechser je gefeiert hat: seine Vermählung mit der Erbprinzessin von Burgund. Die halbe Welt ist anwesend. Bruder Berthold, der Patriarch von Aquilea, hat das junge Paar eingesegnet. Auch Bruder Heinrich ist da, der Markgraf von Istrien. Dann der deutsche König Philipp von Schwaben, ein Vetter des Bräutigams. Der Bayernherzog Ludwig I., der Kelheimer, läßt sich von seinem Vetter, dem Pfalzgrafen Otto von Wittelsbach, vertreten.

Nach dem Mittagessen kommt es zwischen dem deutschen König Philipp und dem Wittelsbacher zu Unstimmigkeiten. Die 13jährige Königstochter Beatrix darf sich nicht neben ihren Verlobten, den Pfalzgrafen Otto von Wittelsbach, hinsetzen. Der König will die Verlobung auflösen. – Da erzürnt Pfalzgraf Otto so sehr, daß er den König, nachdem sich dieser zur Ader gelassen, im Jähzorn ersticht. – Der einzige Königsmord in der deutschen Geschichte passiert also in Bamberg – und der Attentäter ist ein Wittelsbacher!

Es kommt zu einem Reichsskandal, der ganz Europa erschüttert. Der Pfalzgraf wird auf der Flucht erschlagen, die Andechser, als Mitwisser, kommen in die Reichsacht, und erst nach zwei Jahren können sie ihre Unschuld beweisen. – Aber nun sterben sie plötzlich aus. 1248 stirbt der letzte, Otto VIII. – kinderlos. Die Herzöge von Bayern erben die andechsischen Güter, und den Nordgau mit der Plassenburg bekommen die Burggrafen von Nürnberg. Denn die Gemahlin dieses hohenzollerschen Burggrafen ist die Schwester des letzten Andechsers.

Freilich, mit der Tüchtigkeit allein kommt man nicht in die Höh'.

Vom geistig-geistlichen Leben im 12. Jahrhundert und von den Quirinalien des Metellus von Tegernsee

Die Leute werden nicht gescheiter, sie werden grad allweil komplizierter. Die Geschichtsschreiber reden dann gleich von einer geistigen Wende. Der neue Orden des heiligen Bernhard von Clairvaux will die Regel des heiligen Benedikt wieder in ihrer Ursprünglichkeit gelebt wissen. Kultur auch als Bodenkultur verstehen. Aldersbach und Fürstenzell, Langheim und Fürstenfeld werden zisterziensische Pflanzstätten und landwirtschaftliche Mustergüter. So wird die höchste Geistigkeit immer wieder auch etwas menschlich.

Bischof Otto von Freising ist der erste universal gebildete Geschichtsschreiber des Mittelalters. Er, der Sohn des heiligen Markgrafen Leopold von Österreich und der Agnes, der Tochter des gebannten Kaisers Heinrich IV., studiert in Paris von 1127 bis 1132 und lernt die klassische Literatur kennen, Plato und Aristoteles, und die großen Kirchenväter. Das Genie des Jahrhunderts, Peter Abälard, ist einer seiner Professoren. Er lernt neue Methoden des Denkens. Nicht nur durch frommes Meditieren kommt er den Dingen näher, auch durch wache Vernunft der scholastischen Disziplin.

1132, auf dem Heimweg von Paris, kehrt er im Zisterzienserkloster Morimund zu und bleibt. Und wird nach sechs Jahren selber Abt von Morimund. Aber bald wird er von Kaiser und Papst auf den Freisinger Bischofsstuhl berufen. Sein Bruder ist König Konrad III., sein Neffe Kaiser Friedrich Barbarossa. Bischof Otto nimmt als Heerführer auch an einem Kreuzzug teil, wird von den Sarazenen besiegt, kommt mühsam wieder nach Freising. An den Hoftagen Barbarossas nimmt er regelmäßig teil. Die Politik beschäftigt ihn seiner Lebtag.

Sein Hauptwerk führt den Titel »Von den zwei Staaten«, dem geistlichen und dem irdischen. Auf dem Generalkapitel seines Ordens stirbt er mit 46 Jahren im Kloster Morimund. Die Freisinger wollen von den Gebeinen nichts haben, denn sie glauben nicht an ihre Echtheit.

Selbstverständlich kann man noch einige Dutzend fruchtbare und hochgelehrte bayerische Schriftsteller des 11. und 12. Jahrhunderts aufzählen: den Bamberger Frutolf vom Michelsberg mit seiner Weltchronik, die fleißigen Schreiber des Regensburger Klosters Prüfening und den Einsiedler Honorius Augustodunensis, einen gebürtigen Engländer aus Canterbury, der die Kirchenväter kennt wie kein anderer, viele Kapitel des Alten Testamentes erklärt, darunter auch – auf Maria hin – das Hohe Lied. – Und natürlich befehden sich die Herren der Feder schon ganz kräftig. – Ein Magister Petrus von Wien, ein nach Regensburg und Freising gekommener Österreicher, greift den Propst Gerhoh von Reichersberg wegen dessen Lehre von der Vergöttlichung des Leibes Christi schwer an und nennt diese neue Lehre gar Götzendienst. Er hat von Fronleichnam noch keine Ahnung gehabt! – Die Dialektik nimmt zu, und die herzerfrischenden frommen Geschichten werden seltener.

Aber es gibt sie auch noch. Z. B. beim berühmten Tegernseer Pater Metellus, der vielleicht mit Abt Rupert I. von Tegernsee identisch ist. Dieser Metellus beschreibt in Oden und Eklogen wie ein bayerischer Horaz das Leben und die Wundertaten des heiligen Quirinus. Und da kommt auch erbaulich Lustiges vor: Wie der Heilige ein Wunder zu mehr Kirchendisziplin bei den Burschen und Mädchen tut, die da hinten in der Kirche während der Predigt sich an das Hochgrab des Heiligen anlehnen, ja von den Mädchen sogar einige sich hinaufsetzen und ratschen und scherzen. Das läßt sich der Heilige nicht gefallen, und er heizt seine marmorne Grabplatte geschwind ganz heißglühend an, daß die Mädchen aufschreien und vom Hochgrab herunterspringen und sich dennoch ihre Hinterteile verbrennen.

Eine schöne Geschichte und auch geistig-geistlich und bayrisch dazu!

Das Attentat von Kelheim anno 1231

Gleich der zweite Wittelsbacher auf dem bayerischen Thron, Ludwig der Kelheimer, ist ermordet worden. Dabei hat er eine gute Innenpolitik gemacht. Er hat in dem bäuerlichen Land viele Städte gegründet, wie Moosburg, Kehlheim, Landshut, Straubing, Landau, Weilheim, Dingolfing und noch andere.

Besonders aber hat er es verstanden, mehrere bayerische Grafengeschlechter, die justament zufällig ausstarben, zu beerben und seinem Herzogtum einzuverleiben, so daß Bayern bald ein ziemlich geschlossenes Territorium war. Er verlieh die Grafschaften nicht mehr weiter, sondern ließ sie von Pflegern verwalten und wurde so auch zum Begründer einer neuen Art der Landesverwaltung und zum Schöpfer der Beamtenschaft. Ein Glück hat er sich auch erheiratet, nämlich die großmächtige Grafschaft von Bogen. Die Gräfin Ludmilla von Bogen, eine gebürtige böhmische Prinzessin, war plötzlich verwitwet. Für den noch ledigen und erst 21jährigen Ludwig gab es keine bessere Partie. Zumal die Braut auch noch hübsch war, wie sich der junge Bayernfürst vorher schon – inkognito – überzeugt hatte. Pater Wilhelm Fink von Metten hat oft behauptet, daß diese Ludmilla auch von den Luitpoldingern hergestammt hätte und diese Vermählung also bereits eine Verwandtenheirat gewesen sei.

Sie hat die bayerischen Rauten in die Ehe eingebracht. Drum haben sie sich so lang gehalten, weil sie erheiratet worden sind. In Landshut, im Kloster Seligenthal, kann man die beiden sehen. In Holz geschnitzt, über der Empore. Wirklich eine Schönheit, die Ludmilla von Bogen! In der einen Hand hält sie das Zepter, in der anderen den Reichsapfel. Und Ludwig hält den bayerischen Rautenschild. Ein großer Mann mit einem sauber gestutzten Vollbart, fast elegant. Ein politischer Kopf!

Ludwig der Kelheimer hat auch große Taten vollbracht. Besonders für Friedrich II. Mit dem Kaiser zog er rheinabwärts gegen die Verbündeten des Braunschweigers, des Welfen Otto IV., und kämpfte mit seinen Bayern in Brabant. Dabei geriet er in Gefangenschaft und mußte mit 20 000 Mark Silber ausgelöst werden. Eine enorme Summe, die Bayern danach in einer Sondersteuer aufgebracht hat! Mehrere Jahre lang war er dann Kaiserstellvertreter in Deutschland. Als solcher führte er auch einen Kreuzzug an, kam nach Afrika und wollte Kairo erobern. Da aber der Nil gerade fürchterliches Hochwasser hatte, geriet der Bayernherzog mit seinem Heer in die Gefangenschaft des Sultans Kamel. Mit dem Sultan muß er sich aber gut verstanden haben, denn der ließ ihn wieder abziehen.

Das war anno 1221 gewesen. Man möchte nicht glauben, wo die Bayern schon überall gekämpft haben! Als Reichsverweser hat er natürlich auf sich selber auch ein bißchen geschaut. Aber seine Tage waren gezählt. Er saß nun beinahe schon 40 Jahre lang auf dem Herzogsstuhl und wollte sich gerade wieder einmal vom Kaiser trennen und sich auf die Seite des Papstes stellen. Da geschah das Unglück, dessentwegen er den Beinamen »der Kelheimer« bekommen hat. Ludwig wurde anno 1231 auf der Donaubrücke zu Kelheim von einem »Narren« – wie es heißt – erstochen. War der Attentäter tatsächlich ein Narr gewesen? Narren hießen damals die Sprecher, die Diplomaten und Botschafter. Der »Narr« übergab dem Herzog ein Schreiben, und während Ludwig zu lesen begann, rannte ihm der Überbringer das Messer in den Hals. Das Gefolge des Herzogs hat den Attentäter sofort erschlagen. Gekannt hat den Kerl niemand. Ein unbekannter »Narr«. Am Ende ein Bote des Kaisers?

Otto der Erlauchte, der geniale Erbe
1231–1253

Ganz gewiß weiß man's heute noch nicht, wer Herzog Ludwig den Kelheimer erdolcht hat im September 1231 auf der Kelheimer Brücke. Weil ja die Dienstmannen Ludwigs den Mörder gleich erschlagen haben. Die Leute haben damals geglaubt, der in Sizilien residierende Kaiser Friedrich II. hätte einen »Alten vom Berg« geschickt, einen von der rabiaten mohammedanischen Sekte der Assassinen aus dem Libanon. Diese hätten sich damals von Kaiser Friedrich öfter als Attentäter anwerben lassen. – So mutmaßen etliche geschichtsschreibende Mönche der damaligen Zeit. Libanesische Attentäter 1231 in Kelheim!

Vom Königsmord in Bamberg 1208 bis zur Ermordung des jüngsten Grafen von Falkenstein, der anno 1212 im Bade ertränkt worden ist, passieren damals zahlreiche Attentate. Und die Grafengeschlechter sterben aus. Einmal, weil viele Zweitgeborene ins Kloster gehen, andere nicht von einer Pilgerfahrt ins Heilige Land zurückkehren. Auch im Turnier sterben etliche. – Aber um Erben braucht sich keiner sorgen. Was Otto der Erlauchte nicht einstreichen kann, nehmen sich die Bischöfe oder die Böhmen, die Babenberger oder die Burggrafen von Nürnberg. – So beerbt Otto der Erlauchte, der dritte Wittelsbacher auf dem bayerischen Herzogsstuhl, der Reihe nach die Grafen von Ortenburg beider Linien. Die Grafen vom Chiemgau und jene vom Rottal, die nach den Erbstreitigkeiten noch mit einem kleinen Reichslehen um Ortenburg herum übrigblieben. – Nach dem kriegerischen Tod des reichen Grafen Albert von Bogen, dessen Gemahlin Ludmilla ja Ottos Mutter ist, leben zwar noch drei Stiefbrüder Ottos. Aber 1242 stirbt der letzte, Albert von Bogen, kinderlos, sein Bruder war bereits im Heiligen Land geblieben, und einer war ohnehin ins eigene Hauskloster eingetreten. Nicht viel besser geht es den Falkensteinern, den Wasserburgern und schließlich den Grafen von Andechs, Herzögen von Meranien.

Ein gewandter Diplomat und ein entschlossener Mehrer seines Reiches ist Otto. Und er steht jahrelang treu zum Papst, kämpft aber trotzdem unermüdlich gegen die bayerischen Bischöfe, die damals alle ihre Bistümer zu von Bayern unabhängigen Reichsfürstentümern erheben wollten. Und natürlich auch etwas von den Ländereien der ausgestorbenen Grafen.

Im Kampf um das Erbe der Andechser kommt es gar zu einem Krieg in der Umgebung Münchens. Der letzte Herzog von Andechs eroberte mit seinem verbündeten Reichsmarschall von Pappenheim die Burgen zu Baierbrunn, Starnberg und Wolfratshausen. Aber sie können sich nicht halten. Pappenheim gerät in Gefangenschaft, und der Kaiser belehnt den Bayernherzog mit der andechsischen Grafschaft Neuburg-Schärding. Worauf der letzte Andechser in seiner Burg Niesten bei Weismain in Oberfranken 1248 kinderlos stirbt.

Tirol erbt der Bayernherzog aber nicht, sondern es fällt an den Schwiegervater des Andechser Herzogs, einen gewissen Grafen Albert von Tirol. Er wird zum Einiger und Namensgeber der Tiroler.

Ja, wer nichts erbt, bringts auch zu nichts.

Albert von Böhaimb, Domdekan von Passau

Der dritte Wittelsbacher auf dem bayerischen Thron, Herzog Otto II. mit dem stolzen Beinamen der Erlauchte (1231–1253), hielt dem Heiligen Vater die Treue – gegen die eigenen bayerischen Bischöfe, die es mit dem gebannten Kaiser Friedrich II. hielten. Damit er ihre bischöflichen Territorien zu Reichsfürstentümern erhoben hat. Diese vom Papste gebannten Bischöfe haben Otto wiederholt ihrerseits in den Kirchenbann getan. Beigestanden ist unserem Herzog Otto II. aber der passauische Domdekan und päpstliche Legat Albert von Böhaimb, ein gebürtiger passauischer Edelmann und feuriger Vertreter der päpstlichen Interessen. Er ist als päpstlicher Anwalt sogar auf dem Konzil von Lyon aufgetreten. Er hat in Rom ein päpstliches Breve erwirkt, daß die bayerischen Bischöfe den Bayernherzog Otto den Erlauchten nicht mehr bannen dürfen. Darum ist Otto mit dem Beinamen »illustris« geschmückt, der Erlauchte. Sein Hauptgegner, Erzbischof Eberhard von Salzburg, war aber auch ein gewaltiger Fürst und Herzog Otto dem Erlauchten sowohl wie dem passauischen Domdekan als Diplomat ebenbürtig. Der Freisinger Bischof nennt übrigens den Passauer päpstlichen Legaten »den Störenfried von ganz Bayern«!

Im Juni 1240 wird zur Beilegung aller Differenzen von Herzog Otto ein Landtag einberufen – und zwar zum erstenmal in der Geschichte wird München Sitz dieses bayerischen Parlaments. – Albert

Böhaimb exkommunizierte zahlreiche Anhänger der kaiserlichen Politik. Da passierte der furchtbare Mongoleneinfall in Schlesien, bei dem der Sohn der schlesischen Herzogin Hedwig, der heiligen Andechserin, gefallen ist. Der Münchner Landtag brachte darum eine gewisse Einigung zustande. Mit dem Erfolg, daß Herzog Otto der Erlauchte seinen Ratgeber, den Passauer Domdekan, allmählich fallenließ und eine Versöhnung mit dem Kaiser anbahnte.

Während sich also die staufische Freundschaft zwischen Kaiser Friedrich und dem Bayernherzog wiederherstellt, finden die bayerischen Bischöfe zum römischen Gehorsam zurück.

Und der Krieg zwischen Erzbischof Eberhard von Salzburg, der gegen Bayern das Bistum Chiemsee errichten hat dürfen, zwischen den Bischöfen von Freising, Eichstätt, Augsburg, Passau und Bamberg geht weiter wie eh und je. – Aber auch Kaiser Friedrich und Otto der Erlauchte rücken zusammen. Da fällt im Juni 1246 der österreichische Herzog Friedrich der Streitbare auf dem Schlachtfeld, im Krieg gegen König Bela von Ungarn. Er war kinderlos und erst 35 Jahre alt. Die Chance ist einmalig, Österreich mit Bayern wiederzuvereinen. Zumal der Kaiser seinen Thronfolger Konrad mit der Bayernprinzessin Elisabeth vermählt.

Albert von Böhaimb, der Ratgeber und Freund, eilte von Lyon zurück und verhängte sofort den Bann über den Herzog, da er die Hochzeit nicht mehr verhindern konnte. Von nun an predigt der Passauer Domdekan zum Kreuzzug gegen Otto den Erlauchten. – Besonders auch in Böhmen vor König Ottokar. Gerade jetzt, wo Bayern die alte Ostmark wieder hätte zurückgewinnen können, waren dem Herzog die Hände gebunden. Albert Böhaimb berief nämlich alle Gegner des Herzogs nach Mühldorf zu einer Synode zusammen. Mit Bann und Schwert mahnen sie den Herzog, sofort zur Kirche zurückzukehren. Selbst der einzige herzogtreue Bischof, Rüdiger von Passau, wird verbannt und verjagt.

Albert von Böhaimb, der den Herzog überlebt, hinterläßt ein Konzeptbuch über Klosterdisziplin und kirchliche Zucht. Es ist die erste deutsche Handschrift, die nicht auf Pergament, sondern auf Papier geschrieben ist. – Und dem Papier gehört die Zukunft, denn es ist geduldig.

Die erste Teilung Bayerns
anno 1255

Bruder bleibt Bruder! Mit der Verwandtschaft ist man grad ausgeschmiert! Obwohl natürlich eine schöne Hochzeit gescheiter ist als ein furchtbarer Krieg. Der kaiserliche Schwiegersohn, Konrad IV. von Hohenstaufen, ist bald gestorben, und sein Sohn, der junge Prinz Konradin, ist später in Neapel hingerichtet worden. Unsere Prinzessinnen haben nicht soviel Glück gehabt wie später die habsburgischen. Freilich haben wir auch etwas geerbt von der staufischen Verwandtschaft: unser heutiges Schwabenland zum Beispiel. Aber Österreich und die Steiermark hat sich der Böhmenkönig Ottokar genommen.

Er hat die ehemaligen bayerischen Marken Österreich und Steiermark einfach besetzt. Und was taten die bayerischen Herzöge? Sie hätten wieder die Großmächtigsten im ganzen Reich werden können, hätten die bayerischen Marken wieder vereinen können. Aber nein, die Söhne Ottos II., Ludwig II. und Heinrich XIII., teilten 1255 ihr Restherzogtum in ein Oberbayern und in ein Niederbayern auf. Die erste Teilung Bayerns, durch die so vieles verspielt worden ist.

Ludwig II. behielt die Pfalz und die Rentämter München und Lengenfeld, Heinrich bekam die Ämter Straubing und Pfarrkirchen. Es gab drei Residenzen: die zu Heidelberg, jene neue zu München und die zu Straubing. Die bayerische Kraft war zersplittert und geschwächt. – Natürlich haben drei Haushaltungen viel Geld gekostet. Überall haben sie gebaut, unsere Herren, und lustige Feste haben sie gefeiert, und ans Kriegführen haben sie nicht gedacht! Grad einmal haben sie zusammengehalten. – Wie Ottokar von Böhmen auch noch ins Bayernland eingefallen war, anno 1257, da haben sie ihn bei Mühldorf wieder zurückgejagt. Aber hernach haben sie sich gleich wieder bekriegt, die wackeren Brüder. Wegen der staufischen Erbschaft! Und auch noch wegen der bayerischen Erbschaft. Und ganz besonders wegen der bayerischen Kurstimme.

Und als sie dann den kleinen Habsburger Grafen Rudolf zum deutschen König gewählt haben – aus gegenseitigem Argwohn –, ist die Streiterei erst richtig losgegangen. Heinrich XIII., der Niederbayer, hat zu Ottokar von Böhmen gehalten. Und der oberbayerische Ludwig zum Habsburger. – Heinrich XIII. von Niederbayern teilte 1278 mit Ottokar von Böhmen die Niederlage auf dem Marchfelde. Und der Sieger, Reichsgraf Rudolf von Habsburg, belehnte als deutscher

König sofort seine Söhne mit Österreich, der Steiermark und mit der Krain. Nun war die Teilung Bayerns erst endgültig. Hätten sie zusammengehalten, sie hätten damals mehr zurückbekommen von dem alten Bayern als nur das Innviertel.

Aber, Brüder sind halt Brüder! Und Ober- und Niederbayern, der Spruch ist damals aufgekommen, passen nicht zusammen.

Verlorn ist das Slüzzelin!
Oder von bayerischen Minnesängern

Wir brauchen uns nicht schämen mit unseren mittelalterlichen Dichtern. Da hat man im Kloster Tegernsee in einer lateinischen Musterbriefsammlung, die der Magister Werinher Scholasticus zusammengestellt hat und in der er die Schüler vor schlechtem Latein warnt und auch vor Barbarismen in der Reinheit der Sprache, da hat man am Ende dieser Briefsammlung noch sechs mittelhochdeutsche Verszeilen hinzugefügt gefunden, die da lauten:

> Du bist min, ich bin din:
> Des solt du gewis sin.
> Du bist beschlossen
> In meinem Herzen.
> Verlorn ist das Schluzzelin:
> Du muast och imme darinne sin.

Leichter und verliebter kann man nicht schreiben. Ein bisserl ein Schnaderhüpferl und doch ein Gedicht! – Die deutschen Germanisten schwärmen von ganz großer Weltlyrik und stellen diese Liebesverse Goethe und Mörike an die Seite. Und war aber Werinher der Scholasticus von Tegernsee ein Zeitgenosse Ottos von Wittelsbach gewesen. –

Liest man die vielen Verse der Minnesänger, dann müssen sie damals, im 12. und 13. Jahrhundert, überall gesungen haben, die Sänger und Dichter in Bayern und Österreich. Und fast alle haben gedichtet, der Burggraf von Regensburg und ein Ritter mit dem wirklichen Namen Tannhäuser, ein ziemlicher Erotiker und ein Freund Herzog Friedrichs des Streitbaren von Österreich. Nicht wenige Minnesänger kommen aus Niederbayern, wie Albrecht von Johansdorf, in Diensten des Bischofs von Passau, singt von der hohen unerfüllbaren Liebe, die aber der gegenseitigen Vervollkommnung dienen muß. Oder der zwischen Dorfen und Landshut ansässige Neidhart von Reuenthal. – Die umfangreichste Trink-, Tanz- und Mädchenliedersammlung der Zeit, das ist das Liederbuch, das Andreas Schmeller unter dem Titel »Carmina burana« wieder herausgegeben hat. Lateinisch und deutsch gehts da durcheinander.

»Mihi est propositum in taberna mori« – das muß mir aufgesetzt sein, daß ich mal im Wirtshaus stirb beim Wein... Oder noch schöner: »Suozer rosenfarwer munt – kumm und mache mich gesund!« Der Ritter Dietmar von Aist und der Kürenberger singen: »Auf den Linden obene da sang ein kleines Vogellein – Es dunket mich wohl tausend Jahr, daß ich an Liabes Arme lag...« –

Ja no, allweil habn sie auch nicht Krieg führn können. Sie haben dazwischen auch wieder turniert und den Siegespreis aus der Hand der gepriesenen hohen Dame entgegengenommen. – Und das meiste war vielleicht auch damals schon bloße Literatur. Denn es gibt ungemein viele Verse.

»Und hätt ich von einem vernommen, er wär von ihr gekommen – und ich wär ihm Feind, ich wollt ihn grüßen!«

Herrn Walther von der Vogelweide dürfen wir nicht vergessen. Er gilt als der größte Minnesänger. Und auch er war ein Bajuware.

> »Auweh, wie uns mit süaßen Dingen ist vergeben:
> Ich siehe die Gallen mitten in dem Honege schweben:
> Dia Werlt ist uzzen schöne, weiß, grüene unde rot.
> Und innan schwarzer Farwe, finster samt der Tot...«

Die kleineren Sänger singen meist Lustigeres: »Liebster, Liebster, schläfst du noch«, fängt ein Taglied von Aist an. Und der Oberpfälzer Reinmar von Brennenberg muß ein ganz ein wilder Minnesänger gewesen sein. Er beschreibt in seinem Hauptwerk die »Herzemäre«, wie sie in einer Ritterschlacht einen Helden gefangennehmen, ihm das Herz aus dem Leib schneiden und es dann seiner Geliebten zum Essen geben.

Aber der Brennenberger Minnesänger hat selber einen grausamen Tod gehabt: sein eigener Bruder, ein Regensburger bischöflicher Kanonikus, hat ihm anno 1276 aufgelauert und ihn erschlagen.

Tandaradei, ja so warns, die alten Rittersleut!

Der Pfalzgraf, Herzog von Oberbayern

Die erste bayerische Landesteilung vom März 1255 hat dem Land keinen geringen Schaden zugefügt. Während Ludwig der Strenge gern in Heidelberg residiert hat, baute sich sein Bruder Heinrich in Landshut eine schöne Residenz, die Trausnitz. Dieser Heinrich war ein unternehmerischer Kopf und hat viele Händel angezettelt. Zunächst gegen den Böhmenkönig Ottokar, der sich ja zugleich Österreichs bemächtigt hat. Und Ottokar wollte Schärding, Neuburg und Ried im Innviertel zurückhaben. Er fiel mit Heeresmacht in Niederbayern ein und kam bis Mühldorf. Da eilte aber auch Ludwig der Pfalzgraf seinem Bruder zu Hilfe, und gemeinsam konnten sie Ottokar bei Mühldorf besiegen. –

Damals gab es noch keine Orden. Aber wegen besonderer Tapferkeit gaben die Brüder dem Gebhard von Hirschberg ihre Schwester Sophie zur Frau. – Das Mühldorfer Treffen war 1257 gewesen. Acht Jahre später kam König Ottokar wieder und wütete besonders in Passau und bei Regensburg. Diesmal konnte ihn der Niederbayer allein ins Böhmische zurücktreiben. Ottokar verhandelt mit Heinrich in Salzburg über den Frieden.

Dabei verstehen sich die beiden Kontrahenten so gut, daß sie Freunde werden. Und Heinrich verspricht dem König von Böhmen und Herzog von Österreich – gegen eine größere Summe Gold –, ihm bei der bevorstehenden Königswahl in Frankfurt seine Kurstimme zu geben. Doch Bruder Ludwig der Strenge, als Pfalzgraf bei Rhein nach dem Reichsprotokoll der erste Fürst, schlägt in einer Rede vor den versammelten Fürsten den Grafen Rudolf von Habsburg vor, um diese kaiserlose, schreckliche Zeit endlich zu beenden. Dafür gibt ihm der neugewählte Kaiser seine Tochter Mechthild zur Gemahlin. Und verzeiht ihm dabei ausdrücklich den Mord an seiner ersten. Jetzt ist der Bruderzwist im Hause Bayern erst richtig ausgebrochen.

Ottokar und Heinrich erkennen den Grafen von Habsburg nicht an, erscheinen nicht zur Belehnung vor dem neuen Kaiser. Auch nach dreimaliger Aufforderung kommen sie nicht. Da droht ihnen der kleine Habsburger mit Reichsacht und Bann, wenn sie nicht zum folgenden Termin nach Augsburg kämen. Jetzt reagieren sie wenigstens dadurch, daß sie Vertreter schicken. Aber betont ungute und übermütige Herren, die aus dem ganzen Zeremoniell der kaiserlichen Belehnung eine Farce machen und sich sehr rüpelhaft benehmen. –

Natürlich auf ausdrückliche Anordnung Ottokars von Böhmen und Heinrichs von Niederbayern. Da beschließen alle anwesenden Fürsten wider Ottokar und Heinrich den Reichskrieg, und Bruder Ludwig fällt sofort in Niederbayern ein. –

Das erstemal in der Geschichte, daß Oberbayern gegen Niederbayern kämpfen. Dem gestrengen Pfalzgrafen Ludwig tut der Krieg im Vaterland weh. Er vermittelt beim Kaiser, das Unternehmen abzubrechen gegen eine Summe von 46 000 Gulden, die Ottokar zu zahlen bereit war. Das Geld war als rückzahlbares Darlehen an Rudolf von Habsburg gedacht. Dafür verheiratet Rudolf seine Tochter Katharina mit Heinrich von Niederbayerns ältestem Sohn Otto und verspricht ihm zugleich als Heiratsgut das Land ob der Enns, also das heutige Oberösterreich. Leider hat sich Heinrich wieder auf die Seite Ottokars ziehen lassen. Und nach der Schlacht 1278 bei Dürnkrut, wo Ottokar Krone und Leben verliert, nimmt alles ein Ende. Der Kaiser streicht Österreich ein und verleiht es seinen Söhnen. Der Niederbayer muß das Land ob der Enns wieder herausgeben, darf nur das Innviertel behalten.

Trotzdem waren das auch wieder grüabige Zeitn, wo man zum Kriegführn im Land bleibn hat können.

Ludwig der Strenge und Maria von Brabant
1253–1294

Manchmal gerecht, dann wieder launisch, zielstrebig und wurstig, vor allem aber jähzornig sind die bayerischen Fürsten im 13. Jahrhundert. Echte Herren! Wie z. B. Ludwig der Strenge, Herzog von Oberbayern und Pfalzgraf bei Rhein, von den Historikern einfach »der Palatinus« genannt.

1228 in Heidelberg geboren, die Mutter aus staufisch-welfischem Geschlecht. Seine vier Urgroßväter sind: Otto von Wittelsbach und Heinrich der Löwe, Konrad von Hohenstaufen, ein Bruder Barbarossas, und der Przemyslide Friedrich von Böhmen. Noch eine Generation weiter zurück tauchen eine Großfürstin von Kiew und eine Herzogin von Aquitanien als Ahnfrauen auf. Woraus man sieht, wie unendlich weit verzweigt aus den mächtigsten Herrschergeschlechtern Europas die Ahnentafeln des Hauses Bayern sich um den hohen

Stammbaum ranken. Wir haben kein Bild von diesem Herzog Ludwig dem Strengen; sein Siegel zeigt uns einen galoppierenden Ritter mit eingelegter Lanze. Das Visier heruntergelassen.

Er ist halt auch ein Wittelsbacher gewesen, dieser Ludwig. Jähzornig oder gachgiftig wie ein stehendes Messer! Mit acht Jahren hat ihn der Vater Otto schon verlobt mit der schönen Herzogstochter von Brabant. Aber die junge Herzogin hat meistenteils getrennt von ihrem Herzog auf der Burg zu Donauwörth gelebt. Sie hat gewiß alles gehabt, was einer so hohen Frau zusteht. Einen eigenen Hofstaat mit Hofmeister, Hofdamen, einen Kaplan, einen Kuchel- und Kellermeister. Aber auf die Dauer ist das kein Eheleben gewesen für die junge Maria von Brabant. Der Mann immer unterwegs zwischen Heidelberg und München! Da mußte was passieren! Darum wollte Herzog Ludwig die Münchner Stadt zu seiner Hauptresidenz machen und hat mit dem Bauen des alten Hofes schon angefangen. Vielleicht schon aus Eifersucht? Da geschieht im Jahre 1256 eine fürchterliche Tat. Ludwig der Strenge besucht seine Gemahlin in Donauwörth. Er glaubt Beweise zu haben, daß seine Maria mit dem Hofmeister – und wahrscheinlich auch mit anderen Hofkavalieren – ein Verhältnis unterhalte. Ludwig wird fuchsteufelswild, wirft die Kammerzofe aus dem Fenster in den Burggraben hinunter und läßt auf der Stelle den Scharfrichter kommen. Die Herzogin beteuert ihre Unschuld, der strenge Ludwig gibt ihr keine Antwort und heißt den Scharfrichter seines blutigen Amtes walten. Maria von Brabant, Herzogin von Oberbayern und Pfalzgräfin bei Rhein, wird am 18. Januar 1256 in Donauwörth auf der Burg enthauptet. Die Geschichtsschreiber sagen alle, die Herzogin sei unschuldig gewesen. Ihr Brief an den Herzog sei mit ihrem Brief an einen Grafen verwechselt worden. Und sie sei von einem Ritter, der bei ihr kein Glück gehabt habe, beim Herzog schlechtgemacht worden. Aber nichts Gewisses weiß man nicht. Der Spruch ist damals in Bayern heimisch geworden. Auffallend ist, daß die meisten Schreiber auch sagen: Ein junges Weib läßt man halt nicht so viel allein.

Herzog Ludwig hat die Tat bitter bereut und zeitlebens ein leinenes Büßerhemd getragen. Auf Geheiß des Papstes hat er zur Sühne das berühmte Zisterzienserstift Fürstenfeld bei Bruck gestiftet. Herzog Ludwig stirbt, nachdem er über 40 Jahre lang regiert hat, im Jahre 1294 in Heidelberg. Aber begraben ließ er sich vor den Toren Münchens im Sühnekloster Fürstenfeld. Am Eingang zum Chor der prächtigen Stiftskirche sieht man seine Statue. Auf der Brust ein goldenes, von einem Dolch durchstoßenes kleines Herz! Ein Englein zu seinen Füßen macht eine abwehrende Handbewegung. »Gott ließ es geschehen«, heißt der Spruch dazu, »und Fürstenfeld erstehn!«

Über Nacht soll Ludwig damals schlohweiße Haare bekommen haben, der strenge Herzog, nachdem er hat erfahren müssen, daß seine Maria von Brabant doch unschuldig gewesen ist. – Weil man halt nie nichts Gewisses nicht weiß! Aber er hat wieder geheiratet, eine junge Habsburgerin, und hat mit dieser zwei Söhne gezeugt, den Rudolf und den Ludwig, den späteren Kaiser Ludwig den Bayern.

Albertus Magnus, gebürtig aus Lauingen in Bayerisch Schwaben, der größte Gelehrte seiner Zeit (1193–1280)

Der einzige Gelehrte, der in der Geschichte den Titel: der Große bekommen hat, weil er nicht nur ein bedeutender Theologe und Philosoph gewesen ist, sondern auch ein glänzender Mathematiker, stammt aus Bayerisch Schwaben.

Als Sohn der Herren von Bollstatt in Lauingen, einem Städtchen zwischen Dillingen und Gundelfingen, ist Albertus Magnus 1193 geboren. Noch zu Lebzeiten Alberts ist seine Vaterstadt mit dem staufischen Erbe an Bayern gekommen. Weshalb wir ihn zur bayerischen Geschichte rechnen dürfen. – Auch ist er ja später Bischof von Regensburg geworden. – Den gescheiten Buben schicken die Eltern zu einem Verwandten der Mutter nach Padua, wo er schon nach vier Jahren ein bekannter Magister der Philosophie wird.

1223, als Dreißigjähriger, wird er Dominikaner und studiert in Bologna Theologie. Dann gründet er die Dominikanerhochschule in Köln, wo er auch Prior wird. Dem Ruf seiner Gelehrsamkeit folgen viele junge Männer. Unter ihnen auch Thomas von Aquin! 1245 versetzt ihn der Orden an die Universität nach Paris. Fürsten und Bischöfe saßen nun zu seinen Füßen. –

Nach drei Jahren wieder in Köln lehrend, hat Albert bereits einen sagenhaften Ruf. Man erzählte sich, daß er den Grundriß zum Kölner Dom verfertigt hätte und daß er sogar eine menschliche Figur gemacht haben soll, die sich bewegen und sprechen hat können. – Um die Zeit wurde er Provinzial seines Ordens in Deutschland. – Er machte alle seine Reisen zu Fuß, verbot allen Mitbrüdern das Fahren. Auch durfte kein Dominikaner das kleinste Eigentum besitzen. »Eigentumsbesitzer« war für ihn ein Schimpfwort. Er selber nahm keinen Pfennig mit auf seine Visitationsreisen, sondern erbettelte sich das tägliche Brot. Zu strengem Fasten bestraft er jeden Mitbruder, der wider das Gelübde der Armut sündigt. Als man nach dem Tod eines Laienbruders ein Geldstück in dessen hinterlassenen Kleidern fand, ließ er den Leichnam des Eigentumsbesitzers ausgraben und außerhalb des Klosterfriedhofes bestatten.

»Wer im Kleinen nicht treu ist, wird auch im Großen fehlen«, war seine Devise. Wiederholt war er die entscheidende Autorität in Rom oder Paris und auf dem Konzil von Lyon. Wo er vor den Kardinälen sich für Rudolf von Habsburg erklärt hat. – 1260 befahl ihm der Papst, die verschuldete Diözese von Regensburg wieder in die Höhe zu bringen. – Und auch als Bischof von Regensburg wohnt er in einer Klosterzelle und macht weiterhin alle seine Visitationsreisen zu Fuß – in seinen derben Wanderschuhen. Weshalb sie ihn den Bischof mit den Bauernschuhen genannt haben. – Ungern erduldet er Repräsentationsaufgaben. – Er zahlte in zwei Jahren 442 Pfund Schulden zurück, heute etwa eine Million DM, hob die Disziplin und unterstützte die Armen wie kein anderer vor ihm. Vor allem nahm er sich des überfüllten Katharinenspitals an. Nach zwei Jahren bat er den Papst um einen Nachfolger und verließ als einfacher Mönch Regensburg zu Fuß wie er gekommen.

Sein Gesamtwerk umfaßt 38 Bände. In seinen Predigten kommen Sätze vor, die heute noch verstanden werden. Wie etwa: »Ein Ei im Leben gegeben ist nützlicher fürs ewige Leben als tausend Messen nach dem Tod.« Oder: »Sooft ein Mensch eine Eitelkeit unterdrückt – und sei es nur eine Geste –, empfängt er Gott in seiner Seele wie der Priester am Altar.« Oder: »Ein Kranker, der keine guten Werke mehr tut, ja nicht einmal mehr beten kann, schaut tiefer in die Gottheit als zehntausend Gesunde.« – 1280 stirbt er mit 87 Jahren in Köln. Eine gewaltige Persönlichkeit, dieser Albertus Magnus, der Doktor universalis, geboren zu Lauingen in Schwaben.

Konradin, der Sohn einer bayerischen Prinzessin
†1268

Die Zugereisten werden es gar nicht glauben, aber Konradin, der letzte Hohenstaufer, ist ein gebürtiger Landshuter, in der dortigen Burg Wolfstein geboren und aufgewachsen, als Sohn der Prinzessin Elisabeth, der Schwester unseres Herzogs Ludwig des Strengen. Und auch Herzog Heinrichs von Niederbayern. Konradin ist erst drei Jahre alt, da stirbt sein Vater, Kaiser Konrad IV., im Alter von 26 Jahren in Italien. Ein Jahr darauf verliert Konradin auch noch seinen Großvater mütterlicherseits, den Bayernherzog Otto den Erlauchten.

Da heiratet seine Mutter, die Kaiserinwitwe Elisabeth, den Grafen von Görz. Den siebenjährigen Konradin läßt sie in der Obhut ihres Bruders in Landshut. Herzog Ludwig erzieht ihn als künftigen Schwabenherzog. Mit elf Jahren – und auch das ist das Werk Ludwigs – hält Konradin seinen ersten Hoftag in Ulm ab. Von nun an residiert er auf schwäbischen Burgen in seinem Herzogtum. Aber er führt den Titel eines Königs von Jerusalem und von Sizilien. Der staufische Name lastet auf seinen Schultern wie eine schwere Hypothek. »Sobald er nur daran denkt, nach Italien zu ziehen, fällt er in den Bann«, schreibt der Papst an Herzog Ludwig von Bayern, an den Onkel und Vormund. Aber der staufische Glanz fängt neu zu strahlen an. Konradin wird der Repräsentant der alten Ritterlichkeit. Wer ihn sieht, denkt an den Großvater Friedrich II., an Castelmonte und Palermo, an Falkenjagd und Minnesang. Und Konradin dichtet schon mit 14 Jahren diese Verse: »Ich weiß noch nicht, was Liebesfreuden sind. Mich läßt die Schöne sehr entgelten, daß ich an Jahren bin ein Kind.«

In Sizilien regiert für Konradin sein Stiefbruder Manfred, der Fürst von Tarent. Aber Urban IV. belehnt den Bruder des französischen Königs, Karl von Anjou, mit dem Königreich Sizilien. Die letzten Staufertreuen werden besiegt, Manfred erschlagen. Einige wenige entkommen und erscheinen im Sommer 1267 als Flüchtlinge am Hofe Konradins, »um den jungen Löwen aus dem Schlaf zu rütteln«. Und der Fünfzehnjährige zögert nicht. Er verpfändet seine letzten Güter und sammelt ein stolzes Heer. »Damit jenes herrliche Geschlecht, welchem wir angehören, in unserer Person nicht entarte...«, schreibt er in sein Testament. »Wir, Konradin, König von Jerusalem und Sizilien, Herzog in Schwaben.« Er reitet noch geschwind nach Hohenschwangau hinauf, um von seiner Mutter Abschied zu nehmen, die sich dort gerade aufhält. Dann zieht er im August 1267 über die Alpen nach Bozen. Onkel Ludwig ermahnt ihn zur Umkehr. Aber die oberitalienischen Städte bejubeln ihn und geben ihm Geld.

Immer größer wird sein Heer. Er erficht einen glänzenden Sieg und zieht triumphierend in Rom ein. Aber König Karl von Anjou wartet östlich der Ewigen Stadt mit einem gewaltigen Heer. Im August 1268 kommt es bei Tagliacozzo zur Entscheidungsschlacht, die Konradin schon gewonnen glaubt. Seine Krieger beherrschen bereits das Schlachtfeld und machen sich über die Toten her, da bricht König Karl mit 800 Reitern aus dem Hinterhalt hervor und macht das Heer Konradins nieder. Konradin entkommt mit einer Schar getreuer Freunde nach Rom. Aber die Römer jubeln nicht mehr. Übers Meer versuchen die Buben nach Pisa zu segeln. Ihr Schifflein wird von einem Schnellsegler eingeholt, und König Karl führt Konradin in Ketten nach Neapel. Im Castello d' Ovo wird ihm das Todesurteil vorgelesen: Wegen Landfriedensbruchs und Räuberei sollen er und sein Freund Friedrich von Österreich geköpft werden.

Am 29. Oktober frühmorgens betritt ein Notar seine Zelle, und Konradin diktiert ihm sein Testament, setzt den Bayernherzog zu seinem Erben ein. Ein Franziskaner nimmt ihm die Beichte ab, und im Nebenraum läßt König Karl für ihn ein Requiem singen. Anschließend geht es zum Blutgerüst. Konradin verzeiht dem Scharfrichter, küßt seinen Freund und sagt noch: »Mutter, welch schmerzliche Kunde wirst du von mir vernehmen.« Dann fällt das Beil. – Eine grausige Geschichte. »Davon noch allen deutschen Fürsten eiset«, heißt es in einer Chronik.

Das staufische Erbe

Was man sich erheiratet, das braucht man sich nicht ersparen. Der Spruch hat einmal auch in der großen Politik eine gewisse Gültigkeit gehabt. Auch in der bayerischen Gschicht. Da stößt man immer wieder auf das staufische Erbe. Denn der 16jährige Konradin, der letzte Staufer und Herzog von Schwaben, hat in seinem Testament, das er bereits vor seinem Italienfeldzug im August 1267 ausgestellt und am Morgen vor seiner Hinrichtung in Neapel noch einmal bestätigt hatte, sein Herzogtum Schwaben seinen beiden bayerischen Oheimen vermacht, dem Herzog Ludwig dem Strengen von Oberbayern und dem Herzog Heinrich XIII. von Niederbayern.

Beide Testamente liegen im bayerischen Staatsarchiv in der Ludwigstraße, und sie erinnern uns an das vielzitierte staufische Erbe, an dem Bayern angeblich so reichlich profitiert hat. Was mag der sechzehnjährige Konradin empfunden haben, damals in Neapel, während er dem Notar dies Testament diktiert hat? – Durch seine Kerkertür hörte er das Requiem, das König Karl von Anjou – großzügigerweise – für sein Seelenheil anstimmen hat lassen. »Wir, Konradin, König von Jerusalem und Herzog von Schwaben setzen unsere geliebten Oheime Ludwig und Heinrich, Herzoge von Bayern, zu unseren Erben ein.« Ein erschütterndes Dokument. Daneben nehmen sich die Bannflüche der Päpste Urban IV. und Clemens IV. weit weniger erschütternd aus.

Leider sind auch so einzigartige Testamente wie dieses Konradinische anfechtbar. An der Erbmasse, dem Herzogtum Schwaben, waren nämlich viele Erben interessiert. – Die Habsburger und die Burggrafen von Nürnberg, die Herren von Württemberg und Baden und die Herren von Teck. – Mit Müh und Not konnte Herzog Ludwig Schongau und Mering, Lauingen und Gundelfingen an sich bringen. Auch noch etliche Burgen im Nordgau und ein paar Höfe im Allgäu. Im Bistum Bamberg erbt er das Erbtruchsessenamt mit der dazugehörigen Schirmvogtei über Hersbruck, Vilseck, Auerbach und Velden.

1273 wählen die Kurfürsten, nicht ohne Zutun Herzog Ludwigs des Strengen, Rudolf von Habsburg zum deutschen Kaiser. Der Bayernherzog erhält für seine Wahlhilfe vom Habsburger einen die Donation Conradini bestätigenden Confirmations-Brief und dessen Tochter Margarete zur dritten Gemahlin. Herzog Ludwig ist dafür dem Kaiser weiterhin ein treuer und mächtiger Helfer gegen Ottokar von Böhmen. Aber die kaiserliche Entscheidung über eine Herausgabe der staufischen Länder durch die Württemberger und Badener läßt auf sich warten. Endlich auf dem Reichstag zu Augsburg 1282 wird über Konradins Testament von 1268 verhandelt.

Kaiserliche Juristen erklären nun das Testament des unglücklichen Konradin für verfassungswidrig. Denn die schwäbischen Länder Konradins seien natürlich Reichslehen gewesen, die Konradin ohne des Kaisers Einwilligung nicht hätte verschenken dürfen. Außerdem sei ja Ludwig selbst mit dem Kaiser gegen Eberhard von Württemberg gezogen, gerade weil sich Eberhard am staufischen Erbe vergriffen hatte. Der Kaiser belehnte nun seine eigenen Söhne nicht nur mit

Österreich, sondern auch mit Ländereien aus der Konradinischen Schenkung.

So hat das staufische Erbe nicht wenig zum Emporkommen der Habsburger beigetragen. Und zugleich den Bruderzwist im Hause Wittelsbach vertieft. Heinrich von Niederbayern vergönnte seinem Bruder Ludwig weder das Erbe noch den Machtzuwachs. Er stand auf der Seite Ottokars. – Nicht weniger als 14mal hat der heiligmäßige Bischof Heinrich von Regensburg die Brüder versöhnen müssen. – Sie verkrachten sich jedesmal wieder. – Und immer wegen des Testaments des unglücklichen Konradin. Was hat er hinterlassen? – Nichts hat er hinterlassen als streitende Erben. – Aber sind wir froh um Schongau und Mering. Um Lauingen und Gundelfingen, um Hersbruck, Vilseck und Velden. – Es ist uns teuer genug gekommen, denn ganz Österreich hätten wir dafür erobern können.

Otto III., Herzog von Niederbayern und König von Ungarn 1261–1312, regiert seit 1290 in Niederbayern und 1306–1308 in Ungarn

Niederbayern und Ungarn, das hat einen Klang in der bayerischen Geschichte, den wir nicht überhören dürfen. Otto III., Herzog von Niederbayern, nennt sich auch König von Ungarn. Er war ein zünftiger Herr und zugleich ein raffinierter Politiker. Freilich, Geld hat er immer zuwenig gehabt, aber dafür ein Schicksal. Seine Mutter Elisabeth war eine ungarische Prinzessin gewesen, eine Tochter König Belas. Aber er war nicht der einzige Enkel Belas. Es gab noch zwei: den Böhmenkönig Wenzel und Karl von Anjou, den König von Sizilien.

Zunächst wählten die Ungarn den mit Bela weitschichtig verwandten Andreas, der mit einer Habsburgerin verheiratet war. Als aber dieser Andreas 1301 plötzlich ohne Erben stirbt, trachtet König Albrecht, der Sohn Kaiser Rudolfs von Habsburg, ein überaus tüchtiger Vollblutpolitiker, selber nach der ungarischen Königskrone. Dieser Albrecht stand mit den Wittelsbachern ohnehin seit seiner Erwählung in einem recht feindseligen Verhältnis.

König Albrechts Wünsche gingen jedoch nicht in Erfüllung, denn der Papst, Nikolaus IV., setzte in Ungarn seinen Kandidaten durch,

Karlrobert, den Sohn Karls von Anjou. – Der ungarische Adel aber lehnte die Anjoupartei ab und schickte eine Gesandtschaft nach Landshut, um Herzog Otto die heilige Stefanskrone anzubieten. Otto verweigerte sich zunächst, denn er hatte mit König Albrecht schon genug Feindschaften bestehen müssen. »Cum honoribus«, in Ehren, verabschiedete Otto die ungarischen Magnaten in Landshut.

Da krönten die Ungarn den erst 8jährigen Sohn König Wenzels von Böhmen als Ladislaus V. zu ihrem König. Aus Eifersucht gegen den Böhmenkönig unterstützte jetzt aber der deutsche König Albrecht die in Ungarn immer noch eifrige Anjoupartei. Es gab Überläufer. Daraufhin holte König Wenzel seinen Sohn mit Heeresmacht zurück nach Prag. Im Gepäck, die für einen ungarischen König so wichtige Stefanskrone.

Jetzt wählten ungarische Magnaten den Sohn ihrer Königstochter Elisabeth. Otto begab sich an den Prager Hof und erreichte König Wenzels Einverständnis. Sein Sohn verzichtete auf den ungarischen Thron und überreichte dem niederbayerischen Herzog im Oktober 1305 zu Brünn die ungarischen Insignien. Auf dem Weg nach Ungarn hat Herzog Ottos Diener die ungarische Krone, die er in einem Lederfutteral am Sattel seines Pferdes befestigt hatte, verloren und den Verlust erst abends bemerkt. Sofort ritt man den Weg zurück und hatte das Glück, die kostbare Königskrone wiederzufinden. – Aber die Geschichte wurde als kein gutes Omen gedeutet. Dennoch wurde Otto am Nikolaustag 1305 in Stuhlweißenburg gekrönt und ritt dann im Krönungsmantel feierlich durch Buda und Ofen.

König Albrecht war außer sich vor Wut und unterstützte die schon beinahe geschlagene Anjoupartei. Auch der Papst bannte den neuen König. Ungarische Bischöfe fielen von ihm ab. – Da beging Otto auch noch den Fehler und ließ sich auf einen einjährigen Waffenstillstand ein, der ganz seinen Feinden zugute kam. – Die Koalition seiner Gegner hatte sich im Frühjahr 1308 gefestigt. Da projektierte man eine Heirat mit der Tochter des mächtigen Fürsten von Siebenbürgen. – Doch dem fünfzigjährigen König, der gerade Witwer geworden war, gefiel die Braut nicht besonders. Das erzürnte den Schwiegervater so sehr, daß er Otto als Gefangenen in sein Burgverlies steckte und zu Karlrobert von Anjou überwechselte. –

Hier schmachtet Otto beinahe ein Jahr und wird durch die Gattin des Siebenbürgeners endlich befreit. Auf Umwegen kommt er nach Breslau, wird von Herzog Heinrich von Glogau zwar in Ehren empfangen, aber dann auch gleich wieder in Gefangenschaft genommen. – So mächtig sind die Arme Habsburgs und der Kirche. In dieser Not kommt Otto ein Engel zu Hilfe. Die schlesische Herzogstochter Agnes verliebt sich in den Unglücklichen und zieht mit ihm nach Niederbayern. In Straubing feiern sie eine prächtige Hochzeit. Agnes gebiert ihm nach drei Jahren einen Sohn, den sie Heinrich taufen, den späteren Natternberger. – Bis zu seinem Tod urkundet er immer noch als: »Wir, Otto, von Gotts Gnaden Kuenich ze Ungern.« – Und die Leut mögen und verehren ihn – nicht zuletzt ob der vielen Abenteuer, die er hat aushalten müssen. Am 9. September 1312 stirbt er.

Otto III. von Niederbayern, zugleich König von Ungarn und seine Ottonische Handfeste von 1311

Eine bayerische Spezialität in der Rechtsgeschichte stellen die Hofmarksgerichte dar. Die niederbayerischen Landstände, d. h. die Bürger der Märkte und Städte, die Pröbste und Äbte und auch zahlreiche Freiherrn und Grafen haben ihrem in ständiger Geldnot lebenden Herzog und gekrönten König von Ungarn eine Viehsteuer zugebilligt, aber nur unter der Bedingung, daß er ihnen einen Teil der herzoglichen Rechtsprechung abtrete.

Und zwar über alle nicht todeswürdigen Verbrechen sollten sie nun nach herkömmlichem Recht selber Gericht halten dürfen. Mord, Straßenraub und Vergewaltigung würden als Todesverbrechen den herzoglichen Landrichtern verbleiben.

Und weil Herzog Otto III. selber die Kunst des Unterschreibens nicht hat ausüben »wollen«, hat er das Patent der Verleihung, die Ottonische Handfeste, per manufirmationem, durch feierliche Handauflegung vor der Landschaft, beschworen. Zu Landshut auf der Trausnitz, am 15. Juni 1311. – »Die große Handfeste, die über die Gericht geben ist«, beginnt mit den Worten: »Wir, Otto, von Gotts Gnaden Kuenich ze Ungern und Herzog von Niederbayern wollen bei den Untertanen aller Landständ eine Steuer einheben von jedem Vieh und jedem Haus...«

Daß König Otto dafür zuviel gegeben hätte, brauchen wir nicht befürchten, denn ein großer Teil der Bauernhöfe gehörte damals noch nicht einem Standesherrn, sondern sie waren noch unmittelbare Herzogsgüter. Nur halt die immer bedeutender werdenden Bürger in den Märkten und Städten besaßen nun die niedergerichtliche Immunität. Man kann auch sagen: Durch die Ottonische Handfeste – in Oberbayern durch die Einigung von Schnaitbach bei Aichach – wurde der Machtzuwachs der bayerischen Herzöge durch die Landstände gebremst.

Die Patrimonialgerichtsbarkeit wurde an vielen Orten in Bayern – beinah in jeder zweiten Pfarrei – bis in die jüngste Zeit hinein, bis 1848 ausgeübt. Die Äbte und die Adeligen auf ihren Schlössern ließen von gebildeten Juristen, von ihren Hofmarksrichtern, Recht sprechen. Und stand diesen Richtern, die sich durch ihre eigenen Gerichtssporteln ernähren mußten, ein kleiner Verwaltungsapparat zur Verfügung: der Amtmann mit seinem Helfer, dem Schergen, der auch die Bestrafung ausgeführt hat, wie z. B. das In-den-Bock-kommen, das Prangerstehen oder gar das Auspeitschen auf der Bank. Am liebsten war der Herrschaft immer eine Geldbuße. Amtmann und Scherge waren Hofmarksbeamte. Die Richter, eher freiberuflich, konnten ihre Rechtsprechung an mehreren Hofmarksgerichten ausüben. Die Amtmänner erhoben die Klage. Wer z. B. während der Sonntagsnachmittagsandacht Kegel geschoben hat, der hat gleich einen Gulden Strafe zahlen müssen. Und ist eine Bäuerin zu ihrem Mann recht grob gewesen, hat sie drei Stunden am Pranger stehen müssen. Oder hat einen eisernen Maulkorb tragen müssen. – Hat sie aber die Hand wider ihren Mann erhoben, kam sie dreimal drei Stunden in den Bock, und der Mann wurde auch bestraft. Weil er sich so was hat gefallen lassen.

Interessant sind die alten hofmarkrichterlichen Kriminalsachen zu lesen. Da heißt es z. B. um 1680 im Schwindegger Hofmarksarchiv: »In den Block kommt Maria Wandinger wegen Schwängerung durch den H. H. Benefiziaten von Mesmering.« Oder: Einer Hochzeit ist durch den Schergen beim Wirt in Tegernbach ein End gemacht worden, »weil sie nicht in der taferneigenen Gaststuben ist abgehalten worden«. – Und hat der Scherg den zweien Musikanten die Geigen genommen. Es war immer was los im Niedergericht. Und aufgekommen ist doch nicht alles.

Ludwig der Bayer und Friedrich der Schöne oder Wie es zur Schlacht von Gammelsdorf kam

In die bayerische Politik einzugreifen gelingt unseren lieben Nachbarn auch heute noch, und es ist ihnen zu allen Zeiten geglückt. Weil wir Bayern uns selber gern streiten. Im Jahre 1313 ging es wieder einmal drunter und drüber. Das heißt, es ging eigentlich sehr bayerisch zu, denn die Herren, die sich da einmischten, waren unsere Stammesbrüder die Österreicher, die Herzöge Friedrich der Schöne und Leopold. Das war kein diplomatisches Meisterstück gewesen, denn in Bayern hatten damals fünf verschiedene Herzöge regiert: die Brüder Otto, Ludwig und Stephan in Niederbayern – und die Brüder Rudolf und Ludwig in Oberbayern! Und weil sich die Brüder auch gegenseitig nicht ausstehen konnten, kam das Landl immer mehr unter den Einfluß der Habsburger Vettern. – Da sterben rasch nacheinander die drei niederbayerischen Herzöge, als letzter 1312 in Landshut Otto, zugleich König von Ungarn. Er hinterläßt einen einzigen Sohn, den kleinen Prinzen »Heinrich den Natternberger«, wie er später heißt, da er in der Burg auf dem Natternberg bei Deggendorf aufgezogen wird. Auch von Ottos Brüdern waren noch zwei kleine Prinzen da.

Für den kleinen Heinrich muß eine Vormundschaft her und eine gewissenhafte Regentschaft, weil Niederbayern nun ganz verwaist war. Und weil auch einige Ungarn in dem kleinen Heinrich immer noch ihren rechtmäßigen Kronprätendenten sehen, muß dieser Regent ein Münchner Vetter und ein Wittelsbacher sein: Herzog Rudolf oder sein jüngerer Bruder Herzog Ludwig. Aber die Großkopfeten von Niederbayern halten nichts von der Münchner Verwandtschaft und möchten lieber Herzog Friedrich den Schönen, weil der halt gar so ein schneidiger Fürst ist! Der königliche Erblasser aber hat am Sterbebett die Vormundschaft dem Münchner Vetter Ludwig zugesprochen. Und er hat dieses sein Testament die Bürger von Moosburg, Landshut und Straubing beschwören lassen. Die Bürger konnten ihre Adeligen ohnehin nicht ausstehen. Aber kaum ist Otto tot, marschieren die Österreicher in Niederbayern ein. Gerufen vom hohen Adel Niederbayerns. Die Bürger waren empört. Wo bleibt Herzog Ludwig von München? Ob seiner Jugend in Krieg und Politik noch etwas unerfahren, paktiert Ludwig mit seinem ritterlichen Cousin, Friedrich dem Schönen von Österreich. Er schließt mit ihm zu Linz einen Vertrag des Inhalts, daß beide gemeinsam die niederbayerische Vormundschaft führen wollen. Das erzürnt nun wieder die Bürger.

Als der junge Ludwig sieht, wie sich die Bürger Landshuts an seinen Bruder Rudolf wenden, ändert er sofort seine Politik und kündigt Friedrich dem Schönen den Vertrag von Linz. Das hat natürlich den schönen Friedrich von Österreich wieder gereizt. In Landau an der Isar ist er auf der wittelsbachischen Burg gesessen, und der niederbayerische Adel hat ihm gehuldigt. Auch die Witwe Herzog Ottos, Agnes von Glogau, und ihre ebenfalls verwitweten niederbayerischen Schwägerinnen haben zu Friedrich dem Schönen gehalten.

Ludwig eilt kurz vor Ausbruch der Feindseligkeiten zu Vetter Friedrich nach Landau, um ihn von den Anträgen des hochverräterischen Adels mit freundlicher Zurede abzubringen. Aber Friedrich ließ nicht mehr mit sich reden. Er verlangte die alleinige Vormundschaft. Da riß Ludwigs Geduld, jähzornig zog er das Schwert und sagte: »Da Worte nichts vermögen, so soll denn das Schwert entscheiden.«

Nur mit Mühe konnten die Anwesenden den erzürnten Bayernfürsten zurückhalten und eine Katastrophe verhüten. So war denn das Los zum Kampf entschieden. Es kam zu der berühmten Schlacht von Gammelsdorf, am 9. November 1313.

Das war eine Schlacht! Davon redet man heute noch. Und sie hat den jungen Sieger Ludwig den Bayern so berühmt gemacht, daß ihn die Kurfürsten zum deutschen König gewählt haben.

Kaiser Ludwig der Bayer und die Schlacht von Gammelsdorf 1313

Kaiser Ludwig ist der erste Kaiser, von dem uns eine genaue Personenbeschreibung überliefert ist. Ein italienischer Gelehrter schreibt: »Der Statur nach ist er schlank und groß, grazil, Haar und Bart rötlich. Das Gesicht ist von frischer Farbe und scheint immer zu lächeln. Aber er hat Bocksaugen, und die Nase ist scharf herabgebogen. In den Waffen tüchtig, im entscheidenden Augenblick tollkühn, aufbrausend und einem Rat eher abgeneigt. Aber er hat Witz und Urbanität, und auch seine körperlichen Bewegungen sind flink.« – Bei dieser Personenbeschreibung muß man fast an König Ludwig I. denken. Seine Mutter Mechthild war eine Tochter Kaiser Rudolfs von Habsburg.

Und sie schickt nach dem Tod Ludwigs des Strengen den erst siebenjährigen Ludwig nicht ohne Absicht zur Erziehung nach Wien an den Hof ihres Bruders Albrecht, des künftigen Königs. Der Bayernprinz soll zugunsten des Hauses Habsburg erzogen werden. Sein gleichaltriger Jugendfreund ist sein Vetter Friedrich der Schöne. Daheim in Oberbayern regiert zunächst die Herzoginwitwe Mechthild und ab 1298 dann Ludwigs älterer Bruder Rudolf. Aber dieser Rudolf entzweit sich sofort mit seiner Mutter und verbündet sich mit den Feinden Habsburgs, mit seinem Schwiegervater Adolf von Nassau. Er läßt die Mutter auf Schloß Schiltberg gar verhaften und nach München führen und ihren Hofmeister, den Konrad Öttlinger, enthaupten. – So vertieft sich der Bruderzwist und bestimmt die Politik bis über die Kaiserwahl Ludwigs hinaus. Rudolf wählt mit Fleiß den ehemaligen Gegner, den Habsburger Friedrich den Schönen. Und huldigt seinem Bruder auch nicht. Interessant ist, wie die beiden Brüder noch vor der Kaiserwahl, da sie, die bitter Verfeindeten, mit der Mutter gemeinsam ihr verschuldetes Oberbayern regieren sollten, einen Schuldentilgungskommissär einsetzten und sich dessen Beschlüssen zu unterwerfen gelobten. Der Sparvorschlag lautete: Die beiden herzoglichen Brüder sollen sich mit ihrer Frau Mutter so lange als Gäste am kaiserlichen Hof aufhalten, bis aus den dadurch erübrigten Einsparungen die Schulden getilgt seien. Sie haben das von 1305 auf 06 auch getan, berichtet Aventin.

Während Bruder Rudolf aus München sich allmählich zurückzieht und der Stammvater der pfälzischen Wittelsbacher wird, schließt Herzog Ludwig nach der von ihm so siegreich gewonnenen Schlacht von Gammelsdorf 1313 noch den Frieden zu Salzburg. Der Bischof vermittelt, und die alten Jugendfreunde verstehen sich prächtig. Sie pokulieren und feiern den Friedensschluß vierzehn Tage lang, verzeihen sich alle gegenseitig begangenen Freveltaten, kommunizieren gemeinsam, schlafen sogar in einem gemeinsamen Bett. Und Ludwig gibt alle Gefangenen frei – ohne Lösegeld, verzichtet auf jeden Vorteil.

So geht es in der Welt nicht immer zu, bemerkt ein Regensburger Geschichtsschreiber. Die tapferen Bürger zu Moosburg, Landshut, Regensburg und München haben umsonst gekämpft in Gammelsdorf. – Umsonst doch nicht. Denn die blutigste Schlacht seit Menschengedenken hat den damals 30jährigen Ludwig in ganz Deutschland so berühmt gemacht, daß ihn die Mehrzahl der Kurfürsten im Oktober 1314 in Frankfurt zum König gewählt hat.

Allerdings wählte am selben Tag eine kurfürstliche Gegenpartei in Sachsenhausen Friedrich den Schönen von Österreich ebenfalls zum deutschen König. Jetzt wurden die beiden Vettern, die sich in Salzburg so gut vertragen haben, zu Todfeinden. Die Entscheidungsschlacht fiel erst 1322 bei Mühldorf. 1800 Reiter und siebentausend Mann Fußvolk konnte Ludwig der Bayer ins Treffen schicken. Sein oberster Kriegshauptmann war Seyfried Schweppermann. – Der Burggraf von Nürnberg täuschte die Österreicher, indem er sich ihnen mit österreichischen Fahnen genähert hat.

Die Schlacht war so gut wie gewonnen. Kaiser Ludwig der Bayer hat sich gerade unter einer Eiche niedergelassen und mit dem Brotzeitmachen angefangen, als ihm sein Hauptmann Albert Rindsmaul den Gegenkönig Friedrich den Schönen von Österreich als Gefangenen vorführt. Die Worte sind uns überliefert, mit denen Ludwig den Gefangenen begrüßt: »Grüß Gott, lieber Vetter, so seh' ich euch gern...« – Beim abendlichen Siegesmahl fehlte es an der Verpflegung. Es gab nicht einmal genügend Eier an der königlichen Tafel. Kaiser Ludwig rettete die Situation und tat den berühmt gewordenen Ausspruch: »Jedermann ein Ei, dem tapferen Schweppermann aber zwei!«

Friedrich der Schöne aber kam als Gefangener auf die Festung Trausnitz.

Ludwig der Bayer, König und römischer Kaiser 1314–1347

»Verflucht soll er sein, der Bayer, im Namen der Apostelfürsten Petrus und Paulus! Seine Burgen mögen in die Gewalt der Feinde fallen, seine Söhne sollen gedemütigt werden und seine Töchter geschändet bis ins vierte Geschlecht.« – Mit so fürchterlichen Worten schleuderte Papst Johannes XXII. im Jahre 1324 von Avignon aus den Bannfluch gegen Kaiser Ludwig IV. »den Bayern«. Und er belegte sein Land mit dem Interdikt. Der Papst, im engsten Bündnis mit den Feinden Ludwigs, verweigerte dem Kaiser die kirchliche Anerkennung und zitierte Ludwig zur Verantwortung nach Avignon.

Aber der Bayer erscheint nicht. Im Gegenteil, Kaiser Ludwig ließ zur Nürnberg eine »Appellation« veröffentlichen, worin er dem Papst das Bestätigungsrecht bei einer deutschen Königswahl bestreitet. – So hatte also die letzte große Ritterschlacht bei Mühldorf dem Bayernfürsten und römischen König den ersehnten Frieden nicht gesichert. Jetzt galt es, durch geschicktes Taktieren und mit Hilfe juristischer und theologischer Streitschriften den Kampf weiterzuführen!

Ludwig versöhnte sich als erstes mit seinem gefangenen Vetter Friedrich. Er entließ ihn aus der Gefangenschaft auf das bloße Versprechen hin, seinen Bruder Leopold zum Frieden zu überreden. Friedrich kehrte als Gefangener wieder zurück, nachdem er bei seinem Bruder Leopold nichts hatte ausrichten können. Welch seltene Redlichkeit des schönen und braven Vetters! – Da war auch Ludwig der Bayer so sehr gerührt, daß er Friedrich nicht nur die Freiheit schenkte, sondern ihn auch zum Mitregenten annahm. Diese Episode in der deutschen Geschichte ist die rührendste und menschlich großartigste zugleich! Und von ihr müßte ein größeres Aufhebens gemacht werden als etwa vom Krieg 1870/71 und von der »Deutschen Einigung«. Solche Vettern muß man suchen in der europäischen Geschichte! Ludwig und Friedrich haben sich gut vertragen, haben miteinander regiert und gemeinsam Hof gehalten in der Münchner Stadt! Sie sind zusammen auf die Jagd gegangen, haben Feste gefeiert, haben Liebschaften und Räusche gehabt.

Der Papst hat seinen Bannfluch erneuert, Ludwig der Bayer aber hat nicht schlecht zurückgezahlt: Er hat sich hochgelehrte Professoren herbestellt nach München, vor allem Franziskaner, die Traktate gegen den Papst geschrieben haben. Die armen Brüder haben mit ihren Predigten von der »evangelischen Armut« dem Kaiser brav geholfen. Und bei den Franziskanern in München hat der Kaiser auch in die Kirche gehen können, was er rechtmäßig gar nicht durfte, weil er ja gebannt war.

Zu kaiserlichen Räten ernannte Ludwig geistige Koryphäen der damaligen Zeit, die Pariser Professoren Johann von Jandun und Marsilius von Padua, scharfe Verteidiger des Staatskirchentums. »Schütz du uns mit dem Schwert, wir wollen dich mit der Feder schützen.« Aus England kam der hochgelehrte Wilhelm von Occam. Damals ist in München zum erstenmal der Geist heimisch geworden. Noch heute zeugt davon in Schwabing die Occamstraße!

Auch die Bürger haben ihren Kaiser Ludwig gern gemocht. Prälaten und Bischöfe haben zu ihm gehalten. Die Kurfürsten sind zusammengekommen und haben gesagt: »Wenn ein Kaiser rechtmäßig ist erwählt worden, braucht er von keinem Papst eine Bestätigung!« 1328 ließ er sich in Rom zum Kaiser krönen. Auch seine zweite Gemahlin, Margarete von Holland, war anwesend. – Das war der letzte Italienzug eines deutschen Kaisers. Die Krönung erfolgte durch einen Gegenpapst, der sich aber nicht lange hat halten können.

Als das askanische Haus ausstarb, machte er seinen Sohn Ludwig 1323 zum Kurfürsten von Brandenburg. Das spätere Preußen blieb damals über 50 Jahre lang wittelsbachisch-bayerisch! Auch Tirol wurde wieder bayerisch, denn die Markgräfin Margarete Maultasch heiratete in zweiter Ehe ebenjenen Ludwig den Brandenburger, dem der Vater die Mark verliehen hatte. Schließlich erwarb Ludwig der Bayer durch seine zweite Gemahlin Margarete auch noch Holland.

Das hat natürlich die Kurfürsten wieder geärgert. Sie haben einen Gegenkönig gewählt, und der Ärger hätte wieder von vorn angefangen, wenn Kaiser Ludwig nicht anno 1347 gestorben wäre. – Auf der Bärenjagd, heißt es, habe ihn bei Fürstenfeldbruck der Schlag getroffen. Er sei noch vom Roß gestiegen und dann umgefallen. Ein Bauer habe ihn aufgefangen, und also ist der Kaiser in den Armen eines Bauern verstorben. »Süße Königin, unsere Fraue, bi (sei) bei meiner Scheidung!« Das sollen seine letzten Worte gewesen sein.

Wie Preußen von 1323–1373 bayerisch gewesen oder Die Söhne Ludwigs des Bayern

Wie weit hat es der Kaiser Ludwig der Bayer gebracht: Holland und die Mark Brandenburg, Tirol, halb Deutschland war damals wittelsbachisch gewesen! Aber der Kaiser hat sechs Buben gehabt. »Teats 's Sach brav zsamhaltn, Buam!« Wie oft hat er es ihnen zugerufen! Nix hat es genützt. Als wenn der Teufel seine Hand im Spiel gehabt hätt! Oder ist etwa doch der Bannfluch des Papstes wirksam geworden? Der Fluch bis ins vierte Glied? Angst möchte einem werden, wenn man dieses Kapitel der bayerischen Geschichte studiert. Die Geschicke der Söhne und Enkel Ludwigs des Bayern.

Kaum hatte der Kaiser seine Augen geschlossen, teilten die Söhne den weitverzweigten Länderbesitz: Oberbayern mit Tirol und dem Fürstentum Brandenburg behielt der Älteste, Ludwig V. der Brandenburger. Er war mit Margarete Maultasch, der Gräfin von Tirol, verheiratet. Stephan II. bekam Niederbayern mit Landshut. Und die vier

Stiefbrüder, die Söhne der zweiten Gemahlin Kaiser Ludwigs, der Margarete von Holland, Ludwig VI. und Otto V. der Faule sowie Wilhelm I. und Albrecht I. bekamen Teile Niederbayerns mit Straubing und dazu Holland. – So daß es also jetzt auch ein Bayern-Straubing-Holland gegeben hat! Die letzte aus der Linie Straubing-Holland war die viermal verheiratete Jakobäa von Holland, eine Urenkelin des Kaisers. Und weil der einzige Sohn Ludwigs des Brandenburgers, Herzog Meinhard, seinen Vater nur um ein Jahr überlebt hat, nahm der Landshuter Stephan II. »mit der Hafte« (weil sein Wams voller Hafteln genäht war) Oberbayern und Tirol an sich und überließ Brandenburg den Stiefbrüdern Ludwig VI. und Otto dem Faulen. Auch Ludwig VI. starb bereits 1365, so daß nun in der Mark Brandenburg Otto der Faule allein regiert hat. Dieser Otto hat die bayerischen Beamten in Brandenburg wieder größtenteils heimgeschickt und mit dem einheimischen Adel der Mark zu regieren begonnen. Ein merkwürdiges Kapitel, dieses bayerische Preußen. Und gar zu gut ist es unseren Herzögen damals in Brandenburg nicht gegangen. Neider und Gegner haben ihnen, Ludwig und Otto dem Faulen, das Leben schwergemacht. Auf Geheiß des Papstes z. B., des Hauptgegners Kaiser Ludwigs, hat der Polenkönig wiederholt die Mark verwüstet. Und auf den märkischen Adel war auch kein Verlaß. Die meisten hielten es mit den Pommern und Polen. Ludwig der Brandenburger hat die Ostgrenzen dennoch behaupten können. Das alles hat viel bayerisches Geld gekostet. Dazu trat der falsche Waldemar auf, der angeblich nach 30 Jahren aus dem Heiligen Land zurückgekehrte askanische Thronprätendent. Ärger über Ärger! – Eine bayerische Entwicklungshilfe.

Über fünfzig Jahre lang ist Berlin im 14. Jahrhundert bayerisch gewesen. Demnach ist die Schande gar nicht so groß, wenn man als historisch interessierter Bajuware einen echten Berliner einmal als Landsmann betitelt. Weiß Gott, was aus Preußen geworden wäre, wenn die Streusandbüchse des Heiligen Römischen Reiches bayerisch geblieben wäre! Die Brüder des Hauses Bayern wären ja vielleicht gerne geblieben, aber sie haben Geld gebraucht und haben die Mark Brandenburg anno 1373 an Kaiser Karl IV. verkauft. Gegen eine über Jahrzehnte laufende Ratenzahlung. Die Summe wurde aber bis auf den heutigen Tag nur zu einem Drittel ausbezahlt, so daß Bayern heute noch Besitzrechte auf die Mark Brandenburg geltend machen könnte. Lieber nicht. Es ist alles verjährt, wenn auch nicht vergessen.

Der Verlust Tirols und die Maultasch

Das heilige Land Tirol, die gefürstete Grafschaft, bis 1248 andechsisch, dann, durch die Heirat der letzten Tiroler Gräfin Margarete Maultasch mit Ludwig dem Brandenburger wieder bayerisch, wurde von unseren Fürsten nur ungern den Habsburgern überlassen. – In einem siebenjährigen Krieg, von 1363 bis 69, kämpften die Herzöge um Tirol: Stephan mit der Hafte von Niederbayern, Otto der Faule, der Brandenburger und auch die pfälzischen Fürsten, mit allerdings zuwenig Glück.

Die letzte Gräfin von Tirol, Margarete Maultasch, ist seit den dreißiger Jahren mit dem Böhmenprinzen Johann verheiratet. Und zwar über die Maßen schlecht. 1341 läßt sie den Gatten nicht mehr ins Schloß. Denn er sei zur Ehe untauglich, schrieb sie dem Kaiser. Johann zieht daraufhin beleidigt heim nach Prag. Eine Tiroler Gesandtschaft eilt sofort nach München und bietet Kaiser Ludwig die Landgräfin für seinen noch ledigen Sohn Ludwig den Brandenburger an. Des Kaisers gelehrter Franziskanerpater Wilhelm von Occam verfertigt ein Gutachten, in dem er die Ehe der Margarete Maultasch als nicht vollzogen und daher als nicht bestehend erklärt. Im Februar 1342 heiratet also die Tirolerin den künftigen bayerischen Herzog, den zugleich brandenburgischen Kurfürsten Ludwig. Ein gutes Jahr später schon wird ein Sohn geboren, der als »Meinhard von Tirol« in die bayerische Geschichte eingegangen ist.

Ludwig der Brandenburger wird in vielen anstrengenden Kämpfen gegen Kaiser Karl IV. vorzeitig verbraucht und stirbt, vom Schlag getroffen, mit 46 Jahren im Februar 1361 während eines Rittes in Zorneding. Arnpeck vermerkt in seiner Chronik, die Gemahlin, die Maultaschia, soll ihm Gift gegeben haben. Sein einziger Sohn Meinhard ist erst sechzehn. Onkel Stephan von Niederbayern reißt die Vormundschaft an sich und hält den jungen Meinhard bei seinen Hofmeistern in München fast wie einen Gefangenen.

Aber die Tiroler Adelsvereinigung lädt den jungen Bayernherzog und gefürsteten Grafen von Tirol ein nach Innsbruck und nach Schloß Tirol, wo die Witwe Ludwigs die meiste Zeit nun Hof hält. Meinhard entkommt auch aus München, aber er vollendet dadurch sein Unglück, meint wieder der Geschichtsschreiber Arnpeck. Denn seine Rabenmutter, die Maultasch, gerät so sehr in Zorn, weil Meinhard ihr Giftmord an seinem Vater vorwirft, daß sie nun auch ihren einzigen Sohn, den jungen Herzog von Bayern, vergiftet. – Tiroler Historiker freilich sagen, nach einem zu kühlen Trunk, den er in der Hitze des Tanzes genossen, sei er an einer Lungenentzündung rasch verstorben. Jetzt fällt ganz Tirol an die Habsburger. Denn bereits 1359 wurde der junge Meinhard in Passau mit der Tochter des österreichischen Herzogs Albrecht II. vermählt, mit der gleichaltrigen Margarete von Österreich. Der Passauer Bischof, der die Hochzeit ausgerichtet hat, hat, mangels einer Fest- und Turnierwiesen, eigens zu Hacklberg vor Passau eine solche herrichten lassen. – Jetzt, nach dem Tod Meinhards, ziehen die Habsburger ins heilige Land Tirol.

Damals wären die Tiroler lieber bayerisch geblieben. In einem siebenjährigen Krieg können die Bayern aber nur Kitzbühel, St. Johann, Rattenberg und Kufstein behaupten.

Ist ja grad gleich, wer uns regiert, die Hauptsach ist, daß ein Friedn ist.

Herzog Stephan mit der Hafte und Albert von Straubing-Holland

Geschichten schreiben und Sprüche machen, das gehört seit alters her zusammen, denn die Historiker sind meistens berufene Lobredner. Bayern-Straubing-Holland, was hat das für einen Klang! Aber wie wenig steckt dahinter. Durch Kaiser Ludwig des Bayern zweite Gemahlin Margarete von Holland kamen also die jüngsten Söhne des Kaisers in den Besitz Frieslands, Hollands und des Hennegaus. Und weil sie sich zuvörderst auch noch Herzöge von Bayern schrieben, mußte ihnen der ältere Bruder Stephan mit der Hafte von Niederbayern auch noch Teile seines Territoriums abtreten, und zwar gleich die fruchtbarsten mit der Stadt Straubing.

Es war die Zeit, da Karl IV. die sechs Wittelsbacher Brüder mit Erfolg gegeneinander aufgehetzt hat, um die bayerische Hausmacht zu schmälern. Die Reichsstadt Nürnberg hat ihm dabei am meisten geholfen. – Auch die Urkunde über das kaiserliche Wahlrecht der Kurfürsten, die Goldene Bulle, ist 1356 in Nürnberg verfertigt worden. Nach ihr kann nur noch ein Wittelsbacher, nämlich der Pfalzgraf bei Rhein, Kurfürst sein.

Es ist, als ob sich der Bannfluch des Papstes an den Kindern und Enkeln Kaiser Ludwigs erfüllen sollte. Wilhelm der Holländer wird – wie

Aventin schreibt – »im Hirn verruckt und regiert für den Verruckten noch neunzehn Jahr in Holland der Straubinger Bruder Albert«. – Von dessen drei Söhnen stirbt der Straubinger Albert kinderlos. Johann wird Bischof von Lüttich. Wilhelm regiert Holland und hinterläßt es seiner einzigen Tochter Jakobäa. Das duldet aber der Bischof von Lüttich nicht. Er legt seine Würden ab, heiratet und macht der Nichte Jakobäa die Herrschaft streitig: ihr bleibt nur noch der Hennegau. Erst als Johann stirbt, regiert sie wieder ganz Holland. – Muß aber schließlich ihre Provinzen an Burgund abtreten. Sie war dreimal verheiratet, und die Holländer erinnern sich ihrer heute noch in den Tulpenfesten.

Einzig Stephan, der Herzog von Niederbayern, konnte den bayerischen Stamm der Wittelsbacher fortpflanzen. Seine Gemahlin war eine Prinzessin von Sizilien. Sie hatte drei Söhne: Stephan den Kneißl, Friedrich von Landshut und Johann von München. – Aber trotz seiner Tüchtigkeit konnte auch er die ererbten Länder nicht erhalten. Schon gleich nach der Beerdigung des kaiserlichen Vaters brach 1348 über Bayern ein fürchterliches Erdbeben herein, das 26 Städte und Schlösser verschlungen haben soll. Und dazu brach eine verheerende Seuche aus, an der ein Drittel all der Einwohner gestorben sein soll. Und berichtet Aventin: »Dieses eine Gute ist daraus geworden, daß die Übergebliebenen ihr Leben gebessert haben.«

Herzog Stephan hat sich nie ganz besiegen lassen. Das hat auch nicht der böhmische König, Kaiser Karl, fertiggebracht. Im siebenjährigen Tirolerkrieg hat er wenigstens Kufstein, Kitzbühel, St. Johann und Rattenberg für sein Niederbayern retten können und im Frieden von Schärding 1369 auch noch eine Abstandssumme von 116 000 Gulden auf das den Habsburgern überlassene Tirol herausgeholt.

1377 stirbt er in Landshut mit erst 56 Jahren. Und das war für selbige Zeit ein hohes Alter.

Die bayerischen Reichsstädte

Man spürt es heut noch in den Gassen und Plätzen, hier wohnten einmal souveräne Reichsstädter. Hier, in Augsburg, Regensburg, Nürnberg, in Rothenburg, Schweinfurt und Windsheim, gehörte man nicht zu Bayern und nicht zu Würzburg und Bamberg, hier war man selber eine stolze Macht, eine Weltmacht gar. – Und hatten Jahrhunderte über die Patrizier zu Augsburg oder Nürnberg mehr Macht als die bayerischen Herzöge. – Und waren diese Patrizier untereinander auch noch verwandt und verschwägert: die Holzschuher, Volckamer und Tucher, die Imhoff, Kreß und Löffelholz, die Welser und Fugger, die Runtinger und Löbel, Prunhofer und Ingolstädter.

Wir haben sie viel zuwenig mehr im Gedächtnis. Schon 1230 zieht die Regensburger Stadtkanzlei dem kaiserlichen Burggrafen die Jurisdiktion weg, erwirbt die Stadt auch das bischöfliche Propstgericht, gliedert sich die Stadtverwaltung in einen äußeren und in einen inneren Rat. Und ihre Handelsherren beherrschen über Venedig den ganzen Osthandel und beginnen 1285 mit einer gewaltigen Ummauerung ihrer Stadt. Städtische Latein- und Rechenschulen werden unterhalten. Berühmt war das Regensburger Rechenbuch von 1230, das älteste Rechenbuch Deutschlands. Das Handwerk bildet sich aus, die Zünfte entstehen. Reichtum und Luxus breiten sich aus. Erfinder und Künstler bürgern sich ein. Das Leben wird immer komplizierter. Wechsel- und Geldgeschäfte jeder Art werden getätigt. In der Blüte der reichsstädtischen Kultur, im 15. und 16. Jahrhundert, hat dieses reichsstädtische Leben schon fast moderne Züge. Wir haben davon keine Ahnung mehr. Der Dreißigjährige Krieg, die weltabgewandten theologischen Auseinandersetzungen der Reformation haben die internationalen Handelsbeziehungen zerstört, haben Reichtum und Freude verbannt.

Seit 1356 mußte nach jeder Kaiserwahl der erste Reichstag in Nürnberg abgehalten werden. Schon 1332 genießen die Nürnberger Kaufleut Zollfreiheit in mehr als 72 Städten in Europa. Was sind dagegen die zehntausend Zollvorschriften der gegenwärtigen Europäischen Gemeinschaft? Seit 1361 hat Nürnberg die gleichen Rechte wie die Hanse in Brügge, in Gent und in Ypern. Auch die Reichsinsignien werden in Nürnberg aufbewahrt. Behaim baut den ersten Globus. Celtis und Pirckheimer sind die berühmtesten Gelehrten der neuen Richtung, des schon ziemlich aufgeklärten Humanismus. Die bildende Kunst erreicht einen abendländischen Höhepunkt wie vorher und nachher nicht mehr: Peter Vischer, Adam Krafft und Veit Stoß bilden Werke, Grabmäler, Kruzifixe, Heilige und Madonnen, die wir noch heute nicht genug bewundern können, die uns noch heute mit der Aktualität der Jahrtausende treffen. Wohlgemut und Albrecht Dürer strahlen uns über jede Katastrophe hinweg an und geben uns immer wieder Menschlichkeit und Hoffnung.

Trotzdem lebten diese urbanen Weltstädter auch in ihrer spätmittelalterlichen Zeit, hatten fürstliche Belagerungen zu überstehen, Plünderungen gar und auch soziale Spannungen zwischen Patriziern und handwerklichen Zünften. Aber das Großartige überwiegt: 1537 z. B. hatten die Fugger von Augsburg ein Vermögen von fünf Millionen Gulden. Die Florentiner Medici besaßen nur eine Million. 1516 wird die Fuggerei gebaut, wenig später stiften sie ein Gymnasium. Und die Welser beherrschen Venezuela.

Und in Rothenburg ob der Tauber fingen sie an, ihre Lateinschule in verschiedene Klassen einzuteilen und das Verhältnis des Lateinunterrichts zum Griechischunterricht genau festzulegen. – Und das alles ist im heutigen Bayern geschehen. Vor fünfhundert Jahren. Wie bedeutend war einmal unsere kleine Welt, voller Urbanität, voller Internationalität.

Stephan der Kneißl 1375–1413

Aufdrehen und Prangen, die schönen Rösser und die neuen Gewänder sehen lassen, Feste feiern und den Kopf hoch tragen, das ist ein Leben, wie es einem Herrn von Bayern gefallen kann. Und was für ein Herr das gewesen ist! Stephan hat er geheißen. Herzog von Ober- und Niederbayern, ein Bayernfürst mit dem Beinamen der Kneißl. Es handelt sich um Herzog Stephan III., einen Enkel Ludwigs des Bayern. Er hat zwischen 1375 und 1413 regiert.

»Klein, aber nett gestaltet, war er allzeit in seinem Wesen köstlich und wohl geputzt in seinen Kleidern, um das nennt ihn jedermann Herzog Kneißl«, heißt es über ihn bei Andreas von Regensburg, Chorherr zu St. Mang.

Zunächst regierte er gemeinsam mit seinen Brüdern Friedrich und Johann, dann aber haben sie das Land in drei Teile geteilt und das Los entscheiden lassen. So wurde der Kneißl Herr von Bayern-Ingolstadt mit den tirolischen Ämtern Rattenberg, Kufstein und Kitzbühel, mit Wasserburg und mit den Herrschaften in Schwaben.

Stephan führte ein unstetes Leben, übernahm häufig kaiserliche Botschaften, mischte sich in alle möglichen Prozesse und Irrungen und war auch seinerseits häufig streitende Partei. – Und überall, wo er hingekommen ist, heißt es: »Aufgeschaut, der Kneißl kimmt!« Ein

Auftreten hat er gehabt, daß sogar die Franzosen gemeint haben, der Bayernherzog Kneißl sei einer der mächtigsten und reichsten Fürsten Deutschlands. Und als die Franzosen eine Königin gesucht haben für ihren König Karl VI., haben sie in Paris gesagt: »Unsere Königin soll Herzog Kneißls Tochter sein!« Und sie ist es geworden. Elisabeth, des Herzogs einzige Tochter, wurde in Frankreich zur Königin Isabeau.

Seine eigene Frau, Thadäa Visconti, hatte er sich aus Mailand geholt. Die Braut bekam 100 000 Gulden Mitgift. Das sind 1600 Regensburger Pfund Pfennig. Kneißls Hofhaltung zu Ingolstadt hat im Jahr 500 Pfund verbraucht. Trotzdem war er meistens verschuldet. Es kam nicht selten vor, daß er in Gasthöfen »im Einlager« sitzen mußte. Im Mittelalter konnte ein Gastwirt seinen Fürsten so lange in seinem Haus festhalten, bis der hohe Gast seine Zechschulden bezahlen hat können. Es wird vom Kneißl auch erzählt, daß er wiederholt die Kleider seiner Mätressen habe verpfänden müssen.

Und dennoch war er beim Volke beliebt. Als ihm sein Schwager in Mailand einmal stolz seine Leibgarde zeigte, die »Huet«, meinte der Kneißl darauf – und der Ausspruch ist uns überliefert: »Wir im Bayernland brauchen eine so große Huet nit, wir haben zu den Unseren in unserem Land ein solches Trauen, daß keiner ist, wir wollten nit ein Nacht ohn' Sorg in seinem Schoße schlafen.« Heute hat jeder Minister seine Leibwächter. Stephan der Kneißl hat auch politische Pläne gehabt. Er wollte Verona, Mantua und die Ländereien der Scaliger bayerisch machen. Aber bei seiner Natur kam es nur zu glänzenden Anfangserfolgen. – Bis ins hohe Alter hinein war er rüstig und ein eifriger Turnierreiter. Verwitwet, hat er als 65jähriger noch eine junge Prinzessin von Cleve geheiratet. Er war voller Gegensätze. Einmal zum Beispiel hat er eine gefallene Nonne, um sich von den Alimenten zu befreien, mit päpstlicher Bewilligung zur Äbtissin wählen lassen.

Eines aber ist geblieben vom Kneißl: das Gebets- oder Avemaria-Läuten. Das hat er bereits 1391 vom Papst Bonifaz erwirkt, daß in ganz Bayern jeden Tag der Engel des Herrn geläutet werden muß. Und wenn vom Kneißl auch noch so viele Lumperstückl erzählt werden – besonders amouröse Abenteuer – beim Gebetläuten muß man den Hut ziehen und ein bißchen auch an den schneidigen Herzog Stephan den Kneißl denken.

Königin Isabeau 1370–1435

Unsere bayerische Königsfamilie hat eine rare Verwandtschaft. Zum Beispiel anno 1385 heiratet Herzog Stephan des Kneißls Tochter Elisabeth den König von Frankreich.

Schiller läßt sie in der »Jungfrau von Orleans«, als geborene »Bayernfürstin, in Stahl gekleidet durch das Lager reiten, mit giftigen Stachelworten alle Völker zur Wut aufregen wider ihren Sohn«.

Er läßt sie im letzten Akt gar den Dolch ziehen gegen die Heilige Jungfrau. – Ein satanisch Weib! – Das kann nicht stimmen, lieber Schiller, weil unsere Prinzessin Liesl ja eine Münchnerin gewesen ist.

Anno 1370 ist sie im Alten Hof auf die Welt gekommen. Ist nach St. Peter in die Kirche gegangen, hat ein bisserl lesen und schreiben gelernt, reiten und tanzen und mit Falken jagen. Die Franziskaner haben sich um ihre Erziehung gekümmert. Damals haben die Münchner Bürger mehr Geld gehabt wie der herzogliche Vater und die beiden Onkeln Herzog Friedrich und Herzog Johann. Aber gerade diesen Onkeln hat sie die gute Partie verdankt.

1383 schrieben die Vormünder des jungen Königs Karl VI. von Frankreich – im hundertjährigen Krieg gegen die Engländer – »für Anfang Mai« eine Schlacht aus (abzuhalten in Flandern etwa bei Arras). Auch deutsche Herren wurden dazu herzlich eingeladen. Man erwartete eine große Schlacht. Herzog Friedrich von Bayern reist mit einer Schar bayerischer Söldner nach Burgund.

Die Schlacht ist aber dann plötzlich ausgefallen, weil die Engländer die Gescheiteren gewesen sind und sich zurückgezogen haben. Jetzt wurde turniert und bankettiert und gar eine Doppelhochzeit gefeiert. Der eine Bräutigam war der Herzog von Burgund, Johann ohne Furcht, Jean sans Peur. Und seine Braut war die Wittelsbacherin Margarete von Bayern-Straubing-Holland. Und der Bruder dieser Margarete, Wilhelm von Bayern-Straubing-Holland, heiratete Margarethe von Burgund.

Herzog Friedrich machte vor den französischen Prinzen, vor den Herzögen von Berry und Orleans, einen so guten Eindruck, daß sie ihn fragten, ob er denn nicht für den fünfzehnjährigen König Karl VI. eine heiratsfähige Tochter daheim habe. Friedrich hatte keine Tochter, doch er dachte sofort an seine dreizehnjährige Nichte, an die Elisabeth. Aber der Vater der Braut, Herzog Stephan der Kneißl, hatte Bedenken. Ob man sich da nicht blamiere? Man habe ja für die Mitgift einer französischen Königsbraut kein Geld. Und er zweifelte plötzlich, ob das Angebot überhaupt ernst zu nehmen sei. Vielleicht hätten die Herren mit ihnen nur ihren Scherz getrieben.

Da schlug Herzog Johann vor, er werde mit der Prinzessin Liesl eine Wallfahrt zum heiligen Jean von Amiens unternehmen und werde dabei so nebenbei am französischen Hof seine Aufwartung machen, unverbindlich und geheim. Der Plan kam zur Ausführung. Am 13. Juli 1385 traf die junge Wittelsbacherin im erzbischöflichen Palast zu Amiens mit dem jungen König Karl zusammen. Es war Liebe auf den ersten Blick. Ein zeitgenössisches Bild zeigt das neuvermählte Paar, wie es hoch zu Roß und umgeben von Damen und Kavalieren im August 1385 in Paris einzieht.

Und die bayerische Prinzessin wurde sogar von den Parisern als eine Schönheit anerkannt. Sie sehe jungfräulich und zum Anbeißen aus, sei nicht zu dick und nicht zu mager, schreibt ein begeisterter Pariser Historiker, ja sie sei trotz ihrer Jugend bereits wohlgeformt. Also können die Bayern heute noch stolz sein auf ihre nach Frankreich gegebene Königin. Und auch politisch brauchen wir uns mit der Isabeau nicht allzusehr genieren.

Ludwig im Bart von Bayern-Ingolstadt 1413–1447

Noch im 15. Jahrhundert ist es für einen bayerischen Prinzen noch keine Schande gewesen, sich in der Welt um eine Stellung umzusehen, solange der Vater das Ländchen daheim allein hat regieren können. »Auf daß man mit zu teurer Hofhaltung die Untertanen nit drucket!« – So ist denn auch Ludwig im Bart, der Sohn Herzog Stephans des Kneißl, von Bayern-Ingolstadt für zehn Jahre nach Frankreich gezogen, um am Hofe seiner Schwester, der Königin Isabeau, ein bißchen mitregieren zu helfen. Und er hat sich dabei ein Vermögen verdient.

Königin Isabeau hat den brüderlichen Beistand auch gebrauchen können. Man lebte mit England mitten im hundertjährigen Krieg, und König Karl VI. war zeitweise so schwermütig, daß er regierungsunfähig war. Gewiß hatte Isabeau auch einen in sie verliebten Schwager, den Herzog von Orleans, aber auch für ihren Bruder Ludwig, den jungen Bayernherzog von Ingolstadt, gab es zu tun. – Zumal die Lage immer komplizierter wurde. Patriotische Bürger setzten auf den jungen Dauphin, Aristokraten hielten zur Königin, und die Burgunder näherten sich den Engländern. Auch die Bürger von Paris haben bereits kräftig mitgemischt. Ludwig der Bärtige achtete ihrer nicht. Er macht für die Münchner Hofdame der Königin den Brautführer. Eine lustige Hochzeit ist im Gang. Da erheben sich die Pariser Metzger, erstürmen die Bastille, damals bereits, im Jahre 1403, dringen ins Königsschloß und verhaften den bayerischen Mitregenten Louis barbu.

Schließlich erhebt sich auch noch Isabeaus Sohn, der Dauphin. Er ist halb Valois und halb Wittelsbacher. Und die heilige Jungfrau von Orleans wird einmal sein helfender Engel. Er setzt seine Mutter gefangen und nimmt ihr alle ihre Schätze. Isabeau aber gelingt die Flucht. Sie begibt sich ins feindliche Lager der Engländer, vermählt ihre Tochter Katharina mit König Heinrich V. von England, den sie auch noch zum König von Frankreich ausrufen läßt. – Um diese Zeit muß Ludwig im Bart in Bayern-Ingolstadt die Nachfolge seines verstorbenen Vaters antreten. Er eilt mit seiner zweiten Gemahlin, der Katharina von Alençon, und mit dem kleinen Ludwig, seinem Stammhalter, den ihm Anna von Bourbon geboren hatte, im Eilmarsch von Paris nach Ingolstadt. In sieben Reisewägen werden große Schätze mitgeführt. Der kleine Prinz wird in einen Tragkorb gebunden, den ein Diener zu Pferd auf dem Rücken trägt (dadurch soll der kleine Ludwig einen Höcker bekommen haben, weshalb er unter dem Namen »Ludwig der Höckrige« in die Geschichte eingegangen ist).

Ludwig erlebt nun ein grausiges Schicksal. Der Kurfürst von Brandenburg schuldete ihm 20 000 Gulden, erkannte aber das Siegel am Schuldschein nicht an. Die Summe hatte Ludwig auf dem Konzil zu Konstanz dem Kaiser Sigismund geliehen. – Es kam zu einem fürchterlichen Krieg zwischen dem Markgräflich-Brandenburgischen und dem Herrn Ludwig von Bayern-Ingolstadt. Der Kaiser und die Münchner und Landshuter Vettern, alle kämpften gegen Ludwig im Barte, zuletzt sogar sein eigener Sohn Ludwig mit dem Buckel, der, dem Vater zum Trotz, eine Tochter des brandenburgischen Kurfürsten geheiratet hatte.

Im September 1443 wird der 78jährige von seinen Feinden in Neuburg gefangen und von seinem Sohn und dem Brandenburger an den geizigen Heinrich den Reichen von Niederbayern für 32 000 Gulden verkauft. Aber Ludwig der Bärtige bietet für sich keinen Pfennig Lösegeld. Zwei Jahre lang erträgt er in Burghausen seine Gefangenschaft, erlebt noch den Tod seines kinderlosen Sohnes und stirbt endlich 1447 im Kirchenbanne. Die reichen Herzöge von Landshut erben seine Länder. – Ja, daneben geht oft das ganze Leben.

Albrecht und Agnes Bernauer (ertränkt 1435)

Die Münchner Herzöge Johann und seine Söhne Ernst und Wilhelm haben sich jahrzehntelang an den Fehden und Kriegen gegen den Ingolstädter Vetter Ludwig im Barte eifrig beteiligt. Haben dabei freilich auch manche Niederlage einstecken müssen. Die Münchner Zünfte erheben sich in einer Art Revolution gegen die Patrizier, ja gegen die Herzöge Ernst und Wilhelm. Erst nach Jahresfrist können sie mit Heeresmacht zurückkehren. Zehn der Münchner Zunftmeister werden hingerichtet, andere müssen ein Jahr lang einen Büßerstrick um den Hals tragen. – In Landshut geht die bürgerliche Revolution schlimmer aus: an die siebzig Familien werden ausgewiesen, viele Bürger hingerichtet. Unmittelbar nach dieser Bürgererhebung wird dem Herzog Ernst im März 1401 in München von seiner mailändischen Gemahlin Elisabeth Visconti ein Sohn geboren, der spätere Herzog Albrecht III., der Fromme genannt, weil er eine Klosterreform durchgeführt hat und auch Kloster Andechs gegründet hat. – Dieser Albrecht III. ist wegen seiner Liebe zur Augsburger Baderstochter Agnes Bernauer eine historische Berühmtheit geworden. – Es war eine lustige Zeit damals. Die Geschäfte gingen überall gut, die Städte waren reich und haben große Bauten aufgeführt. Ein Wohlstand herrschte im ganzen Land. – Der immer noch ledige und schon dreißigjährige Bayernprinz weilte gern in der Weltstadt Augsburg. Da lernte er im Bad die überaus zarte Wundarzttochter Agnes Bernauer kennen. Es war Liebe auf den ersten Blick. Er ließ sich mit ihr heimlich trauen, nannte sie seine Herzogin und residierte mit ihr zu Straubing und Vohburg, da er ja Statthalter des Straubinger Landes war. Mit Sicherheit hat er die Agnes auch seinem Vater Ernst vorgestellt, hoffte, daß der Vater sie anerkennen würde.

Agnes Bernauer hat dem jungen Herzog auch eine Tochter geboren. Da aber Albrecht der einzige Erbe der Münchner Linie gewesen, gewannen in Herzog Ernst die dynastischen Interessen die Oberhand. Jedes Zureden war vergebens. Albrecht wollte lieber auf den Thron verzichten als auf Agnes. So nahm die Tragödie ihren Lauf. Der Herzogvater lockte den Sohn zu einem Turnier nach Landshut und rückte mit seinen Richtern und Henkern rasch gegen Straubing, setzte die schöne Agnes gefangen, machte ihr kurzerhand einen Hexenprozeß und ließ sie schon den anderen Tag ertränken. Da sie sich schwimmend in der Donau retten wollte, fing man sie mit Stangen ein, wickelte daran ihre blonden Haare und stieß sie in die Tiefe. Geschehen zu Straubing auf der Donaubrücke am 12. Oktober 1435. –

Albrecht verbündete sich mit den Feinden seines Vaters, mit den Ingolstädtern, mit Herzog Ludwig dem Bärtigen, versöhnte sich aber noch vor Ausbruch der Feindseligkeiten, zumal Herzog Ernst der schönen Agnes im Petersfriedhof zu Straubing eine Sühnekapelle errichten hat lassen. – Romuald Bauerreiß vermutet, daß Herzog Albrecht die vielgeliebte Agnes nie hat verschmerzen können und ihre Tochter, der man aber die Herkunft verschweigen hat müssen, immer in seiner Nähe hat haben wollen und sie deshalb mit seinem Leibarzt Dr. Hartlieb vermählt hat.

Auch noch nach seinem Tod wollte er mit der geliebten Agnes beisammen sein, weshalb er, um diesen Plan in aller Heimlichkeit verwirklichen zu können, das Kloster Andechs gestiftet hat. Hierher, in die Gruft vor dem Hochaltar, hätte er die Gebeine der Bernauerin überführen lassen, in die nämliche Gruft, in der er sich auch selber hat beisetzen lassen. Auch Dr. Hartlieb und Gemahlin ruhen in Andechs und auch seine zweite Gemahlin Anna von Braunschweig.

Mein Gott, eine ganz große Liebe ist immer gefährlich.

Die reichen Landshuter und die erste bayerische Universität

Ein Höhepunkt des späten Mittelalters in Bayern vollzog sich in Landshut unter den reichen Herzögen Heinrich, Ludwig und Georg. Das war eine eigene Rasse von Wittelsbachern. Sie verstanden sich aufs Geldausleihen und aufs gute Wirtschaften. Sie wurden immer wohlhabender. Besonders Herzog Heinrichs Sohn, Ludwig der Reiche, war ein weitschauender Staatsmann gewesen; als ein sehr auf seine Souveränität bedachter Fürst und raffinierter Diplomat versagte er sich aber dennoch keine Lebenslust und keinen Prunk.

Die Frau Herzogin wurde nach Burghausen geschickt, und in Landshut ging das flotte Junggesellenleben weiter. So sollen die Mätressen in gläsernen Sänften in die Residenz getragen worden sein, damit die Bürger auch etwas zu sehen bekamen.

Tausend Landshut! – Man muß ja nur an die Landshuter Hochzeit denken, die Ludwig der Reiche seinem Sohn, dem Prinzen Georg, und der polnischen Prinzessin Jadwiga hat ausrichten lassen. 150 Köche haben damals den Gästen aufgekocht, und 10 000 Rösser mußten versorgt werden. Kaiser Friedrich mit seinem Sohn, dem römischen König Maximilian, und die Fürsten und Adeligen von halb Europa waren damals, 1475, in Landshut gewesen. Übrigens hat Herzog Ludwig der Reiche seinen Reichtum auch dadurch zu vermehren gewußt, daß er es den Juden in seinen Städten freigestellt hat, sich entweder taufen zu lassen und ihm nur die Hälfte ihres Vermögens zu schenken – oder sich nicht taufen zu lassen und der herzoglichen Kasse alles zu geben. Aber nicht zuletzt stammt die heutige Ludwig-Maximilians-Universität, die erste Alma mater Bayerns, von ihm. Wegen der Judenmission sollte auf der hohen Schule auch Hebräisch gelehrt werden. Geplant hat der Herzog die Universität schon 1459, und damit zählt die erste Alma mater Bayerns zu den ältesten Universitäten Deutschlands. Eröffnet wurde sie anno 1472 in Ingolstadt. 489 Studenten hatten sich bereits immatrikuliert, und es waren viele Ehrengäste gekommen: Herzog Ludwig selbst mit dem Prinzen Georg, der Pfalzgraf von Neumarkt und die Bischöfe von Freising, Regensburg und Eichstätt. Die lateinische Eröffnungsrede hielt der leitende Staatsmann des Herzogs, der niederbayerische Kanzler Dr. Martin Mair, ein hochgebildeter Humanist, der sich durch eigene Kraft und Anstrengung emporgearbeitet hatte. Seine Rede ist ein Bekenntnis zum humanistischen Bildungsideal:

Durch Studium erringen sie die Perle der Wissenschaften, und diese bewirkt, daß der Ungebildete sich vom Gebildeten weithin abhebe, sie macht den Menschen gottähnlich und läßt ihn die Geheimnisse der Welt erkennen. Euch Studenten ermahnt unser gnädiger Herr, beschäftigt euch mit den Wissenschaften und verharret in dieser Beschäftigung, dann werdet ihr ein glückseliges Leben haben. Denn wie uns schon der treffliche Cicero sagt: »Das Studium der Wissenschaften ergötzt das Alter, bereichert das Glück und tröstet uns in Zeiten der Bedrängnis; es erfreut uns daheim und hindert uns dennoch nicht draußen, es reist mit uns, übernachtet mit uns, es ergötzt und tröstet unermüdlich den Gefährten, und es läßt niemand von sich gehen – er sei denn gebessert.« So große Sätze hat Dr. Mair anno 1472 in Ingolstadt gesprochen.

Die alten Rittersleut

Zu jeder bayerischen Residenz gehört ein Jagdschloß. Weil ohne Jagerei is 's Fürstenleben nix. Die ausgedehnten Eichen-, Buchen- und Birkenwälder vor München, in denen es vor Wild nur so wimmelte, gehörten einmal dem reichen Kloster Tegernsee. Von ihm kaufte Herzog Ludwig der Strenge im Jahre 1293 den »greanen Wald« und den Klosterhof – und er ließ sich, inmitten seines liebsten Jagdreviers, eine Burg bauen: zum »Greanwald« genannt. – Es war jener Ludwig der Strenge, der seine Herzogin Maria von Brabant 1256 wegen vermeintlichen Ehebruchs hat hinrichten lassen. Er also war der Bauherr der Burg Grünwald: der erste alte Ritter!

Hier jagte und tafelte Kaiser Ludwig der Bayer. Auch Herzog Ludwig der Brandenburger jagte lieber in Grünwald als in Berlin. Und sein jüngerer Bruder, Otto der Faule, hat ja das preußische Kurfürstentum verkauft und das Geld dann in Landshut und in Grünwald lustig verlebt.

Der schöne Torbau mit dem Treppengiebel, dessen Treppenstufen zehn Wappen schmücken, stellt eine heraldische Einmaligkeit dar. Es sind die Wappen der bayerischen Herzoginnen: Das Wappen des Polenkönigs für Jadwiga, Herzog Georg des Reichen Gemahlin. Dann Herzog Stephans mit der Hafte Gemahlin Elisabeth, Tochter Friedrichs II. von Sizilien. Dann das Löwenwappen der Margarete von Holland, Kaiser Ludwigs zweite Gemahlin. Hoch am Giebel das bayerische Wappen Albrechts des Weisen, daneben das österreichische seiner Gemahlin Kunigunde, das des Braganza, des Königs von Portugal. Das Schlangenwappen der Visconti von Mailand für gleich drei bayerische Fürstinnen fehlt sowenig wie die Wappen von Jülich, Kleve und Berg. Der Giebel hat ein europäisches Maß, und die Wappen sind 1490 noch original von Fuetterer aufgemalt.

Die aufsässigen Münchner Bürger, die sich mit den Ingolstädter Vettern gegen den eigenen Herzog verbündet hatten, belagerten wiederholt erfolglos die Burg Grünwald. Einmal sogar fünf Wochen lang. Karl Valentin hat gerade diese Episode fortgesponnen und die Fronten verdreht: bei ihm belagern die Grünwalder Ritter München. Sein Lied ist unsterblich geworden: das Lied von den alten Rittersleuten zu Grünwald!

Aber diese Grünwalder Rittersleut waren nie andere Herren gewesen als die Herzöge, Kurfürsten und Könige von Bayern. Unsere Bayernfürsten selbst sind »die alten Rittersleut von Grünwald«! Außerdem gibt es in der bayerischen Geschichte einen Kardinal Dr. Johann Grünwalder, einen natürlichen Sohn Stephans mit der Hafte. Er ist in Grünwald erzogen worden, aber seine Mutter ist unbekannt geblieben. Er hat in Italien studieren dürfen, hat es bis zum Dechanten von St. Peter, ja bis zum Bischof von Freising und Kardinal gebracht.

Auch Herzog Albrecht III., dessen erste Gemahlin die unglückliche Agnes Bernauer gewesen ist, hatte einen natürlichen Sohn, den ihm die Münchner Patriziertochter Kathrina Ligsalz geschenkt hatte. Dieser habe es zum Kanzler seines regierenden Stiefbruders, des Herzogs Albrecht IV. des Weisen, gebracht. Dr. Johann Neuhauser hieß dieser natürliche Wittelsbacher, weil er zu Neuhausen aufgewachsen ist. Und er hat sowohl das Gesetz der Primogenitur vorbereitet wie auch das Reinheitsgebot für die Bierbrauer. Dr. Neuhauser starb im Jahre 1516 als Propst von Unserer Lieben Frau.

Und es steht fest, daß Albrecht der Weise dieses bayerische Reinheitsgebot in seinem Lustschlößl zu Grünwald unterschrieben bzw. hat ausgehen lassen.

Und Reinheit tut not. Auch in einem Lustschlößl.

Herzog Christoph der Starke

Nach Herzog Albrechts III. Tod (1460) haben in Bayern gleich vier Brüder regiert. Der älteste, Herzog Sigismund, dann Albrecht der Weise, Christoph der Starke und Herzog Wolfgang »der jung«. Und Brüder sind Brüder!

Herzog Sigismund war ein schlechter Hauser, bequem, kunstliebend und verschwenderisch. Er hat sich bald auf sein Schlößchen Blutenburg zurückgezogen und verbrachte die Zeit bei Musik und schönen Frauen. Albrecht war dafür um so »klüger« und »tüchtiger«. Ihm gelang es, im Laufe der Jahrzehnte alle seine Brüder kaltzustellen und später sogar das niederbayerische Erbe an sich zu bringen. Nur mit seinem Bruder Christoph, dem vielberühmten Herzog Christoph dem Starken, wurde er nicht fertig. Christoph war ein Fürst, wie ihn die alten Rittersleut gemocht haben! Einen drei Zentner schweren Stein hat er sieben Meter weit werfen können. Man kann diesen Stein heute noch in der Münchner Residenz bewundern. Und so hoch hat er springen können, daß er mit dem Fuß einen Nagel, der über drei Meter hoch in der Wand gesteckt ist, hat herausschlagen können. Wer kann heute noch solche »Nägel herunterreißen«? Die Redensart ist durch ihn aufgekommen. – Auf der Landshuter Hochzeit hat er im Turnier den Woiwoden von Lublin, der sich selber für den stärksten Mann der Welt gehalten hat, so »narrisch fest vom Roß heruntergestoßen«, daß der polnische Graf noch am selben Tag verstorben sein soll. Die Szene wird im Münchner Glockenspiel täglich vorgespielt.

Als Kriegsheld hat Christoph manchmal allein ein ganzes Gefecht entschieden. – Für die Könige von Böhmen oder Ungarn zum Beispiel oder auch einmal für den Kaiser. Am liebsten aber hat er in Bayern gegen seinen so tüchtig regierenden Bruder Albrecht gestritten. Der hatte in Pavia das römische Recht studiert, hat nach dem Tod Herzog Georgs des Reichen 1505 Ober- und Niederbayern wiedervereinigt und das Gesetz der Primogenitur erlassen. Daß nur der Erstgeborene regieren soll. Aber dieser überall Händel suchende Bruder Christoph an seiner Seite, der landauf, landab Schulden hatte, der immer wieder Geld brauchte, der sich mit jedem Aufständischen verbündete, der machte ihm das Regieren schwer. Christoph wiegelte den »Löwlerbund der Straubinger Ritter« gegen den gescheiten Bruder auf.

Herzog Albrecht war entschlossen, den starken Christoph ins Gefängnis zu werfen. Während der Faschingstage in München sollte er von den tapfersten adeligen Bayern verhaftet werden. Graf Niklaus von Abensberg hat sich dazu hergegeben. Am Vormittag des 23. Februar 1471, als Christoph gerade im Badezuber sitzt, noch halb angetrunken, hat ihn der Abensberger mit zwölf Mann gepackt und gebunden und in den Turm geworfen. Es war freilich ein Turm in der Residenz.

Neunzehn Monate währte die Haft. Erst auf des Kaisers Wort und nach Christophs Versprechen, sich künftig zu bessern, schenkte Herzog Albrecht seinem Bruder wieder die Freiheit. Drei Jahre lang verschwindet daraufhin Christoph und kämpft gegen die Türken. Aber eine Abrechnung hat er noch in München zu erledigen. So kehrt er zurück und kühlt seine Rache am Grafen Niklaus von Abensberg, dem letzten seines Geschlechts. Er erschlägt ihn bei Weihenstephan. Nach dieser Tat wird er etwas schwermütig. Er hat einen Grafen auf dem Gewissen. Er kann nimmer recht lustig sein. Also gelobt er eine Pilgerfahrt ins Heilige Land. Diese bietet sich 1492, als der reiche Neffe, der Kurfürst Friedrich der Weise von Sachsen, eine große Expeditionswallfahrt ins Heilige Land unternimmt.

Christoph sollte nicht lebend zurückkehren. Obschon die Taten, die Christoph im Heiligen Land verrichtet, nicht auf eine Krankheit schließen lassen: er befreit den sächsischen Kurfürsten aus einer Schar »räuberischer Beduin« durch etliche geschickte Steinwürfe und kräftige Schwerthiebe. Bald darauf aber wird er immer kränker. Der Leibarzt des Kurfürsten pflegt ihn gewissenhaft. Aber Christoph will sich selber kurieren, trinkt sich einen gewaltigen Rausch an und nimmt darauf ein Schwitzbad. Auf dem Heimweg, auf der Insel Rhodos, stirbt der starke Mann am 15. 8. 1493 im Alter von 44 Jahren.

Vor seinem Tod hat er noch schnell ein Testament gemacht. Drei Mark in Gold, die er im Spiel gewonnen, soll Bruder Albrecht erben.

Die fränkischen Reichsritter und Reichsgrafen

Bayern hat viele Gesichter und Franken noch viel mehr. – Den Mainzer Landfrieden von 1281 z. B. beschwören, wie es heißt, »die Bischöff, Grafen, Freyen, Dienstmann und gemainicklich alle die von Francken«. – Die Formulierung dokumentiert schon die Vielgestaltigkeit des »so schwürigen Reichskörpers von Franken«, wie der Bischof von Würzburg Rudolf von Scherenberg einmal geseufzt hat. –

Es gab ein Dutzend Reichsstädte, Reichsgrafen, Reichsritter, sogar Reichsdörfer hat man gekannt in den schönen fränkischen Landen. – Neben den drei großen Fürstbistümern und neben den hohenzollernschen Fürstentümern zu Ansbach und Bayreuth. Einstweilen singen wir mit großer Begeisterung »Wohlauf, die Luft geht frisch und rein«, wenn wir als fahrende Scholaren »ins Land der Franken fahren«. – Weil eben die fränkische Geschichte es aufzeigt, daß in Franken schier ein jeder ein eigener Reichsfürst gewesen war. – Zumindest seine Vorfahren in einem reichsstädtischen Rat gesessen – oder in einem reichsdörfischen – oder von einem der vielen Reichsfreiherrn und Reichsgrafen abstammen. Oder gar mit einem fürstbischöflich-würzburgischen oder bambergischen Domherrn verwandt waren. Und sitzen die Herren Reichsbürger auch auf der Bank im Reichstag hinter den Grafen und neben den Reichsrittern. – Wenn heute noch die fränkischen Abgeordneten des bayerischen Parlaments etwas rühriger sind als ihre altbayerischen Kollegen, wenn ein markgräflicher oder rothenburgischer Bürger über mehr angeborenes politisches Interesse verfügt, dann wegen der über Jahrhunderte währenden komplizierten Rechtslage in den fränkischen Landen, die das Reichskammergericht zwischen 1500 und 1803 mit den meisten Prozessen, Irrungen und Differenzen bemüht haben. –

Und woher kommt diese fränkische Vielfalt? – Von der politischen Großzügigkeit der Könige. Die das Frankenland als uraltes salisches Königsgut an ihre treuen und treuesten Anhänger immer wieder als ein reichseigen Gut verschenkt haben. Um ein Gegengewicht zu haben gegen die Fürstbischöfe und Kurfürsten. Wegen der für die kaiserliche Politik so wichtigen Gelder aus der Kasse der Reichsstädte.

Da kennt man eigene Landesgeschichten der Grafen von Castell und der von Schönborn, der von Hohenlohe und von Henneberg, der von Wallerstein und natürlich auch der berühmten Reichsgrafen und Reichsfürsten von Löwenstein-Wertheim, der evangelischen Linie und der katholischen und auch jener Periode, wo beide Linien zusammen ihre Ländereien regiert haben. Dazu die vielen kriegerischen Verwicklungen der Vettern untereinander, ihre wichtigsten Heiraten, ihre Ächtung und Wiederherstellung.

Und natürlich haben die Löwenstein und die Hohenlohe, die Erbach und Solms sich prachtvolle Rennaissanceschlösser gebaut und gewaltige Befestigungen anlegen lassen. Und sie haben sich verbündet mit Ansbach oder Bayreuth, mit Heidelberg oder gar mit Paris – und meistens gegen die habsburgische Politik, also nicht selten wider den Kaiser. – Und doch auch wieder zählten sie sich zum Rückgrat des Reiches. –

Und wenn einem Kleineren etwa einmal die Reichsunmittelbarkeit strittig gemacht wurde, also etwa das Recht, die höhere Gerichtsbarkeit auszuführen, also Hinrichtungen durchführen zu dürfen, dann wurden nicht selten in den kleinsten Blutgerichten (Centgerichten) die meisten Verbrecher abgeurteilt. Daß die Herrn am Reichskammerge-

richt die Notwendigkeit des eigenen Blutgerichts ja nicht übersehen konnten.
Ja no, nur der Herrschaft kein Präjudiz verpassen lassen!

Der Böhm Hans, der Pfeifer von Niklashausen

Gut ists den Leuten ergangen, ein jeder hat z'lebn ghabt zwischen 1400 und 1480. – Aber weils nimmer gnug gekriegt habn, die hohen städtischen Handelsherrn, haben sie immer noch billiger eingekauft und immer noch teurer verkauft. Und 's Geld ist auch noch schlechter wordn. Die Steuern mehr. Und haben die Steuern wieder die Kaufleut eingetrieben. Noch dazu ist das römische Recht aufgekommen, nach dem immer der Wohlhabende recht bekommen hat. – Also war der Jan Huss kein Dummer, dens' in Konstanz am 6. Juli 1415 verbrannt haben, weil er gesagt hat: In Gotts Namen sind alle Menschen gleich, die Fürsten und die Bauern, der Kaufherr und der Ziegenhirt. Und es gilt nur das Recht, das aus der Bibel gezogen wird.

1474 predigt im Würzburgischen der Pfeifer Hans von Niklashausen, ein Hirt und Dorfmusikant, das reine Evangelium. Der erste Revoluzzer Bayerns. Die Pfarrer sollten keine Pfründen mehr bekommen, überhaupt dürfe keiner mehr Besitz haben als sein Bruder. Und jeder muß mit seiner Hände Arbeit sich selber ernähren. Auch darf niemand mehr irgendeiner Obrigkeit Steuern und Abgaben zahlen, weder Gilt noch Besthaupt, noch Zins, noch Fronarbeit.

Solche Reden machten den Pfeiferhänsele von Niklashausen im Handumdrehen weit berühmt. Tausende kamen zu ihm als Wallfahrer, mit Fahnen und Kerzen und Gebeten. Zu ihm und der Madonna von Niklashausen, die ihn die Lehre von der evangelischen Gleichheit gelehrt hat. Sie sprechen sich mit Bruder und Schwester an, lassen sich die Haare schneiden und raufen sich um die einfachsten Kleider.

Die Bewegung wird von Tag zu Tag gewaltiger. Niklashausen konnte im Sommer 1476 die mutigen Steuern verweigernden Pilger kaum mehr fassen und abspeisen. Der Ortspfarrer unterstützte den Pfeifer Hans Böhm, las den begeisterten Pilgern die heilige Messe, hörte die Beichte und teilte die Kommunion aus.

Der Mainzer und der Würzburger Bischof konnten nicht mehr länger zusehen. In der Nacht zum 12. Juli 1476 ließ Bischof Rudolf von

Scherenberg den Hans Böhm von Niklashausen von einigen zwanzig Reitern verhaften und nach Würzburg bringen, wo dem Laienapostel rasch der Prozeß gemacht wurde. Bereits acht Tage später, am Sonntag, den 19. Juli wurde Hans Böhm, der Pfeifer und Pauker von Niklashausen, auf dem Schottenanger zu Würzburg als Ketzer verbrannt.

Bis zuletzt hat er Marienlieder gesungen. Seine Asche aber wurde gleich in den Main gestreut. Gut tausend protestierende Wallfahrer, die mit brennenden Kerzen nach Würzburg kamen, wurden von Reitern niedergemacht, die Bewaffneten unter ihnen auch niedergekämpft. – Aber vergessen ist er heut noch nicht, der Pfeifer von Niklashausen. Und auch nicht sein Traum von der göttlichen Gerechtigkeit aller Brüder und Schwestern. Ganz umsonst hat er aber doch net gelebt, der Böhm Hans, weil gar so viele Pfründen anhäufen haben sich nach ihm die Prälaten doch nimmer so ungeniert getraut.

Die Bauernkriege

Was z'viel is, is z'viel. Immer wieder sind es die – auch in der bayerischen Geschichte – zu hohen Steuern gewesen, die zu Volkserhebungen geführt haben. Nur wegen der von Herzog Albrecht dem Weisen 1489 verlangten Kriegssteuer – statt bewaffnetem Kriegsdienst – zettelten die niederbayerischen Ritter, die sich im Löwlerbund vereinigt hatten, einen gefährlichen Krieg gegen den eigenen Landesfürsten an.

Auch die Bauern in Franken und Schwaben ärgerten sich wegen der nun plötzlich durch die römischen Rechtsgelehrten auf jedes Jahr in gleicher Höhe heraufgesetzten Steuern. – Ohne Rücksicht auf den Ertrag der Ernte, den man nach der alten Ordnung berücksichtigt hatte! Zumal beim Wein damals nur jedes dritte Jahr ein gut gesegnetes war, wie die Würzburger Häcker sagten

Entzündet haben sich die Bauernkriege gewiß durch die lutherischen Prediger in Memmingen und in Rothenburg. Und rüttelte in Memmingen der Prediger Christoph Schappeler die Bauern auf und in Rothenburg der Karlstadt persönlich.

Der Memminger Stadtprediger Christoph Schappeler hat auch die berühmten 12 Artikel »von der Freiheit der Bauern« verfaßt und als Flugblatt drucken lassen. Die »christliche Vereinigung der Allgäuer Bauern« hat diese Artikel sofort beschworen. »Weg mit dem Zehnt, freie Jagd und freier Fischfang für jedermann!« – Nur Tage später beschworen sie auch die fränkischen Bauern. Und Anfang April 1525 haben sie sich zahlreicher Klöster und Burgen bemächtigt.

Während die Allgäuer Bauern, nachdem sie mehrere Klöster geplündert hatten, darunter auch Steingaden und Rottenbuch, bereits am 4. 4. 1525 in Leipheim von den Truppen des Schwäbischen Bundes unter dem Feldhauptmann Jörg Truchseß von Waldburg, dem »Bauernjörg«, aufgerieben worden sind, begann im Frankenlande erst so richtig die bäurisch-bürgerliche Revolution. Die Würzburger Magistratsherrn solidarisierten sich mit den Bauern aus dem Taubertal, aus Karlstadt und aus Giebelstadt. Ein Hans Bermeter predigte in den Weinschenken, daß nur »ein vollkommener Umsturz Freiheit und Gerechtigkeit« bringen könne. Als z. B. der Domvikar Hermann Mord zu den aufsässigen Bürgern gesagt hat, man werde ihnen noch allen den Kopf abschlagen, kam es zu einem Tumult, und der Domvikar wurde vom Domdechanten wegen dieser Bürgerbeleidigung zur Spende eines halben Fuder Weins aus seinem Keller verurteilt. Die Beleidigten holten sich aber mit Pauken und Trompeten über zehn Fuder aus des Vikars Keller. Daraufhin floh Bischof Konrad von Bibra nach Heidelberg. Aber das Bauernheer – unter Führung Florian Geyers – konnte in drei heldenhaften Stürmen die Feste Marienberg nicht erobern. Und der Bauernjörg zog mit einem gewaltigen Heer gegen Königshofen. Am 2. Juni kam es zur Schlacht. Das Heer der Bauern wurde vernichtend geschlagen. – In Würzburg wurden auf Befehl Bischof Konrads von Bibra nun, vor angetretener Bürgerschaft, vor dem Dom drei, auf dem Judenplatz 24 und auf dem Rennweg, wo das Landvolk versammelt war, 36 Aufrührer geköpft. (Unter Trommelschlag.)

Auf der anschließenden Huldigungsreise durch seine Ämter ließ der Fürstbischof noch mal in jedem Amt vor der Huldigung zweien Rädelsführern durch den Henker den Kopf abschlagen. Drum san ma lieber staad; weil: was z'viel is, is z'viel!

Der Landshuter Erbfolgekrieg

Wenn Erben streiten, gibt es Mord und Totschlag. Der grausamste Krieg in der bayerischen Geschichte war tatsächlich ein Erbenkrieg. Der Landshuter Erbfolgekrieg.

Im Dezember 1503 ist Herzog Georg der Reiche von Niederbayern-Landshut gestorben. Er hinterließ nur zwei Töchter. Elisabeth, die ältere, war mit dem Vetter Ruprecht von der Pfalz verheiratet, der vorher Bischof von Freising gewesen, und sollte die Nachfolge antreten. Aber der Münchner Herzog Albrecht der Weise, mit dem Kaiser Maximilian verschwägert, pochte auf seine Erbschaft, da eine weibliche Erbfolge wider das deutsche Recht verstoßen würde.

Landshut und Burghausen wurden erobert, die Dörfer, Städte und Marktflecken im ganzen Land von beiden Heeren gebrandschatzt. Der Landshuter Erbfolgekrieg zählt zu den grausamsten Kriegen in der deutschen Geschichte. Und manche grotesken Episoden standen den späteren Schwedeneinfällen in nichts nach. Götz von Berlichingen verlor in Landshut seine Hand. Bei Regensburg wurde 1504 das böhmisch-pfälzische Heer besiegt, und dann kam es im Dezember desselben Jahres noch zu dem fürchterlichen »Kehrab« durch Niederbayern, zu einer gänzlichen Säuberung von den getreuen Anhängern Elisabeths und Ruprechts. Das junge Pfalzgrafenpaar – oder das niederbayerische Herzogspaar –, Ruprecht und Elisabeth, hatten die Strapazen des Krieges hinweggerafft. Ruprecht starb im August 1504, nach dem Landshuter Treffen, an der Ruhr. Elisabeth verschwieg zehn Tage lang seinen Tod und ließ den Krieg weiterführen. Der Erbe Niederbayerns war nun ihr Söhnchen Ottheinrich. Vier Wochen später starb auch sie an der Ruhr. Der Krieg ging weiter.

Die niederbayerische Festung Kufstein in Tirol, unter dem Kommando des braven Hans von Pienzenau, hat Kaiser Maximilian lang vergebens belagert. Darüber ist der kaiserliche »letzte Ritter« zornig geworden. Aber erst wie sie auf der Festung schon bald verhungert waren, hat der Pienzenauer endlich die weiße Fahne gehißt. Er gibt auf, unter der Bedingung eines ehrenvollen Abzugs. Den hat der Kaiser auch zugesagt. Aber Wort gehalten hat er nicht. Der Pienzenauer und seine Männer wurden geköpft.

Bevor er seinen Kopf hingehalten hat über den Richtblock, hat er aber noch diesen schönen Vers gedichtet:

>»Hab Urlaub, liebe Welt,
>Gott gsegne dich, Laub und Gras!
>Da hilft mir heint kein Geld
>und wird mir nimmer bass!«

Jetzt hatten die Wittelsbacher ihre bayerischen Lande wieder vereinigt. Aber der Preis war sehr hoch gewesen, denn Kaiser Maximilian ließ sich für seine Hilfe teuer bezahlen.

Die damals noch bayerischen Teile Tirols kamen an Österreich: die Ämter Kufstein, Rattenberg, Kitzbühel und das Zillertal. Ja, ja, Kufstein und Kitzbühel haben früher zu Niederbayern gehört. Es ist halt kein Glück darauf, wenn ein Freisinger Bischof heiratet.

Die Reformation in Bayern

»Lacha taat i, wenn ma net den rechtn Glaabn hättn!« Der Spruch ist in Bayern aufgekommen, als wir bald lutherisch und bald katholisch gewesen sind. Als die Leute noch stundenweit laufen mußten, daß sie bei der Kommunion auch das Blut des Herrn, den Wein, haben kosten dürfen und nicht nur die Hostie. Es hätte nicht viel gefehlt, und ganz Bayern wäre damals protestantisch geworden.

Besonders in den Städten hatte man sich zur neuen Lehre bekehrt. Und später, im Zuge der scharfen Gegenreformation, hielten die Bayern auch mit einer gewissen Zähigkeit am Luthertum fest. So zum Beispiel in Straubing, wo Petrus Canisius öfter predigen mußte – unter Aufsicht der staatlichen Autoritäten – und man dennoch, sobald die Missionare abgezogen waren, verstockt im Ketzertum verharrte. In Augsburg und Nürnberg wie auch in den zahlreichen anderen schwäbischen und fränkischen Reichsstädten und Herrschaften konnte sich die evangelische Lehre ohnehin behaupten.

Cuius regio, eius religio, hieß es ja nach dem Augsburger Religionsfrieden 1555, was in der Oberpfalz zur Folge hatte, daß man in einem Jahrhundert gleich viermal den Glauben wechseln mußte. Evangelisch getauft, mit zwanzig katholisch, mit fünfzig wieder lutherisch, um dann als Greis mit den Tröstungen der römisch-katholischen Kirche zu sterben.

Selbst in den fränkischen Bistümern verließen die Mönche die Klöster, heirateten und wurden Prädikanten. Und die Rotten der Bauern eroberten »namens der Freiheit eines Christenmenschen« Bischofsstädte und Prälaturen.

Die bayerischen Herzöge Wilhelm und Ludwig, Söhne Albrechts des Weisen, haben anfangs die Reformation geduldet, aber Mitte der

30er Jahre dann energisch durchgegriffen. Dem bayerischen Kanzler Leonhard von Eck, einem Bruder des Ingolstädter Professors und Luthergegners Johann von Eck, gelang es, mit Strenge jeglichen Aufstand in Bayern zu unterdrücken. Es kam zu Hinrichtungen und zu Verhaftungen. Die Gegenreformation hatte angefangen, noch ehe die Jesuiten ins Land gerufen wurden. Aber am Anfang der Reformation hatte ein Bayer der Sache Luthers dienlich sein können. Ein Mann, der Dr. Martin Luther persönlich sehr gern gehabt und ihn gefördert hat, wo er nur gekonnt hat. Das war der niederbayerische Erbmarschall Degenhart Pfeffinger von Salmannskirchen gewesen, über dreißig Jahre lang innerster Rat und Kämmerer des sächsischen Kurfürsten Friedrich des Weisen. Dieser Pfeffinger hat dem Luther die Doktorarbeit bezahlt, hat ihn auf die Universität Wittenberg berufen wie später auch Melanchthon und Scheurl aus Nürnberg.

Der niederbayerische Erbmarschall, dem der sächsische Kurfürst die Sorge um die neugegründete Universität übertragen hatte, hat viele bayerische Studenten in Wittenberg studieren lassen. Und durch diese bayerischen Studenten kam die Reformation ins entlegenste Niederbayern.

Aber nur in Ortenburg konnte sich, abgesehen von den Reichsstädten, die evangelische Lehr in Altbayern behaupten.

Und heut? Lebn wir friedlich zsamm – im Zeitalter der Ökumene!

Albrecht V. und die Bayern auf dem Konzil von Trient

Da bleib römisch-katholisch, wenn die Leut überall zu den Prädikanten laufen! In den fränkischen Bistümern und Herrschaften, in Augsburg und Nürnberg und in den vielen schwäbischen Reichsstädten waren sehr viele evangelisch geworden, wollten das Abendmahl nur noch unter beiden Gestalten nehmen, schimpften auf den Papst und traten dafür ein, daß ihre Priester heiraten sollten.

Der katholische bayerische Herzog Albrecht V. (1550–1579), ein generöser und der Schönheit der Renaissance aufgeschlossener Fürst – sein Lehrer war der berühmte Geograph und Mathematiker Peter Apian gewesen –, Albrecht duldete den ernsten Eifer der Reformation in seinem Lande. Gewiß, er würde katholisch bleiben, aber in Gottes

Namen würde doch auch von katholischer Seite noch einiges gutgeheißen werden müssen! Das Konzil von Trient trat in seine letzte Sitzungsperiode ein. Vielleicht, so dachte Albrecht V., ist noch ein Ausgleich möglich. Abwarten und auch die Evangelischen leben lassen, das war des Herzogs Devise.

In der Kirchengeschichte Bayerns wird heute noch der Persönlichkeit Albrechts V. zuwenig Bedeutung beigemessen. Und doch ist seine Toleranz geradezu vorbildlich zu nennen. Er verfolgte niemand um seines Glaubens willen. Unter Albrecht V., zum Beispiel, haben die Jesuiten Ingolstadt wieder geräumt, und sogar Straubing ist wieder evangelisch geworden. Auch war er eher ein Gegner Kaiser Karls V. gewesen als ein Förderer der kaiserlichen Politik. Darum wird über diesen Fürsten etwas einseitig berichtet, daß er den Prunk geliebt habe und einen Dreiliterkrug habe in einem Zuge leeren können.

Daß er das Antiquarium und einen Marstall hat erbauen lassen, den Maler Hans Muelich beauftragt, sein Porträt zu malen, den Orlando di Lasso zu seinem Hofkapellmeister gemacht und seinem Sohn Wilhelm V. und dessen Braut Renate von Lothringen 1568 in München eine Prachthochzeit ausgerichtet hat, ist schon weniger bekannt. Und fast gar nichts mehr weiß man davon, daß, wenn es nach Herzog Albrecht gegangen wäre, das Konzil von Trient einen anderen Ausgang genommen hätte. Dann wäre nämlich 1563 der Zölibat abgeschafft worden!

Es war Herzog Albrecht V., der anno 1563 in Trient immer wieder die Aufhebung des Zölibats verlangt hat. Die ständige bayerische Gesandtschaft auf dem Konzil hat nichts anderes gefordert als die Zulassung der Kommunion unter beiderlei Gestalten und die Erlaubnis der Priesterehe. Aber der Leiter der bayerischen Delegation, Dr. Paumgarten, und seine theologischen Beiräte konnten sich wider die überwiegend italienischen Konzilväter und die römische Kurie nicht durchsetzen.

Der Zölibat blieb. Lediglich den Laienkelch gewährte der Papst vorübergehend dem bayerischen Herzog für sich und alle seine Untertanen. Aber auch nur für etliche Jahre. Wenn wir Bayern auch heute noch gute Katholiken sind und trotzdem den Herren Geistlichen angetraute Ehefrauen gönnen – und nicht nur Haushälterinnen –, dann stehen wir in einer Tradition. Auf dem riesengroßen Gemälde im Trienter Dommuseum, das das Plenum des Konzils darstellt, kann man auch deutlich und porträtähnlich gar die drei bayerischen Konzilväter erkennen, die Konzilgesandten Herzog Albrechts V.

Ja no, ob verheiratet oder keusch, damals wars schon falsch.

Wilhelm der Fromme (1579–1598)

Ein wichtiger Fürst in der bayerischen Geschichte ist Wilhelm der Fromme. Er hat nämlich in seinem Landschloß Schleißheim eine Universalmusterökonomie eingerichtet. Vom Vater Albrecht V. hat er die Liebe zur Kunst, vor allem zur Musik geerbt. Als Kronprinz verbrachte er mit Friedrich Sustris und anderen Künstlern auf der Trausnitz in Landshut eine gute Zeit.

Wilhelm der Fromme, ein guter Name für einen Fürsten, der den Jesuitenorden förderte. Den in Bayern immer zahlreicher werdenden Patres erbaute er in München ein palastähnliches Kolleg und dazu den bedeutendsten deutschen Sakralbau der Renaissance, die Michaelskirche. Und wir Bayern nennen diesen Fürsten »den Frommen«, obwohl er anno 1587 das Hofbräuhaus gegründet hat. Das Hofbräuhaus Wilhelms des Frommen hat früher nur für die Residenz Bier gesotten. Den gesamten Ausstoß haben die Lakaien und Minister, die Kavaliere und Damen, die Prinzen und Prinzessinnen allein getrunken. Seit der Zeit war der bayerische Hofdienst sehr beliebt. Und die bayerischen Hartschiere sind kräftige, stramme Burschen gewesen.

Mit der Gegenreformation ist es jetzt freilich schnell vorangegangen, und alle Bayern sind wieder fromm und katholisch geworden. Weil es jetzt eine Freude war – das Katholischsein in den prächtigen Kirchen. – Wer in Deutschland wäre nicht protestantisch geworden oder geblieben, wenn die Bayern unter ihrem Wilhelm dem Frommen nicht gewesen wären! Es gäbe keinen Katholizismus mehr, wenn er nicht eingegriffen hätte! Bei den Kölnern hat nämlich das Predigen allein nichts genützt. Bayerische Truppen unter dem Befehl Herzog Ferdinands, eines Bruders Wilhelms des Frommen, siegten anno 1583 über den Kölner Erzbischof Kurfürst Gebhard Truchseß, der gerade zum Protestantismus übergetreten war und sein geistliches Kurfürstentum Köln in ein weltliches umwandeln wollte.

Die Schlachten bei Godesberg und Bonn aber machten dem Treiben Gebhards ein Ende. Neuer Erzbischof-Kurfürst von Köln wurde nun der jüngste Bruder unseres Herzogs Wilhelm des Frommen, Herzog Ernst. Über zweihundert Jahre lang war das Kölner Erzbistum von der Zeit an in der Hand zweitgeborener Bayernprinzen. Damals haben im ganzen heutigen Bayern starke Katholiken regiert: zu Würzburg Bischof Julius Echter, der das schöne Juliusspital gestiftet hat, wo man heute noch einen guten Wein trinken kann. In Augsburg verwirklicht

Heinrich von Knöringen die Tridentiner Beschlüsse. In Ansbach und Bayreuth jedoch treten die Markgrafen der protestantischen Union bei. Und in München heiratet Herzog Ferdinand, der Sieger von Bonn, die kleine Maria Pettenbeck aus Haag, die ihm dann 16 Kinder schenkt, von denen auch wieder etliche Bischöfe, Äbte und Äbtissinnen werden.

Plötzlich aber mochte Wilhelm der Fromme nicht mehr regieren. Er hat zu viele Bauschulden gehabt. Anno 1598 hat er darum zugunsten seines Sohnes Maximilian abgedankt.

Er hat sich nach Schleißheim in den Austrag begeben und hat als Austragler noch 28 Jahre lang gelebt. Dort hat er ein riesiges Mustergut aufgebaut, eben eine Art Universalökonomie, hat Ziegen- und Schafskäse zubereiten lassen, von eigens aus Südfrankreich geholten Käsemeistern. Der Parmesan aus Schleißheim bekam bald Weltruf. An allen Fürstenhöfen Europas wollte man ihn haben.

Auch die Paulanermönche kamen schließlich durch ihn in die Au. Er war ein braver Mann und Wohltäter bis zu seinem Tod anno 1626.

Er hat gleich mehrere Brauereien gestiftet.

Maximilian I. 1597–1651

Einmal ist es Mode, daß man die Leute köpft, und ein anderes Mal, daß man sie aufhängt. So vergehen die Jahrhunderte in der Weltgeschichte, und auch in Bayern hat manchmal ein eiserner Besen regiert!

Ein strenger Herr Kurfürst: Maximilian I., der Sohn des freiwillig resignierten frommen Wilhelm. Von 1597 bis 1651, also über 54 Jahre lang, hat er Bayern regiert. Über den ganzen Dreißigjährigen Krieg hinüber. Und nicht bloß Bayern, schon fast halb Deutschland. Unter seiner strengen Gläubigkeit kämpften die katholischen Deutschen gegen die Protestanten. Johannes Tserclaes Graf von Tilly war sein Feldherr. (Gesiegt wurde im Namen und zum Ruhme der allzeit reinen und allerseligsten Jungfrau Maria. Und gestorben auch.)

Die lutherischen Freiherren und Grafen, die sein Vater noch geduldet hatte, hat Maximilian des Landes verwiesen oder eingesperrt, und ihre Güter hat er beschlagnahmt. (Gewiß hat er Bayern größer und mächtiger gemacht, aber diese Größe ist uns teuer zu stehen gekommen.)

Maximilian hat keine Sünde mehr gehaßt als die Unkeuschheit. Er hat in eigenen Rundschreiben zur Sittlichkeit gemahnt, wie alte Hofmarksfaszikel beweisen. Besonders die Weiberleut, die etwa Geistliche verführt haben, wurden auch staatlicherseits gehörig bestraft. »Wegen Schwängerung durch den Hochwürdigen Herrn Pfarrer«, heißt es da in den damaligen Protokollen. Seit dem gestrengen Maximilian geht in Bayern der Spruch um: »Der Maximilian, der frißt die ganze Milli zsamm!« Aber das muß man ihm lassen, die hochwürdigen Patres Jesuiten sind zu seiner Zeit groß und einflußreich geworden in Bayern. In München und Ingolstadt, in Neuburg und Ebersberg, in Ötting und Dillingen und in Augsburg haben sie respektable Niederlassungen gehabt.

In München auf dem Schrannenplatz ließ der Kurfürst die Mariensäule errichten. Mit seinem eigenen Blute hat er als junger Prinz in einem Gelöbnisbrief sich der Madonna in Altötting verlobt, und täglich hat er, wenn er nur irgend konnte – ob unterwegs, auf der Jagd oder in der reichen Kapelle seiner Residenz –, drei Rosenkränze gebetet. Er war frömmer als sein Vater Wilhelm der Fromme.

Um den Ruf der Jesuitenuniversität zu Ingolstadt zu heben, kam Maximilian auf die hohe bayerische Schule. Und das nicht nur, um zu studieren. Er residierte mit großem Pomp in Ingolstadt. Er hatte ein Gefolge von über 100 Leuten bei sich. Das hat andere reiche Studierende angelockt.

Über Maximilian liest man ja nur Gutes. Aber daß er ein strenger Fürst gewesen ist, das beweist der bayerische Bauernaufstand von anno 1634. Damals hat der Kurfürst seine ausgemergelten und halb verhungerten Soldaten ins heimische Winterquartier legen müssen, damit sie sich etwas aufbessern und erholen konnten im noch unberührten Gebiet zwischen Isar und Inn. Diese Einquartierung haben sich die Bauern nicht gefallen lassen. Sie haben aufbegehrt, haben schlafende Landsknechte überfallen und erschlagen.

Die »Wiederherstellung der Ordnung« war gründlich: Viele wurden hingerichtet, obwohl seine eigenen Räte für die Bauern um Milde gebeten haben. Anderen sind die Hände abgehackt worden. Am besten waren noch jene dran, die nur ausgepeitscht wurden und dann zu Soldaten gemacht worden sind. Was aber wollten die Bauern am Inn mit ihrer Demonstration erreichen? Nichts weiter als entweder nur die Einquartierung der Soldateska oder die geforderte Kriegskontribution ertragen zu müssen. Aber nicht beides.

Es war Krieg. »Und der Zweck heiligt die Mittel«, das war ein Hauptlehrsatz der Jesuiten gewesen.

Diesen Satz haben sie dem jungen Maximilian auf der hohen Schule in Ingolstadt gründlich gelehrt.

Die Bayern im Dreißigjährigen Krieg 1618–1648

Der Kurfürst Maximilian hat das ganze Elend des Dreißigjährigen Krieges in die bayerischen Länder gezogen durch seine Treue zur katholischen Kirche und zum Jesuitenorden, aber auch wegen seines Oberbefehls über die Liga. Dabei hätte das Haus Bayern mit einer nur etwas weniger treuen Taktik bedeutendere Vorteile herausschlagen können. Aber so ist es uns oft ergangen! Der konservative Kurfürst und romtreue Bayer wird schwer heimgesucht und muß für die mißlungene Politik die Zeche bezahlen. Was unsere bayerischen Bauern damals ausgehalten haben, ist himmelschreiend. Man hat den Leuten die Ohrwascheln abgeschnitten. Das war noch die einfachste Marter. Wie es ja heute noch heißt. »Wenn du mir jetzt nicht sofort folgst, du Lausbub, dann schneid' ich dir die Ohrwascheln ab!« – Der Ausspruch stammt aus jenen Tagen, mit solchen Worten hat man die Leute erpreßt. »Wo habt ihr euer Geld versteckt? Wo habt ihr das Silber vergraben? Wo hat euer Pfarrer seine Kelche und Monstranzen versteckt?«

Nicht nur der Feind, nicht nur die Evangelischen und Schweden haben so peinliche Fragen gestellt, auch die Katholischen, die Kaiserlichen und sogar die Bayerischen haben so gefragt in Ober- und Niederbayern, in der Oberpfalz, im Allgäu und im Fränkischen. »Raus mit der Sprache, oder ich schneid' euch die Ohrwascheln ab!« Es ist nicht übertrieben: Mehrere tausend Bayern haben im Dreißigjährigen Krieg ihre Ohrwascheln verloren. Oder man hat bei der Eintreibung der Kontributionen den Zahlungsunfähigen die Mäuler geschlitzt, eine andere damals übliche qualvolle Marter der Kriegssteuereintreiber. Auch der Schwedentrunk oder das fürchterliche »Bauernraiteln« war zur Foltermode geworden. Das hat vielleicht weh getan! Und daß dieses Raiteln einmal einer überlebt hätte, davon liest man nichts.

Aber nachgegeben hat er nicht, unser katholischer Maximilian! Jesus, Maria und Josef, wie teuer haben wir uns unseren Glauben erkaufen müssen! Außerdem war man in München gegenüber dem kaiserlichen Hof in Wien vorsichtig geworden. Auch als der Rivale Wallenstein beseitigt worden war, behielt Maximilian die österreichische Politik im Auge. Franz Mercy und Johann von Werth hießen die wenig glücklichen Nachfolger Tillys. Die Traditionen mancher bayerischer Regimenter gehen auf die Feldzüge gegen die Franzosen von 1643 und 1645 zurück. (Aber die Franzosen hatten doch auch den richtigen Glauben? Wo kämpft Gott, wo schindet und schändet der Teufel?)

Bei Tuttlingen mußte sich anno 1643 die französische Armee den bayerischen Feldherrn ergeben. – Und dann kam es noch einmal zu Verwüstungen der Länder zwischen Donau, Lech und Isar, denn die evangelischen Schweden und die katholischen Franzosen hatten sich vereinigt. Viel werden die Truppen – ganz gleich, ob Freund oder Feind – damals aus den leeren Schubläden und Schränken der Bürger und Bauern nicht mehr haben herausholen können! In manchen städtischen Archiven finden sich von der Zeit noch die Kontributionslisten. Da heißt es: »Gemeiner Stadtbürger Kontributionsregister der von dem schwedischen Obristen verlangten 3000 Gulden.«

Der Auer Beck zahlt 3 Gulden und der Weber Schindel zwei, der Kampelmacher 1 Gulden und die Witwe Unterdorfferin 15 Kreuzer. Und dann horcht man auf. Der Gastgeber zum Metzgerwirt zahlt 10 Gulden, und der Branntweinbrenner Furter Hans 15, der Lebzelter 10 und der Klachebräu 20. Da sieht man wieder, wer früher schon allerweil ein Geld gehabt hat: die Weinschänken und Lebzelten, die Bräu und die Wirt.

Markgraf Albrecht Alcibiades von Kulmbach 1522–1557 – ein chaotischer »Kriegsheld«

Die ehemaligen Burggrafen von Nürnberg, die Hohenzollern, haben im 13. Jahrhundert die andechsische Herrschaft Bayreuth geerbt, Ansbach später dazuerworben und wollten nun die etwas auseinanderliegenden Gebiete durch Eroberungen abrunden. – Dieses Erobern übertrieben hat der kulmbachische Markgraf Albrecht, dem seine Freunde den Beinamen Alcibiades gegeben haben, nach dem genialen athenischen Staatsmann.

Es kam zu den berüchtigten Markgräflerkriegen, welche die Greuel des Dreißigjährigen Krieges schon vorausgenommen haben.

Albrechts Vater Kasimir, auch bereits ein Bauernschinder, war 1527 im Türkenkrieg geblieben. Seine Mutter Susanne, eine junge Witwe und bayerische Prinzessin aus München, heiratete bereits nach einem halben Jahr den Pfalzgrafen Ottheinrich. Der erst sechsjährige Albrecht wurde am Hofe seines Onkels Georg zu Ansbach erzogen. Er war zwar intelligent, aber schwer erziehbar und wurde von den Universitäten als für das Studium nicht mehr geeignet heimgeschickt. Mit fünfzehn war er schon dem Alkohol ergeben und ein gefürchteter Raufbold. Und noch ein künftiger deutscher Fürst, der evangelische Markgraf von Kulmbach!

Mit 19 volljährig erklärt, strengte er gegen seinen Onkel sofort einen Prozeß wegen der schlechten Vormundschaftsführung an und wechselte ins kaiserliche Lager, heuchelte gar, er wolle katholisch werden. Karl V. machte ihn zum kaiserlichen Hauptmann und zog mit ihm gegen Frankreich. (Auch im Schmalkaldener Krieg kämpfte er gegen seine Glaubensbrüder.)

Vom sächsischen Kurfürsten gefangen, kaufte der Kaiser den kriegstüchtigen Jüngling wieder frei. Auf dem Augsburger Reichstag ermahnte ihn der sittenstrenge Karl V., sich wenigstens während des Reichstages von Wein und leichtfertigen Frauen fernzuhalten, aber Albrecht Alcibiades tat gerade das Gegenteil. Er führte nun öffentliche Orgien vor und verließ das kaiserliche Hoflager. Mit dem sächsischen Kurfürsten belagerte er Magdeburg und begab sich dann im Auftrag Moritz von Sachsens an den französischen Hof und verkaufte um viel Geld dem französischen König die alten Reichsstädte Verdun, Metz und Toul. (Um Bewegungsfreiheit zu haben im Kampf um die deutsche Freiheit gegen den katholischen Kaiser!)

Jetzt hatte er Geld zu kriegerischen Unternehmungen gegen die von ihm so sehr gehaßten städtischen Pfeffersäcke, er griff Ulm und Nürnberg an, verwüstete das Gebiet der Reichsstädte, brannte ihre Dörfer nieder, ließ die Bauern ermorden und vergewaltigte ihre Frauen und Kinder.

Die Städte und Bischöfe machten ihm Friedensangebote, zahlten ihm enorme Summen, vergrößerten seine Markgrafschaft. Fast eine Million Gulden Kriegskontribution hat er allein 1552 erpressen können. (Er vergrößerte damit sein Heer.)

Verwilderte Landsknechte schlossen sich ihm an. Er erpreßte nun auch die rheinischen Städte. Da bremsten ihn die Franzosen. Albrecht Alcibiades schwenkte wieder ins kaiserliche Lager über und half – leider vergeblich –, die Städte Metz, Toul und Verdun zurückzugewinnen. Kaiser Karl zog sich in die Einsamkeit seines spanischen Klosters zurück. Nicht zuletzt wegen dieses tollen Markgrafen.

Albrecht Alcibiades nahm seine Plünderungskriege wieder auf. Bis sich im Vertrag zu Eger die katholischen und protestantischen Fürsten vereinigten und ihm endlich Herr werden konnten. Am 9. Juli 1553 in der Schlacht bei Sievershausen wurde Albrechts Heer geschlagen. Er selber konnte fliehen. Der sächsische Kurfürst Moritz aber starb noch am Abend an seinen Wunden. Albrecht wurde in die Reichsacht erklärt, aber nicht gefangen. Er starb 37jährig im Januar 1557 als Gast seines Schwagers, des badischen Markgrafen. Auf den Grabstein ließ sich der chaotische Hohenzoller schreiben: Hier liegt ein streitbarer Held, der um die Freiheit deutscher Nation mannlich gestritten.

Gottseidank war der Albrecht Alcibiades von Kulmbach ein Hohenzoller und kein Wittelsbacher! Wenn auch sein Großvater, Albrecht der Weise, einer gewesen ist! – Aber die Großvatern san nimmer z'schuld.

Ein »Echter Ausgleich«.
Julius Echter von Mespelbrunn und seine Gegenreformation
1545–1617

Daß nicht ganz Deutschland evangelisch geworden ist, verdanken wir dem sächsischen Kurfürsten Moritz, mit dessen Stimme 1552 Kaiser Ferdinand in Passau die Declaratio Ferdinandea durchdrücken hat können, daß nämlich in den katholischen Fürstbistümern auch evangelische Adelige und evangelische Stadtgemeinden leben dürften.

Die katholische geistliche Regierung in Würzburg und Bamberg hat die evangelischen Pfarrer angestellt, besoldet, visitiert und befördert. Damit war ein friedliches Nebeneinander der Konfessionen erreicht worden, wäre der Dreißigjährige Krieg überflüssig geworden.

Ein Mann, der nämlich mit dieser Declaratio Ferdinandea gut umgehen hat können, war der Würzburger Fürstbischof Julius Echter von Mespelbrunn gewesen. Er hat zwar bei den Jesuiten in Mainz studiert, war aber anschließend auch in Paris, Pavia und in Rom gewesen.

Ein humanistischer Kopf, der vor allem die Priesterausbildung verbessert hat. Natürlich galt der Gegenreformation sein Hauptinteresse, aber er hat auch gesagt: Ohne materielle Sicherheit gibts keine Sittlichkeit, und er hat die Einnahmen des Bistums gehoben und auch seinen Untertanen durch wirtschaftliche Erneuerungen eine spürbare Besserung gebracht. Außenpolitisch war Bischof Julius Echter von Mespelbrunn sogar der Erfinder des Ausgleichs. Das heißt Bündnispolitik mit den Protestanten zugunsten von Kaiser und Reich. (350 Jahre später hat Kaiser Franz Josef I. mit den Ungarn auch so einen »Ausgleich« gemacht – zugunsten von Kaiser und Reich.)

Echters Ausgleich sollte eine Zweifrontenbildung verhindern. Er wollte in das katholische bayerische Bündnis lutherische Fürsten zu Bundesgenossen einbringen. Allen voran den evangelischen Kurfürsten August von Sachsen. Unter dem Motto: Zur Wohlfahrt des Heiligen Römischen Reiches! Julius brachte sogar den spanischen König dazu, den evangelischen Niederländern die Religionsfreiheit zu gewähren. Das war ein »Echter Ausgleich«. Jetzt nannten ihn sogar die Protestanten den sympathischen Katholiken.

Trotzdem betrieb er die Bekehrung der Lutheraner in seinem Bistum. Manchmal auch mit zu großem Eifer, zum Beispiel in den Fehden um Wertheim. Er predigte auch selber und ließ viele Ratsherrn die neue Lehre abschwören. Vor allem in Dettelbach, Haßfurt, Karlstadt und Münnerstadt. In Würzburg konnte er sagen: Hier bin ich Bischof, Bürgermeister und Rat in einer Person. – Wer sich hartnäckig weigerte, katholisch zu werden, den ließ er auswandern. Der Auswanderer durfte aber sein Vermögen mitnehmen.

Julius Echter ist als Stifter und Erbauer des großen Würzburger Juliusspitals unsterblich geworden. In der Sozialsorge für Arme und Kranke hat er zu Beginn des 17. bereits den Stand des 19. Jahrhunderts erreicht. Unermüdlich vergrößerte er die Spitalpfründen mit neuen Gütern, Wäldern und Weinbergen. Er reorganisierte die Universität und das Schulwesen, ließ zahlreiche Dienstgebäude und Kirchen aufführen, daß man schon fast von einem eigenen Juliusstil sprechen möchte. Freilich holte er sich dazu die Künstler aus dem Bayerischen, den Wendel Dietrich aus München und den Elias Holl aus Augsburg.

Auch der Würzburger Wein ist seit Julius Echter noch besser geworden. Also freundlichen Umtrunk in den Spitälern zu Würzburg!

Georg Friedrich von Ansbach und Bayreuth, ein friedliebender und erfolgreicher Diplomat 1539–1603

Er hat nie einen Krieg geführt, der Markgraf Georg Friedrich von Ansbach, und war doch ungemein erfolgreich gewesen. Man kann beinah sagen, er ist von Ansbach aus der Großvater des preußischen Staates geworden.

Zunächst erbte er die Gebiete seines chaotischen Vetters Albrecht Alcibiades von Kulmbach und Bayreuth. Er hatte neue, nationalökonomische Ideen, schaltete den Adel aus, senkte die Abgaben der Bauern und erhöhte dadurch die Staatseinnahmen. Er organisierte die junge lutherische Kirche, richtete Dekanate, Superintendenturen und ein Landeskonsistorium ein.

Den größten Erfolg brachten ihm aber seine zuverlässigen und billigen Beamten. Er zog nämlich armer Leute Kinder heran, machte sie zu Schreibern und Räten, stellte keinen stolzen Adelssohn mehr ein. Daß dies überhaupt möglich war, verdankte er seiner Schulpolitik. Er richtete in dem aufgehobenen Kloster Heilsbronn für 200 Bürgersöhne ein Gymnasium mit Internat ein, das auch 24 Freiplätze hatte. Zusätzlich stiftete er 40 Studienplätze an der Universität Leipzig.

Auch als Bauherr darf Georg Friedrich von Ansbach nicht vergessen werden. Nicht nur zu Ansbach und Bayreuth die Renaissanceschlösser hat er anstelle der alten Burgen aufführen lassen. Der Ulmer Baumeister Gideon Bacher bekam den Auftrag, in Ansbach die stolze Gumbertuskirche mit dem gewaltigen Turm hinzustellen. Und das dreistöckige Regierungsgebäude daneben. Regiment und Gläubigkeit gehören zusammen, sagte er. Natürlich gabs in Ansbach auch ein Lusthaus und einen eleganten Hof. Aber plötzlich wollte er nicht mehr wie sein Vetter, der Kurfürst von Sachsen, als deutscher Lutheraner die katholische kaisertreue Reichspolitik unterstützen. Wenigstens nicht mehr unbedingt. Er ließ sich für jedes Zugeständnis diplomatisch belohnen, betrieb von Ansbach aus eine eigene Außenpolitik. Seine Großmutter Sophie war eine polnische Königstochter gewesen und hatte die schlesischen Herrschaften um Jägersdorf und Beuthen in die Familie gebracht, die der Ansbacher Markgraf nun ebenfalls in die Höhe brachte.

Sein Onkel Albrecht hatte das preußige Ordensland aus der Hand des Polenkönigs als ein weltliches Herzogtum verliehen bekommen.

Und weil dessen Sohn geisteskrank war, ließ er sich vom polnischen König Stephan anno 1577 zum Herzogvormund von Ostpreußen, damals nur Preußen genannt, erheben. Auch hier war seine Tätigkeit segensreich wirksam. Er richtete ein herzogliches Konsistorium ein und schaltete den sich beim Polenkönig vergeblich beschwerenden Adel aus. Nur die Dohna und Eulenburg wurden hohenzollernsche Freunde.

Der Ansbacher Markgraf baute die Königsberger Universität und richtete drei Gymnasien ein. Eins für die Deutschen in Saalfeld, eins in Lyck für die Masuren und Polen und eins für die Litauer zu Tilsit. Der unermüdliche Markgraf, der so dick und leibesstark war, daß er kaum gehen hat können, ließ auch noch die Weichselsümpfe bei Marienwerder austrocknen und siedelte in der neuen Fruchtbarkeit Holländer an.

Aber er blieb kinderlos, und mit ihm starben 1603 die fränkischen Hohenzollern aus. Er ist immerhin für einen damaligen Füsten uralt geworden, nämlich 64 Jahre. Er liegt bei Ansbach im Kloster Heilsbronn begraben. Seine Erben wurden die jüngeren Brüder der Kurlinie von Brandenburg, Christian und Joachim. Und erhielt durch das Los Christian die Markgrafschaft Ansbach und Joachim die zu Bayreuth.

Ein tüchtiger Fürst. Und er hat von dem heutigen bayerischen Ansbach aus Preußen aufgebaut. Wittelsbach und Hohenzollern kommen allerweil wieder zsamm. Auch die Mutter des Großen Kurfürsten ist eine Wittelsbacherin, die Prinzeß Charlotte von der Pfalz.

Salzburg, eine Oase des Friedens

Während ganz Bayern verheert und verwüstet wird – und während überall die wenigen Überlebenden noch von Seuchen dahingerafft werden –, blüht das Land unseres lieben Salzburger Fürsterzbischofs im tiefsten Frieden. Was in den letzten Kriegen die Schweiz war, das war im Dreißigjährigen Krieg das Fürsterzbistum Salzburg gewesen.

Fürsterzbischof Paris Graf Lodron bewahrt seinen Untertanen eine gottwohlgefällige bewaffnete Neutralität. Obwohl er ein Erzbischof war – ja sogar den Titel eines »Primus Germaniae« geführt hat – und obwohl es sich doch um einen Religionskrieg gehandelt hat, mischte er sich nicht ein. Er erlebte das Fest der Salzburger Domweihe anno 1628 und baute – wie seine Vorgänger und Nachfolger – auch ein Schlößl, das Franziskanerschloß. Er überlebte den Krieg und starb erst nach 34jähriger Regierung anno 1653. Ein vorbildlicher Regent – auch wenn er sonst nicht viel geleistet hätte, er hat den Frieden bewahrt. Und warum hat er das können? Weil Salzburg keine Jesuiten hatte, sondern Benediktiner. Weil er, eher wie Julius von Mespelbrunn, ein Mann des Ausgleichs gewesen ist.

Wie oft hat der stolze und fromme bayerische Kurfürst Maximilian auf der Flucht in Salzburg unterschlüpfen müssen, weil ihm die Schweden und Franzosen das ganze Land besetzt hatten! Anno 1632 hat sogar die Mutter Gottes von Öding nach Salzburg flüchten müssen! Und manch bayerischer Kriegslieferant mit Geld hat sich vom Krieg gern haben lassen und hat sich in der schönen Stadt Salzburg gute Jahre gegönnt.

Schöner ist es halt immer dort, wo nicht gekämpft wird. (Am schönsten ist der Friede, trotz der menschlichen Vorkommnisse.) – Übrigens hat der Fürsterzbischof den katholischen Maximilian nicht gern in Salzburg aufgenommen. (Ein bayerischer Kämmerer hat damals sogar einmal eine Ohrfeige bekommen.) Man war fürsterzbischöflicherseits noch wegen des bayerischen Salzkrieges gegen das Erzstift etwas verärgert und auch wegen der Absetzung des Wolf Dieter von Raitenau, der sich seinerzeit selbst vom Zölibat befreit hatte und heimlich sich mit seiner Mätresse Salome Alt hat trauen lassen. Obwohl er katholisch geblieben! So einen Lebenswandel hat natürlich der bayerische Kurfürst, der Chef der katholischen Liga, nicht dulden können. 1611 hatte er gegen Wolf Dieter einen Krieg angefangen, wegen dessen Besetzung der Fürstpropstei Berechtesgaden und auch wegen der bayerischen Salzpfannenrechte in Reichenhall. Aber vor allem wegen des fürsterzbischöflichen Konkubinates!

Der Salzburger Erzbischof setzte seine schöne Stadt geschwind in den Verteidigungszustand. Selbstverständlich auch die Grenzfestung Tittmoning. An die 2000 Mann brachte der sich für einen genialen Feldherrn haltende Wolfgang Dietrich von Raitenau zusammen. Da aber Maximilian von Bayern mit 24000 Mann um Burghausen operierte, schickte der Erzbischof einen Kapuziner und ließ um Frieden bitten. Maximilian wollte sein Kriegstheater aber nicht mehr abblasen, besetzte Salzburg und verfolgte den geflohenen Erzbischof.

Auf dem Katschberg wurde er eingeholt und als Gefangener auf die Hohensalzburg gebracht, wo er noch fünf Jahre gelebt hat. Angezettelte Befreiungsversuche seiner Brüder und von seiner Gattin blieben erfolglos. Salome Alt konnte aber ihre fürsterzbischöflichen Kinder als Grafen und Komtessen von Altenau standesgemäß erziehen. Berchtesgaden bekam wieder einen fürstlichen Stiftspropst. Die bayerischen Suppen hatten wieder ihr Salz.

Patrona Bavariae

Im Herzen der königlichen Haupt- und Residenzstadt, mitten auf dem Marienplatz in München, erhebt sich auf einer korinthischen Säule, die Mondsichel zu ihren Füßen, das erzerne Bildnis der Schutzfrau Bayerns, Maria mit dem segnenden Jesuskind, die Königin Bayerns, die Patrona Bavariae.

Nicht das neugotische Rathaus, nicht der Metzgerbrunnen, nicht die stolzen Gasthöfe und nicht die mit internationalem Luxus überladenen Kaufhäuser machen diesen Platz zum Herzstück der Millionenstadt; dies Bild Mariens hoch oben auf der festlichen Säule ists, vor dem ein echter Münchner heute noch den Hut zieht, wenn er den Marienplatz überquert.

Ein von Menschen wimmelnder unterirdischer U-Bahnhof läßt unter dem milden Zepter der Patrona Bavariae seine Rolltreppen laufen, seine Züge ankommen und abfahren. Welch eine Veränderung ist tief unter der Erde an diesem Münchner Herz- und Zentrumsplatz vorgenommen worden! Und dennoch, welch eine Stabilität breitet sich aus durch dieses segensreiche Bildnis der Jungfrau und Königin Maria. Dieser Platz ist trotz all der Turbulenz unserer Jahre noch ein stabiler Mittelpunkt.

Gegen Sonnenaufgang hat die Madonna auf der Mariensäule ihr Antlitz gerichtet. In der erhobenen Rechten hält sie das Zepter empor. Ihre Hände sind fein und zart, verströmen einen fast spirituellen Hauch. Keine weltliche Königin könnte ein nobleres Regiment führen. So behutsam sorgend wollen die Bayern angefaßt werden!

Die Krone auf dem Haupte und das segnende Christuskind auf dem linken Arm tragend, dessen Hand zugleich die Weltkugel hält, hat die Schutzfrau Bayerns doch auch wieder etwas Magdhaftes an sich. Sie ist nicht nur Prinzessin, nicht nur Königin, sie ist auch unsere Hilfe.

Als am 7. November 1638 die Mariensäule eingeweiht wurde, hat der damalige Bayernfürst, Maximilian I., auf dem Marienplatz kniend vor versammeltem Hof und Volk laut dieses Gebet gesprochen:

»Der Jungfrau, Gottesgebärerin, der mildreichsten bayerischen Herrin, der mächtigsten Beschützerin, hat wegen Erhaltung des Vaterlandes, der Stadt, des Kriegsheeres, des Hauses und seiner Hoffnungen, dieses immerwährende Denkmal für die Nachkommen – das mindeste Pflegekind Maximilian gesetzt, Pfalzgraf bei Rhein, in Ober- und Niederbayern Herzog, des Heiligen Römischen Reiches Erztruchseß und Kurfürst.«

Lange hat er gebraucht, bis er diese volle Titulatur hat schreiben dürfen: des Heiligen Römischen Reiches Erztruchseß und Kurfürst. Den Pfälzer Vettern mußte der Kurhut erst abgenommen werden, und auch die evangelischen Kurfürsten hatten einwilligen müssen. Ganz verlassen hat uns die Patrona Bavariae niemals in der Geschichte der letzten dreihundert Jahre. Sie erhält und regiert das bayerische Vaterland mit und hat es bis auf den heutigen Tag vor dem Untergang bewahrt. Sie wird ihre segnende Hand auch in den Zeiten der etwa noch kommenden Ungemütlichkeiten ausgestreckt halten, denn sie ist ja die Patrona Bavariae.

Papst Benedikt XV. hat während des Ersten Weltkrieges dem letzten Bayernkönig, Ludwig III., das Fest der Patrona Bavariae sogar mit einer eigenen Messe als kirchlichen Festtag bestätigt. –

Und einen sichereren Treffpunkt in München gibts nicht.

Ein bayerisches Jahrhundert

Nach dem Dreißigjährigen Krieg hat das eigentliche bayerische Säkulum – das Zeitalter des Barock und Rokoko – seinen Anfang genommen. In diesem Jahrhundert haben wir Weltgeltung zu beanspruchen. Nicht nur wegen des nun immer besser werdenden Bieres, sondern auch wegen unserer Geistigkeit, wegen unserer heimischen Künstler, Musiker und Dichter, Prediger und Theologen. Und das Geistige in Bayern ist immer auch a bisserl was Fröhliches, Beglückendes.

Von Haus aus war da kein Unterschied zwischen »geistig« und »geistlich«. Sichtbar gemacht wird es in Prozessionen und frommen Übungen, in strahlenden Kirchenräumen, Säulen und Pfeilern, in Kuppeln und Fresken, in sinnlich-abstrakten Gipsgirlanden und hübschen Engelsköpfen. Aber auch deutlich spürbar in der nur leicht angedeuteten Kniebeuge eines alten Bauernknechtes und in der feierlichen Aufführung einer Mozartmesse in einer ländlichen Pfarrei. »Schön muß es halt sein.«

Und seit wann gibt es solche bayerisch-fromme Zeremonien? Seit 300 oder 500, seit 1000 oder 1500 Jahren? Es muß allerweil schon in uns dringelegen sein, das Geistliche, weils nie umzubringen gewesen ist, nach keinem Krieg, auch nicht nach dem Dreißigjährigen. Die Richtung hat immer gestimmt: »Omnia ad majorem Dei gloriam!« – Alles zur größeren Ehre Gottes. Die Agilolfinger haben schon viel zur Vervollkommnung der bayerischen Geistigkeit getan, und die Wittelsbacher haben die Pflege der Künste zum Staatsanliegen der Politik erhoben. Nicht wenig verdanken wir dem gestrengen Kurfürsten Maximilian I. Er hat ein halbes Dutzend Gymnasien und Jesuitenklöster gestiftet, hat die »Jesuitinnen«, die Englischen Fräulein, zur Unterrichtung der höheren Weiblichkeit im Lande heimisch werden lassen, trotz der päpstlichen Bedenken! Er hat die Bücherschätze seiner Hofbibliothek wesentlich bereichert, hat zahllose gute Gemälde angekauft und in Auftrag gegeben. Er hat die Residenz neu gebaut. Er war ein Mäzen der Künstler. Zum Beispiel hat er den Truderinger Bauernsohn Niklaus Prugger ausbilden lassen, der dann einer der bedeutendsten Porträtmaler des 17. Jahrhunderts geworden ist.

Hans Krumper, der Erzgießer, und Peter Candid, der Maler, standen hoch in seiner Gunst. Und daß sie alle brav katholisch blieben, rund um die Patrona Bavariae, darüber hat er mit einer eigenen Polizei streng gewacht. So wurde zu seiner Zeit in Bayern sogar das Kammerfensterln polizeilich verboten. Weshalb die Liebe in Bayern noch heimlicher hat werden müssen. Dafür hat er das Wallfahrten erlaubt. Und Wallfahrtengehn ist einmalig schön gewesen! Man ist oft gleich acht bis vierzehn Tage ausgeblieben, weil ja das katholische Bayern weitmächtig groß gewesen ist. Und wer hätte dagegen was sagen können, wenn der Michi und die Kathi sich auf Öding verlobt haben zur Mutter Gottes? So ein Gelübde hat man einhalten müssen. Und die Mutter Gottes von Öding hat allerweil wieder ein Auge zugehalten und hat am End sogar auch eine Freud gehabt, wenn einmal ein paar verliebte Leut gekommen sind oder gar ein bisserl ein Spitzbub.

Bayerisch ist schnell wahr, weil ja das Bayerische was Geistiges ist. Was Schöns, was Barocks.

Ferdinand Maria
1651–1679

Wie es nach dem Dreißigjährigen Krieg ausgesehen hat, das können wir uns heute gar nicht mehr vorstellen. Es soll Dörfer gegeben haben, in denen nur ein Gockelhahn oder eine Henne und ein Bub überlebt haben. Die Stadt München, die anno 1618 25 000 Einwohner gezählt hat, hatte im Jahre 1648 nur noch 8000 Überlebende.

An der bayerischen Landesuniversität zu Ingolstadt inskribierten 1650 nur noch 17 Hörer! Die Bauern hungerten und mußten Gras essen. Aber auch in den geistlichen Fürstentümern zu Bamberg und Würzburg oder Eichstätt hatte der Dreißigjährige Krieg grausame Spuren hinterlassen. Die Lage war fürchterlich, als der junge Kurprinz Ferdinand Maria, gerade fünfzehnjährig, seinem Vater, dem gestrengen Maximilian, auf den Thron folgte. Vom Salzburgischen herein hat man mit der Zeit wieder Vieh kaufen können und Saatgetreide. Aber wer hat schon ein Geld gehabt? Nicht die Bauern, nicht die Bürger, nicht der Adel. In den hochwürdigsten Händen der Prälaten waren noch Kapitalien vorhanden.

Die ersten drei Jahre hat für den 15jährigen Kurfürsten seine Mutter Marianne, die Tochter Kaiser Ferdinands II., die Regentschaft geführt, unter Assistenz der Staatsräte Maximilian von Kurz und Dr. Georg Öxl. Den Bauern ging es langsam besser. Die bayerischen Steuern sind von 150 000 Gulden jährlich – in zwanzig Jahren – auf 650 000 Gulden gestiegen. Und wer hat diese Steuern aufgebracht? Der Bauer. So kann auch ein kleiner Landwirt einmal einen stolzen Blick auf die Kunstbauten und Kirchen, auf die Schlösser und Prälaturen der Barockzeit werfen! Es hängt an jedem Stein, an jedem Engelskopf ein Liter Bauernschweiß!

Man war damals in Bayern kaiserlich gesinnt. Für längere Zeit zum letzten Mal. Allmählich geriet der Kurfürst unter den Einfluß seiner französisch erzogenen Gemahlin, der berühmten Adelheid von Savoyen. Die alten Räte wurden entlassen. Der neue Minister hieß Kaspar von Schmid. Nach seiner Meinung hatte Frankreich ein Interesse an einem vergrößerten Bayern. Aber sosehr auch das bayerische Heer nach französischem Muster gestrafft und organisiert wurde, Bataillone und Brigaden aufgestellt wurden, Ferdinand Maria hielt Frieden um jeden Preis. So bekam er den Beinamen Pacificus, der Friedfertige.

Gar mancher hat schon gespottet über den Ferdinand Maria, weil man von seiner langen Regierungszeit nichts erzählen kann. Höchstens etwas von seiner Kurfürstin Adelheid und von ihrem wunderschönen Traumschiff auf dem Starnberger See, dem Bucentaurus. Aber gerade das sind die besten Fürsten und Staatsmänner, die keinen Krieg anfangen! – In ganz Europa hat das damals keiner gekonnt, daß er auf den Dreißigjährigen Krieg einen dreißigjährigen Frieden hätte folgen lassen! Nur unser Ferdinand Maria hat das fertiggebracht. Und vielleicht nicht zuletzt deswegen, weil er ein bißchen unter dem Pantoffel gestanden ist.

Die Adelheid hat ihm lange keinen Prinzen auf die Welt gebracht. Erst als sie gelobt haben, daß sie die wunderschöne Theatinerkirche bauen wollen, hat Adelheid Max Emanuel geboren. Und der ist wieder ein ganz anderer geworden, ein Kriegsheld! Darum sollte uns Ferdinand Maria lieb sein. Er hat Posten und Postkutschen einrichten lassen und hat die Viehzucht auf die Höhe gebracht durch Mustergüter und Viehseuchenbekämpfung. Er hat sich für Handel und Handwerk eingesetzt, für bessere Gesetze und für Ordnung im Land. Seine Frömmigkeit hat auch genügt. Mit Ferdinand Maria und seiner Gemahlin Adelheid beginnt in Bayern die Bauperiode des Hochbarock. Die weiß-blaue Welt wird eleganter und prächtiger, von Nymphenburg bis zum letzten niederbayerischen Hofmarksschloß, von der Theatinerkirche bis zur kleinen Pfarrkirche. Künste und Wissenschaften blühen in Friedenszeiten.

Freilich, eines kann man ihm übel nehmen: Ferdinand Maria hat das erste bayerische Zuchthaus eröffnet, und er hat für seine Soldaten Uniformen eingeführt. – Ja no, in Friedenszeiten passiert auch was, und am End hilft doch immer nur noch das Gebet.

Erlanger Geschichten um Markgraf Christian

Ein typischer deutscher Duodezfürst im Zeitalter des Sonnenkönigs von Frankreich, das war der fränkische Markgraf Christian Ernst von Bayreuth. Aber was heißt schon Duodezfürst, gar so klein waren seine Lande nicht. Die Hauptstädte seiner Ämter hießen Bayreuth und Kulmbach, Hof und Wunsiedel, Neustadt an der Aisch und Erlangen. Und er war ein aufgeklärter Fürst, dem das Wohl der Bürger und Bauern gewiß am Herzen lag. Er wollte immer auch ein sparsamer Fürst sein und aber doch a bisserl repräsentieren. Er zügelte sogar seine größte Leidenschaft, das Exerzieren einer Armee von Trabanten und Soldaten. Er war ein Hohenzoller, aber ein fränkischer zu Bayreuth, und er begnügte sich zunächst mit 60 Mann, dann sogar nur mit einer Gesamtarmee von 30 Mann. – Heut gibts auf dem Grünen Hügel allein mehr Billettenkontrolleure.

Ein sparsamer Sonnenkönig, der aber dennoch – bei einem jährlichen Subsidium von nur 4000 fl., das ihm seine Stände als persönliche Privatschatulle abliefern mußten, – am Ende seiner Regierungszeit anno 1712 fast eine Million Schulden hinterlassen hat! – Die 14 Vertreter seiner Städte, die Landschaft des gesamten Bayreuther Fürstentums, die 1709 aufs eben fertige Erlanger Schloß einberufen worden waren, erfuhren die ganze Schuldensumme nur schön langsam, innerhalb einiger Tage. Und immer mit der Versicherung, daß er, der Fürst, alle die teueren Vergnügungen, die ihm eigentlich zugestanden wären, aus Sparsamkeit sein ganzes Leben lang unterlassen habe. – Die Schuld trügen allein die schweren Zeiten und die vielen Kriege, die Türkenkriege, die Belagerung Wiens, der Spanische Erbfolgekrieg.

Er hatte gar nicht so unrecht. Denn er war einer der kaisertreuen Fürsten gewesen unter allen evangelischen Markgrafen, Herzögen und Kurfürsten. Denn, so sagte er selber, »es befremdet mich nicht wenig, daß man die protestantische Religion nicht periclinieren dürfte, da es doch jetziger Zeit nicht de tempore ist, von der Religion zu schwätzen, wo die große mit Spanien combinierte französische Puisance das Erzhaus Österreich so sehr bedrängt...« –

Zum Dank ernannte und beförderte ihn der Kaiser Leopold zum fränkischen Kreishauptmann für alle fränkischen Reichstruppen. Und nach den erfolgreichen Türkenkriegen sogar zum kaiserlichen Generalfeldmarschalleutnant und General. Im spanischen Erbfolgekrieg sogar zum stellvertretenden Kommandeur der Reichsarmee, also zum Generalquartiermeister.

Als kaiserlicher General bezog er das Doppelte seiner gesamten Subsidien als Generalsgehalt. – Aber das alles zusammen reichte oft nicht aus, die Kontingente der Truppen der zahlreichen fränkischen Herrschaften zusammenzutrommeln, d. h., die Reichstruppen des fränkischen Kreises mobil zu machen. – Die 15 Mann der Reichsstadt Nördlingen und die 8 des Reichsgrafen zu Wertheim-Löwenstein, jene stattliche Reiterschar des Bischofs von Bamberg und die 25 Mann, die der Vetter von Ansbach zu stellen hatte usw. Bis die Herrn Reichsstandler dann dem kaiserlichen Generalquartiermeister die Ausrüstungsergänzungen alle bezahlt haben, darüber vergingen oft Jahre und Jahrzehnte, und es bedurfte vieler unnützer Prozesse. – Rühmliches von Markgraf Christian darf nicht verschwiegen werden: Er siedelte im abgebrannten und sehr auffällig geometrisch wieder aufgebauten Erlangen viele französische Hugenotten und Calvinisten an. Und die brachten durch ihren Erwerbssinn als Strumpfwirker, Hutmacher und Handschuhmacher nicht wenig Geld ins Land. – Trotzdem, zu Anfang seiner Regierung betrug der Steuersatz in Bayreuth nur 2 Prozent, später 22, und zuletzt mußten die Stände über 41prozentig die Steuern erhöhen. Aber kaisertreu war er, der Markgraf Christian von Bayreuth, und Kaiser Leopold sagte bei seinem Tod: »Ein aufrichtiger deutscher Patriot und wohlgesinnter Reichsfürst.« – Ein guter Hohenzoller.

Die Schönborn in Würzburg und Bamberg

Mitten unterm Dreißigjährigen Krieg wählten die bedrängten Domherrn von Würzburg zum erstenmal einen Schönborn zum Bischof. Den erst 37jährigen Johann Philipp, der von 1642 bis 73 regiert hat. Im Küraß eines Reiteroffiziers hat der Domherr selber der Wahlversammlung beigewohnt. – So stürmisch waren die Zeiten der Einquartierungen gewesen. Mit sechs Fuder Domherrnwein besänftigte er gleich die heranziehenden Franzosen. Er brachte nach dem Friedensschluß Stadt und Bistum wieder in die Höhe. Er schaffte die Hexenprozesse ab, gründete das Gymnasium in Münnerstadt und war seit 1647 auch Erzbischof und Kurfürst von Mainz. – Aber er war nicht der bedeutendste der vielen Schönbornbischöfe in Mainz und Trier, in Worms und Speyer, in Würzburg und Bamberg und Prag. Es gibt keine andere süddeutsche Familie, die so viele Fürstbischöfe hervorgebracht hätte. Weder die Greiffenklau noch die Guttenberg. Die wichtigsten der beiden Schönbornbischöfe, die Mäzene Frankens, die Vorbilder des deutschen Reichsepiskopats, das waren die beiden Brüder Johann Philipp und Friedrich Carl, beide Bischöfe von Würzburg. Und Friedrich Carl zugleich auch Bischof von Bamberg. Während Johann Philipp nur Fürstbischof von Würzburg war, weil ja in Bamberg sein Onkel, Lothar Franz von Schönborn, der Erzbischof und Kurfürst von Mainz, den fürstbischöflichen Stuhl zusätzlich innehatte. Dieser Fürsterzbischof und Kurfürst Lothar Franz von Schönborn war wahrscheinlich der allergrößte Bauherr der fränkisch-barocken Zeit. Er hat die Residenz in Bamberg und die Schönbornschlösser zu Veitshöchheim und Gaibach von seinen Hofbaumeistern Dientzenhofer und Küchel erbauen lassen.

Die beiden Neffen sind die Erbauer und Vollender der Würzburger Residenz und Vierzehnheiligens. Johann Philipp hat in den fünf Jahren seiner Regierungszeit, zwischen 1719 und 1724, mehr getan für Würzburgs Herrlichkeiten als zehn seiner Vorgänger zusammen, haben Würzburger Geschichtsschreiber schon gesagt. Er hat wegen seines »Bauwurms«, wie er die große Leidenschaft seines Lebens selber genannt hat, nicht mehr schlafen können. Nicht zuletzt, weil die Residenz riesige Summen verschlang. Wahrscheinlich haben ihn die Residenzbausorgen nur 51 Jahre alt werden lassen. – Sein Nachfolger Christoph Franz von Hutten hat auch fünf Jahre regiert. Und es gelang ihm, die Finanzen des Stiftes wieder zu ordnen. – Von ihm redet man weniger.

Aber um so mehr dann von seinem Nachfolger, dem Bruder des verstorbenen Schönbornbischofs Johann Philipp, von Friedrich von Schönborn. Bis zu seiner Erwählung als Bischof von Bamberg – am 30. Januar 1729 und – in Personalunion – zum Bischof von Würzburg, vier Monate später, am 18. 5. 1729 – bis dahin einer der höchsten reichsfürstlichen Beamten im Römischen Reich, nämlich Reichsvizekanzler. Und in Wien residierend. Mit seiner Doppelwahl in Würzburg und Bamberg sicherte sich der Wiener Hof einen stets treuen Paladin der Reichspolitik in den vielen deutschen Reichsstiften.

Er hat die Würzburger Residenz vollendet, die Universität erweitert, Arbeits- und Erziehungshäuser – und ganz besonders Vierzehnheiligen erstehen lassen. Balthasar Neumann war sein genialer Baumeister. Und den Barock der Üppigkeit hat er kultiviert mit bereits klassizistischem Geschmack. Schönheit und Nützlichkeit, Frömmigkeit und Wissenschaft gleichermaßen waren seine Prinzipien.

Kurzum, Celissime princeps, wie er sich titulieren ließ, haben als Fürstbischof von Würzburg und Bamberg zu regieren, anzuregen und zu leben gewußt. Daß wir heut noch schwärmen müssen von ihm.

Der Held der Nation, Maximilian II. Emanuel 1679–1729

Auch in der bayerischen Geschichte gibt es Helden. Einer unserer größten, der Held der Nation, das ist unser »blauer Fürst«. Max Emanuel, der Erstürmer Belgrads, der Erbauer Schleißheims, der Schrecken der Türken, halt unser Max Emanuel! Für ihn sind viele Bayern ins Feld gezogen und gefallen! Vor Sendling und vor Aidenbach, vor Neuhäusl, Gran, Ofen und Mohacz! Man kann schwärmen für ihn, weil er ja schon 240 Jahre tot ist und weil man in der Geschichte von solchen Männern immer wieder gern liest.

Er war der erste Bayernprinz, der eine mehr französische Ausbildung bekam. Der Münchner Hof stand damals unter dem kulturellen Einfluß Frankreichs, und der junge Kurprinz hörte von nichts anderem als von den glänzenden Siegen und Eroberungen Ludwigs XIV. Also wollte er auch ein mächtiger König und siegreicher Feldherr werden. Und er wollte elegant residieren und neue Schlösser bauen, ganz nach den Wunschträumen seiner Mutter Adelheid von Savoyen.

Noch als Kurprinzessin Ferdinands hätte sie ihrer Schwiegermutter, der Kurfürstin Marianne, in der Schwaig draußen in Schleißheim einmal beim Kochen helfen sollen. »Mon Dieu!« hat da die feine Adelheid ausgerufen und die Hände über dem Kopf zusammengeschlagen! »Eure kurfürstliche Durchlaucht betreten die Küche?«

Kaum an der Regierung, beginnt er zu rüsten und organisiert eine Heeresreform. Seine Soldaten bekamen schöne neue Steinschloßflinten mit aufgepflanztem Bajonett. Und damit die Armee größer wird, verkleinert er die Formationen. Eine bayerische Kompanie hatte statt zweihundert Mann in Zukunft nur noch achtzig. Das ergab mehr Offiziere und sollte die Beweglichkeit fördern.

Max Emanuel hat auch die erste Artillerie eingeführt. Früher hatte man die »Stuck« und Steinschleudern hinter den Festungsmauern aufgestellt. Viel haben die alten Kanonen nicht zerrissen. Der junge Kurfürst aber hat neue Kanonen gießen lassen. Und in einer Artillerieschule haben die Genieoffiziere Ballistik studieren müssen.

Kaum ist er mit der Aufrüstung fertig, beginnt der Krieg! Und alle Neuerungen haben ausprobiert werden müssen.

Aber Kurfürst Max Emanuel kämpft noch nicht an der Seite Ludwigs XIV. Zusammen mit dem Polenkönig Sobieski und vielen anderen deutschen Fürsten zieht er gen Wien und richtet seine neuen Kanonen gegen die Türken. Zwischen 1683 und 1688 kämpften an die dreißigtausend Bayern in Ungarn und Serbien, befreiten Wien, eroberten Ofen, siegten bei Mohacz und erstürmten Belgrad. Ausführliche Schlachtengemälde sind in Schleißheim zu bewundern. Zum Lohn für all diese Mühen und schrecklichen Plagen bekam der blaue Held und Bayernfürst die 14jährige österreichische Kaisertochter Maria Antonia zur Kurfürstin. Von den tapferen Bayern sind aber nur wenige heimgekommen.

Ja nun, umsonst wird keiner ein Held. Aber hätte Max Emanuel damals dem Kaiser Leopold nicht gegen die Türken geholfen, wären wir vielleicht mohammedanisch geworden in Österreich und Bayern!

Der weiß-blaue Traum

Max Emanuel hat keine Ruhe gegeben. Immer wieder hat er Krieg führen müssen, weil er gemeint hat, er sei der größte Feldherr seiner Zeit. Aber vielleicht auch, weil das Kriegführen damals für Offiziere und Feldherren halt recht lustig gewesen ist. Max Emanuel hat zum Beispiel für seine Freundinnen und speziellen Kriegsfavoritinnen fast so viele Bagagewägen mitgeführt wie für seine ganze Artillerie Munition. Da ist es immer lustig und abenteuerlich in den Feldlagern zugegangen, wo mehr Wein geflossen ist als Blut. Es ist ihnen nicht zu verdenken gewesen, den großen Herren der Barockzeit! Im Krieg sind sie ihren Weibern und auch ihren bereits überständigen Mätressen ausgekommen. Einen überzeugenderen Casus belli gibt es nicht. Kaum waren die Türkenkriege zu Ende, stand Max Emanuel mit seinen tapferen Bayern im Pfälzer Erbfolgekrieg (1688 bis 1697) schon wieder am Rhein und in Savoyen und kämpfte – als Oberbefehlshaber der Reichsarmee – gegen die Franzosen. Der spanische König hat ihm dafür dann die Statthalterschaft über die Niederlande angetragen, und Max Emanuel ist nach Brüssel übergesiedelt, wo er mit königlicher Pracht residiert hat und »sein Bayern den Niederländern eingebrockt hat«. »Ein Stadel in Holland«, hat ein damaliger bayerischer Diplomat gesagt, »ist dem Kurfürsten lieber als in Bayern eine ganze Stadt.« Und was die vielen Bauten erst gekostet haben! Fürstenried und Schleißheim ganz besonders. Und doch mußten die Arbeiten immer wieder unterbrochen werden. – Sonderzahlungen sind fällig geworden, Soldaten wurden ausgehoben. Unser bayerischer Kurfürst hat plötzlich um Spanien und Amerika gekämpft. Denn sein Sohn sollte spanischer König werden.

König von Neapel-Sizilien, Fürst von Mailand, König beider Spanien, Römischer Kaiser und bayerischer Kurfürst dazu. Und die Hauptstadt für dieses Riesenreich, die Hauptstadt der Welt hätte München werden sollen! Schleißheim war als Sommerschloß gedacht und sollte mit Schiff von der Residenz aus erreichbar sein. –

Der Universalerbe des spanischen Königs, der kleine bayerische Kurprinz Ferdinand, starb aber plötzlich im Alter von sechs Jahren in Brüssel. Der liebe Sohn, die Hoffnung des Hauses Bayern, war nicht mehr. Max Emanuel war betrübt. Und als der Erbonkel, der spanische König, gleich darauf gestorben ist, brach der berühmte Spanische Erbfolgekrieg zwischen Österreich und Frankreich aus. Und der hat 13 Jahre lang gedauert. Von 1701 bis 1714. Zu wem soll das vielgeprüfte Bayern nun halten, zu Frankreich oder Österreich, das zudem mit England verbündet war? Man rechnete hin und her und entschied sich schließlich, mit Frankreich gegen Österreich-England zu koalieren. Nicht zuletzt, weil Max Emanuel vom Kaiser nicht den Königstitel bekommen hat, die Preußen aber schon.

Das war natürlich falsch, weil justament jetzt die Engländer und die Österreicher zwei hervorragende Generäle hatten: den Prinzen Eugen und den Marlborough. Ihnen gegenüber ist unser Kurfürst doch ein zu kleines Feldherrengenie gewesen. Gewiß, das erste Kriegsjahr war voller Erfolge. Die Bayern sind bis Linz gekommen und haben Tirol besetzt. Aber dann kam es zur Entscheidungsschlacht bei Höchstädt und Blindheim. Die englischen Reiter haben diese Schlacht entschieden, und die Österreicher haben Bayern besetzt.

Max Emanuel konnte nur noch in Brüssel residieren, aber noch mit königlicher Pracht. Später dann, zu Compiègne, etwas genügsamer und auf Kosten Ludwigs XIV.!

Die Sendlinger Mordweihnacht
1705

Oberländler Jager und Wildschützen werden im Jahre 1705 zu bayerischen Nationalhelden. Z. B. der Jägeradam von Fall, Wessobrunner Klosterjäger, der einer der tätigsten Bauernaufwiegler – oder Landesdefensor – gewesen ist und die Katastrophe von Sendling überlebt hat. Von einem Schmied von Kochel findet man keine Geburtsurkunde, obschon mehrere tapfere Bauernschmiede namens Balthes vor Sendling am Weihnachtstag des Jahres 1705 von der österreichischen Besatzungsmacht niedergemetzelt worden sind.

Männer und Burschen, Buben von dreizehn Jahren sind dabeigewesen und weißbärtige Großväter. Die kaiserlichen Husaren und Infanteristen aus Württemberg und auch markgräflich-hohenzollerische Soldaten haben die Bauern einfach niedergehauen, erschlagen, erschossen, erstochen und niedergeritten. Obwohl sich die Bauern bereits ergeben hatten. Die Besatzungssoldaten waren deshalb besonders ungnädig, schreibt ein Chronist, weil sie sich in ihrem Weihnachtsfrieden durch das plötzliche Ausrückenmüssen gestört sahen. »Oh, du liebes Christkindl«, seufzt man seit Sendling, wenn gerade zu Weihnachten etwas passiert. Max Emanuel, der Held der Türkenkriege, lebte seit der Schlacht von Höchstädt mit seinen Offizieren in den Niederlanden und in Frankreich. Und die Kurfürstin residierte in der lustigen Stadt Venedig. Die kaiserliche österreichische Administration regierte in Bayern. – Und sie hob die Steuern noch mal fühlbar an. Hatte schon der Kurfürst für seine vielen Kriege und für seine aufwendige Hofhaltung aus seinen Bayern viel Geld herausgepreßt – daß schon damals unter den Bauern und Bürgern die Stimmung immer schlechter geworden war –, so ließen jetzt die kaiserlichen Kommissare mit ihren zusätzlichen Kontributionen und Einquartierungen das Blut allmählich zum Sieden kommen.

Es bedurfte nur etlicher Patrioten, die in den Wirtshäusern die nötigen Reden halten konnten, etlicher Verfasser von Aufrufen und eines ehrlichen Namens für das Rebellentum, die »kurbayerische Landesdefension«. Und dann konnte man mit den Aufmarschplänen beginnen. Von Tölz kommen 300, von Dietramszell 30, vom Gericht Wolfratshausen 200, vom Tegernseer Tal 150 und so weiter. Die niederbayerischen Landesdefensoren würden über Haag und Zorneding her gen München vorrücken. Dazu die Münchner Bürgerschaft! Es müßte mit dem Teufel zugehen, wenn der Wurf der Kaiserlichen nicht glücken würde.

Der Mensch denkt, und der Herrgott lenkt. In Schäftlarn sind sie noch eingekehrt und haben viel getrunken, in Baierbrunn wieder, in Solln noch einmal, und in Sendling sind dann schon die ersten davon, wie es geheißen hat, die Münchner tun nicht mit, die sind kaiserlich. Und die Niederbayern wären erst in Zorneding, der General Kriechbaum aber schon in Anzing. – »Glaab ma's, Balthes, dös geht net guat aussi, i spür's!« So mag sich mancher gesagt haben. Aber auch in altbayerischer Gelassenheit: »Iatz könn' ma nimmer z'ruck, uns lachas' ja dahoam aus! In Sankt Peter gehn ma in d'Mettn! Vivat Max Emanuel!« Hat der Jägeradam mit Begeisterung ausgerufen.

Am Heiligen Abend nehmen sie den roten Turm und erschießen zwei Österreicher. Aber den anderen Tag kamen die Truppen des General Kriechbaum, und die Bauern zogen sich zurück. Einige können fliehen, die Mehrheit aber findet sich wieder im Dorfe Sendling ein, umschlossen bereits von den Kaiserlichen. Der Oberkommandierende der Bauern, der Wirtssohn Mayr aus Zolling, läßt die Übergabe trommeln, erklärt kampflose Kapitulation und bittet um Pardon für seine armen Leute. General Kriechbaum läßt sie vortreten, hinknien, den Rosenkranz beten, und so betend, wurden sie zusammengehauen.

Denn der Soldat hatte damals einen großen Zorn auf den Bauern, wegen des gestörten Weihnachtsfriedens im Winterquartier.

Max Emanuel wieder in München 1714

»In Bayern geht allerweil wieder alles gut ausse«, sagt ein altes Sprichwort. Sogar das schier ganz und gar verpfuschte bayerische Leben unter der Regentschaft des Helden der Nation, des Max Emanuel, fand wieder ein bescheidenes altbayerisches Selbstgefühl. Und auch der Kurfürst verlebte noch gute Tage. Einsichtig und leicht schuldbeladen durfte er nach dem Frieden von Rastatt – 1714 – nach elfjähriger Abwesenheit wieder als Kurfürst in München einziehen. Er hat sich jede Feierlichkeit verbeten. Aber die Oberlandler, die anno 1705 nicht gefallen waren, entzündeten im Gebirg ihre Freudenfeuer, und auch die Münchner illuminierten ihre Stadt. »Ja, du lieber Maxl, weilst no wieder da bist!«

Alles war vergessen: die große Weltpolitik, die vielen Kriege, die enormen Schulden. Das ist die Bayerntreue. Aber gebessert hatte sich der Max Emanuel nicht. Kaum in München, das ganze Land voller Armut und Elend, hat er sofort wieder das Festefeiern angefangen. In Nymphenburg und Schleißheim sind mit großem Eifer die Arbeiten wiederaufgenommen worden. Der alte Baumeister Zuccalli hat sich mit dem jungen Effner verkracht, und Max Emanuel wollte keinem weh tun, behandelte sie beide mit großem Respekt und schlichtete mit Geduld ihre Zänkereien. Fünfzehn Jahre lang hatte sich auf den Baustellen nichts gerührt. Neben Effner kam jetzt auch noch ein gewisser F. Cuvilliés ins Geschäft. Und die Schulden sind noch mal angewachsen. Die Beamten konnten nicht mehr bezahlt werden, nur noch die Handwerker! Man weiß nicht genau, wieviel Schulden Max Emanuel hinterlassen hat, weil man damals so etwas verschwiegen hat, und auch die Geschichtsschreiber haben es zweihundert Jahre lang nicht genau zu sagen gewagt. Das Land war halt bankrott. Wahrscheinlich waren es dreißig Millionen Gulden gewesen. Trotzdem stellte der Kurfürst noch mal ein neues Heer auf und kämpfte mit dem Kaiser wieder gegen die Türken. Nur wenige dieser bayerischen Bauernbuben, die damals – 1717 – zum zweiten Mal Belgrad erstürmt haben, sind wieder zurückgekommen. Mit diesem Hilfskorps erwarb der Kurfürst wieder das kaiserliche Vertrauen, und der Kurprinz Karl Albrecht, später selbst Kaiser, heiratete Maria Amalie, die Tochter Kaiser Josephs I. Zwischen Wien und München herrschte wieder Freundschaft. »Ja nun, die großen Herren führen heute Krieg, und morgen heiratens' wieder zsamm.« Es ist unter den Mächtigen heute noch nicht viel anders. Max Emanuel ist fast 65 Jahre alt geworden und hat Bayern 47 Jahre lang recht unglücklich regiert. Dadurch weiß man über ihn so viel.

In seinen alten Tagen ist er noch gern Schifferl gefahren auf seinem Kanal zwischen Nymphenburg und Schleißheim. Fromm und »betert« ist er auch noch geworden wie ein alter Bauer, halt ein echter Barockmensch. Und bei seiner Leichenpredigt hat der Pater zu St. Michael ausgerufen – und das geht einem alten Bayern trotz des Elends heute noch durch und durch: »Worin glanzet der Boijer Volk am mehristen? – Daß es seine Fürsten liebet wie sonst kein ander Volk der Erden. – Darum weine heute, du Boijernstamm, weine und heule, denn dein allerliebster und durchlauchigster Herr ist dahingegangen! O wie haben wir ihn geliebt! Allein schon seinen äußeren Körper und die edelste Haltung desselben, in Sonderheit seine exquisiten Bewegungen. Wer nit denket daran, wie er aus der Kutschen ist ausgestiegen, unübertroffen an Vürnehmheit! Wie er erst den Finger, hernach die Hand mit so vorzüglichem Charme hat ausgestrecket! Diese fürstliche Vaterhand ist nicht mehr, darum weine, du Volk der Boijer! Weine um Maximilian Emanuel!«

Die Heiratslizenz

»Du sollst nie eine Junge einen Jungen heiraten lassen. Die mögen lang leben. Weshalb die Sporteln nicht fließen wollen. Wer als ein Amtmann viel Sporteln und Taxen einnehmen will, muß allzeit auf einen Fortgang der Protokollierung achten, insonderheit bei denen Heiraten. Ergo darfst du nit heiraten lassen einen Jungen mit einer Jungen, sondern einen Alten mit einer Jungen, auf daß es allzeit wieder heiratslustige Witfrauen gibt und das Geschäft der Protokollierung dir Sporteln und Kösten abwirft.«

So steht's im Lehrbüchlein für Hofmarksjuristen, gedruckt in Wien 1757. Und die praktizierenden Hofmarksrichter und Amtmänner der Herren Adeligen und hofmarksfähigen Großbürger haben diese üblen Ratschläge und Bauernschindereien treu befolgt. – Die Heiratslizenz war eine Schikane, weshalb die Freiheit der Gattenwahl (als ein Grundrecht, ein urmenschliches Herzensbedürfnis) revolutionär sehr herausgestellt wurde zwischen 1789 und 1848. Noch Fürst Metternich hat einmal gesagt, daß »der ganze Ramasuri von der Volkssouveränität mit der Freigabe der Heiratslizenz seinen Anfang genommen habe«. (Die Heiratslizenz war eine Art feudales Laienzölibat gewesen.) Jahrtausende über hat man hierzulande diese Politik vertreten: Es dürfen nur Leute heiraten, die eine gesicherte Existenz nachweisen können, keine Knechte und Mägde, keine Gesellen und Lehrlinge, keine abhängigen Habenichtse, keine herumvagabundierenden Bettler. Und nur mit der Heiratslizenz könne man der Armut Herr werden. Und die Heiratslizenz konnte man nur von seinem Grundherren bekommen. Der Grundherr war der erste und unmittelbare Vorgesetzte in allen irdischen und rechtlichen Dingen. Er war der erste Besitzer, der oberste Grundinhaber. Der Bauer selber war ja nur der zweite Besitzer – besser gesagt, er war ein Pächter. Und so war's bis 1848 gewesen in Bayern.

»Frei« ist der Bauer also erst gute 150 Jahre. – In den alten Hofmarken war aber das Leben auch gemütlich, denn der Grundherr konnte seinen Bauern verschiedene Zweitbesitzrechte geben: Das beste war das Erbrecht. Der Hof konnte wie ein Erbhof vom Vater auf den Sohn weitergegeben werden. Auch das Leibrecht war noch gut. Theoretisch konnte so ein Bauer von keinem Herrn abgestiftet werden. Aber meist wurde geradesogut weiterübergeben wie beim Erbrecht.

Die anderen beiden Rechte waren etwas schlechter. Hatte man den Hof zur Stift oder Neustift, konnte man von seinem Grundherren jederzeit abberufen werden. Aber in praxi war das sehr selten der Fall. Denn gute Wirtschafter waren rar. Und es hat Zeiten gegeben, in denen man lieber Knecht als Bauer gewesen ist.

Bei einer Abstiftung mußte große Faulheit und Unfähigkeit vorliegen. Oder eine kriminelle Tat geschehen sein. – Alle Rechte konnten auf den Sohn geschrieben werden. Die Amtmänner waren dessen sogar froh, denn es regnete wieder Sporteln. Der angestellte Verwalter der Hofmark, der Richter und oft auch der Amtmann, bekamen von ihrem Herrn Baron bzw. dem Herrn Grafen nämlich kein Gehalt. Sie errechneten sich ihr Bareinkommen von den Protokollierungskosten der Hofmarksuntertanen, also von Heiratslizenzen.

Die »Gilt« ist auf Michaeli, auf den 29. September, fällig geworden. Der Zehnt aber zur Hälfte bereits auf Georgi. Und der Zehnt hat der Kirche gehört. Aber die Kirchen haben den Zehnt oft verkauft, halb oder ganz, infolgedessen hat oft ein Bankier den Zehnt einkassiert.

Daneben hat es noch andere Steuern gegeben, die Scharwerksgelder für Hand- und Spanndienste. Das Leibgeld kassierten nur die ganz großen Herren, der Fürsterzbischof und der Kurfürst. Es war ohnehin sehr gering, eher ein symbolisches Schutzgeld.

Kein Vergleich zur Heiratslizenz. Seit der Mensch heiraten darf, wen er will, sind die Ehen glücklicher.

Unterm Krummstab

Bayern wurde die eineinhalbtausend Jahre über nicht nur von Königen und Kurfürsten regiert, sondern Teile dieses Bayern auch von Fürstbischöfen und Reichsäbten. Das waren erst glückliche Untertanen gewesen. Die weltliche und geistliche Gewalt lag in einer Hand.

Für den Menschen der Gegenwart ist das vielleicht beängstigend: zeitliche und ewige Gerichtsbarkeit, das Schwert und die Verdammung! Es scheint uns die perfekte Tyrannei darzustellen. Jedoch das Gegenteil überwog: Toleranz und Großzügigkeit, Milde und Gnade, Musik und Kunst.

In den geistlichen Stiften war man noch musikalischer als an den weltlichen Höfen. Man darf ja nur an Salzburg denken, an Mozart. Ihn gäbe es nicht, wenn nicht der Fürsterzbischof Sigismund von Schrattenbach gewesen wär! Oder sehen Sie nach Würzburg und Bamberg! – Die Residenz zu Würzburg nannte Napoleon den schönsten Pfarrhof der Welt. Dann diese Pracht in den Kirchen und Gärten! Man muß sich so einen Hofball beim Fürstbischof und Herzog in Franken einmal vorstellen! Es gab sogar bischöfliche Hofdamen in den Lustschlössern, neben den Springbrunnen und verschwiegenen Platzerln in den Lustgärten von Seehof und Veitshöchheim, wo man alle Daumenlang dem Gott Amor begegnet. Das waren halt noch barocke Grandseigneurs, die Schönborn und Seinsheim!

Zum Domherrnschießen wollen die Damen ohne Reifröcke erscheinen. Fast ganz Franken wurde weltlich von den Fürstbischöfen zu Würzburg, Bamberg und Eichstätt regiert. Gerade wie Teile Altbayerns bis 1803 unterm Krummstab gelebt haben. In unseren geistlichen Fürstentümern haben wir Bayern eine große gemeinsame Geschichte, die nirgends so typisch war wie gerade in unserem Königreich und jetzigen Freistaat. Die nämlichen Adelsgeschlechter stellten die Domherrn in fast allen Kapiteln. Man konnte in Salzburg und Eichstätt, in Regensburg und in Würzburg dem Kapitel angehören. Oder man überließ Aspektanzen zu Passau und Freising dem jüngeren Bruder und zog selber nach Eichstätt und Bamberg, während die Vettern mütterlicherseits Domherrn von Salzburg und Augsburg waren. Und die weltlichen Brüder haben die Schwester anderer Domherren geheiratet. Die Schönbornschwester wurde zum Beispiel Gräfin Seinsheim auf Sünching bei Straubing und Mutter des Fürstbischofs Adam Friedrich von Seinsheim.

Die Politik war in den geistlichen Fürstentümern reichstreu, man war kaiserlich gesinnt, wenn nicht gerade ein Wittelsbacher Prinz die bischöflichen Würden an sich gezogen hatte, was manchmal für Freising und Regensburg zutraf. Und zweihundert Jahre lang für Köln. Manche Gesetze sind in den geistlichen Fürstentümern weniger hart ausgelegt worden. Zum Beispiel sind die Wilddiebe vom Fürsterzbischof von Salzburg nicht so hart gestraft worden wie die bayerischen. Und es gab Verbrechen, für die man in München gerädert worden ist, in Freising aber nur als Galeerensklave nach Venedig verkauft wurde.

Interessant ist eine fürstbischöflich-würzburgische Verordnung, nach der die Sänftenträger der Stadt, die heutigen Taxifahrer, bei übermäßiger Trunkenheit ihre Konzession verloren und auch bestraft wurden. Ein arbeitsamer Mensch hat es auch damals zu was bringen können! Das Höchste, das man hat werden können, das war ein Pfarrer oder ein Wirt. Ein Pfarrer war nämlich auch ein kleiner Fürstbischof.

»Unterm Krummstab ist gut leben.« Die geistliche Obrigkeit konnte großzügiger sein als die nur weltliche, denn alle Erbverträge der Domherren lauteten meist zugunsten der Kapitel, und die Fürstbischöfe hatten immer besser gefüllte Kassen als die Herzöge und Kurfürsten. Kamen Mißwuchs und Hochwasser, Hagel und Viehseuchen, stundeten die Prälaten ihren Bauern die Gilten und die Zehent. Auch konnten die bischöflichen Residenzen mehr Bildung und Geistigkeit fördern, als dies die Fürsten taten.

Die Papiermühlen und Buchdruckereien zum Beispiel seiner Gnaden des hochwürdigsten Herrn Fürstabtes von Kempten haben Jahrhunderte über halb Europa mit schönen Messalien und Brevieren beliefert.

Bayerische Geistigkeit im 18. Jahrhundert

Der Geist weht, wo er will, auch in Bayern. Die glänzendste Repräsentation bayerischer Geistigkeit finden wir im 18. Jahrhundert: in der Musik und in den Künsten. Auch die Großartigkeit unserer Bauernkistler, Lüftlmaler, Schnitzer und Gipser – kann Weltgeltung beanspruchen. Jedermann im Lande hat damals Geschmack gehabt. Wer herumfährt in Ober- und Niederbayern, in Unter- und Oberfranken, in Schwaben und in der Oberpfalz und sich hier und da den Genuß, eine Kirche zu besichtigen, gönnt, der fühlt es ohnehin. So schön wie die Alten können die Jungen nicht mehr bauen und schnitzen und gipsen. Kirchenräume haben wir, in denen die ganz großen Meister gearbeitet haben, die Feichtmayr und Schmuzer, die Günther und Johann Michael Fischer, ein Martin Knoller, ein Gunetsrhainer, die Dientzenhofer-Brüder und der berühmte Balthasar Neumann, wo die Brüder Asam Johann Baptist Straub, die Meister Wagner und Auvera, der Jorhan, der Rottmayr und der Wenzel Mirofsky und noch hundert andere gewerkt haben, geplant und gebaut, geschnitzt und gemalt, gegipst und vergoldet, daß man heute noch, nach zwei- und dreihundert Jahren, die Englein singen hört. Solche Kirchen haben wir!

Und dann erst die Klöster, die Augustinerchorherrenstifte, die Propsteien, Prälaturen und Abteien! Eine seltene Spezialität vieler Klöster sind die Bibliotheken. Das sind Räume der Geistigkeit! Eine Kirche ist sowieso ein heiligmäßiger Ort. Ein Schloß ist vornehm. Eine Bibliothek aber ist ein Raum, in dem man den Geist schwarz auf weiß aufbewahrt, eine Art Bücherstadl. Die schönste dieser bayerischen Klosterbibliotheken ist die in Waldsassen, wo Karl Stilp mit seinem Schnitzmesser unvergeßliche, aufregend schöne Gesichter geschnitzt hat: den Metzger und den Sauhirt, den Lumpensammler und den Müller, den Buchbinder und den Buchhändler, den Dichter und den Leser.

Oder die Bibliotheken von Metten und Ottobeuren, eine schöner wie die andere. Oder die von Amorbach, von Polling, Kaisheim oder Herrenchiemsee! Die lustigste ist die drunten in Rottal bei Passau, die der Zisterzienser von Fürstenzell! – Das sind glänzende Räume, geprägt vom Geist! Ringsum ein niederbayerisches Ökonomiekloster und da mitten drin dieser Ort der Bücher, diese Stätte der Wissenschaften! Prächtig sind die Bücherschränke geschnitzt. Und welche Galerie ist das! Die vielen Englein, die da überall herumhocken auf dem Schrankwerk. – Sie verbreiten ausgelassene Heiterkeit.

Auf den Galeriebrüstungen stehen je zwei Genien, die den geistigen Wettkampf illustrieren. Zwei solcher Duellanten, gutgenährte Studentlein aus dem bayerischen Unterland, schlagen sich gar mit langen Bratwürsten. So lustig kann die Präsentation des barocken Geistes sein.

Man spürt, daß die hochgelehrten Herren Akademiker im 18. Jahrhundert gar nicht so ernst genommen wurden. Erst im 19. Jahrhundert hat man die Professoren dann angehimmelt und hat ihnen die hübschesten Mädchen der reichsten Bürger zur Heirat angeboten. Der Barockmensch hat über Professores und Doktores eher gelacht. Heute neigt man wieder dazu, aber man lacht nicht mehr so glücklich und belustigt.

Vor der Wissenschaft hat der Barockmensch schon Respekt gehabt. Sie war ja auch noch nicht so gefährlich wie heute.

Kaiser Karl VII. 1726–1745

Schön ist es halt doch gewesen, daß wir mitten im 18. Jahrhundert noch einmal einen Kaiser zusammengebracht haben. Wo das immerhin schon Jahrhunderte über nur Habsburger waren! Und jetzt also ein Münchner Wittelsbacher! Wenn die Würde auch nur drei Jahre lang gedauert hat, denn Kaiser Karl VII. ist 1745 plötzlich gestorben – in der Blüte seiner Jahre!

Immerhin, es ist ein Kaiser gestorben in München! Und man kann diese Würde heute noch bestaunen, in Nymphenburg draußen, im Marstallmuseum, an der kaiserlichen Staatskarosse, die von zwölf Schimmeln gezogen wird. Karl Albrecht, der Sohn Max Emanuels, war schon von Haus aus kein sparsamer Fürst, sondern ein prunkliebender Rokokoherr! Man denke nur an die Reichen Zimmer der Residenz, an die »Grüne Galerie« und an die Amalienburg im Nymphenburger Schloßpark, bleibende Kostbarkeiten! Und angeschafft zu einer Zeit, wo der Staat fortwährend vom Bankrott bedroht war. Für Militärisches konnte man da keine großen Ausgaben machen. Man ließ eher die Steinmetzen, Zimmerleute, Maler und Musiker leben. Trotzdem hat es Kurfürst Karl Albrecht bis zum Römischen Kaiser gebracht. Gleich wie er 1726 ans Ruder gekommen ist, hat er schwer zu sparen angefangen. Aber bald ist der Vorsatz vergessen gewesen. 1739 hat er gar wieder bayerische Soldaten nach Ungarn gegen die Türken schicken müssen. Obwohl es damals schon Verstimmungen gegeben hatte mit Wien, wegen der Anerkennung der Maria Theresia als Kaiserin, wegen der »Pragmatischen Sanktion«. Dabei war er im Recht gewesen. Alte Erbverträge haben klar ausgesagt: »Sterben die Prinzen aus in Habsburg oder in Wittelsbach, beerbt ein Geschlecht das andere.« Aber Kaiser Karl VI., der Vater der Maria Theresia, hat die alten Erbverträge nicht mehr gelten lassen. Da hat man sich ausrechnen können, was auf Bayern wieder alles wird zukommen. Und anno 1740 ist es soweit gewesen! Der Habsburger Kaiser stirbt und sein Nachfolger Karl VII. Albrecht von Wittelsbach erkennt das weibliche Erbfolgegesetz in Wien nicht an. Es kommt zum Krieg. Und warum?

Weil die bayerischen Diplomaten ein ganzes Jahr lang in Wien nichts ausrichten haben können. Die Franzosen schicken als Bundesgenossen vier Regimenter, und so ist man im September 1741 in Oberösterreich einmarschiert. – Bis nach Linz. Vom Innviertel aus sind das bald fünfzig Kilometer! (Das wurde als großer Sieg erachtet.)

Aber anstatt nach Wien weiterzumarschieren, schwenkte Karl Albrecht nach Böhmen und ließ sich in Prag die böhmische Krone aufs Haupt setzen. Und dann ging er ohnehin bereits nach Frankfurt zur Kaiserkrönung. Inzwischen aber hat die junge Maria Theresia von ihren Ungarn begeisterte Hilfe erhalten. Und die Panduren haben hier bei uns ziemlich wüst gehaust. Noch heute gibt es im Bayerischen Wald das schaurige Spiel vom Trenck, dem Panduren! Am Tag der Kaiserkrönung zu Frankfurt eroberten die Österreicher München.

Erst als der große Preußenkönig Friedrich II. anno 1744 wieder auf Böhmen marschiert ist, haben die Truppen Österreichs München geräumt, und »Seine arme Majestät unser Kaiser Karl VII.« hat wieder heim können. Heim in seine Münchner Residenz, um zu sterben. Es tröste ihn der liebe Gott!

»Wäre er Kurfürst geblieben, er könnte heute noch leben«, schrieb später Lorenz von Westenrieder.

Wilhelmine von Bayreuth

Auch Oberfranken hat eine imponierende Geschichte. Die Baumeister Saint-Pierre und Galli Bibiena haben der Markgräfin Wilhelmine von Bayreuth das prächtig-heitere Rokokotheater gebaut, das dem Münchner Cuvilliéstheater nicht viel nachsteht. –

Die Bayreuther Markgräfin Friederike Sophie Wilhelmine war eine Prinzessin von Preußen, eine Schwester Friedrichs des Großen. Noch dazu dessen Lieblingsschwester und jahrelange Briefpartnerin. Und dieser hohenzollerische Briefwechsel ist obendrein erhalten. Da schreibt sie dem großen Preußenkönig etwa: »Plötzlich bemerkte ich, daß der Markgraf außerordentlich kalt gegen mich wurde. Dagegen bezeigte er meiner Hofdame, der Wilhelmine von Marwitz, viele Zuvorkommenheiten und fragt jeden Augenblick nach ihr. Das bringt mich zur Verzweiflung. Mein Körper leidet vom Kummer meiner Seele, und ich bekomme Zustände, wie ich sie nie gehabt: Konvulsionen und heftige Kopfschmerzen. Auch Magenschmerzen. – Ich fühle mich elend und sehe älter aus! Eine furchtbare Eifersucht bemächtigt sich meiner. Aber ich hüte mich wohl, die Ursache davon zu sagen…«

Jahrelang dauern die Leiden der sensiblen Markgräfin von Bayreuth. Der königliche Bruder ahnt den Einfluß, den die Kaiserin Maria Theresia über die Mätressen auf den Markgrafen Friedrich nimmt. Es kommt zu Entfremdungen der Geschwister und wieder zu erbaulichen Versöhnungen. Wiederholt besucht der große Preußenkönig den Bayreuther Hof, bewundert die neue Residenz und noch mehr die Wasserspiele in den Gärten der Eremitage oder in Sanspareil, spaziert mit der Schwester zur Meierei Montplaisir und besichtigt die Grotte der Einsiedelei des Markgrafen.

Einen Höhepunkt während des mehrtägigen Aufenthaltes Friedrichs II. in Bayreuth im Juni des Jahres 1754 bildet die Opernaufführung im neuen markgräflichen Theater. Die Markgräfin selber überwachte die Proben. Man führte ein von ihr selbst verfaßtes Werk auf.

Die Bauern- und Schäferidyllen, das große Orchester, die Schauspieler und Sänger, die kostspieligen Schloßbauten und die zahlreichen Festlichkeiten stürzten das kleine Markgrafentum Bayreuth in Schulden. Man kann freilich sagen, Wilhelmine hatte keine Ahnung von der steuerlichen Beschwerde ihrer Untertanen zwischen Hof und Wunsiedel, Sanspareil und Schnabelweid, in Lichtenberg, Naila und Helmbrechts, in Münchberg, Rehau und Selb, in Kulmbach, Himmelskron und Berneck.

Außerdem wird ja auch noch von Geldgeschenken ihres königlichen Bruders aus Berlin erzählt. Aber Friedrich unterscheidet bereits pesönliche Ausgaben von Staatsausgaben. Und ist bereit, ihr einmal die Zinsen ihres Erbteils auszuzahlen. – Die markgräflichen Lande sind noch nicht vereinigt. In Ansbach regiert noch die hohenzollersche Linie des Markgrafen Joachim Ernst. Und der eben herrschende Markgraf heißt Karl Wilhelm Friedrich und ist mit der jüngeren Schwester Wilhelmines verheiratet. Die beiden Schwestern sind also zugleich markgräfliche hohenzollernsche Konkurrentinnen und Schwägerinnen.

Glaubt man den Briefen der Wilhelmine von Bayreuth, dann ist in Ansbach alles zwar etwas pompöser und rückständiger nach der höfischen Etikette, aber auch viel derber. Bei einem Besuch beider markgräflichen Höfe beim Fürstbischof zu Bamberg bestand die ansbachische Schwester Friederike darauf, daß man sie mit Hoheit anrede, während sie mit Marquise oder Madame auch zufrieden gewesen wäre. Auch habe sich der Ansbacher Markgraf in eine ihrer Hofdamen vergafft, in die Grumbkow, »die dumm wie ein Koffer« ist, meint Wilhelmine in ihrem Brief. Auch mache ihr der Ansbacher Markgraf den Hof völlig beleidigend, so, wie man ihn nur einer liederlichen Person machen kann. Trotzdem ist meine Schwester in Verzweiflung. Usw. Da Wilhelmine für Bayreuth keinen Sohn gebiert, fällt die Markgrafschaft 1769 an den letzten Markgrafen der fränkischen Zollern, an Christian Alexander von Ansbach, der aber bereits 1791 seine Länder an Preußen verkauft und sich mit Lady Elisabeth Craven ins Privatleben nach London zurückzieht.

Friedrich von Seinsheim, Fürstbischof von Würzburg und Bamberg

Im Festsaal des Schlosses Sünching bei Straubing prangt über dem Kamin das Porträt Adam Friedrichs von Seinsheim, des Heiligen Römischen Reiches Fürsten, Bischof zu Würzburg und Bamberg und Herzog in Franken. – Er ist der größte Sohn, der auf diesem edlen Schloß geboren wurde – und zwar im Jahre 1708. Sein Vater war der kurbayrische Ratsminister und Gesandte Maximilian von Seinsheim. Und seine Mutter, eine geborene Komtesse Schönborn, war die einzige Schwester der vier Schönbornbischöfe. – Da ist es kein Wunder, daß es dieser Bub bis zum Fürstbischof von Würzburg und Bamberg gebracht hat. Er war der Schönbornneffe. – Ein Altbayer als Herzog in Franken! – Nicht ganz, denn die Seinsheim sitzen erst seit 1537 auf Sünching. Sie kommen aus Franken, saßen zu Seinsheim und Kottenheim und sind mit den Fürsten Schwarzenberg beinahe identisch.

Bereits als Siebenjährigem gibt ihm der Schönbornonkel eine Präbende im Domkapitel zur Würzburg. Dann muß er an der Salzburger Benediktineruniversität studieren, wo ihm die Professoren ein gutes Zeugnis ausstellen: »Der Erste der Ersten in der Logik.« 1725 muß er auf ein Jahr nach Rom. In Briefen an den Onkel Fürstbischof beklagt er sich über die harte Liegestatt, über das schlechte Essen, über die Römer und auch über die jesuitische Enge und Strenge. Kein Vergleich zum schöneren Salzburg, seufzt er. Er kommt nun an den Hof zu Würzburg, studiert die theologischen Fächer zu Ende und muß dann aber auf der protestantischen Universität Leiden juristische Fächer belegen. (Er wird mit Spinozas »philosophia et certa et utilis« und mit

Pufendorfs Kampf um die Befreiung des Naturrechts bekannt gemacht.) Kurzum, er wird ein moderner, aufgeklärter Kopf.

1728 kehrt er nach Würzburg zurück, und sein Onkel zieht ihn zu politischen Beratungen heran und vertraut ihm auch wichtige Gesandtschaften an. 1745 ernennt ihn Kaiser Franz zum Geheimen Rat. Seinsheim begleitet den Onkel zur Kaiserwahl nach Frankfurt. Der Papst verleiht ihm den Titel eines Auditors, und zugleich wird er auch noch Propst zu St. Gangolph in Bamberg. 1747, mit neununddreißig, erreicht er das höchste Staatsamt im Fürstbistum, er wird Würzburgischer Kammerpräsident und Hofkriegsrat. Aber nach dem Tod seines Onkels kann sich das Domkapitel noch nicht zu einer Wahl Seinsheims entschließen.

Erst nach dem Tod Philipps von Greiffenklau wird er gewählt. Kurz vorher läßt er sich in Regensburg zum Priester weihen. – Trotz der hohen geistlichen Würden war er also bis zu seinem 45. Jahr noch ohne Weihen gewesen. Die Primiz feiert er in der eben vollendeten Wieskirche. Im Januar 1755 erteilt ihm der Bischof von Speyer die Bischofsweihen. Von seinen bischöflichen Onkeln lebt nur noch der Bischof und Kurfürst von Trier, Franz Georg von Schönborn. 1757 wird Adam Friedrich auch noch Fürstbischof von Bamberg. Sein Wahlspruch lautet: Pietate, Justitia et Caritate – In Frömmigkeit, Gerechtigkeit und Liebe! –

Seine Regierung läßt nicht lange auf Taten warten. Er führt neue Lehrstühle ein, schafft eine Lehrerbildungsanstalt, baut Krankenhäuser. – Er regiert mit einem Kabinettssekretär und hält die Domherrn in Schach. – Er führt das Staatsexamen ein und verlangt für alle Staatsbediensteten ein Praktikum. – Er läßt das Bamberger und Würzburger Landrecht neu verfassen. Organisiert das Münzwesen. (Die unter Seinsheim geprägten Münzen sind besonders schön, z. B. der Patrona-Franconia-Taler!) Er baut Operntheater, fördert einheimische Komponisten und hält sich auch noch Kastratensänger. Und es werden zur bischöflichen Familie im Hofkalender auch noch zwei Favoritinnen aufgeführt, ein Fräulein Sacher und ein Fräulein Hitzelsberger. – Er läßt die noch heute bezaubernden Lustgärten zu Veitshöchheim und Seehof bei Bamberg anlegen. Wo er auch die markgräflichen Höfe von Bayreuth und Ansbach öfters zu einem Gartenfest einlädt. – Bei den Domherrnschießen in Bamberg läßt er den geladenen Damen Limonaden reichen. –

Aber auch als Außenpolitiker stellt er seinen Mann. Er hält in den schlimmen Tagen des Siebenjährigen Krieges treu zu Kaiser und Reich. Aber er schreibt einmal: »Der schwierige Reichskörper ist undurchsichtig. Was bedeutet schon sozietätmäßige Hilf? Daß man immer nur der Gebende sein soll? Von allen Seiten krieg' ich trostlose Antworten. Man läßt mich am Kreuz hängen, mich, einen so treuen Adhärenten der gemeinen Sach?«

Als Priester und Bischof hat er eine nicht geringe Würde und Andächtigkeit ausgestrahlt. Er firmt und weiht Kirchen ein, geht wallfahrten auf das Käppele und nach Limbach, Dettelbach und Maria Weiher. Den heiligen Josef verehrt er besonders. »Er war großmütig, aber ohne Verschwendung!« – 1779 stirbt er 71jährig und wird zu Grabe getragen wie der letzte Grandseigneur unter den fränkischen Fürstbischöfen der Rokokozeit.

Josef Franz von Auersperg und Franz Ludwig von Erthal 1730–1795

Am Ende des Heiligen Römischen Reiches, kurz vor der Säkularisation erleben die Reichsbistümer noch einmal bedeutende Fürstbischöfe. Und das nicht nur in Franken, sondern auch z. B. in Passau und Salzburg. Ein interessanter Kopf war der körperlich eher schwächliche Passauer Fürstbischof Graf Josef Franz von Auersperg. Ein Freund des aufgeklärten Kaiser Josef II. – 1783, bei seinem Regierungsantritt in der Diözese Passau, hat der Kaiser das größte Bistum des Reiches, das von Passau bis zur ungarischen Grenze reichte, um sechs Siebtel verkleinert. Er gründete einfach die neuen österreichischen Diözesen Linz, St. Pölten und schließlich auch Wien.

Aber dieser Graf Auersperg hat in seinem (ihm verbliebenen) Reichsgebiet interessante Neuerungen eingeführt. Er wollte die Armut dadurch ausrotten, daß er das Betteln verboten hat und die vielen nicht in Arbeit stehenden Bettler – die Arbeitsscheuen, wie er sie offiziell betiteln ließ – in eigene Arbeitshäuser kasernierte und sie dort zum arbeitenden Broterwerb zwangsweise erziehen wollte. –

Die verbleibenden Hausarmen teilte er dann in drei Kategorien ein: in die ganz Armen, die Halbarmen und die Dreiviertelarmen. – Sie bekamen vor allem verbilligtes Brennmaterial aus den eigens angelegten riesigen Holzhöfen der Stadt und des Landes. Außerdem werden die Leut, die keine Beschäftigung haben, zum Holzmachen, zum Spinnen, Stricken und Weben angehalten. – Hausierer vertreiben die Waren ins Ausland. –

Bischof Josef Franz von Auersperg schafft die Todesstrafe ab, errichtet für Hebammen und Chirurgen eigene Schulen, verbietet den Gebrauch von Sympathiemitteln, uniformiert Polizei und Beamtenschaft, führt die Feuerwehr ein, stellt die entehrenden Strafen ein und gründet ein Kaffeehaus. Auch die Volksbelustigung ist ihm wichtig. Er läßt hübsche Alleen und Spaziergänge anlegen und baut das Lustschloß Freudenhain, in dessen Park er zahlreiche Feste feiert, wozu jedermann eingeladen ist. Die Festmusiken lösen einander ab. Gartenbeleuchtungen und Feuerwerke erhellen den Park, es wird getanzt, und ein Ringelrennen belustigt zudem die aufgeklärten Passauer. – Denn das Volk will nicht nur Wohlfahrt, es will auch unterhalten werden. Im Winter spielen die fürstbischöflichen Theater. – Die Auerspergzeit war eine goldene für Passau. –

Aber was bedeutet Fürstbischof Auersperg gegen den modernen Staatsgenius von Würzburg und Bamberg, gegen Franz Ludwig von Erthal. Von ihm sollte in den Geschichtsbüchern mehr die Rede sein. Denn in ihm hat uns der katholische Reichsadel noch einmal einen großen Staatsmann geschenkt, ehe die alte fürstbischöfliche Feudalzeit vom heraufkommenden Bürgertum vernichtet worden ist. Sein Vorgänger Adam Friedrich erkennt die Begabung des Domherrn und ernennt ihn gleich zu seinem Kammerpräsidenten. Erthal war kein Herrscher; eher ein vorsichtig abwägender Regent. Auch ein großer Richter und Schlichter als Kommissar beim Reichskammergericht. Hier mischte er auch in der großen Reichspolitik mit, hat z. B. mitgeholfen, das Tauschgeschäft Karl Theodors – Bayern gegen Holland – zu verhindern. 1779 tritt er Seinsheims Nachfolge an.

Sofort wird ein ganz moderner Regierungsstil spürbar. Jede Maßnahme wird gründlich vorbereitet. Ein statistisches Amt wird gegründet. Und der Fürst entscheidet nichts wider diese statistische Vernunft. – Natürlich wirkt er im Sinne der Volkserziehung seines Vorgängers weiter. – Er verbietet planloses Spenden und treibt schon beinahe eine moderne Sozialpolitik. Allerdings nennt er die Armen überwiegend noch die »Arbeitsscheuen«. Beamte, die seine Anweisungen nicht befolgen, werden nicht nur gemahnt, sondern auch entlassen. – Er stiftet ein Armenkrankenhaus in Bamberg, errichtet Gesellen- und Dienstbotenspitäler, Not- und Hilfskassen, Leihhäuser und andere Kreditinstitute. Er schickt gar Würzburger junge Gelehrte zu Immanuel Kant nach Königsberg und baut Schlösser und Pavillons in den idyllischen Park von Schönbusch.

Aber das Seinsheimische Theater läßt er schließen. Ebenso verbietet er das Lottospiel. –

Das alles schickte sich nicht für ein katholisches Fürstbistum in Franken.

Kurfürst Maximilian III. Joseph 1745–1777

Der letzte Kurfürst der Münchner Linie der Wittelsbacher, Maximilian III. Joseph, der über 32 Jahre lang regiert hat, war ein guter Fürst, denn seine Bayern gaben ihm die Beinamen »der Gute und der Vielgeliebte«. Als er an die Regierung kam, hatte das kleine Kurfürstentum 32 Millionen Gulden Schulden und war durch die Wirren der Kriege, die sein Vater Karl VII. Albrecht infolge seines deutschen Kaisertitels mit der Habsburgerin Maria Theresia hat erleiden müssen, ziemlich verarmt.

Als er jedoch nach 32 Jahren erst fünfzigjährig starb, besaß Bayern die Ansätze zu einem guten Schulwesen, zu einer besseren Landwirtschaft, zu einem einfacheren Rechtswesen. Sein Finanzminister Berchem war einfallsreich in der Erfindung von Steuern. Er führte eine Fenster- und Herdstellen-, eine Musikanten- und Hutsteuer, gar eine Schuhbänder- und Strumpfbändersteuer ein.

Aber Schulden zahlen kann nur ein Fürst, der die Soldaten heimschickt und außer für die Hartschiergarde und für einige Paraderegimenter für Militärisches nichts ausgibt. Da bleibt von den Steuern etwas hängen, da füllen sich die Kassen des Staates. Die Kriegsgefahren wurden täglich geringer, 32 Jahre lang ist Friede. Man baut Kirchen und schöne Schlösser, prächtige Bürgerhäuser und Klöster! Die Künste und Wissenschaften blühen.

Maximilian III. Joseph gründet die Bayerische Akademie der Wissenschaften. Er richtet Realschulen ein, läßt mehr Mathematik, Deutsch und Erdkunde lernen, nicht mehr nur Latein, Griechisch und Religion. Er war ein aufgeklärter Fürst, und als er 1773 den Jesuitenorden aufhebt, hat er die (dem bayerischen Staate zufließenden) sieben Millionen Gulden zum Ausbau des Schulwesens verwendet.

Die aufgeklärten Ingolstädter Professoren Ickstatt und Lori machte er zu seinen Ratgebern. Sein Kanzler Wiguläus Xaverius von Kreitmayr verbesserte das bayerische Kriminalrecht, das Landrecht und die bayerische Gerichtsordnung. Die Folter wird theoretisch zwar noch nicht verboten, aber doch nicht mehr verwendet. Schließlich entstanden durch des Kurfürsten Initiative mehrere Fabriken: eine Bleistift-, eine Spiegel-, eine Leder- und eine Porzellanmanufaktur. Wovon lediglich die Porzellanmanufaktur bis zum heutigen Tag ruhmreich fortbesteht als Nymphenburger Porzellanmanufaktur.

Daß er den Ehrennamen »der Vielgeliebte« bekommen hat, verdankt er seiner Mildtätigkeit während der großen Hungerjahre 1770 und 1772. Die Getreidespekulanten verlangten damals für den Scheffel Weizen hundert Gulden. Der Kurfürst ließ gegen diese Wucherer energisch vorgehen und gab allen seinen Jägern den Befehl, die Reviere abzuschießen und das Wildbret unter die Hungernden zu verteilen.

Wenn Maximilian III. auch ein aufgeklärter Fürst gewesen ist, so fromm wie er ist vor ihm kaum ein Wittelsbacher gewesen. Bei jedem Versehgang, dessen er innegeworden, ist er hinter dem Allerheiligsten mitgegangen mit den anderen Leuten, bis zum Hause oder Häusl des Sterbenden. Und während der Pfarrer beim Kranken die Beichte gehört hat und ihm die Ölung gegeben hat, hat sich der Kurfürst, wie es der Brauch gewesen ist, herußen vor der Haustür hingekniet und hat mit der Nachbarschaft den Rosenkranz gebetet. Das hat den Leuten gefallen. Das hat man sich bald in ganz Europa erzählt.

Er war konservativ, aber nicht reaktionär. Er hat auch komponiert und fürs Theater geschwärmt. Zweimal hat ihm Mozart – auf Bestellung – eine Oper geschrieben. Und François Cuvilliés hat ihm das schönste Rokokotheater der Welt gebaut: das Cuvelliéstheater in der Residenz.

Ein idealer Bayernfürst: jagerisch und musikalisch.

Nur einen Fehler hat er gehabt: Er hat sich nicht fortgepflanzt, er hat von seiner aus Sachsen stammenden Kurfürstin keine Kinder gehabt. Mit ihm sind die Münchner Wittelsbacher ausgestorben, anno 1777, und die Pfälzer Vettern haben geerbt.

Das Sterben des Max III. Joseph

Am 29. und 30. Dezember des Jahres 1777 eilten die Münchner in die Kirchen und beteten um die Gesundheit ihres sterbenden Kurfürsten. Ein so rüstiger und erst fünfzigjähriger Herr und an den Blattern sterben? Man hielt es nicht für möglich. Hat der gute Maxl doch noch nicht einmal einen Sohn und Nachfolger! – Der Leibarzt Primarius Dr. Senftl, ein ergrauter und würdiger Jünger des Gottes Äskulap und trotzdem ein vielgeübter Arzt für allzeit sterbenslustige Patienten, regierte am Krankenbett wie ein Diktator.

Der Fürst hatte Anfang Dezember über Kopfweh und erhöhte Temperatur geklagt. Dr. Senftl hat eine Parforcejagd angeordnet. Einen Tag fest reiten, und weg sei das Fieber. Es war aber nicht weg. Es sind Blattern daraus geworden. Dr. Senftl hat aber festgestellt, es wären nur Kindsröteln, weil der Secundarius, Dr. de Branca, auch von Blattern geredet hat. Im Bulletin hat es gar geheißen, es sei nichts anderes als eine kleine »evolution«, ein harmloser Rotlauf. Aber es ist dem Kurfürsten täglich schlechter gegangen.

Die Krankheit schritt so rasch voran, daß seine Durchlaucht schon nach Weihnachten ein Sterbender war. Die Doctores ordinarii, secundi und tertii, die zweiten und dritten Leibarztstellvertreter, erkannten deutlich auf starke Blattern. Dr. Senftl, primus ordinarius serenissimi principis, aber sprach von einer merklich spürbaren Genesung und ließ Dankgottesdienste abhalten. In Straubing hielten sie in allen Kirchen drei solenne Hochämter. Und Dr. Senftl schritt singend und lachend durch die Gassen Münchens. Graf Fugger sprach die geflügelten Worte: »Ihre elende Stimme, Herr Doktor, ist mir lieblicher als die vollkommenste Opera, denn sie ist mir ein Beweis von dem Wohlergehen unseres Landesvaters.« Daraufhin ordnete der Primus Ordinarius ein kleines Konzert im Kabinett des Kurfürsten an. Und das ärztliche Bulletin sprach von einer überaus ruhig verbrachten Nacht.

Es war vom 27. auf den 28. Dezember gewesen. Da hat kein Gendarm auf die Polizeistunde geschaut. In der Residenz ist es recht fröhlich hergegangen, man hat schon wieder freudig vom Fasching geredet, von der kommenden Ballsaison. Aber seine Durchlaucht der Kurfürst sind in eine tiefe Ohnmacht gefallen.

Doch in München gibt es immer wieder ein Mittel, das hilft. Die berühmte Muttergottes vom Herzogspital. Damals war es Brauch, daß, wenn in der Residenz ein Bayernfürst im Sterben lag, man ihm die wundertätige Madonna vom Herzogspital in feierlicher Prozession ans Sterbebett getragen hat.

Gegen Mittag hat ein Arzt den Auftrag erteilt, die Herzogspitalmuttergottes herbeizuholen. Der Primarius war aber für ein Aufschieben dieser ultima ratio bis auf den anderen Morgen. Und Dr. Senftl hatte ausnahmsweise recht. Maximilian III. öffnete die Augen und unterbrach das ärztliche Konsilium mit den geflügelten Worten: »Es bleibt dabei, meine Herren, ich steh' nimmer auf.«

Da zeigte sich Senftls Kühnheit abermals. Er verbot dem Fürsten einen solchen Pessimismus. Den anderen Tag konnte der Kurfürst nicht mehr recht atmen und streckte seine geschwollene Zunge zwei Finger weit aus dem Mund. Jetzt ließ auch Senftl nach der Herzogspitalmuttergottes rufen und nach der Letzten Ölung.

Aber nichts mehr hat geholfen. Um halb zwei Uhr am 30. Dezember 1777 ist der Kurfürst gestorben. Dr. Senftl ist mit der Prozession zu der Herzogspitalkirche gegangen und hat mitgebetet. Aber die Münchner haben ihm böse Namen zugerufen, haben ihn einen »Mörder« genannt.

Die Kuriere aber sind aus der Stadt gesprengt und haben dem Karl Theodor von der Pfalz die Nachricht gebracht, daß er jetzt nicht mehr nur Kurfürst von der Pfalz, sondern auch noch Kurfürst von Bayern sei.

Bayern und Pfalz, Gott erhalt's!
Karl Theodor

Als im Jahre 1777 der letzte der Münchner Wittelsbacher, der vielgeliebte Kurfürst Maximilian III. Joseph, ohne Erben verstorben war, fiel die Nachfolge auf den nächsten Anverwandten, auf den kurpfälzischen Vetter Karl Theodor. Und Bayern und Pfalz sind unter der Regentschaft eines einzigen Fürsten vereint worden. Fast 500 Jahre über waren die Wittelsbacher Lande getrennt gewesen. Wenn man von der pfälzischen Nebenlinie Birkenfeld-Gelnhausen absieht, aus der die späteren Herzöge in Bayern herstammen, waren jetzt alle Wittelsbacher Lande in einer Hand.

Mit dem neuen Kurfürsten waren die Münchner aber nicht zufrieden. Denn Karl Theodor brachte zahlreiche Pfälzer Beamte mit. Und diese genaueren und besserwissenden Mannheimer waren den Altbayern nicht geheuer. Auch gefielen den alten Münchner Ministern, den Grafen Vieregg und Seinsheim, die Verhandlungen nicht, die der Kurfürst mit dem Kaiser geführt hat: Abtretung Bayerns an Österreich für ein neues Königreich Burgund, bestehend aus der schönen Pfalz und den kaiserlichen Niederlanden. – Karl Theodor hätte wieder in Mannheim residieren können, und Bayern wär endlich »österreichisch« geworden.

Als diese Ländertauschgespräche in Berlin bekannt geworden sind, rückte Friedrich der Große zum viertenmal in Böhmen ein, und es begann der sogenannte Kartoffelkrieg, der bayerische Erbfolgekrieg von 78/79. Kartoffelkrieg genannt, weil dabei nur etliche Kartoffelfelder niedergetrampelt worden sind. Kaiser Joseph II. verzichtete im Frieden von Teschen auf Tausch und begnügte sich mit dem bayerischen Innviertel, den Landgerichten Schärding, Braunau und Ried.

Im November 1782 bestellte Karl Theodor bei dem jungen fürsterzbischöflich-salzburgischen Kapellmeister Mozart eine Faschingsoper. Mozart komponiert in München den Idomeneo und bringt die Oper am 29. Januar 1781 im Residenztheater zur Aufführung.

Im April 1782 kommt Papst Pius V. zu Besuch. Er bleibt bis zum 5. Mai. Das waren großartige Tage mit vielen Galadiners und solennen Gottesdiensten, mit Prozessionen und Ritterfesten. Auch wurde ein bayerisches Großpriorat des Malteserordens gegründet. Souveräner Großprior wurde Karl Theodors natürlicher Sohn Fürst Karl von Bretzenheim. – Gleichzeitig verbot Karl Theodor die Illuminaten, den Bund der aufgeklärten Professoren und Akademiker zu Ingolstadt und München. Auch ein gewisser Regierungsrat Montgelas mußte die Vaterstadt verlassen und begab sich nach Zweibrücken.

Bei allem Volke wollte sich der pfalzbayerische Kurfürst beliebt machen. Er baute eine Gemäldegalerie für über 1000 Bilder! Und für jedermann zugänglich. Auch durfte man, ohne zu fragen, jedes dieser Gemälde kopieren. General Thompson legte im Auftrag des Kurfürsten den Englischen Garten an. Ein Erholungspark für jedermann, mit Weihern und Inseln und einem chinesischen Turm. »Alle Komplimente, Verbeugungen, Hutrücken, selbst wenn man dem Kurfürsten begegnet, sind da verboten!« Trotzdem mögen die Münchner den neuen Kurfürsten nicht, schwärmen auffällig bereits für dessen Neffen in Straßburg. Da Karl Theodor ja keinen erbberechtigten Sohn hat.

Das verärgert den Kurfürsten so sehr, daß er den Hof wieder nach Mannheim verlegt. – Das ist den Münchnern nun auch wieder nicht recht, und sie schicken eine Abordnung mit der Bitte um Vergebung. Karl Theodor kehrt zurück. Heiratet nach dem Tode seiner Gemahlin sofort als Siebzigjähriger die erst 17jährige schlanke Erzherzogin Leopoldine. Er will unbedingt noch einen Thronfolger. Aber das gelingt ihm nicht bis zu seinem Tode.

Bei seinem Tod ist die Kurfürstin tatsächlich guter Hoffnung, aber sie bekennt, daß nicht der Verblichene, sondern Graf Arco der Vater des zu erwartenden Kindes ist. Am Silvestertag stirbt Karl Theodor. Die Stadttore werden verschlossen. Ein wartender Dachauer Bauer sagt dazu:

»Ja hätts doch die Tore vor 23 Jahr zugesperrt und hätts den Krawatten net einer lassen! Jetzt dürfts ihr's aufmachen fürn Maxl. Weil ein Gutes hat er doch gehabt, der Kare: Er hat sich net fortgepflanzt!«

Maximilian IV. Joseph

Am 20. Februar 1799 zog der 43jährige Maximilian IV. Joseph, der neue Kurfürst, in München ein. »Grüaß di God, Maxl, ja weisd' no endli da bist!« – Mit diesen in der bayerischen Geschichte berühmt gewordenen Worten hat der biedere Pschorrbräu den neuen Kurfürsten begrüßt.

Sechs Millionen Gulden bedrücken die Hauptkasse, bei einem Budget von nur acht Millionen und einem Volkseinkommen von nur fünf Millionen im Jahr. Großmannssucht und Ämterkauf hatten in der Umgebung Karl Theodors geherrscht. Am Hofe wimmelte es von überflüssigen Beamten und hohen Würdenträgern, die meist nur Titel und Pension besaßen, aber keine Aufgabe mehr erfüllen konnten. Das bayerische Heer hatte sechzehntausend Mann, und davon machte ein Viertel das Offizierskorps aus mit sechzig Generälen und mehreren Generalfeldmarschällen.

Die zwei königlichen Rheinschiffe befehligten drei Admiräle und ein Großadmiral. Dabei war Bayern im Jahre 1799 ein kleiner Mittelstaat, der nur Ober- und Niederbayern und die Oberpfalz umfaßte. Die Rheinpfalz war von den Franzosen besetzt. Und selbst dieses kleine Bayern mußte um seine Selbständigkeit bangen. Österreich hatte seine alten Pläne, sich das Land einzuverleiben, nicht aufgegeben. Im Frieden vom Campo Formio waren in einer Geheimklausel den Österreichern als Entschädigung das Fürstbistum Salzburg und Bayern bis zum Inn versprochen worden. 1799 umfaßte Bayern nicht mehr als 700 Quadratmeilen mit 1 800 000 Einwohnern.

Maximilian wurde 1756 im Schlosse zu Mannheim als viertes Kind des Pfalzgrafen Friedrich Michael von Zweibrücken geboren. Seine Mutter Maria Franziska war eine Schwester der ersten Gemahlin Karl Theodors und der berühmten Herzogin Clemens von München, Erbinnen des Herzogtums Jülich-Kleve-Berg. Er wurde katholisch getauft, da sein Vater kurz vorher konvertiert war. Dieser Friedrich Michael, Maxens Vater, war nicht der regierende Herzog von Zweibrücken, sondern nur dessen nachgeborener Bruder. Er besaß kein Land, konnte aber als Militär einige Karriere machen, wurde französischer General und Inhaber des Regiments Royal Alsace in Straßburg. Im Siebenjährigen Krieg befehligte er unter Daun sogar die Reichsarmee. Er war ein Hüne von Gestalt, fast zwei Meter groß, als Feldherr jedoch ohne Glück.

Dem kleinen Prinzen Max ist es nicht an der Wiege gesungen worden, daß er einmal König von Bayern werden würde. Die Dynastie der Wittelsbacher hatte um 1756 noch vier junge Ehepaare, die alle höher standen und alle noch hofften, Prinzen zu bekommen. Aber gerade diese Prinzen blieben aus, und auch der um zehn Jahre ältere Bruder Karl August starb kinderlos. – Fünfjährig verlor der kleine Max die Mutter. Da der Vater ohnehin als Heerführer ständig in den entferntesten Gegenden war, sorgte für den Buben der Onkel Christian, der regierende Herzog von Zweibrücken. Sein pädagogischer Leitsatz war sehr einfach: »Man muß ihn vor allem zu einem Menschen heranbilden.« Max verläßt bald den Hof Karl Theodors zu Mannheim und kommt nach Zweibrücken. Die ehemalige Tänzerin Marianne Forbach, die heimlich angetraute Gemahlin des Herzogs, wird Maxens zweite Mutter, und ihre nicht erbberechtigten Kinder werden die Spielgefährten des kleinen Pfalzgrafen. Den Erzieher bringt Christian aus Paris mit; es ist der Major im Grenadierregiment de France, Chevalier Agathon de Keralio, ein perfekter Edelmann und glühender Verehrer Rousseaus. Auch Maxens Religionslehrer ist ein Franzose. Abbé Salabert, ein Herr voll Witz und Eleganz, ein Anhänger der Aufklärung. Es ist jener Salabert, der später Maxens Gesandter und Minister wird und sich in München das Palais Salabert erbaut, das heutige Prinz-Carl-Palais.

So ist es kein Wunder, daß der erste Bayernkönig ein Freund Napoleons geworden ist.

Von der Säkularisation

Einen dunklen Punkt hat die Regierung Max' I.: die Säkularisation. Die Aufhebung der Klöster anno 1803.

Damals sind die Herren Patres und die ehrwürdigen Schwestern von hochmütigen Bürokraten zum Teufel gejagt worden. Klostergebäude, Brauereien und riesige Ökonomien waren zu kaufen. Vermögende Kaufmannssöhne, auch bessere Bauernbuben konnten um zehn- und zwanzigtausend Gulden Betriebe mit fünfhundert Tagwerk Grund ersteigern! Und die Klosterbrauerei gab es gratis dazu! Prächtige Kirchen hat man eingerissen! Die Bücher aus den Klosterbibliotheken hat man mit dem Leiterwagen heimfahren dürfen, die Fuhre zu fünf Kreuzer. Man hat an alten Meßbüchern, alten historischen und heiligen Schriften jahrelang ausgezeichnetes Heizmaterial gehabt. Auch hat man mit diesen Büchern Wege hergerichtet, wie die Bauern bei Seeon, die mit den kostbaren Folianten aus ihrer Klosterbibliothek die Straße nach Obing aufgefüllt haben.

Man vernichtete unwiederbringliches Kulturgut, Schrankwerk, Schnitzereien, Goldschmiedearbeiten. Meßkelche und Monstranzen wurden zu Münzen umgeschmolzen. Die Welt war aus den Fugen. Die Wallfahrten wurden verboten. Das Volk der Bayern galt als das rückständigste Deutschlands. – Nur weil es frommen Herzens gewesen, nicht etwa wegen anderer Rückständigkeiten. Im Gegenteil, in den bayerischen Klöstern gingen die Uhren weit vor. In Ottobeuren stieg der erste Luftballon, in Polling baute man physikalische Apparate und Fernrohre, in Fürstenzell bei Passau unterhielten die Zisterzienser eine Landwirtschafts- und Industrieschule.

Von den mäzenatischen Großtaten der Klöster und Reichsstifte gar nicht zu reden! Denn die hochwürdigsten Herren Äbte und Pröpste wurden alle nach ihrem Kunstverstand gewählt. Sie hatten auf Klosterkosten die berühmten Großmeister des bayerischen Barock und Rokoko entdeckt – meist unter Bauernbuben – und auf Klosterkosten ausbilden lassen, sie nach Rom und Paris geschickt. Jahrelang – und für Tausende von Gulden! Nicht einmal der gegenwärtige Sozialstaat übt ein dermaßen breites und gezieltes Mäzenatentum aus.

In Niederaltaich dauerten die Versteigerungen zwei Jahre lang. Denn es kamen immer wieder Gründe und Höfe und Schwaigen und Wälder zum Vorschein, die man vergessen hatte. Schmieden und Wagnereien, Mühlen, eine Brauerei, Bindereien, Ziegelhütten und Kalköfen. Ein Dutzend Fischweiher, Fischereigerechtsame auf der Donau und in anderen Bächen und Flüssen. Jagdrechte und Gärtnereien, Weinberge und Zehentstadeln, Branntweinbrennereien und Sägewerke usw. Über 50 000 Tagwerk Gründe mußten versteigert werden. An die fünfzig Klosterbeamte mußten vom Staate auf den König dienstverpflichtet und vereidigt werden. (Man versteigerte die Pferde und Chaisen, die Wagen und Schlitten, die Stuten und Fohlen und Reitpferde, die Kühe und Kälber, die Ochsen und Zugochsen.)

Man unterscheide Kisten mit baren Geldern von denen der Münzsammlungen, von denen mit Musikinstrumenten, Uhren, Pretiosen, Büchern, Handschriften, Inkunabeln und besonders von denen mit Waffen und kostbaren Gewehren! Uhren versteigere man besser am Orte, da derzeit ein Überangebot an dergleichen in München und auch in anderen Städten Bayerns bestehe. – Es wurde alles verschleudert. 9000 Gulden erbrachte die Versteigerung des Mobiliars aus der Prälatur und den besseren Zimmern. 1122 Nummern kostbarer Möbelstücke werden vermerkt, Stühle und Schränke, Schreibtische und zierliche Rokokosekretäre, Tische und Pulte, Bänke und Diwane und 300 Ölgemälde.

Säkularisation heißt Verweltlichung der materiellen Güter der doch geistlichen Kirche. Aber viel Glück hats dem König Max nicht gebracht.

Bayern wird Königreich

Freiherr von Montgelas, der junge Minister des Kurfürsten Max IV. Joseph, ist ein gebürtiger Münchner und hat in der Hofkanzlei seine Karriere begonnen. Er mußte aber in die Pfalz flüchten, als Karl Theodor die Illuminaten verjagte. 1799 zieht er mit Max Joseph wieder in München ein und wird sofort Minister des Äußeren, später dann auch noch Justiz- und Finanzminister.

Mit Eifer beginnen Max und Montgelas den Aufbau des neuen Bayern. Das Hofleben wird vereinfacht. Max liebt keine Etikette, er bittet oft persönlich und mündlich auch einfache Bürger zur Tafel, geht fast täglich auf den Kornmarkt, unterhält sich mit den Münchnern, ist lustig und oft auch zu einem Scherz aufgelegt. »Teufel, er ist noch ganz der alte Prinz Max!« ruft ein alter Straßburger Bekannter aus.

Aber leider stört die große Politik die friedliche Welt. Die österreichischen Truppen stehen im Land, und Max, der gar nicht so sicher weiß, ob sie jemals wieder abziehen werden, wird zur Koalition gegen Frankreich gezwungen. Er möchte lieber neutral bleiben: »Selbständig soll mein Bayern werden, das ist mein großer Wunsch, das ist mein Traum!« Schon früh erkennt er das Genie Napoleons. Seiner Erziehung nach drängt es ihn politisch ohnehin zu Frankreich. Die Situation ist heikel; weder Montgelas noch sonst irgendein wackerer Mann kann ihm die außenpolitischen Entscheidungen abnehmen. Während der vielen Kriege und Feldzüge, die sich obendrein vorzugsweise auf bayerischem Boden abspielen, muß die kurfürstliche Familie häufig flüchten. Nach dem Frieden von Luneville schwenkt er sofort auf die Seite Frankreichs. Um nicht völlig unter die Räder zu kommen und um sein Bayern zu vergrößern, muß er es mit dem Stärkeren halten, das ist sein Konzept. Von Treulosigkeit dem alten Reich gegenüber kann keine Rede mehr sein, denn die deutschen Großmächte Preußen und Österreich hatten dieses Reich ja schon in Basel, Rastatt und Campo Formio verraten und waren nur auf ihren Vorteil bedacht gewesen. Am 9. September 1801 schreibt Max eigenhändig seinen ersten Brief an Napoleon: »General Consul! Der Augenblick völliger Wiederherstellung der freundschaftlichen Beziehungen und des guten Einvernehmens zwischen der französischen Republik und meinem Haus ist glücklicherweise gekommen. Dieses Ereignis hat mich mit der lebhaftesten Freude erfüllt. Die eingegangenen Verpflichtungen werden mit der größten Gewissenhaftigkeit eingehalten werden. Sie, General Consul, haben zugestimmt, die Garantie der pfalzbayerischen Staaten am rechten Rheinufer zu übernehmen und ebenso die Garantie der meinem Hause so oft versprochenen vollständigen Entschädigung für die Verluste auf dem linken Ufer des Rheins.«

1805 kämpft das neu erstarkte bayerische Heer auf der Seite Napoleons gegen Österreich. Die Österreicher ziehen in München ein, und der Hof flüchtet nach Würzburg. Der Pakt mit Frankreich aber hat sich gelohnt. Beim Frieden von Preßburg erhält Bayern Passau, Tirol und Trient, und am Neujahrstag 1806 – nach der Schlacht von Austerlitz – verkündet der Reichsherold in den Straßen Münchens, daß Bayern von nun an ein Königreich ist.

Max legt auf die Rangerhöhung wenig Wert und erklärt sofort, daß sich im Umgang mit ihm nichts ändern solle. »Wir bleiben die alten«, sagt er schon eine Woche später zu einem Münchner Bierbrauer auf dem Marienplatz.

Napoleon in München

Man hat anno 1806 gesagt: »Napoleon hat die bayerische Königswürde wiederhergestellt.«
Und die »tapferen Bayern« haben an der Seite der Grande Armee manch stolzen Sieg erkämpfen dürfen: zu Regensburg, zu Innsbruck, gegen die Tiroler, die auf die bayerischen Brüder ohnehin einen Zorn hatten und uns früher schon manchmal die Nasen und Ohren abgeschnitten haben, wenn sie einen bayerischen Wildschütz auf der Pirsch erwischt haben! Umgekehrt vielleicht auch einmal. Das größte Opfer aber brachten unsere Soldaten in Rußland. Bei Polotsch und Borodino, in Moskau und an der Beresina, wo die Bayern den Rückzug zu decken hatten. Auch der 70jährige bayerische General Deroy ist in Rußland gefallen. Mit ihm noch 30 000 bayerische Soldaten. »Auch sie starben für des Vaterlandes Befreiung«, steht auf dem Obelisk am Karolinenplatz in München.

»Ich habe Bayern groß gemacht, ich werde es noch größer machen.« Diese kaiserlichen Feldherrnworte rief Napoleon seinen verbündeten Bayern zu, anno 1809 vor der Schlacht bei Eggmühl – und die Bayern haben gekämpft wie die tapferen Löwen – und sie haben mit dem Kaiser gesiegt. – Und am Neujahrstag 1806 hat er die alte bayerische Königswürde wiederhergestellt und den Kurfürsten Maximilian IV. Joseph zum König Max I. Joseph erhoben. 14 Tage später dann vermählte der Kaiser seinen Stiefsohn Eugen Beauharnais mit unserer Prinzessin Auguste. Diese Vermählung fand in der Grünen Galerie der Münchner Residenz statt, und zwar in Anwesenheit des Kaisers und der Kaiserin Josephine. Am Abend jenes für Bayern so wichtigen Neujahrstages hing Napoleon dem bayerischen Kronprinzen Ludwig, den er gut leiden mochte, einen Degen um und sprach dabei die großen Worte: »Prinz der Bayern, Ludwig, mein Sohn: Dieser Degen enthält keine Kostbarkeit. Allein mit diesem Degen habe ich in der Schlacht bei Austerlitz kommandiert. Erinnern Sie sich dessen, Prinz, und bedienen Sie sich desselben zur Verteidigung Ihrer Gerechtsame und Ihres Vaterlandes Bayern!« Wie wenig aber hat dieser große Augenblick unserem König Ludwig I. später bedeutet. Zu wenig. Er hat leider zu sehr für Deutschlands Befreiung geschwärmt und zu arg auf Napoleon geschimpft.

Und da er daraus auch kein Hehl macht, muß ihn der besorgte Vater Max I. häufig zurechtweisen. So in dem folgenden Brief: »Hüte dich vor deinen falschen teutschen Freunden! Wisse, daß der Kaiser Napoleon nur zu sehr deine Abneigung zu ihm mutmaßet! Aber dieser Kaiser fühlt mehr denn je, daß unsere Staaten nie gesichert sein werden ohne Salzburg und das Innviertel. Und er will uns diese verschaffen mit dem Degen in der Faust oder durch Verhandlungen. Vorher aber will er deiner Gesinnung sicher sein, damit er nicht nach meinem Tod einen Feind anstatt einen Freund an dir findet. Dieses ist ganz natürlich. Gewiß, lieber Luis, du hast mir Kenntnisse erworben, aber du weißt noch nicht, dich in die jetzigen Zeiten zu schicken. – Sei überzeugt, daß es mir tausendmal lieber wäre, die Sachen stünden noch wie vor zwanzig Jahren. Da dieses aber unmöglich ist, so suche ich zu machen, was das Beste unseres Hauses erfordert. Ich denke, was ich will, aber ich handle nach der Überzeugung meines Gewissens. Ich wiederhole es dir, liebes Kind, der Augenblick ist da, wo wir unabhängig werden können.«

Max I. stirbt

Nach dem russischen Feldzug dringt Ludwig beim Vater langsam durch, man wechselt die Fronten. Allmählich und sehr vorsichtig wendet sich Max wieder Österreich zu. Er schreibt dem Kronprinzen nach Salzburg: »Keine Rede mehr von Neutralität, nur noch vom Marsch gegen Frankreich. Wenn ich aber diesem Vorsatz jetzt schon entsprochen hätte, hätte es Österreich nicht versäumt, es bei Napoleon zu seinem Vorteil gegen uns vorzubringen. Sie sehen, ich zaudere, um nicht zwischen Hammer und Amboß zu geraten. Bisher habe ich einen ziemlich sicheren und glücklichen Tastsinn gehabt. Je älter ich werde, um so ruhiger werde ich. Ich schwöre zu Gott, daß ich durch niemand, wer es auch sei, beeinflußt werde.«

Und Montgelas seufzt und sagt dazu: »In so schwierigen Zeiten ist nichts gefährlicher, als seine eigenen Gedanken dem Herrn, dem man dient, übertragen zu wollen. Dafür sind Sachsen und Preußen schlagende Beispiele.« Endlich kommt es zum Vertrag in Ried, und der bayerische Generalissimus Wrede marschiert mit 80 000 Bayern und Österreichern gegen Hanau, um Napoleon den Rückzug abzuschneiden. Max hat sich doch noch vor der entscheidenden Schlacht bei Leipzig entschieden.

Auf dem Wiener Kongreß, wo jeder zu seinen Gunsten feilscht, muß Bayern ganz Tirol, Salzburg und das Innviertel wieder an Österreich abtreten, darf aber dafür die fränkischen Besitzungen Würzburg, Bamberg, Ansbach und Bayreuth behalten.

Im Würzburger Schloß residiert nun der Kronprinz bis zu seiner Thronbesteigung. Hier wird 1821 auch Prinz Luitpold geboren, der spätere Prinzregent. Es ist Friede im Land, und König Max kann die Verfassung herausbringen, die schon so lange vorbereitet ist. Max selbst eröffnet das neue Parlament mit einer Rede, die er vorher fleißig einübt.

Eine wichtige Rolle im Leben Max Josephs spielt seine stattliche Kinderschar: zwei Söhne und acht Töchter, die ihren Vater über die Maßen lieben. König Max und Königin Caroline sind sehr besorgt, daß sich alle glücklich verheiraten. Nicht nur die gute Partie und die Politik sollen eine Rolle spielen, auch das Herz. »Glaube mir, es ist nichts Infameres, als viele Töchter zu haben«, schreibt er dem König von Sachsen, da ihm die Prinzessin Charlotte nicht in Württemberg bleibt und nun Kaiserin von Österreich wird.

Einer der zahllosen Freier soll sich einmal sehr verbittert geäußert haben: »Das gibt es auch nur am bayerischen Hof, daß es einer Prinzessin erlaubt ist zu sagen: ›Dieser gefällt mir.‹ Oder: ›Ich mag den nicht.‹ – Es ist unglaublich!« –

Die bayerischen Prinzessinnen haben sich tatsächlich alle recht gut verheiratet. Auguste, die älteste, hat den Stiefsohn Napoleons genommen, den Eugen Beauharnais, drei sind Königinnen geworden, zwei nacheinander in Sachsen. Und Elisabeth Königin in Preußen. Charlotte Kaiserin, eine Erzherzogin und Luduwiga Herzogin in Bayern.

Bis ins hohe Alter hinein ist der König ein Frühaufsteher. Um sechs, beim Frühstück empfängt er die ersten Audienzen, nimmt vom Staatskassier sein Taschengeld in Empfang – tausend Gulden täglich –, läßt sich die Abenteuer des Tages und der Nacht erzählen und geht dann zur Schranne. Nach der Rückkehr in die Residenz nimmt er militärische Rapporte und Aufwartungen entgegen und läßt die schamlosesten Anbetteleien von allen Ständen über sich ergehen, schriftlich und mündlich, so daß mittags meist schon die tausend Gulden ausgegeben sind. Den Sommer verbringt er gerne am Tegernsee.

Er plaudert in mancher Bauernstube oder kehrt in einer Almhütte ein. Als dann am 22. Oktober 1825 Max Joseph in Nymphenburg unerwartet stirbt, ist das Königreich Bayern ein fester und moderner Staat.

Zu Füßen unserer lieben Frau von Altötting steht eine silberne Urne. Sie trägt in goldenen Lettern die Inschrift: »Das beste Herz.« Trotz der Säkularisation.

Ludwig I. der Mäzen

Noch in den dreißiger Jahren hat es in München Leute gegeben, die sich recht gut an den alten König Ludwig I. erinnern konnten. Und einige der Damen, die der König für seine Schönheitsgalerie hat malen lassen, sind erst im 20. Jahrhundert gestorben; die letzte, Gräfin Carlotta Boos zu Waldeck, eine großherzoglich-hessische Hofdame, zu der der König als zweiundsiebzigjähriger Witwer noch eine so heftige Zuneigung empfand, daß er sie, die damals 22jährige, beinahe noch zur Linken geheiratet hätte, ist gar erst im Jahre 1920 in Abbazia gestorben. Und wer unter den älteren Bayern erinnert sich nicht an die liebenswürdige und glänzende Ära seines Sohnes, an die gute alte Zeit unter dem milden bayerischen Zepter Seiner Königlichen Hoheit, des Prinzregenten Luitpold? Der Prinzregent also war sein Sohn, während Ludwig II. sein Enkel war. Das Zeitalter Ludwigs I. überstrahlt die ganze königliche Periode in Bayern, von 1806 bis 1918; von seinen Kronprinzenjahren, die er in den Feldlagern Napoleons I. verbrachte, bis zur Abdankung seines Enkels, Ludwigs III., deren Turbulenzen anno 1848 bereits vorausempfunden worden waren, dessen Stürme damals Ludwig I. zur Abdankung gezwungen haben.

Die zentrale Gestalt Bayerns bleibt Ludwig I. Durch ihn glänzt es mit herrlichen Bauwerken, nehmen Eisenbahnen und technischer Fortschritt den Anfang, besinnt und erholt sich die schwer angeschlagene Kirche rascher, und leider, das darf nicht verschwiegen werden, erstarkt durch ihn auch der deutsche Nationalismus und führt den Untergang des souveränen Königreiches herbei.

Aber was wäre München ohne Ludwig I.? Ohne Königsplatz, ohne Propyläen und Glyptothek, ohne Pinakotheken, ohne Ludwigstraße ohne Siegestor und ohne Feldherrnhalle, ohne Königsbau und ohne Festsaalbau der Residenz, ohne Arkaden, ohne Obelisk? Und was wäre Deutschland ohne Befreiungshalle und ohne Walhalla? Die Regensburger Domtürme hat er vollenden lassen; dem Kölner Dom, der deutschen Gotik edelster Perle, hat er den letzten, krönenden Abschluß gegeben. Er hat den Speyrer Dom ausmalen lassen, hat die Kurhäuser zu Bad Brückenau und Kissingen ausführen lassen, hat Ernst von Bandel, den Schöpfer des Hermannsdenkmals im Teutoburger Wald, angeregt und als erster unterstützt, hat in Aschaffenburg die pompejanische Villa errichtet. Ganz zu schweigen von den mehreren Dutzend Denkmälern, Tafeln und Gedächtnissäulen, die, im ganzen Bayernland verstreut, an den unerschöpflichen Ludwig erinnern: in Bayreuth das Standbild für Jean Paul, in Würzburg jenes für Bischof Julius Echter, in Erlangen das für Markgraf Friedrich von Brandenburg und in Augsburg das für Jakob Fugger. Für Athen hat sein Baumeister Klenze den gesamten Stadtplan entworfen, und in Rom erinnert die Villa Malta an Ludwig I. Den Griechen hat er, hat Bayern den ersten König gegeben.

Bei jedem Projekt hat der König mitgeplant und ganz bestimmte Anleitungen gegeben, wie viele Briefe beweisen. Ludwig ist der eigentliche Herr des klassizistischen Baustils. Griechenlands strahlende Schönheit und Größe und die Genialität der italienischen Renaissance, das waren die anregenden Vorbilder. Aber Ludwigs Künstler waren keine bloßen Nachahmer der Griechen und Lateiner. Der Münchner Klassizismus ist ein eigenschöpferischer Stil.

»Ich will die Herzen der Bayern durch Schönheit bilden. – Frauenschönheit nicht ausgeschlossen«, hat er einmal ausgerufen. Er hat fürs Klassische so sehr geschwärmt, daß er nur noch in Hexametern hat schreiben können. Wie z. B. diese Aktennotiz beweist:

»Frömmer werde mir – das Ministerium des Innern. – Das des Kultus kann so bleiben!«

Ludwig I., ein demokratischer Alleinherrscher

»Wir Teutsche sind ein einig Volk, wenngleich unter mehreren Fürsten«, glossierte Ludwig I. einen Brief Metternichs. Gleich nach seiner Thronbesteigung reduzierte er das Militärbudget auf ein Minimum. Von 20 auf 5 Millionen.

Die kostspieligen Garden wurden entlassen, und der Übertritt der Offiziere und Unteroffiziere in den Zivildienst wurde gefördert, zum Beispiel der Übertritt zur Post: »Ein Jahr Praxis wird hinreichen, um als Offizial angestellt zu werden«, schreibt er an den Rand eines Gesuches. Er kümmert sich um alles und gibt sich doch liberal, achtet die Pressefreiheit, schätzt die Verfassung.

Im Ernstfall will er Bayern, ja Teutschland nicht wehrlos wissen. Er versucht über eine Landwehrverordnung ein Volksheer zu schaffen und gibt seinem Baumeister Klenze den Auftrag, die Festung Ingolstadt auszubauen. Damit aber die von Militärbehörden entworfenen Festungsbauten auch ästhetischen Ansprüchen genügen, soll Oberhofbaurat Gärtner die Pläne überarbeiten. – »Bollwerk dem Feind, doch das heimische Auge entzückend; schützend das Land und schmückend zugleich!«

Bezüglich der Regimentsfahnen verfügt er: »Neue Fahnen den Regimentern zu verleihen soll ohne Not nicht stattfinden. Alte Fahnen zu besitzen, haben sich die Regimenter immer zur Ehre gerechnet.«

Auch für das viele Exerzieren hat er keinen Sinn. »Den Landwehrkommandanten ist nicht zu überlassen, zu bestimmen, wann exerziert werden soll. Dem König ist's zuwider, seine Untertanen unnötig eingeschränkt zu wissen. Nicht zehn bis zwölf Tage im Jahr, sondern zehn Tage ist als Maximum festzusetzen. – Und keine zu großen Märsche sollen gemacht werden«, verfügt er in einer Manöververordnung. »Viel lieber mehr Kosten, als daß Soldaten durch die Märsche das Leben verlieren.« In einem anderen Signat heißt es: »Die nichts mehr nutz seienden Ärzte und Chirurgen sollen normgemäß entfernt werden, auf daß unter deren Behandlung die Soldaten nicht zu leiden haben.« Er ordnet die Aufhebung unnötiger Wachtposten an. Da war es keine Seltenheit, daß ein Offizier, der zu seines Vaters Zeiten im Range eines Generals gestanden, unter Ludwig nur ein Bataillon befehligen konnte. Allerdings unter Beibehaltung seines Generaltitels.

Dafür kümmerte er sich mehr um die religiöse Betreuung. An den Sonn- und Feiertagen war es in allen Garnisonen Pflicht, den Gottesdienst zu besuchen.

Ludwig war von der Würde der königlichen Majestät sehr überzeugt, obschon er selbige als eine originelle Persönlichkeit vorstellt. Er ging allein durch die Straßen Münchens spazieren und redete mit jedermann. Er sprach laut und rasch, daß auch die weiter entfernt Stehenden alles hören konnten. Er war schwerhörig, und seine Haare hatten einen rötlichen Schimmer. Er war rastlos tätig, behielt alle Fäden in der Hand, kontrollierte die Minister und das Parlament.

> Niemals ruhen kann mein Geist,
> Immerfort derselbe kreist;
> Daß er geschäftig,
> Das erhält ihn kräftig.

Täglich um vier Uhr früh stand er auf, rasierte sich eigenhändig, da er den Kammerdiener aus Sparsamkeitsgründen entlassen hatte – und das mit den lakonischen Worten: »Anziehen kann ich mich selber, und ausziehen will ich mich nicht lassen.« Nüchtern setzt er sich an den Schreibtisch und geht die Akten durch, an den Rand derselben eigenhändig Befehle hinschreibend, ebenjene berühmt gewordenen Marginalien.

Auf Vorschläge des Innenministeriums zur Abhilfe der Auswüchse auf ländlichen Kirchweihfesten schreibt er: »Keine Herrnhuter sollen die Bayern mir werden, sondern froh und munter nach getaner Arbeit seien sie stets, wie Goethe sich ausdrückt. Volksfeste, worin sich vor allen Teutschen das Königreich Bayern hervortut, sind erfreulich – zu bedauern, gingen an einem Orte sie ein.«

Er prüfte alle Rechnungen. Seine Sparsamkeit grenzte an Geiz. Fürstliche Prachtentfaltung gestattete er nur, wenn die Repräsentation der königlichen Würde es verlangte: bei Besuchen von ausländischen Potentaten, bei der Auffahrt zur Thronrede in die Kammer, bei der jährlichen Eröffnung des Oktoberfestes. Und besonders bei der von ihm wiedereingeführten Fronleichnamsprozession. Aber auch da war er sparsam. So verfügt er einmal:

»Wenn auch neue Heroldenkleider jetzt nötig, wäre dennoch auf die alten das jetzige Wappen zu setzen mir lieb, sie bei üblem, unsicherem Wetter zu tragen!«

Ludwig I. und die Revolution, Hambach und Gaibach: Siebenpfeifer und Michael Behr

Noch ehe er auf den Thron kommt, ist König Ludwig I. ein liberaler Kopf, begeistert für die Verfassung, empört gegen die Karlsbader Beschlüsse, die »niemals die bayerische Verfassung aufheben können, die Sie und ich, lieber Vater, beschworen haben«. Und er war auch sehr deutsch gesinnt. Auf einem Künstlerfest ruft er aus: »Möge alles, was teutsch spricht, dereinst auch teutsch werden. Und mögen alle Teutschen dann so einig sein, wie wir es heute sind.«

Er will ein rechter Volkskönig sein. Zu den Kadetten der Kriegsakademie sagt er: »Seid versichert, ich mache Unterschiede unter euch, aber nur nach persönlichem Verdienst. Ich schätze darum niemand, weil er reich und hoch von Geburt, wenn er nicht ein Mann von Verstand ist.«

Bis zum Hambacher Fest am 27. 5. 1832. An die dreißig- bis vierzigtausend Besucher strömen in die Pfalz, zur Hambacher Schloßruine. Man feiert einen Tag der Verfassung. Und wünscht mehr Freiheit, träumt von einer kommenden deutschen Republik. Der Schneidersohn Jakob Siebenpfeifer spricht am aggressivsten. »Dem Stolz errichtet er Prunkschlösser, der Eitelkeit baut er Museen und Kunstgalerien, den Völkerschlächtern setzt er Säulen des Ruhms, aber für ein Nationaldenkmal, das die Majestät des deutschen Volkes widerstrahlt, hat die Erde keinen Raum, haben 34 souveräne deutsche Fürsten keinen Sinn...« – Alle wünschen sich ein einiges Deutschland. Und der Redner versteigt sich zu dem Satz: »Ohne Beseitigung der deutschen Fürstenkronen gibt es kein Heil fürs deutsche Vaterland. Es leben die vereinigten Freistaaten Deutschland!«

Das war Umsturz. Das war dem König zu schnell gedacht. Feldmarschall Fürst Wrede bekam außerordentliche Vollmachten. Mit der Hälfte der bayerischen Armee (nämlich mit 8500 Mann) zog er in die Pfalz, um mit Waffengewalt gegen diese Anarchistenreden vorzugehen. Und Ludwig wird konservativer, reaktionärer gar, wenn er auch die Pressefreiheit noch nicht ganz verboten wissen will.

Auch in Gaibach bei Würzburg kommt es zu einer liberalen Demonstration; an der dort errichteten Verfassungssäule strömen ebenfalls deutschnationale Studenten zusammen und lauschen den Ausführungen ihres Professors Michael Behr, des Oberbürgermeisters von Würzburg. – Auch Behr spricht von Freiheit und Volkssouveränität, von Verantwortlichkeit der Minister und – vielleicht eines Tages gar – von einer Republik, da die Monarchien veraltet seien. –

Ludwig ist tief gekränkt, da gerade dieser Professor Michael Behr einmal sein Freund gewesen war, damals in der schönen Kronprinzenzeit, die Ludwig, jungvermählt, in der Würzburger Residenz verbracht hat. Oft ist er damals mit dem Staatswissenschaftler spazierengegangen

und hat sich unterrichten lassen. Und jetzt diese anarchischen Angriffe. –
 Weil der König ihn nicht zum Minister gemacht. – Weil er ihn nicht in den Adelsstand erhoben. – Weil er ihn sogar einmal im Münchner Fasching nicht zum Residenzball geladen hatte, wo der Professor doch Abgeordneter gewesen.

Behr wird zum Tode verurteilt, aber vom König sofort begnadigt und auf die Festung Oberhaus in Passau gebracht. Und auch dort wird die Haft (schon ein Jahr später) in eine Verbannung umgewandelt. Professor Behr darf sich in der Stadt Passau frei bewegen und Besuche empfangen. Und 1847 wird er ganz begnadigt und 1848 rehabilitiert und entschädigt.

Die Revolution läßt sich nicht aufhalten. Und 1848, da die Münchner Bürgerwehr über 5000 Mann gegen den König bewaffnet, kann der friedliebende König und Antimilitarist nur ganze 2000 Mann halbtreue Truppen zusammenbringen. – Er muß deshalb schließlich abdanken und alles bewilligen. Weil er zeitlebens das Militär vernachlässigt hat.

Jeder Gulden fürs Militär hat ihm weh getan. Und lieber hätt' er no a neue Uniform kauft als a neus Gewehr.

Das Prinz-Carl-Palais oder Prinz Carl reitet gegen die Barrikaden – Revolutionäres aus dem Jahre 1848

Das Prinz-Carl-Palais hat sich 1806 der 73jährige Abbé Salabert erbaut, der Erzieher König Max' I. und dessen Minister (vor Montgelas). Salabert hat nur ein Jahr in seinem Schlößl leben können. 1807 ist er schon verstorben. Erbe ist der König. Und das Palais heißt nun »Palais Royal«. Gelegentliche Diners finden in ihm statt, und die Königin Karoline lädt manchmal zum Tanztee ein. Und dann bestimmt Ludwig I. die Villa zur Residenz für seinen unverheirateten Bruder Carl. Und von nun an heißt die Villa im Englischen Garten das Prinz-Carl-Palais. Dieser Prinz Carl, ein Liebling der Frauen und in München sehr populär, hat sich in ein hübsches Bürgermädchen verliebt, in das Fräulein Sophie Petin (Bötin). Sie hat ihm auch schon eine Tochter geboren, und böse Zungen tuscheln, das Fräulein Sopherl sei nur ein

Münchner Biermaderl gewesen. – Prinz Carl ist bereits Generalmajor und hat in den Napoleonischen Kriegen etliche Schlachten mitgemacht. Aber sein Bruder, der König Ludwig I., gestattet es nicht, daß Sophie im Prinz-Carl-Palais wohnt. Carl baut ihr in der Briennerstraße ein eigenes Haus. – Endlich, nach der Geburt einer zweiten Tochter, erhebt sie der König in den Stand einer Freifrau von Bayerstorff. Und nach der Geburt eines dritten Töchterls kommt es mit dem König zu einer Erbauseinandersetzung wegen einer »fehlenden männlichen und ebenbürtigen Deszendenz des Prinzen«. – Trotzdem will sich Carl von seinem Sopherl nicht mehr trennen.

Die drei Töchter machen gute Partien, werden Stammütter in den Häusern der Freiherrn von Gumppenberg, der Grafen von Stengel und Drechsel. Erst jetzt läßt sich Prinz Carl mit der Mutter seiner Töchter ebenfalls trauen, und Ludwig I. ernennt sie zur Gräfin Bayerstorff. –

Eine Münchner Liebesgeschichte aus der königlich bayerischen, aus der Biedermeierzeit.

München galt damals als eine der wohlfeilsten Städte in Deutschland. Die Maß Bier war noch für vier Kreuzer zu haben. Der Fleischverbrauch pro Kopf der Bevölkerung betrug 224 Pfund. In London damals nur 152 Pfund und in Paris gar nur 137. –

Durch die rege Bautätigkeit König Ludwigs I. herrschte in der Stadt eine Art Vollbeschäftigung. Und doch haben 1848 die unzufriedenen Revoluzzer auch in München eine Barrikade errichtet. Und das ausgerechnet am Karlsplatz.

Prinz Carl, der bayerische Oberbefehlshaber, hat sich – im kritischsten Augenblick der Revolution – zu Pferd dieser Barrikade genähert. Da schrie ihm ein Revolutionär wütend entgegen: »Königliche Hoheit, wir weichen nur mit Gewalt!«

»Rindviech, d'Gwalt bin ja i!« rief ihm der Prinz zur Antwort. Worauf ein allgemeines Gelächter ausbrach und die Lage entschärfte. Und die Revoluzzer gingen mit dem bayerischen Generalissimus zum Brotzeitmachen. –

Das war am 2. März 1848 gewesen. Aber der König will noch nicht nachgeben. Erst nach Erstürmung des Zeughauses am 6. März und nach einer Androhung der Einäscherung der Residenz bewilligt Ludwig alles Geforderte: Pressefreiheit, Einberufung der Stände, Verantwortlichkeit der Minister und die deutsche Einigung. – Die Revolution beruhigt sich für zehn Tage.

An diesem 16. März 1848 erfahren die Münchner, daß die Lola Montez, verkleidet als Bauernmädchen, heimlich nach München zurückgekehrt ist und sich mit dem König getroffen hat. – Jetzt fängt der Revoluzzerkrawall erst recht an. Und Ludwig I. tritt zurück – zugunsten seines Sohnes Maximilian.

»Wo der Teifi net selm hinfindt, schickt er a Weib hin«, hat damals ein Münchner Bräu über die ganze Revolution geurteilt.

Lola Montez

Lola Montez, in München dann Gräfin Landsfeld, war keine geborene Spanierin, sondern eine Irin, zumindest eine irische Engländerin, Tochter eines Oberleutnants und einer Kreolin. Mit 15 heiratet sie einen Kapitän, ihren Entführer, und geht mit ihm nach Kalkutta. Brannte aber dort gleich wieder mit dem Grafen Lennox durch und kehrte nach Europa zurück. Auf der Rückreise schon wird sie die Geliebte eines Lords Malmesbury und geht mit diesem nach Spanien. Wird Tänzerin in Paris und Hauptzeugin im Prozeß wegen eines im Duell erschossenen Redakteurs. Nun war sie eine berüchtigte Schönheit und zog von Hof zu Hof, nach Baden-Baden, Dresden und Berlin.

Ein Baron von Maltiz brachte sie im Oktober 1846 nach München und starb dann bald. Generalintendant Frays ließ sie vortanzen, aber dem Hoftänzer Fenzel hat sie nicht genügt. Jetzt ging sie wütend zum König. Graf Rechberg, der Adjutant, legte ihr Gesuch dem König vor. Ludwig aber sagte: »Soll ich denn jede hergelaufene Tänzerin sehen?« – »Majestät«, antwortete der Adjutant, »das wär' die Müh wert, die is sehr schön!« – Und die Lola hatte die Audienz. – Sie trat ein, und der leicht entflammbare Bayernkönig war sogleich tief ergriffen von dieser 26jährigen schönen Spanierin. Schwarz und blauäugig und der schlanke Hals auf einer unglaublich kostbaren Säule mit dieser, wie König Ludwig sich auszudrücken beliebte, »wohl ewig unaussprechlichen Linie in den schlanken Hüften«!

Im Oktober 1846 verkündete der Theaterzettel des königlichen Opernhauses zu München: Lola Montez tanzt den el Olé! Und der König dichtete begeistert:

Heiteren Sinnes froh und helle:
Schlank und zart wie die Gazelle
Bist du, Andalusierin!
Voll vom Feuer,
Voll vom Leben
Ist dein Wesen, ist dein Streben.

Die bayerische Revolution war eingefädelt.

Ludwigs Schwager, der König von Preußen, hat sie mit den Worten ausweisen lassen, die Polizei habe Wichtigeres zu tun, als die schlechten Sitten einer schlechten Tänzerin zu verbessern. – Ludwig hat ihm das mit dem berühmt gewordenen Vers heimgezahlt: »Lieber Schwager Hohenzoller, sei dem Wittelsbach kein Groller – wegen der Senora Montez – weil du selber nie gekonnt es!« –

Lola Montez war ehrgeizig, verlangte immer mehr Anerkennung. Wollte in alle bedeutenden Zirkel der Gesellschaft eingeführt werden, verlangte als Staatsmätresse voll respektiert zu werden. – Aber die Münchner verhöhnen sie eher, laden sie nicht ein oder erscheinen nicht. Und Lola erzählt jede Kränkung ihrem Luis.

Über Weihnachten 1846/47 passierten nur Kleinigkeiten. Offiziere und Studenten duellierten sich wegen der Lola. Und sie fuchtelte gelegentlich mit ihrer Peitsche einem Bürger ins Gesicht, wenn er sie nicht grüßen wollte.

Der Unmut wuchs. Aber die Favoritin wurde von ihrem Luis zur Gräfin Landsfeld erhoben. Doch nach altem Brauch mußten die Minister das Adelsprädikat gegenzeichnen. Das Kabinett Abel weigerte sich, dies zu tun. – Jetzt wurde es kritisch in München. Erzbischof Reisach bestürmte den König, die Sünderin und neue Esther zu entlassen. Ludwig antwortete ihm: Eminenz, bleib du bei deiner Stola, ich bleib' bei meiner Lola. –

Kronprinz Maximilian

Anno 1848 ist König Maximilian in Bayern nicht auf den Thron gekommen, weil sein Vater gestorben ist, sondern weil König Ludwig abgedankt hat. Er hat übergeben, wie ein Bauer seinen Hof übergibt. In Bayern hat das schon manchmal ein Fürst getan. – Wegen der Revolution und der leidenschaftlichen Lola Montez hat Ludwig I. zugunsten seines vielgeliebten Sohnes Maximilian auf seinen Thron verzichtet. Der gute Maxl ist aber ein ganz anderer Charakter gewesen als sein Vater.

Maximilian II. wurde sorgfältig und sehr wissenschaftsgläubig erzogen. Die Kreise um den Münchner Philosophieprofessor Schelling standen ihm nahe. Diese Kreise standen dem alten Ministerium Abel feindlich gegenüber. Maximilian hat in Berlin studiert. Schon vor seinem Berliner Aufenthalt war er zwei Semester in Göttingen eingeschrieben. Dort war der junge Bayernprinz so sehr von seinen protestantischen Lehrern angetan, daß er am liebsten zum Protestantismus übergetreten wäre. Am meisten liebte Maximilian die Geschichtswissenschaften, die erst damals durch den großen, in Berlin lebenden Leopold von Ranke und dessen Schüler an allen deutschen Universitäten einen großen Aufschwung nahmen.

In Bayern hatte man hundert Jahre vorher schon ähnlich bedeutende Historiker gehabt, zum Beispiel den Benediktinermönch Karl Meichelbeck von Benediktbeuern. Der aber war im Zeitalter der deutschen Romantik eher in Vergessenheit geraten und wurde nun von den Berliner Größen grell überstrahlt. Der bayerische Kronprinz war also von der neupreußischen Geistigkeit so sehr angetan, daß er damals schon entschlossen war, in München die »völlige Geistesfreiheit« einzuführen – wie die fortschrittsgläubigen Wissenschaftler ihr höchstes Ideal genannt haben. Daß nun mit dem Kronprinzen zahlreiche Berliner und andere Norddeutsche nach München berufen werden würden, war vorauszusehen. Noch dazu heiratet Maximilian die preußische Prinzessin Marie. Der Einfluß der Preußen auf unseren späteren König ist nicht zu leugnen. Besonders an der Münchner Universität haben unsere bayerischen Professoren bald nichts mehr vorzustellen. Die »Nordlichter« geben den Ton an.

Der einflußreichste Agent Preußens in Bayern war Wilhelm von Doenniges, ein gebürtiger Pommer. Kurz vor der Vermählung gab Professor Leopold von Ranke Maximilian seinen jungen Mitarbeiter Doenniges mit nach München. Er sei ein Mann von »gründlich klassischer Bildung«, sei beinahe in der ganzen philosophischen Fakultät zu Hause und habe starke publizistische und literarische Neigungen, ja verfüge darüber hinaus noch über juristische und politische Kenntnisse.

Doenniges war redegewandt und hatte ein sehr sicheres Auftreten.

Berliner Gelehrtenwitz stand ihm, mit beißender Ironie gewürzt, zur Verfügung. Das Haus Doenniges wurde nun in München – mit der aus Berliner Bankierskreisen stammenden Frau Doenniges und den heranwachsenden sehr schicken Töchtern – ein Mittelpunkt geistig-politischer Macht. Mit Argwohn sah König Ludwig I., wie der Kronprinz die Fremden bevorzugte, und die Einheimischen begannen zu murren.

Und heute noch jammert ein alter Münchner: Damals hat der preußische Wind zu wehen begonnen im Bayernlandl, und er hat seitdem nimmer aufgehört. Gott mit dir, du Land der Bayern! Wir haben auch die Preußen überlebt – und überlebens' vielleicht noch einmal!

Die soziale Frage unter König Maximilian II.
1848–1864

Die Lolarevolution von 1848 war in München schon auch ein Revoltieren der ganz Armen gewesen. Bei einer Einwohnerzahl von hunderttausend hatte München über 3000 registrierte Arme gehabt. Das Königreich hatte damals viereinhalb Millionen Einwohner, und insgesamt waren 108 000 Arme von den lokalen Fürsorgestellen erfaßt. Davon waren 33 000 schulpflichtige arme Kinder. Insgesamt verfügten die Armenfonds über etwa eineinhalb Millionen Gulden. – Es hat schon eine soziale Frage gegeben. Darum war König Maximilian II. von Bayern (nach seiner Thronbesteigung) kein anderes Thema wichtiger als die Arbeiterfrage: die Minderung, wenn nicht gar die Beseitigung der Armut in Bayern. – Selbstverständlich hat er auch gleich das Königreich in eine konstitutionelle Monarchie umgewandelt, hat die mittelalterlichen Hofmarksgerichte aufgehoben, öffentliche Rechtsprechung und Schwurgerichte eingeführt, Parteien zugelassen, vollkommene Pressefreiheit gewährt, Justiz und Verwaltung getrennt, den Notar und den Bezirksamtmann bestellt. Aber alle diese notwendigen Staatsreformen schienen ihm persönlich nicht so wichtig zu sein wie die soziale Frage. Selbst seine zweite Passion, die Hebung seiner Bayern durch Aufklärung und Bildung, war ihm zweitrangig im Verhältnis zur »Armenpflege« – wie seine Minister den sozialen Eifer Maximilians eher geringschätzig tituliert haben. – Unermüdlich studierte er das Thema, diskutierte es mit Publizisten und Philosophen, mit Theo-

logen und Medizinern. Selbst ein Antrag des Abgeordneten Professor Carl Edel aus Würzburg über Arbeitszeitverkürzung, durch welche neue Arbeitsplätze geschaffen werden könnten, wurde am 8. April 1848 im Münchner Parlament schon diskutiert.
Und der König verfolgte die Debatte, diskutierte mit den Abgeordneten in zahlreichen Audienzen weiter. Der soziale Eifer schafft ein Durcheinander. Der König ist damit nicht zufrieden. Er will ein grundlegendes Projekt unterstützt wissen. –
So schritt denn König Max II. am 11. November 1848 zu seiner ersten bedeutenden sozialen Tat: er rief ein neues Ministerium ins Leben, eines, das sich nur mit diesen sozialen und ökonomischen Fragen beschäftigen sollte: »Das königlich bayerische Ministerium für Handel und öffentliche Arbeiten.« Mit gleich fünf Ministerialräten. Es war das erste Wirtschafts- und Arbeitsministerium in den deutschen Staaten. Boshafte Zeitungen schrieben: »Der König sieht nicht, wie in den zu vielen Beamten des Staates ein Erzübel der Armut begründet ist...«
Noch wichtiger als das neue Ministerium war für Max das Preisausschreiben, das er am gleichen Tag ausgesetzt und so formuliert hat: »Durch welches Mittel kann der materiellen Not der unteren Klassen der Bevölkerung Deutschlands und insonderheit Bayerns am zweckmäßigsten und nachhaltigsten abgeholfen werden?« – Bis zum Frühjahr 1849 gingen 656 Arbeiten ein. Der König stand selbst der Preisrichterkommission vor. Die sieben besten Arbeiten wurden ausgewertet und dann die Lehren daraus gezogen: Es wurde der bayerische Arbeiterverein gegründet, den der König aber, (damit auch das caritative Christentum mit eingebunden würde) Johannesverein nannte. In ihm sind zusammengeschlossen: Erziehung armer Kinder, Suppenanstalten und Wärmestuben, Waisenhäuser und Kostplätze für arme Kinder bei gutsituierten Leuten, aber auch eine Invaliden- und Krankenkasse. Und der König stiftete aus der Privatschatulle gleich 30 000 Gulden als jährlichen Beitrag. Schon 1856 hat der Johannesverein 50 000 Mitglieder. Der Jahresbeitrag betrug 1 Gulden und 12 Kreuzer. 500 Ortsvereine bringen jährlich – mit der königlichen Spende – 160 000 Gulden zusammen. 150 000 davon werden ausgegeben für Invalide und Kranke und für arme Kinder.
1864 tritt der Bayerische Johannesverein in den Deutschen Arbeiterverein ein, aus dem die SPD hervorgeht. Und die Bayern bringen als einzige ein Kapital von über 200 000 Gulden ein, von denen die

SPD die ersten Jahre lebt. Zum Teil also auch aus der königlich bayerischen Privatschatulle.

König Max II. war eben nicht nur ein Professor, er war auch ein Sozialist.

Die Symposien

König Maximilian II. von Bayern war ein Professor auf dem weißblauen Thron. Nicht nur die Naturwissenschaften hat er vorangetrieben, nicht nur die Chemie und Justus von Liebig gefördert, nicht nur die Physik und Mathematik, Mineralogie und Geologie, sondern auch jene Disziplinen, denen er selber am meisten verbunden war, die philologisch-historischen Fächer. Was wäre die deutsche Geschichtsforschung ohne die Sammlung der deutschen Chroniken der deutschen Städte? König Max hat sie sammeln und drucken lassen. Ohne Maximilian gäbe es keine Reichsakten. Seit dem 14. Jahrhundert – sie liegen gedruckt vor.

Die Historische Kommission bei der Bayerischen Akademie der Wissenschaften ist durch ihn überhaupt erst ins Leben gerufen worden. Die Jahrbücher der deutschen Geschichte, die Forschungen zur deutschen Geschichte, die Geschichte der deutschen Wissenschaften – alle diese Zweige der Historischen Kommission gehen auf König Max zurück. Die berühmte ADB, die »Allgemeine Deutsche Biographie«, hat der König angeregt und bezahlt. Mittlerweile sind es vielleicht siebzig Bände und mehr. Es ist das gründlichste »Who is who« der Deutschen unter Berücksichtigung der letzten 1500 Jahre! Er hat das Schlagwort vom Adel des Geistes erfunden.

Jeweils 50 Gelehrte und Künstler nahm er in den Maximiliansorden auf. Daneben hat es noch die Maximiliansmedaille gegeben, die er 1853 gestiftet hat. Mit dieser Medaille waren auch Geldpreise verbunden. Zuerst 2000 Gulden, später 3000. Sie ist jedes Jahr nur viermal vergeben worden: an die Autoren der vier besten Bücher im Königreich Bayern. Dem besten Bücherschreiber der Naturwissenschaftler, dem besten Juristen, dem besten Historiker und dem besten Philologen.

Er hielt nicht viel vom Adel des Blutes und nicht viel vom Adel des Geldes. Er schwärmte für den Adel des Geistes. Darum umgab er sich mit Professoren und mit Dichtern. »Symposien« nannte er diese geselligen Zusammenkünfte, die schon mittags anfingen und sich weit in die Abende hinein ausdehnten. Man traf sich in der Residenz oder in einem der Schlösser im Nymphenburger Park.

Es wurden die neuesten Erkenntnisse durchgesprochen, und der König hörte es gern, wenn die Gelehrten sich gegenseitig attackierten, wenn kräftig die Meinungen aufeinanderprallten. Emanuel Geibel saß immer zur Linken des Monarchen, Justus von Liebig, der Chemiker, immer zur Rechten. Die Physiker und Mathematiker Bischoff und Jolly fehlten nie, auch nicht der berühmte Hygieniker Pettenkofer. Man sprach über die verschiedenen Systeme der Warmwasserheizungen, der Elektrizität, der Kanalisation und der Müllabfuhr. Vor allem auch über den Kunstdünger.

Zum Abendessen gab es bei diesen Symposien Leberkäs mit Kartoffelsalat, Bier und Brezen. Der König legte Wert auf einen harmonischen Ausklang, auch wenn vorher zwei Gelehrte sich gegenseitig beinahe aufgefressen hätten. Wenn er noch länger gelebt hätte, der König Max, wäre er immer bayerischer geworden.

Der König stirbt 1864

Als unser bayerisches Landl noch ein Königreich gewesen war, gab es manchmal hohe Augenblicke, Tag in denen man sich um seinen König ängstigte, oder Stunden, in denen man patriotische Gefühle zeigen konnte, wenn auch nur im Biergarten. Wenn der König die Frühjahrsparade auf dem Oberwiesenfeld abgenommen hat. Oder an einem kalten Januartag, wenn in München Schlittage war und Ihre Majestäten von der Residenz in einem Prunkschlitten nach Nymphenburg hinausgefahren sind, gefolgt von der Nobilität und den hohen Würdenträgern des Reiches. Wenn Seine Königliche Hoheit einen Gamsbock geschossen hat auf der höchsten Schneid oben oder wenn Seine Majestät den Bayerischen Reichstag eröffnet haben. Das waren schon glänzende Augenblicke, in denen einem die Vaterlandsliebe eiskalt und heiß den Buckel hinunterlief. Aber König Max II. hat sich daraus nicht viel gemacht. Seine Interessen gehörten der Wissenschaft und der sozialen Frage.

Eines der erschütterndsten Ereignisse im Leben des Bayernvolkes war der Sterbetag dieses Königs. Die Menschen liefen weinend in die

Kirchen und beteten. Vor dem Residenzplatz in München standen die Leute schweigend die ganze Nacht, die neuesten Bulletins der Leibärzte vernehmend.

Es war ein Jammer, als unser guter König Max gestorben ist, der Begründer der bayerischen Arbeitervereine. Man schrieb den 10. März des Jahres 1864, dreiviertel elf Uhr vormittags. Den Tag zuvor noch hat man kaum von einer Krankheit des Königs gewußt. Um acht Uhr morgens erschien zwar ein Extrablatt mit der Mitteilung, daß der König plötzlich schwer erkrankt sei. Einige Neugierige eilten zur Residenz und erfuhren von den Lakaien und Torstehern, daß man jede Stunde mit dem allerhöchsten Ableben rechne.

Schon erzählte man sich im Hofbräuhaus, aber auch in den besseren Wein- und Kaffeehäusern, König Max sei von den in Ungnade gefallenen Nordlichtern vergiftet worden. Die Theorie hielt sich bis 1914. »An Max habns' vergift, an Ludwig dertränkt, jetzt dauerts nimmer lang, werd der Otto aufgehängt«, sang ein anonymer patriotischer Haberer.

Nichts Gewisses weiß man nicht. Der preußisch-dänische Krieg stand vor der Tür, und der König soll wirklich eine Blutvergiftung gehabt haben, eine Art Rotlauf. Und er war ein sozialer König gewesen, den der Arbeiter mehr interessiert hat als der Adel und die geldige Bürgerschaft.

In den dichtgedrängten Reihen der Menschen vor der Residenz, auf dem Max-Josephs-Platz, in der Residenzstraße, in den Höfen des Schlosses herrscht ein gespenstisches Schweigen: nur wenn der Oberhofmeister oder der Adjutant Seiner Majestät vor dem Sterbezimmer erscheint und ein neues Bulletin verliest, erbebt die Menge und flüstert.

Endlich, kurz vor elf Uhr, kommt der Oberzeremonienmeister und spricht mit tränenerstickter Stimme: »Unser allergnädigster König, Seine Majestät Maximilian II., sind soeben im Alter von 53 Jahren verschieden!« Die Leute schlagen das Kreuzzeichen und fangen zu beten an. Die Glocken der Stadt und bald darauf des ganzen Königreiches läuten.

Langsam verschwinden die Leute. Still und lautlos gehen sie auseinander. Als letzter verläßt der Erzbischof das Sterbezimmer. Es ist der ehemalige Benediktinerabt von Metten, Gregor von Scherr. Er lächelt verklärt, denn er hat gesehen, wie gottergeben ein bayerischer König stirbt.

»Ideal wäre es, den Arbeitern einen Anteil am Geschäftsertrag zu sichern ... und daß dies einmal eine legislative Bestimmung ermöglicht«, hat König Max II. von Bayern schon gehofft.

Ludwigs II. Thronbesteigung

Am 10. März 1864 reitet Bayerns Reichsherold durch die Straßen der königlichen Hauptstadt und ruft unter Pauken und Trompeten: »Der König ist tot, es lebe Seine Majestät König Ludwig II.« Ein achtzehnjähriger, strahlend schöner Jüngling besteigt den Thron. Als er, noch am Sterbebette seines Vaters kniend, zum erstenmal mit Majestät angeredet wird, erschrickt er so sehr, daß seine Vereidigung vor dem Kronrat etliche Stunden verschoben werden muß.

Am Ludwigstag 1845 in Nymphenburg geboren, hatte der hochbegabte Prinz eine sehr sorgfältige Erziehung bekommen. – Ganz nach den Vorstellungen seines Professor-Vaters. Sein Stundenplan war übervoll, aber Ludwig hatte in allen Fächern gute Fortschritte gemacht. Eben hatte er auch mit dem Universitätsstudium angefangen. Und nun war er König von Bayern. Mit Eifer setzte er seine juristischen und staatswissenschaftlichen Studien fort, leistete in den ersten Jahren seiner Regierung beinahe Übermenschliches mit Leichtigkeit, war leutselig und nahm seine königlichen Pflichten sehr ernst.

Die meisten Biographen wollen schon früh eine aufkommende Geisteskrankheit erkennen. Auffällig berichten sie von des Prinzen frühem Hang zu Einsamkeit und Träumerei. Aber gerade das sind doch Anzeichen von Begabung und Phantasie. – Er hatte starke literarische Interessen, sah gern Komödien von Molière und Tragödien von Schiller, liebte die Musik Mozarts und Beethovens, und da er mit fünfzehn zum erstenmal Richard Wagners Oper Lohengrin hören durfte, begeisterte er sich für diese neuromantische Poesie und gewiß auch für Wagners gewaltige, pathetische Musik. – Obwohl er der Welt und der Politik ziemlich fremd gegenüberstand, hat er sich doch überraschend gut zurechtgefunden. – Alle, die auf den jungen Monarchen einen Einfluß gewinnen wollten – und das waren nicht wenige –, sind erstaunt über die umsichtige Regierungsfähigkeit des achtzehnjährigen Königs.

Die politische Lage in Europa (besonders in Deutschland) war aber gerade 1864 äußerst kompliziert und konfliktgeladen! – Preußen und

Österreicher sind gerade eben in Schleswig-Holstein eingerückt. Die Dänen verschanzten sich hinter den Düppeler Schanzen, wo (zum erstenmal in der Militärgeschichte) Stacheldraht verwendet worden ist. Mit großen Verlusten stürmten die Preußen diese Schanzen, aber die Dänen gaben noch nicht auf. Der Krieg ging weiter. – Und die Rivalitäten zwischen Österreich und Preußen nahmen zu, trotz des Wiener Friedens, wo Dänemark die Elbherzogtümer an die Kriegsgegner abtreten mußte. – Es gab wirtschaftliche Schwierigkeiten (wegen des preußischen Freihandelsabkommens mit Frankreich). – Der junge König hätte in keine unruhigere Zeit hineingeboren werden können.

In den ersten sieben Jahren seiner Regierung sind Jahrhundertentscheidungen gefallen: Preußen und Italien sind immer größer geworden. Der deutsche Fürstenbund wurde von dem mächtigen Preußen für nichtig erklärt. Es kam zum deutschen Bruderkrieg von 1866. Österreich und Bayern wurden besiegt. Die deutsche Frage mußte entschieden werden, das deutsche Kaiserreich gegründet. Selbst einem erfahrenen Staatsmann wären diese erschütternden Ereignisse zuviel geworden. Der Achtzehn-, Zwanzig-, Fünfundzwanzigjährige hat sie eigentlich erstaunlich genug gemeistert. Er wurde nicht mediatisiert wie der König von Hannover oder der Großherzog von Hessen, er hat für Bayern immerhin noch gewisse Reservatrechte herausgehandelt. Die volle Souveränität des Landes zu erhalten, hätte nicht einmal ein bayerischer Bismarck gekonnt. –

Trotz der gewaltigen Umwälzungen und Katastrophen hat Ludwig als Bauherr und Mäzen zusätzlich Großes geleistet. Er war mehr als nur ein Märchenkönig. – »Ich verdanke ihm alles«, schreibt Richard Wagner. Und schildert den jungen König mit diesen Worten: »Er ist leider so schön und geistvoll, seelenvoll und herrlich, daß ich fürchte, sein Leben müsse wie ein flüchtiger Göttertraum an dieser gemeinen Welt zerrinnen... er kennt und weiß alles von mir und versteht mich wie meine Seele... Vom Zauber seines Auges können Sie sich keinen Begriff machen...«

Bereits zwei Jahre später, am 18. Juli 1866, nach den blutigen Gefechten von Helmstedt und Kissingen, seufzt dieser Märchenkönig in seinem zwanzigsten Lebensjahr: »Wie furchtbar, wie entsetzlich traurig sieht es in der Welt jetzt aus! Die Geister der Finsternis herrschen. Überall Trug und Verrat. Eide gelten nichts, Verträge werden gebrochen. Doch gebe ich die Hoffnung nicht auf. Gott gebe, daß Bayerns Selbständigkeit bewahrt werden kann. Wenn wir unter Preußens Hegemonie kommen, dann fort, ein Schattenkönig ohne Macht will ich nicht sein. O Deutschland!« – Er hat es gewußt, daß er von Verrätern umgeben war. Und er ist schwermütig geworden, aber verzagt ist er nicht. Denn auf den Bergen wohnt die Freiheit. Und sein Bayern steht heut noch, während Preußen zugrunde gegangen ist.

Königlich-bayerischer Kriegsrat anno 1866

Nach dem Vertrag von Gastein anno 1865 sollte Schleswig von Preußen, Holstein aber von Österreich verwaltet werden. Als aber Österreich und auch der junge König Ludwig von Bayern sowie die meisten süddeutschen Fürsten den angestammten Herzog Schleswig-Holsteins, den Friedrich VIII., nach seinem Hause genannt der Augustenburger, als deutschen Bundesfürsten anerkennen wollten, wehrte sich Preußen dagegen, das Schleswig-Holstein nun ganz für sich in Anspruch zu nehmen erklärte und damit zugleich die Frage der deutschen Einigung als eine Hauptpropaganda betrieb. Bismarck verlangte eine Umgestaltung des Frankfurter deutschen Fürstenbundes und ließ die preußischen Truppen in Holstein einrücken. Die dortigen Österreicher mußten kampflos abziehen. Der Frankfurter deutsche Fürstenbund verurteilte den preußischen Überfall zwar heftig, aber Bismarck erklärte nun diesen friedlichen deutschen Fürstenbund für aufgelöst. Der 66er Krieg stand vor der Tür. Zum Generalissimus der süddeutschen Bundestruppen wurde der Onkel des Bayernkönigs gewählt, der zivile Prinz Carl. Und so kam es im März 1866 zu einer Hauptkriegsratssitzung im Prinz-Carl-Palais. Die Sitzungsprotokolle berichten:

Prinz Carl glaubt zwar, innerhalb von vier Wochen 45 000 bayerische Soldaten mobil machen zu können, wenn alles gutgeht, setzt er hinzu. Er bezweifelt aber dennoch die Kriegstüchtigkeit seiner Armee. »Angesichts der über die Maßen gut eingeübten preußischen Armee hat ein gemeinsames Kriegstheater mit den Österreichern, den Württembergern, Badenern und Hessen nur dann vielleicht einen gewissen Erfolg, wenn Österreich mindestens 300 000 Mann gegen Preußen ins Feld stellen kann. Und wenn die Bayern, Württemberger, Badener und Hessen unerschütterlich zusammenhalten.«

Einen Kriegstreiber also kann man den bayerischen Generalissimus nicht nennen. Aber der Frankfurter Bundesrat hat ihm nun eigene Generalinsignien eines Oberkommandierenden des vereinigten süddeutschen Heeres übersandt. Er konnte nicht mehr zurück.

Die am Kriegsrat beteiligten Herren Generäle bezeichnen aber alle diese ungelösten Hauptfragen fortwährend und auffällig als »Probleme rein technischer Natur«. – Als eine besondere Kriegslist beschließen sie – unter strenger Heimlichkeit –, die der bayerischen Armee fehlenden Unteroffiziere durch baldige Einstellung von Gendarmen zu ersetzen. Man rechnet so mit mehr als neunhundert gewonnenen Unteroffizieren. Über drei Stunden lang gingen die Meinungen – in einer lebhaften Diskussion – weit auseinander über die Wehrkraft des preußischen Heeres. Zwei würdige Generäle und der Kriegsminister stritten sich darüber, ob Preußen binnen drei Wochen aktiv 500 oder 900 Geschütze gegen Österreich würde ins Feld stellen können. Und ob Österreich soundso viele Truppen in Galizien und in Ungarn werde belassen müssen, von Italien ganz zu schweigen. Eben wegen der Infamie Preußens, sich mit Italien zu verbünden. Einig war man sich aber immer wieder darüber in jenen zwei Kriegsratssitzungen im Prinz-Carl-Palais im März und April 1866, daß die bayerische Armee und das 7. deutsche Armeekorps zusammen ein »Kriegstheater« müßten anstellen. Bei dieser Sitzung gesteht der Generalfeldmarschall Prinz Carl dem bayerischen Außenminister von der Pfordten auch noch den Mangel von Spielleuten ein. Er sagt: »Es fehlen uns nicht nur noch 1700 Unteroffiziere, meine Herrn, es fehlen unserer Armee auch noch etwa 60 Ärzte und gut und gern an die 1200 Spielleute. Ja gewiß, meine Herrn, auch die sind notwendig zum Kriegführen.«

Ein ungemein liebenswürdiger Feldmarschall! Ein umsichtiger Mahner zur Erhaltung des Friedens. Ohne Musik will er nicht mobil machen! Mögen die heutigen Bewohner des Prinz-Carl-Palais die Stunden des Kriegsrates des Prinzen Carl in diesen liebenswürdigen Räumen nie vergessen! Und auch nicht, daß wir anno 1866 in der bayerischen Armee 1200 Musikanten zuwenig hatten.

Der 66er Krieg

Am 14. Juni 1866 erklärte Bismarck den Deutschen Bund für aufgelöst und stellte an den König von Hannover, an den Großherzog von Hessen-Darmstadt, an den Herzog von Hessen-Nassau und an den Kurfürsten von Hessen-Kassel ein Ultimatum, sich binnen 48 Stunden mit Preußen gegen Österreich und Bayern-Württemberg zu verbünden. Als die hessischen Staaten und Hannover aber nicht mit Preußen koalieren wollten, ja mit der Antwort nur zögerten, besetzte die preußische Armee das Königreich Hannover, dessen König Georg V. trotz des siegreichen Gefechtes bei Langensalza das Land verlassen mußte. Aber er hat es zeitlebens abgelehnt, mit Preußen, das sich das Königreich sofort einverleibt hat, auch nur zu verhandeln. Von seiner Exilresidenz in Hietzing bei Wien machte er alle Anstrengungen, eines Tages wieder nach Hannover zurückkehren zu können. Worauf Preußen das Vermögen des Welfenkönigs beschlagnahmte, um von den Zinsen des Welfenfonds seine gesamtdeutschen Agitationen zu finanzieren.

Auch die hessischen Truppen haben es nicht geschafft, sich mit der bayerischen Armee ihres Oberbefehlshabers, des Prinzen Carl, zu vereinen. Nach dem Gefecht von Langensalza marschierte die preußische Armee gegen die Bayern, die sich am Nordrande der Rhön aufgestellt hatten. Nach erbitterten Gefechten zog sich Prinz Carl an die Fränkische Saale zurück. Trotz der dringenden Befehle, die er den bei Frankfurt stehenden hessischen Armeecorps übersandte, rührten sich die Hessen nicht. Auch auf die württembergischen Truppen wartete man vergeblich. – Und so stellten sich die tapferen Bayern allein gegen die preußische Übermacht und leisteten bei Hammelburg und Kissingen drei Tage lang erbitterten Widerstand. Erst am 10. Juli zogen sie sich nach Schweinfurt zurück.

Mittlerweile war am 3. Juli in Königgrätz, in der für Österreich so unglücklichen Schlacht, die Entscheidung schon seit sieben Tagen gefallen, und die Preußen verhandelten bereits in Paris mit Kaiser Napoleon III. über den Frieden mit Österreich. Und zwar, ohne Bedingungen zu stellen. Denn Bismarck hatte Angst, die Franzosen würden sich einmischen. Außerdem waren die österreichischen Truppen in Italien siegreich gewesen. Die Preußen hätten zwar in wenigen Tagen in Wien einmarschieren können, aber die ernste Lage war für Österreich also dennoch nicht hoffnungslos. Allerdings mußte Venetien an Italien abgetreten werden. Denn Preußen hatte, wie schon 1859, sich mit Italien verbündet. Zusätzlich hatte Bismarck auch noch rebellierende ungarische Freiheitskämpfer finanziert und für einen Bürgerkrieg gegen Habsburg ausbilden lassen. – Trotzdem aber waren die unter dem Deckmantel der deutschen Einigung eroberungslüsternen Preußen, aus Angst vor einem Eingreifen Frankreichs zugunsten Österreichs, zu einem raschen und milden Frieden bereit.

In Bayern ging der Krieg weiter. Die preußische Armee ließ aber nun ihre Truppen gegen Bayern vordringen. Es kam zu den Schlachten bei Helmstedt, Roßbrunn und Tauberbischofsheim. Die Preußen besetzten Würzburg. Bei Helmstedt wurde Prinz Ludwig (der spätere König Ludwig III.) schwer verwundet. Ludwig II. war Ende Juni noch im bayerischen Hauptquartier zu Bamberg gewesen. Nach den verlorenen Gefechten ist er tief deprimiert und will zurücktreten. – Der bayerische Ministerpräsident eilt ins preußische Hauptquartier nach Nikolsburg in Böhmen, wird aber von Bismarck nicht empfangen, sondern als Kriegsgefangener behandelt.

Indessen haben die Truppen Manteuffels Nürnberg besetzt. Die evangelischen Gemeinden Frankens beten gar lieber für die Preußen als für die Bayern. Und die Katholiken haben Angst, Protestanten werden zu müssen. – Endlich, am 28. Juli, wird der bayerische Ministerpräsident bei Bismarck vorgelassen, und er kann einen dreiwöchigen Waffenstillstand erbitten. Bismarck aber verlangt von Bayern die Abtretung Ober- und Unterfrankens. Es sei denn, Bayern unterzeichne mit Preußen ein Schutz- und Trutzbündnis für jeden Kriegsfall und unter preußischem Oberkommando. Aber diese Vereinbarungen müssen geheim bleiben, da Frankreich für die süddeutschen Staaten die Garantie der souveränen Unberührtheit von Preußen fordert und auch offiziell im Friedensvertrag zugesichert bekommt. – Zugleich muß Bayern 30 Millionen Gulden Kriegskontribution an Preußen bezahlen.

Die Folgen von anno 66 oder Die deutschnationale Agitation in Bayern

Der Krieg anno 1866 hat den jungen Ludwig arg mitgenommen. Daß damals nicht seine tapferen Bayern, sondern die Preußen gesiegt haben, das hat er nie überwunden. Dadurch hat am Ende im Herzen unseres Königs der Wurm angefangen zu bohren. Als zwanzigjähriger König zusehen zu müssen, wie die Preußen einrücken, wie sie Würzburg und Bamberg besetzen, ja bis auf Nürnberg marschieren und dem gleichaltrigen Vetter Ludwig, dem späteren König Ludwig III., eine preußische Kugel ins Schienbein schießen, das ist erschütternd. Er hat dagegen nichts tun können, weil die Preußen bereits Hinterlader gehabt haben und seine bayerischen Soldaten nur alte Vorderladerbüchsen noch aus der Zeit Napoleons.

Was bedeutet danach noch ein Königtum? Es regieren nur noch solche Minister, die auch in Berlin für gut befunden werden. Wiederholt wollte er die ihm, der nach der Verfassung die Minister hat ernennen und entlassen dürfen, aufgezwungenen deutschnationalliberalen Minister entlassen. Der Reichskanzler hat es mit massivem Druck jedesmal zu verhindern gewußt. Das bayerische Königtum hatte seine Souveränität verloren. Ludwig hätte zurücktreten können. Er hat oft mit diesem Gedanken gespielt, es aber dann doch nicht getan.

Er fand eine Art der Opposition gegen den militanten deutschen Nationalismus, gegen den Blut- und Eisenstaat, der gegen den »Erbfeind Frankreich« so erfolgreich gewesen war: Er verherrlichte Ludwig XIV., den Sonnenkönig, den Höhepunkt der monarchischen Idee in Europa.

Im Frieden von Berlin – im August 1866 – hat Bayern zwei Bezirksämter in Unterfranken abtreten und dazu noch 30 Millionen Gulden Kriegsentschädigung an das Königreich Preußen zahlen müssen. Das alles wäre für die bayerische Souveränität noch tragbar gewesen – obschon des Königs Schlösser, alle zusammen, nicht mehr gekostet haben und Ludwig die obendrein aus seiner Privatkasse bezahlt hat. Daß Bayern 1866 aber ein Schutz- und Trutzbündnis mit Preußen eingehen mußte und noch dazu in jedem Kriegsfalle Preußen unter dem Oberbefehl von Berlin beistehen mußte, das degradierte Bayern, wie er in sein Tagebuch schrieb, zu einem preußischen Soldatenreservat. Trotzdem mußte das bayerische Heer aufgerüstet werden, und die allgemeine Wehrpflicht verdrängte die alte bayerische Aushebung durchs Los und das Ersatzmann-Stellen! Die Agitation der deutschnationalen Einheitsbewegung wurde nun in Bayern immer aktiver, beeinflußte die Umgebung des Königs. Immer öfter schrieben bayerische Zeitungen von einer deutschen Einigung unter Preußens Führung. Ludwig II. hat die Folgen vorausgesehen und hat sich noch stärker den Früchten des Friedens hingegeben, den Künsten, dem erhabenen Reich seiner königlichen Phantasie. – Es gibt eine Notiz Ludwigs II. von anno 1870, wo er dem Grafen Bray schreibt: »Frieden in Deutschland für ewige Zeiten hat 66 Bismarck versprochen. Nun marschieren sie wieder. Man möchte der Krone entsagen. Bayerns König sein nur noch im Reich der Phantasie.«

Mehr als die Hälfte Deutschlands war nun preußisch: Schleswig-Holstein, Hannover, Kurhessen, Nassau und die Stadt Frankfurt wurden von Bismarck einfach annektiert. Mit den verbliebenen norddeutschen Staaten und mit Hessen-Darmstadt gründete er den Norddeutschen Bund. – Was konnten dagegen Bayern, Württemberg und Baden unternehmen? – Nach dem Prager Frieden vom August '66 hätten sie – auf Verlangen Frankreichs – einen Süddeutschen Bund gründen sollen oder dürfen. Aber auch diese Vereinigung konnte Bismarck geschickt verhindern.

Dafür wurde 1867 in Berlin ein gesamtdeutsches Zollparlament gegründet, in dem die bayerischen Vertreter bereits mit verschiedenen Mitteln zu überzeugten deutschnationalen, bismarckhörigen Agenten gewonnen werden konnten.

In den deutschen Geschichtsbüchern heißt es: Nur dieses Zollparlament konnte vorläufig die deutsche Einheit repräsentieren. Als ob uns der Deutsche Bund nicht deutsch genug gewesen wäre!

Ludwig II. der Mäzen

Der Aufschwung der Künste ist mit dem Regierungsantritt Ludwigs II. unverkennbar. Maximilian II. hat nicht allzuviel gebaut, er war mehr Historiker und Professor gewesen. Schloß Hohenschwangau hat er zwar zu einem ritterlichen und romantisch verträumten Sommersitz ausbauen lassen, aber ansonsten können die Kunsthistoriker die Ära Maximilian beinahe überspringen, obschon die Maximilianstraße mit dem Maximilianeum schon auch etwas vorstellt!

Die Bauten des Großvaters waren noch nicht alle abgeschlossen, als der Enkel Ludwig, blutjung mit seinen achtzehn Jahren, den Bayernthron besteigen mußte. Und wie unerwartet und großartig nahmen nun die schon dem Niedergange geweiht geglaubten Künste einen neuen Aufschwung. Es waren neue Künstlernamen, denn Ludwig II. knüpfte da an, wo die Vorfahren seines Großvaters aufgehört hatten. – Er kreierte einen neuen Barockstil, den »ludovizianischen Barock«. Der Architekt Georg von Dollmann, die Maler Frank, Boucher und Seitz, der Bildhauer und Kunsthandwerker Philipp Perron, ein hervorragender Stukkateur, die Heckel, von Schwind, Kaulbach und Watten. Diese Namen werden alle später erst richtig berühmt werden, wenn die offiziellen Kunsthistoriker die ludovizianischen Stile registriert und interpretiert haben werden. Anzeichen dazu sind vorhanden.

Allein als Mäzen der Künste und eines von nun an immer stärker aufblühenden Kunsthandwerks wäre König Ludwig II. schon unsterblich geworden. Welch anderer Monarch hat am Ende des 19. Jahrhunderts solche Riesenbauten wie die Schlösser Linderhof, Neuschwanstein und Herrenchiemsee aufzuführen gewagt? Andere Monarchen haben die Gelder ihrer Privatschatulle und die von Bismarck gewährten Zuwendungen aus den Zinsen des Welfenfonds anders verbraucht, haben Weltreisen unternommen, haben sich Mätressen, Rennpferde und zusätzliche Garderegimenter gehalten. König Ludwig II. hat Schlösser gebaut und Richard Wagner finanziert. Durch seine Schlösserbauten ist das Geld im Land geblieben, und die Leute haben einen Respekt gehabt vor ihrem König, besonders die Maurer und die Zimmerleute, die Schreiner und Maler, die Glaser und Schmiede, die Gipser und Posamentierer, die Vergolder und Schnitzer. Die Fuhrleute nicht zu vergessen.

Und erst die Handlanger! Wie ist es damals zugegangen in Füssen und im Ammergau, in Stock und Prien und um den ganzen Chiemsee herum am Ende der siebziger, Anfang der achtziger Jahre! Fast schon wie heute in der Saison. – Angefangen hat König Ludwig mit seinem Mäzenatentum gleich nach seinem Regierungsantritt. Er ließ sich den Eckpavillon im Nordwesten der Residenz ausbauen und einrichten. Der Korridor zu der Wohnung des jungen Königs wurde von Hofmaler Echter mit Fresken aus der Nibelungensage geschmückt. Hier empfing Ludwig dann alsbald Richard Wagner, den er schon in den ersten Wochen nach seiner Krönung eifrig suchen ließ. Wagner war damals völlig verzweifelt und verschuldet in Stuttgart untergetaucht, ständig auf der Flucht vor seinen Gläubigern.

Der königlich-bayerische Kabinettssekretär von Pfistermeister fand den Schöpfer des »Lohengrin« und übergab ihm zum Zeichen der Freundschaft und Verehrung des Bayernkönigs einen sehr wertvollen Brillant, den Richard Wagner sofort verkaufen ließ. Dann eilte der Meister nach München.

König Ludwig II. honorierte Richard Wagner von nun an fürstlich und war ihm obendrein ein treuer Freund. Aber keineswegs vernachlässigte der junge Monarch darüber seine Regentenpflichten. Er empfing den Zar von Rußland und das Kaiserpaar von Österreich, repräsentierte vier Wochen lang in Bad Brückenau. Er lud die Abgeordneten zur Hoftafel und ließ seine Minister täglich vortragen. Man kann sagen, er hat 1864/65 eher Wagner vernachlässigt als die Staatsgeschäfte. 1865 schon kommt es im Bayerischen Nationaltheater zur Welturaufführung von »Tristan und Isolde«. Diese Premiere war mehr wert als der ganze 66er Krieg. Auch wenn wir diesen Krieg gewonnen hätten. Aber wir haben ihn nicht gewonnen, wir haben eine Wagneroper finanziert.

Völkerversöhnung und Unfallversicherung

Unter Ludwig II. haben die Bayern unglaublich viele Neuerungen annehmen müssen: 1872 wurden die bayerischen Meilen abgeschafft und die Kilometer eingeführt, und statt des Gulden zu 60 Kreuzer zahlte man ab 1873 nur noch mit Mark zu 100 Pfennig. Es wurde nicht mehr in Fuß und Zoll und Ellen gemessen, sondern in Metern, und das Bier braute man nicht mehr eimerweise, sondern nach Hektolitern! Aber das allerneueste war halt doch dieses Deutsche Kaiserreich von Berlin!

Als Bismarck am 18. Januar 1871 im Spiegelsaal zu Versailles das kleindeutsche Kaiserreich ausrief, ohne vorher eine konstituierende Nationalversammlung einzuberufen, fühlten sich die Franzosen sehr gedemütigt, da der Krieg noch nicht zu Ende war und die Menschen in der eingeschlossenen Stadt Paris am Verhungern waren. Durch die deutsche Kaiserproklamation im stolzen Schloß zu Versailles hat Bismarck den Haß der grande nation gegen die Boches über siebzig Jahre hinweg erregt.

Ludwig II. aber hat am selben 18. Januar 1871 seinem Architekten Dollmann den Auftrag erteilt, die Gemächer in Linderhof nun ganz im Stile von Versailles einzurichten: aus Linderhof ein Petit Trianon zu machen. »Seht her, ihr gedemütigten Franzosen, in Bayern herrscht ein König, der in diesem Augenblick, in der Geburtsstunde der deutschnationalen Größe, sich ein kleines Versailles baut, euch zu Ehr, ein Zeichen des Friedens, eine Geste der Versöhnung.«

Das gedemütigte Frankreich hat diese Geste verstanden. In mehreren Zeitungsartikeln wurde damals des jungen Bayernkönigs und seines Schlosses zu Linderhof gedacht. Die Leut haben das immer schon gespürt, daß unser Märchenkönig auch eine politische Kraft gewesen ist. Preußen existiert heute nicht mehr, Linderhof, Neuschwanstein, Herrenchiemsee besuchen jährlich Millionen aus aller Welt. Und wo noch vor einigen Jahren die Kunsthistoriker von fadem Kitsch und wulstiger Verrücktheit sprachen, werden schon Dissertationen verfaßt über den Höhepunkt des historischen Stils.

Noch vor Jahren ließ die Schloßverwaltung in Herrenchiemsee wöchentlich mehrmals dreitausend Kerzen anzünden, weil es, sollte wirklich einmal etwas passieren, »um die französischen Imitationen eines geisteskranken Paranoikers nicht schade ist«. – Das Zitat ist nicht erfunden.

Noch den Enkeln der Prinzregentenzeit war die Ludwigsbegeisterung unverständlich. Die Urenkel Luitpolds werden den berühmtesten Wittelsbacher allmählich verstehen lernen. Ganz gleich, wie er geendet. Er war ein Mäzen, ein Friedensfürst am Beginn der grausam nun folgenden grandiosen achtzig Jahre. Ludwigs Wahlspruch aber hieß: Alles zum besseren Fortschritt und zum Wohl für das arme arbeitende Volk. Hohe Kronbeamte haben um seine Gunst gebuhlt, Minister und Gesandte wollten ihn beeinflussen. Der reine, schöne Jüngling aber hat rasch einen eigenen Regierungsstil gefunden. Er hat sich für das Selbstbestimmungsrecht der Völker ausgesprochen, hat stets an die Verbesserung der Verhältnisse gedacht. Die freie republikanische Schweiz hat ihm imponiert. Die Gleichberechtigung der Konfessionen, vor allem der jüdischen, lag ihm am Herzen. Er hat öfters Synagogen besucht, z. B. 1866 auch die von Fürth.

Als zweitgrößter Bundesfürst hat er in Berlin schon in den siebziger Jahren immer wieder eine Invalidengesetzgebung gefordert. Unermüdlich kümmerte er sich um eine Unfallversicherung für Arbeiter, und noch Tage vor seiner Abdankung regte er ein Gesetz zur Umschulung verunglückter Arbeiter an.

Mit dem Zaren Alexander II., der den russischen Staat reformieren wollte und der deshalb 1881 bei einem Attentat getötet wurde, war er befreundet.

Sein hervorragendster Charakterzug war unbedingte Ehrlichkeit. Er konnte es sich nicht vorstellen, daß Menschen ihn, den König, belügen würden. Und doch hat ihn sogar seine Braut Sophie mit einem Fotografen betrogen. Und da er's erfahren, konnte er keiner mehr vertrauen.

Als einmal ein Geißbock im Schachenhaus die königlichen Fauteuils zerfetzt und einen Spiegel zertrümmert hat und die Lakaien den Bock endlich hinausjagen können, meint er: »Er lügt wenigstens nicht.«

Aber weil halt ein König mit dem Schicksal seines Landes identisch wird, hat er schwermütig werden müssen. Bayern hatte nichts mehr zu sagen. Und die Deutschen sind allerweil militärischer geworden. »Dös hat'n traurig macha müaßn.« Die Souveränität seines Landes hat er nur noch auf den Bergen gespürt. Denn: »Auf den Bergen wohnt die Freiheit!

Kulturkampf im Königreich Bayern

In Bayern hat die geistig-geistliche Auseinandersetzung mit der römisch-katholischen Kirche, der so schreckliche Kulturkampf, schon mit der Opposition etlicher bayerischer Theologen gegen das Unfehlbarkeitsdogma des Papstes begonnen, welches das Konzil am 18. Juli 1870 angenommen hatte, genau einen Tag vor der französisch-preußischen Kriegserklärung. Schon eine Woche später verfaßten 44 Professoren der Münchner Universität, mit Dompropst Ignaz Döllinger und dem Philosophieprofessor Huber, beide die Lieblingslehrer des Königs, eine öffentliche Erklärung gegen das Papstdogma. Am 4. August begannen die bayerischen Armeekorps die Feindseligkeiten gegen das Kaiserreich Frankreich. Unter den Generälen Hartmann und von der Tann siegten sie in den Schlachten von Weißenburg (am 4. August) und bei Wörth (am 6. August).

Am 9. August 1870 ließ die bayerische Regierung allen bayerischen Bischöfen mitteilen, daß es ihnen verboten sei, ohne das königliche Plazet die Konzilsbeschlüsse zu veröffentlichen. Aber die bayerischen Bischöfe ließen die Konzilsbeschlüsse trotzdem von allen Kanzeln verlesen und druckten sie in ihren Klerusblättern ab. Der Erzbischof von München, Gregor von Scherr, verlangte nun von den Theologieprofessoren eine schriftliche Anerkennung der Konzilsbeschlüsse. Drei verweigerten. Nur der Bamberger Erzbischof Michael von Deinlein hat das königliche Plazet eingeholt. In Mering, in der Diözese Augsburg, predigte der Pfarrer gegen das Konzil und wurde vom Bischof exkommuniziert. Aber der Justiz- und Kultusminister des Königs, Johann von Lutz, behielt diesen Meringer Pfarrer in seiner Pfarrei. Das wurde ein aufsehenerregender Skandal.

Zur selben Zeit kam aus Frankreich die Nachricht, daß die Schlacht von Sedan gewonnen sei, nicht zuletzt durch die Erstürmung des Vorwerkes Bazeilles durch die tapferen Bayern. Die viermonatige Belagerung von Paris, die Flucht des französischen Kriegsministers Gambetta mit einem Ballon aus der belagerten Stadt und die Verhandlungen in Versailles über das Deutsche Reich sowie der Kaiserbrief König Ludwigs am 3. Dezember 1870 ließen die geistig-geistlichen Auseinandersetzungen wegen der Unfehlbarkeit des Papstes etwas zurücktreten.

Aber kaum waren die Januardebatten über den Beitritt Bayerns zum Deutschen Bund mit 104 gegen 48 Stimmen vom Parlament beendet worden, ging der altkatholische Krieg weiter. Döllinger und noch zwei bayerische Theologen hatten im August den erzbischöflichen Revers nicht unterzeichnet und gründeten nun im ganzen Königreich altkatholische Gemeinden. Es ist auffallend, daß besonders viele aus technischen Berufen, besonders der Eisenbahner, sich zu altkatholischen Pfarreien bekannt haben. König Ludwig II. war auch ein Kind seiner Zeit. Er wollte, wie er dem Erzbischof erklärt hat, zwar unbedingt ein treuer Sohn der Kirche bleiben, aber auch seinem ehemaligen Lehrer Döllinger nicht fernestehen.

Vielleicht hat Bismarck den nun erst einsetzenden harten reichsdeutschen Kulturkampf dazu benützt, die deutschnationalliberalen Kräfte zu entfesseln, die bayerischen Patrioten und ihren Ultramontanismus zurückzudrängen und so den deutschen Geist des hohenzollernschen Kaiserreiches zu festigen.

Und ausgerechnet im königlichen Odeon zu München, im schönen Konzertsaal, ist dieser deutsche Kulturkampf am 10. 4. 1871 kräftig angefacht worden, als 75 angesehene Persönlichkeiten des öffentlichen Lebens, wie es heißt, eine »Museumsadresse« an den König von Bayern veröffentlichen, in der sie sich von Rom die Bedrohung der Interessen des deutschen Staates verbaten, um die Rechte der deutschen Bürger zu wahren.

Ausgerechnet Minister Lutz hat dann im neuen Reichstag zu Berlin den Kanzelparagraphen gefordert, durch den nun katholische Priester von der Kanzel herunter verhaftet werden konnten. Seit dem Kulturkampf gilt staatsrechtlich nicht einmal die kirchliche Trauung mehr was. Wer verheiratet sein will, muß einen standesamtlichen Trauschein vorlegen können. Auch in Bayern.

Die Taten des Königs

Die Meldungen über den Bankrott der königlichen Kabinettskasse und die Angst um die bevorstehende Pfändung der königlichen Schlösser mehrten sich seit den Septembertagen des Jahres 1885. Es war eine großangelegte Kampagne. Und die Minister des Königs standen auf der Seite des Reiches. Selbst die königlichen Lakaien waren im Dienste der deutschen Abwehr. Der König wurde unauffällig von Gendarmen bewacht. Fast nur noch abkommandierte Chevaulegers waren zur Bedienung der Majestät vorgelassen. Dergleichen Nachrichten finden sich in keiner Biographie Ludwigs II.

Seit dem Ausgang der Wahlen in Frankreich zugunsten der Revanchisten Clemenceau und Boulanger war eine neue Kriegsgefahr für das Deutsche Reich heraufbeschworen. Zugleich versuchte der österreichische Thronfolger Rudolf, seinen Vater und den russischen Zaren umzustimmen, die Bündnisse mit dem Deutschen Reich zu ändern und eine große Entente mit dem neuen Frankreich zu bilden, um möglicherweise friedlich die fortgesetzten Rüstungsvorlagen der Deutschen zu unterbinden. Und Clemenceau hat über das Haus Orléans unserem König 30 Millionen versprochen, wenn er bei einem für das Frühjahr '86 geplanten Krieg seine Armee nicht mobil mache. Die Vertrauten des Königs, vor allem auch der deutsche Gesandte in Paris, Fürst Hohenlohe-Schillingsfürst, haben dieses Geldangebot sofort dem Reichskanzler weitergegeben. Die Folge war ein Kesseltreiben gegen die verschuldete Kabinettskasse des Königs. Dabei hatten die Bayern damals noch ein Gespür dafür, daß ihr König eine reichlich gefüllte Privatschatulle haben müsse. Denn der König muß nicht nur Schlösser bauen, Kunst und Wissenschaften fördern, er hat auch viele Guttaten zu vollbringen. Und König Ludwig II. hat nicht nur seine Schloßbauten vorzuweisen, nicht nur die Opern Richard Wagners und das Festspielhaus zu Bayreuth, sondern er hat auch die technischen Wissenschaften außergewöhnlich gefördert.

Er hat den Technischen Überwachungsverein mitgegründet, hat die Elektrotechnik gefördert. (1881 hat er z. B. bei Schuckert in Nürnberg 21 Dynamomaschinen bestellt.) Selbst die Hunderttausende, die der Märchenkönig für die Beleuchtung und Beheizung der Venusgrotte in Linderhof ausgegeben hat, waren nicht vergeudet. Sie haben der Entwicklung der elektrischen Glühbirnen gedient. Linderhof war (nach

Herrn Jean Luis vom TÜV München) das erste Elektrizitätswerk in Bayern.

Sein unentwegter Wunsch, blaues Licht mit Hilfe elektrischer Lampen zu erzeugen, war bedeutsam für die Entwicklung der Farbenindustrie in Deutschland. Der Inhaber des chemischen Lehrstuhls in München, Professor Baeyer, hat sich mit dem Gründer der BASF auf Wunsch des Königs über die Möglichkeiten, ein Blau zu erfinden, das auf einer elektrischen Lampe auch wirklich als blau erscheint, in einem umfangreichen Briefwechsel auseinandergesetzt. Zu diesem Blauthema sind mehrere Dissertationen erschienen, und schließlich ist am Ende aus dem Blauspleen des Königs die deutsche Farbenindustrie hervorgegangen.

Im Gutachten der Irrenärzte wird auch als pathologisches Symptom des Königs Wunschwahn, einen fliegenden Pfauenwagen konstruieren zu lassen, erwähnt. Dahinter steckte des Königs Befehl an Architekt Dollmann, ein lenkbares Luftschiff zu konstruieren. Und wenn es sein müsse, zunächst über ein Seil. Da es aber als unmöglich bezeichnet wurde, ein so langes Seil zu erstellen, ließ der König einen Ingenieur Koch die Luftschraube, den königlichen Hofuhrmacher Reithmann zum Antrieb den Viertaktmotor erfinden. Diesen hat der Deutz-Ingenieur Otto kopiert, wie ein jahrelanger Prozeß (den Reithmann gewonnen und sich dann mit Deutz verglichen hat), es beweist. Die königliche Privatschatulle Ludwigs II. hat der technischen Entwicklung Millionen einsparen helfen. Das bayerische Parlament hätte ihm unbedingt anno 1886 die Schulden bezahlen sollen. Denn er war schließlich auch noch der Protektor des ersten Tierschutzvereins in Bayern und hat dessen vielverspotteten Gründer Rechtsanwalt J. Ignaz Perner zum Hofrat erhoben.

Des Märchenkönigs Hinrichtung wegen Hochverrats

»Wie sehr ekelt mich dieses deutsche Reich, wie es sich dank dem ideallosen Preußentum mit seinem Militarismus und jenem märkischen Junker gestaltet hat, in höchstem Grade an. Und wie gefährlich ist es für den Völkerfrieden in Europa...«, schreibt schon 1871 Ludwig II. an seinen Bruder Otto. Der König hat es schon bereut, am 30. November 1870 in Hohenschwangau den Kaiserbrief an Wilhelm von Preußen geschrieben zu haben. Denn die Rechte der bayerischen Krone, die Selbständigkeit des bayerischen Volkes sind in dem kleindeutschen Erbkaisertum Preußens zugrunde gerichtet worden. Die zugesicherten Reservatrechte wurden restlos ausgehöhlt. Nicht zuletzt durch die deutschgesinnten bayerischen Minister. Fürst von Bülow erwähnt in seinen Denkwürdigkeiten, wie z. B. Bismarck die preußischen Gesandten an den deutschen Fürstenhöfen als kaiserlichdeutsche Beamte und Aufpasser verstanden wissen wollte und nicht einmal äußerlich als Salondiplomaten.

Der Gesandtschaftssekretär Philipp Fürst zu Eulenburg, der ein hochkarätiger Mitarbeiter der Deutschen Abwehr gewesen ist, hat die Lösung der bayerischen Königsfrage überwacht und durchgeführt. Er war nicht zufällig in der Todesnacht in Starnberg anwesend. Er hat die »Spuren des Kampfes im Ufersand« amtlich gemacht.

»Mit Stangen, an denen Schuhe gebunden waren, mußten wir in der Früh die Spuren auf die Steine markieren«, hat Fischer Lidl sich einmal geäußert.

Es sind zu viele Fragen offen: Wann starb der König? Warum wurde die Todesursache Professor Guddens nicht medizinisch definiert? Warum fanden die Sucher in der Zeit zwischen acht und acht Uhr dreißig, wo es noch hell war, Rock und Regenschirm des Königs nicht? Warum erst nach Einbruch der Dunkelheit gegen zehn Uhr? usw.

In den deutschen Geschichtsbüchern gibt es erst seit Heinrich Himmlers SS einen Geheimdienst. Aber bereits der Eiserne Kanzler Bismarck hat eine ziemlich hart zugreifende Geheimorganisation unterhalten, die Deutsche Abwehr. (Sie hat auch die bayerische Königsfrage als eine selbständige Aktion der bayerischen Minister getarnt.)

Der König wurde nämlich, wie Hohenlohe-Schillingsfürst im zweiten Band seiner Denkwürdigkeiten schreibt: »... wegen seiner Verhandlungen mit dem Prinzen von Orléans der Felonie bezichtigt..., des Hochverrats.«

Im August 1885 hatte die Partei des französischen Radikalliberalen Clemenceau gesiegt. Damit wurde der Orleanistenführer General Boulanger Kriegsminister. Die beiden wollten sofort Elsaß-Lothringen wieder zurückhaben und suchten dazu Verbündete, vor allem in Rußland und Österreich. Erzherzogthronfolger Rudolf bestürmte seinen Vater, sich von dem seit fünf Jahren bestehenden Bündnis mit Preußendeutschland, das doch heimlich auf den Zerfall der Habsburger Monarchie hinarbeitete, zu trennen. Schon erschienen in russischen Zeitungen ebensolche Leitartikel, daß Rußland der beste Verbündete Frankreichs sei. Die Entente zeichnete sich bereits ab.

Auch an Bayern traten die Versucher heran. Ludwig II. hatte ja den Oberbefehl über sein Heer. Machte er nicht mobil, würde die dritte deutsche Armee wenigstens vier Wochen lang nicht einsatzbereit sein. Aus den Gesandtschaftsberichten und aus den Memoiren mehrerer Politiker und Fürstlichkeiten geht die aufregende europäische Krise der Jahre 85/86 gegen das Deutsche Reich deutlich hervor. Bismarck kämpfte an allen Fronten, war unermüdlich tätig, Rußland und Österreich zu entzweien.

Zunächst wollte man den Bayernkönig nur entmündigen. Als aber durch die Ungeschicklichkeit der Minister die erste Enthebungskommission sich so sehr blamiert und die Kunde der Abdankung die königstreue bayerische Öffentlichkeit erschreckt hatte, ja bayerische Unruhen befürchtet wurden, mußte der Geheimdienst das vordem durch den Prinzregenten in eine Abdankung umgewandelte Todesurteil des Hochverräters am Pfingstsonntag doch noch vollstrecken. Denn schon am Dienstag mußte sich die bayerische Regierung vor den bayerischen Kammern verantworten.

Auch Professor Gudden hätte aussagen müssen. Und er stand, seit er den König nun persönlich gesprochen, nicht mehr zu seinem Gutachten. Und außerdem sollte der Tod des konspirierenden Königs dem Erzherzogthronfolger Rudolf, wie aus einem Gesandtenschreiben hervorgeht, eine Warnung sein.

Mißtrauen gegen Luitpold

Groß war der Ärger nach der Königskatastrophe im Starnberger See. Es hat für Augenblicke nach einer Revolution ausgesehen. Die Leute waren tagelang bedrückt und wie gelähmt. Die Revolution von 1918 wurde bereits vorausempfunden.

Für den kranken Otto regierte der nächste Agnat, der Onkel Luitpold. Prinz Luitpold hatte ja den einsamen König Ludwig ohnehin schon jahrelang vertreten und das Königtum in Bayern repräsentiert.

Und doch war man ihm jetzt mit Mißtrauen begegnet. Hat er die Hand im Spiel gehabt? Arbeitet er nicht ganz besonders reibungslos mit den Preußen zusammen? Fragen, die nie beantwortet wurden, die offiziell überhaupt nie gestellt wurden, es sei denn am Biertisch. Das Leben ging weiter, man verlor allmählich das Interesse. Das Wichtigste geschah ohnehin in Berlin. Die Münchner Ereignisse wurden zweitrangig, ja bedeutungslos. Das Hofleben funktionierte zwar noch in den gewohnten spanischen Zeremonien wie seit Generationen. Jahr für Jahr wusch der Prinzregent am Gründonnerstag zwölf ausgesucht armen Greisen der Stadt in der Allerheiligenhofkirche die Füße in aller Demut und schenkte einem jeden dann einen Beutel voll Taler.

In der Fronleichnamsprozession schritt der alternde Prinzregent hinter dem Allerheiligsten als frommer Beter mit einer brennenden Kerze einher, begleitet von Hartschieren und gefolgt vom Hofstaat, von der Regierung, von den Ministern, allen voran der königlich-bayerische Minister des Äußeren und des königlichen Hauses. Es gab die bayerischen Reservatrechte, die Selbständigkeit der Eisenbahn und der Post und den Oberbefehl über das bayerische Heer im Frieden. Freiherr von Lutz blieb Ministerpräsident. Dr. von Fäustle Justiz-, Dr. Riedel Finanzminister, Freiherr von Crailsheim Minister des Äußeren und des königlichen Hauses.

Es war vor der Entmachtung Ludwigs schon ausgemacht und auch von der Reichsregierung garantiert, daß der Regent ihre Demission nicht annehmen würde.

Die feindliche Stimmung gegenüber dieser Regierung und gegenüber dem Prinzregenten legte sich mit der Zeit. Aber zurück blieb im Volk eine merkwürdige Erregung der Gemüter bis in den Ersten Weltkrieg hinein, als man längst auch den alten Prinzregenten ins Herz geschlossen hatte. Die Ereignisse des Jahres 1886 sind heute noch nicht geklärt. Auch in den Kreisen, die den Thron stützen sollten und wollten, herrschten Mißtrauen und Erbitterung. Die bayerische Königsfrage war zu einem Mythos geworden. Die Regierung des Prinzregenten hatte immer mit untergründigen Gerüchten und Verunglimpfungen zu kämpfen. Vor allem waren die vielen Ludwig-II.-Lieder verboten. Und doch wurden sie im Volk gern gesungen: »Auf den Bergen wohnt die Freiheit...«

Nicht nur einer ist deswegen verhaftet worden. Aber die Gendarmerie hat gottlob nicht jeden Sänger erwischt. Und angezeigt hat man so einen Volkssänger selten. Nur das eine Schnaderhüpfl haben die Behörden nicht ausstehen können; da hat es zwei Jahre Zuchthaus gegeben.

Es hieß:
> Und an Max habns vergift,
> An Ludwig dertränkt,
> Jetzt steht's nimmer lang o,
> Wird der Otto aufghängt!

Noch deutscher!

Zu Beginn der Prinzregentenzeit war gleich der neue reichstreue deutsche Geist zu spüren. Die bayerischen Extrawürste wurden verspottet. Redakteure wie Dr. Johann B. Sigl, der Herausgeber der patriotischen bayerischen Zeitung »Das Vaterland« mußten wiederholt ins Gefängnis.

Man hat auf einmal nicht mehr über die Preußen und über Deutschland schimpfen dürfen. Es war behördlich verboten. In Viechtach zum Beispiel hat ein angesehener Mann, ein aufrechter Waitler, auf dem Stadtplatz vor den königlich bayerischen Gendarmen laut ausgerufen: »Der Bismarck is a Lump!« Daraufhin ist er sofort verhaftet worden.

Der Prinzregent hat die ersten Jahre auch einen schlechten Ruf gehabt, weil er besonders gegen die Haberergerichte, diesen uralten Brauch einer sittenpredigenden Volksjustiz, strenges Vorgehen befohlen hatte. Spottverse hat er nicht leiden können. Ganz im Gegensatz hatte sein Vater, König Ludwig I., die Haberer durch eigenhändiges Reskript vor den Landrichtern in Schutz genommen.

Zu den ersten Regierungshandlungen des Prinzen Luitpold gehörte seine Verteidigung vor den Kammern und den Reichsräten, den Prinzen und der Regierung im Thronsaal der Residenz. Der erste Präsident dieser bayerischen Reichsratskammer, Exzellenz Freiherr von Reitzenstein, sagte dabei nach dem Treueid des neuen Regenten auf die Verfassung: »Seine Königliche Hoheit haben versprochen, daß Sie unverbrüchlich festhalten werden an den Verträgen, welche seit 16 Jahren die deutschen Stämme verbinden!«

Gerührt dankt der Prinzregent, und er spricht vom Abend seines Lebens. Er ist 65 Jahre alt, und doch wird er dieses Bayern noch 26 Jahre lang regieren. Je länger er die Regentschaft ausgeübt hat, desto mehr wurde er dann doch geschätzt. Er selbst hat die bayerische Souveränität gegen Berlin, soweit das überhaupt noch möglich war, mäßig zu verteidigen versucht. Bayern war niemals ein Militärstaat gewesen. Auch in der Prinzregentenzeit, in der unter Preußens Führung der Militäretat verzehnfacht worden war und es auch bei uns die allgemeine Wehrpflicht gab, hatte das bayerische Militär noch den Ruf, »verhältnismäßig« gemütlich zu sein, wenn auch die preußischen Ausbilder nicht weniger geworden sind. Eine Symbolfigur des friedlichen Oberbefehls über das bayerische Heer war wieder Prinz Luitpold. Man nannte ihn oft Bayerns ersten Kanonier, weil er der Inhaber des berühmten Fußartillerieregiments Nr. 7 in Augsburg gewesen ist.

Seine große Leidenschaft war die Jagd. Nicht nur die Hasenjagd in Obermenzing oder das Gamsenjagen in Berchtesgaden oder die Hirschbrunft im Bärgundelestal bei Hinterstein im Allgäu, nein, auch die Sauhatz im Spessart. Auf Auerhahn und Adler ist er auch gegangen. Waidmanns Heil, Königliche Hoheit! Und die Kinder hatten schulfrei, wenn der hohe Jagdgast gekommen ist. Sie durften ihn auf dem Bahnhof schon empfangen.

Königlich-bayerische Demokratie und die Branntweinsteuer

Das Zentrum ist die stärkste Partei in Bayern. Am Anfang der Prinzregentenzeit hieß der Chef des hohen Hauses Kammerpräsident, und er war damals der gewichtige Freiherr von Ow. Er verabschiedete die Legislaturperiode von 1888 mit einem Gedicht, das er selber gedichtet hatte.

Unmittelbar davor wurde ein Gesetz über die »Vereinheitlichung der Branntweinsteuer im Deutschen Reich« mit einer Siebenachtelmehrheit angenommen. Unter Ludwig II. hätte man sich das noch nicht getraut. Die Sitzung dauerte kaum eine Stunde, und zum Abschluß also las der Kammerpräsident sein selbstgestricktes Poem vor:

> »Hohes Haus, wir sind die Abgeordneten,
> die vom Volk gewählten,
> Und die Tugenden, die von je als bayerisch zählten,
> Auch heute noch kräftig in unserem Volke leben,

Dafür können wir ein gültiges Zeugnis geben.
Und ein jeder von uns in Freuden daran denkt,
Daß der Prinzregent sein Herz uns schenkt.«

Und die Zeitungen haben das ganze Gedicht abgedruckt, ausführlicher als das Branntweingesetz. Die Leute haben eine Freude gehabt an der bayerischen Politik, in der es um nichts Ernsthaftes mehr gegangen ist. Um die großen Dinge, um Krieg oder Frieden, haben sich Kaiser und Kanzler in Berlin gekümmert. Der Prinzregent hatte den Oberbefehl über seine königlich bayerische Armee nur im Frieden.

Ein eigenes Ministerium hat es damals für die königlich bayerische Post und Eisenbahn noch nicht gegeben, nur einen Generaldirektor, den Herrn Schnorr von Carolsfeld. Er hat zwei Direktoren zur Seite gehabt, sieben Räte, drei Oberräte und insgesamt 42 Inspektoren. Auch damals schon haben die Leute schon über die Bürokratie geschimpft.

Der Prinzregent selbst hatte sich über die »Einheit der deutschen Branntweinsteuer« in seiner ersten Thronrede geäußert. Er sagte: »Ich glaube, daß sich Bayern dem Eintritt in die norddeutsche Branntweinsteuergemeinschaft auf die Dauer nicht mehr wird entziehen können; sosehr sie mir auch – bei aller Vertragstreue für dieses ganz Deutschland umfassende Reich – am Herzen liegt und sowenig ich dem Aufgeben dieser bayerischen Steuer zugeneigt bin. Denn dieser Eintritt Bayerns in die norddeutsche Branntweinsteuergemeinschaft wird die Aufbesserung der Gehalte der bayerischen Geistlichen und Lehrer ermöglichen.« Also die Lehrer hat man damit aufgebessert!

Es ist mit der bayerischen Selbstherrlichkeit allerweil schneller dahingegangen. Seit dem Tode Ludwigs II. noch schneller. Nur die Biersteuer ist noch bayerisch geblieben. Aber wie lange noch, haben damals die Patrioten sich ängstlich gefragt?

Am 11. März wäre auf dem Nockerberg der Salvator ausgeschenkt worden. Der Prinzregent hat aber wegen des Todes Kaiser Wilhelms I. Hoftrauer anordnen müssen. Dadurch hat eine Woche lang keine Musik spielen dürfen. »Iatz habn ma's schon! Wenn z'Berlin oaner stirbt, müaßn mir unser Bier ohne Musi trinka! San mir denn Preißn?« schimpften die Leut.

Und als trotz der Hoftrauer am Sonntag nachmittag eine Musikkapelle zu spielen angefangen hat, ist sofort die Polizei gekommen und hat die Instrumente beschlagnahmt. Die C-Trompete und den Bombardon. Das hat genügt. Ohne Baß und Melodie gibt es keine Blasmusik. Ausgeschenkt wurden aber auch ohne Musik über 60 Hektoliter.

Und im Juni war's wieder soweit. Kaiser Friedrich – der Gegner Ludwigs – ist nach nur 99tägiger Regierung an Kehlkopfkrebs gestorben. In den Biergärten durfte abermals keine Musik spielen. Der Prinzregent hat sogar nach Berlin fahren müssen! Da haben es alle Bayern gespürt: »Jetz' weht ein anderer Wind, jetz' werd d'Welt jeden Tag deutscher.«

Prinz Luitpold und die Prinzregententorte

Der Prinzregent ist 91 Jahre alt geworden. Und seine Zeit, die gemütliche Prinzregentenzeit, hat 26 Jahre gedauert. Er hat nicht nur seiner Zeit, sondern auch einer Torte den Namen gegeben, der diätischen Prinzregententorte. Auch von der Prinzregentenzigarre war man begeistert. Obwohl er also wenig Realpolitisches gewirkt hat, war er für eine Generation der stabile Repräsentant. Und die Leut haben es gespürt: der Regent verkörpert ein Jahrhundert. Er war ein Sohn Ludwigs I., während sein Neffe Ludwig II. dessen Enkel gewesen ist.

Auf den Enkel folgte der Sohn. Mit dem Regenten hat sich im Königreich Bayern, also trotz des technischen Fortschritts, die Zeit wieder zurückgedreht. Ins Auto ist er ungern gestiegen. Und das elektrische Licht hat er aus seinem Schlafzimmer wieder entfernen lassen.

Der 1821 geborene dritte Sohn Ludwigs I. und der Therese von Sachsen-Hildburghausen hat ja noch eine Kavalierstour hinter sich gebracht. Eine Länderbereisung nach altem Chevaliers-Muster, die ihn über die Schweiz, Mailand, Venedig, Florenz, Rom, Neapel, Sizilien bis nach Kairo und über Gibraltar und Spanien nach Portugal gebracht hat. Begleitet wurde er von seinem Kämmerer und Adjutanten Heinrich von La Roche, dem Kammerjunker Baron Leonrod und dem Leibarzt Dr. Zink. Nach allen sind später Münchner Straßen benannt worden.

In Rom hat der Vater, König Ludwig I., seinen Sohn in der Villa Malta wohnen lassen. Das waren halt noch christkatholische Zeiten gewesen, wo der bayerische König in Rom, ganz in der Nähe des Heiligen Vaters, eine ständige Villa gehabt hat! In Florenz hat Prinz Luitpold sein Herz an die Toskanerprinzessin Auguste verloren, wie der allzeit schwärmerische Vater es ausdrückt: »Meine Schwiegertochter ist nicht nur groß und schön schlank der Gestalt nach, sondern auch überaus schön im Profile, daß ich überrascht!«

Auguste ist die Tochter des Großherzogs Leopold II. von Toskana aus dem Hause Habsburg. Das Paar wird in München begeistert empfangen, als ob die Münchner damals schon unbewußt gespürt hätten, daß dieses Paar einst die bayerische Krone weitervererben würde! Sogar die originelle Begrüßungsansprache des damaligen Bürgermeisters Dr. Bauer ist überliefert. Trotz der Etikette ist darin nichts von Devotion der Bürger zu spüren. Die Zuneigung war 1844 noch leger und herzlich.

Ganz München war seit dem frühen Morgen auf den Beinen. Ehrenpforten überzogen die Straßen und Plätze von Sendling bis zur Residenz. Und am Marienplatz sprach der Bürgermeister zu dem glücklich in der Prunkequipage sitzenden Paar:

»Durchlauchteste Frau, Kaiserlich und Königliche Hoheit! Lieber Prinz Luitpold! Sie haben das reizende Florenz verlassen, Italiens zierlichste Stadt! So was Herrliches vermag unsere Münchner Stadt nicht zu bieten! Aber ein bayrisch Herz, voll des Biedersinns und voll der treuesten Anhänglichkeit an das bayerische Regentenhaus, zu welchem wir Ihre Kaiserliche Hoheit also jetzt auch zählen dürfen, schlägt Ihnen aus unserer Bürgerbrust entgegen!«

Die Vivatrufe des Publikums waren herzlich. Und der königliche Vater Ludwig schreibt am Abend glücklich in sein Dichtertagebuch:

»Nie, mein Luitpold, habe auf dich ich jemals gedichtet. Und gedichtet ist nicht, heiße vortrefflich ich dich. Zweiundzwanzig Jahre sind dir schon geworden, doch niemals hast du die Eltern gekränkt, Freude bereitet allein!«

Ein braver Bub, der Luitpold, ein Gamsjäger und Bayerns erster Kanonier.

König Otto 1886–1916, der Patient von Fürstenried

Der Prinzregent hat sich bescheiden »des Königreich Bayern Verweser« genannt, denn der unglückliche König Ludwig II. war tot, und sein Bruder, der noch unglücklichere Otto, hoffnungsloser Patient der Psychiater, war der eigentliche König der Bayern. So will es das bayerische Legitimitätsprinzip, das jede Palastrevolution von vornherein ausschaltet: Der nächste Agnat des Hauses erbt die Krone, auch wenn er regierungsunfähig sein sollte, er muß wenigstens dem Namen nach König sein. Die Regentschaft übt dann der nächste Agnat aus. Für Otto der Onkel Luitpold als Prinzregent. Und doch war dieser König Otto selber der Unglücklichste seines Volkes. Denn er war geisteskrank und seinen muskelstarken Irrenwärtern ausgeliefert, die ihn bei jedem Anzeichen eines Tobsuchtanfalles sofort in eine Zwangsjacke steckten. Das alte Jagdschlößl Fürstenried war ihm zu einem königlichen Irrenhaus umgebaut worden. Als er 24 Jahre alt war, hat diese Tortur einer Behandlung angefangen. Bayern wurde immer mehr eine preußische Provinz, Weltkriege und Revolutionen standen bevor. Sein machtloser König war tobsüchtig.

Wie hat die Krankheit angefangen?

Der sensible Prinz war manchmal besonders fromm und begeisterungsfähig. So hat er z. B. einmal beim Festgottesdienst im Dom das Confiteor laut vorgesungen. Als er jedoch mit seinem Bruder, dem Kronprinzen Ludwig, beim Förster in Obermenzing das Schießen auf Hasen lernen sollte, kam er in Trauerkleidung, den Tod der Hasen schon im voraus betrauernd. Sein Bruder aber schoß in die Luft: »Was hat mir der Hase getan, daß wir ihn erschießen sollen?« Die beiden Brüder waren gefährlich empfindsam, aber doch kaum geisteskrank in einer Zeit, die immer schießfreudiger werden sollte!

Ab 1876 heißt es schon in den Zeitungen, daß der Bruder König Ludwigs II. von Bayern, Prinz Otto, merkwürdig schwermütig sei, wahrscheinlich unheilbar geistesverwirrt. Diese Zeitungsmeldungen hatten nichts Gutes zu bedeuten, denn schon damals wurden gewisse Unternehmungen in der deutschnationalliberalen Presse jahrelang gründlich vorbereitet. Vielleicht auch die Mediatisierung der deutschen Fürsten, allen voran der Bayern. Von den deutschen Fürstenhäusern liest man nach der Reichsgründung wenig in den Zeitungen. Und wenn, eher Schlechtes oder Belangloses. Dafür um so Erhabeneres über den Kaiserhof zu Berlin.

Prinz Otto hat am 18. Januar 1871 in Versailles aus seinem Abscheu gegen das militante Preußen kein Hehl gemacht; er hat ob der Ausrufung des Reiches unendliche Trauer bekundet, so daß der Kaiseronkel Wilhelm, vor allem aber der preußische Kronprinz sich verletzt gefühlt haben durch diesen sich jeder deutschnationalen Regung bar zeigenden bayerischen Prinzen.

Aus Versailles schrieb damals Otto seinem Bruder Ludwig über die Kaiserproklamation einen traurigen Brief: »Der deutsche Kaiser, das deutsche Reich, Bismarck, die laute preußische Begeisterung, die vielen Stiefeln, das alles macht mich unendlich traurig.«

Am End' hat er gar nicht gesponnen? Im geheimen Hausarchiv soll es Briefe geben von hohen Verwandten, die den kranken Otto in Fürstenried noch 1913/14 besucht haben und die sich stundenlang mit ihm über Kunst und Literatur unterhalten haben!

»Der« Plazet

Ein Politikum ersten Ranges war nach dem Tod König Ludwigs II. das Plazet. Ländliche Biertischpolitiker sagten auch »der Plazet«. Jahrelang war das Plazet eine Mordsgaudi gewesen, nicht nur in den bayerischen Kammern, auch in der Presse, und sogar das bayerische Volk hat über das Plazet disputiert. Am meisten aber haben die bayerischen Bischöfe und die Prediger auf ihren Kanzeln gegen das Plazet opponiert. Dem Prinzregenten ist es arg zuwider gewesen, denn es war ja sein Plazet: der Paragraph 58 der Verfassung des Königreiches Bayern von 1818, wonach die kirchlichen Behörden in den bayerischen Landen keine Gesetze und Verordnungen erlassen dürfen, ohne daß dieselben vorher die Genehmigung des Königs erfahren hätten, eben das Plazet.

Den katholischen Abgeordneten der bayerischen Patriotenpartei fiel dieses königliche Plazet unangenehm auf, und sie versuchten es zu beseitigen. Bei König Ludwig II. hatten sie es nicht mehr gewagt. Aber unter dem Regenten sollte das Ministerium Lutz dieses »von der Zeit längst überholte« absolutistische Plazet der Krone Bayerns aufgeben.

Man schrieb die Jahre 1887/1888. Der königlich-bayerische Gesandte beim Heiligen Stuhl, Freiherr von Cetto, wurde wiederholt von Papst Leo XIII. in Audienz empfangen. Und der Prinzregent schrieb eigenhändig an den Papst, daß er schon nachgegeben hätte, wenn der Chef der Patriotenpartei, Balthasar von Daller, Theologieprofessor in Freising, vor der Kammer keine so empörend zornige Rede gehalten hätte!

Professor Daller, ein beleibter Prälat und gebürtiger Bauernsohn aus Gasteig, war ein scharfer Redner gewesen, fast ein Barockprediger.

Und dazu ein Taktiker. Als Professor für Kirchenrecht hatte er in jüngeren Jahren ein Buch geschrieben mit dem Titel: »Der Irrtum als Ehehindernis«. Am 8. November 1889 hat er im bayerischen Parlament eine Aufsehen erregende Rede gehalten. Er hat mit Enthüllungen gedroht, wenn es mit dem Plazet nicht bald ein Ende nähme.

»Meine Herrn, reizen Sie mich nicht! Sonst spreche ich vom Jahre 1886! Von den wahren Hintergründen des Todes Ludwigs II. Ich weiß darüber einiges!«

Weiter kam Prälat Balthasar von Daller nicht. Die Liberalen und die Herren Minister haben empörte Zwischenrufe, ja Schreie ausgestoßen. Die Glocke des Präsidenten war in dem Tumult nicht mehr zu hören.

»Daß wir 1866 – wir, das katholische Zentrum – damals die Existenz des bayerischen Königshauses gerettet haben. Jawohl!« Im Landtagsstenogramm heißt es: »Dauernde Entrüstung links und auch auf der Galerie.« – Endlich darf Daller weiterreden: »Wenn das mit dem Plazet so weitergeht, sind wir in Gefahr, daß wir in Bayern noch einmal ein Schisma erleben werden müssen!« Abermalige Unruhe. Am Schluß sagt Daller drohend: »Solange der Plazet nicht verschwindet aus der bayerischen Verfassung, so lange wird das Zentrum dem Etat des Kultusministers feindlich gegenüberstehen.«

Er wußte, daß er damit den Prinzregenten am schwersten treffen konnte, denn in diesem Etat war auch Geld für den Ankauf von Kunstwerken für die Galerien enthalten. Als erstes nach dieser Drohung Dallers sollte ein Meridiankreis für die Sternwarte angeschafft werden. Daller hat diesen Ankauf abgelehnt. Und er begründet die Verweigerung von Geldmitteln zum Kauf von Gemälden mit dem Satz:

»... schon wegen der Unkeuschheit dieser Bilder verweigern wir den Etat!«

Das Echo läßt sich denken. Spott in ganz Deutschland. Daller war blamiert. Und um das Plazet wurde es ruhig.

Josef Filser meinte: »Ja mei, in den Kunstsachen müssen wir künftighin aufpassen! Was über dem Nabel ist, ist Kunst, was darunter ist, ist unkeusch!«

Die Swinemünder Depesche und der Rücktritt des Ministerpräsidenten von Crailsheim

Schön langsam hat sich der deutsche Föderalismus noch eingespielt. Besonders in Bayern. In die inneren Anliegen eines Bundeslandes darf sich weder der Reichskanzler noch der Kaiser einmischen. Je stärker das kaiserliche Reich geworden war, desto eifersüchtiger wachten die patriotischen Parteien über diese unantastbaren inneren Belange.

Die größte Erregung der bayerischen Gemüter zwischen 1886 und 1914 verursachte ein Telegramm Kaiser Wilhelms II. an den Prinzregenten Luitpold, das der deutsche Kaiser eben von einem Treffen mit dem russischen Zaren und dessen Außenminister Graf Lambsdorff in Reval, noch auf der Hohenzollern im Hafen von Swinemünde, am 10. August nachmittags aufgegeben hatte. Dieses Telegramm ist unter dem Namen »Die Swinemünder Depesche« in die Geschichte eingegangen. Und führte zum Rücktritt der bayerischen Regierung des Ministeriums Crailsheim.

Was war geschehen? Der bayerische Landtag hatte soeben den Haushalt nur gebilligt, wenn beim Kulturetat 100 000 Mark eingespart würden. Und diese 100 000 sollten nach Meinung des Fraktionssprechers des Zentrums, Prälat Schädler, durch Streichung des Postens für den Ankauf von Kunstwerken für die bayerischen Staatsgalerien eingespart werden. Der Sprecher des Zentrums wollte damit den Ministerpräsidenten Freiherrn von Crailsheim ärgern, da die königlichen Minister dem Zentrum in so manchen Fragen der Schul- und Kirchenpolitik einen zu liberalen Kurs gesteuert hatten. Der Prinzregent hatte über die hunderttausend Mark bereits disponiert und hatte mehreren Malern und Bildhauern Ankäufe versprochen. Jetzt diese Blamage durch das Parlament! Die Zeitungen ganz Deutschlands schrieben über den gekürzten bayerischen Haushalt.

Kaiser Wilhelm depeschierte gleich nach der Abreise des Reichskanzlers Bülow, der den Kaiser auf der Hohenzollern nach Reval begleitet hatte: »Bin tief entrüstet über die Ablehnung der von der bayerischen Regierung für Kunstzwecke geforderten Summe. Bin zugleich empört über diese schnöde Undankbarkeit und stelle Euerer Königlichen Hoheit die Summe zur Verfügung, die Ihre Klerikalen gestrichen, damit Königliche Hoheit in der Lage sind, die auf dem Gebiete der Kunst gestellten Aufgaben in vollstem Maße zu erfüllen.«

Unser Herr Prinzregent antwortete dem deutschen Kaiser: »Danke

Eurer Majestät für das Interesse an unseren künstlerischen Bestrebungen und freue mich, Ihnen mitteilen zu können, daß durch den Edelsinn eines meiner Reichsräte, nämlich des Grafen Moy, die bayerische Regierung in die Lage versetzt ist, getreu den wittelsbachischen Traditionen, die Kunst weiter unentwegt zu pflegen.«

Dieses Antworttelegramm des Prinzregenten datiert aus dem königlichen Hofjagdlager zu Linderhof. Graf Moy war Jagdgast des Prinzregenten und spendierte die 100 000 Mark dem bayerischen Kulturetat.

Die Swinemünder Depesche erregte nicht nur in Bayern, sondern im ganzen Reich ein unglaublich heftiges Ärgernis. Tagelang sprach und las man nichts anderes, als daß durch diesen kaiserlichen Eingriff in die souveränen Rechte eines deutschen Staates die Sicherheit und die Zukunft des Reiches gefährdet würden; denn diese hingen von der Unantastbarkeit seiner föderativen Grundlagen ab.

Crailsheim mußte zurücktreten. Das forderte in einer Münchner Volksversammlung der Zentrumsführer Prälat Schädler. Denn dieser liberale Minister hätte durch sein berlinhöriges Verhalten das Swinemünder Kaisertelegramm heraufbeschworen und nun die bayerische Volksseele zum Kochen gebracht.

Die Regierungsparteien des Reichstages aber veröffentlichten wegen der Swinemünder Depesche eine Denkschrift über die deutsche Kaisermonarchie, in der sie zwar ihre monarchische Gesinnung über jeden Zweifel erhaben nannten, aber die Reden und Telegramme Kaiser Wilhelms II. als eine Gefahr für diese Monarchie bezeichneten.

In Bayern aber wird Graf Podewils leitender Minister und der Hausmeistersohn Anton von Wehner Kultusminister.

Königlich-bayerische Diplomatie und das Kriegerdenkmal

Zu den königlich bayerischen Reservatrechten gehörte auch das Recht auf ein eigenes Außenministerium, das ausländische Gesandtschaften unterhalten durfte, ja gar internationale. Viele in Berlin akkreditierte Gesandte und Botschafter versahen in Personalunion die Vertretung am bayerischen Hof und traten jährlich einmal zum Neujahrsempfang in der Münchner Residenz an. Besonders der spanische Gesandte wurde bei seinem Zeremonialbesuch mit großer Aufmerksamkeit empfangen. (Der russische Zar unterhielt in München einen eigenen Gesandten, den Grafen Osten-Sacken. Es bedurfte großer Anstrengungen, den russischen Gesandtenposten, den der Zar aufheben wollte, bis 1914 in München zu erhalten.)

Gesprochen hat man bei den diplomatischen Empfängen in München aber nur über Berliner Vorkommnisse: Wen der Kaiser beim letzten Hofball besonders ausgezeichnet und warum er den bayerischen Reichstagsabgeordneten des Zentrums, Herrn Professor von Hertling, keines Blickes gewürdigt hatte, ja, wie Seine Kaiserliche Majestät, als er merkte, daß der bayerische Gesandte, Graf Lerchenfeld, sich mit Hertling ihm näherte, spontan ans andere Ende des Ballsaales ausgewichen wäre! –

Der Prinzregent war bei den diplomatischen Empfängen zwar der sichtbare Mittelpunkt, aber gedreht hat sich doch alles nur um Kaiser und Reichsregierung. Über das eigene Land dachten selbst die Münchner immer kleiner. Obwohl München damals leuchtete, wie Thomas Mann gesagt hat. Aber Luitpold ist darüber nicht verzweifelt wie sein hochherziger Neffe König Ludwig II.

In weit bescheidenerem Maße als im Bau von Schlössern opponierte der Regent dennoch hin und wieder gegen den deutschen Zentralismus. Zum Beispiel hat er in der Münchner Residenz den Kaisergeburtstag gern auf einen Freitag gelegt, auf daß der preußische Gesandte am katholischen Hof hätte Fisch und Mehlspeisen essen müssen, wenn nicht der Erzbischof der Hoftafel eine Abstinenzdispens erteilt hätte. Und diese Dispens ist nach dem Tischgebet feierlich vorgelesen worden. So hat man doch noch einen winzig kleinen bayerischen Stachel spüren können.

Wenn eine preußische Militärkapelle um die Gunst eines Hofkonzertes nachgesucht hat, ist der Regent leider gerade auf der Jagd gewesen – in Nymphenburg.

Zum silbernen Sedanjubiläum wünschten die Generäle und Stadtväter ein repräsentatives Kriegerdenkmal. Und der Prinzregent mag kein Kriegerdenkmal.

»Werden eh überall solche traurigen Denkmäler gebaut, wo dran erinnern, daß die bayerische Armee am End den Falschen geholfen hat!« soll er sich damals zu Ferdinand von Miller geäußert haben. »Aber nun, daß halt eine Ruh wird, hängen wir in die Feldherrnhalle auch so eine Tafel hinein!«

Miller hat gleich einen Entwurf vorgelegt: Die Bavaria hält einen sterbenden Krieger auf ihrem Schoß.

»Na«, sagte der Regent, »Soldaten sind nicht zum Sterben da. Wissen S', Miller, wir setzen ein Denkmal für die bayerische Armee in die Feldherrnhalle.«

Als Bavaria schuf nun Miller ein rankes Bauerndirndl, das in den Armen eines Soldaten liegt, eines lebensfrischen bayerischen Fähnrichs, der mit der anderen, noch freien Hand die Fahne emporhält. Und zu Füßen des lieben Paares kuschelt sich der bayerische Löwe in gemütlicher Zutraulichkeit.

»Das Denkmal hat einen starken Ausdruck«, hat Prinzregent Luitpold lobend gesagt. »Sein Mensch und seine Fahne läßt ein bayerischer Soldat niemals im Stich.«

Des Königreich Bayerns Parlament um 1905

Balthasar von Daller, Regent und Professor von Freising, war jahrelang Parteichef der bayerischen Patrioten, seit 1887 der Zentrumspartei gewesen. Seinen Ruhm konnten in Freising, zum Teil gar in Bayern, selbst die Weltereignisse nicht hinwegfegen. Daller (einer der ersten Parteiführer) war Nachfolger Dr. Jörgs, der neben Pichler, von Vollmar und Orterer in der Geschichte des bayerischen Parlamentarismus Popularität erlangt hat.

Präsident Orterer hat nicht so viel zu reden gehabt. Prälat Pichler von Passau und Prälat Schädler von Eichstätt waren die großen Kämpfer. Vor dem Bauerndoktor Georg Heim hat man nur Respekt gehabt. Ja sogar den Vorsitzenden der »königlich-bayerischen Sozialdemokraten«, den Herrn Georg von Vollmar, hat man noch mögen. Einen Teil ihrer nun historisch gewordenen Popularität verdanken Daller, Pichler, Orterer und Genossen dem Dichter Ludwig Thoma, der den Herren in seinen Filserbriefen ein unsterbliches Denkmal gesetzt hat.

Eine dem literarischen Vorbild kongeniale Karikatur verdanken wir einem im Ersten Weltkrieg gefallenen jungen Künstler, Raimund Jäger mit Namen, der 1905/06 eine Terrakottaplastik geformt hat mit dem Titel: »Das Parlament.« Alle Herren in diesem parlamentarischen Gruppenbild sind historisch – bis auf den oberen linken Flügelmann, den finster dreinblickenden Josef Filser. Neben Filser der bärtige Lutz, darunter der königlich-bayerische Sozialdemokrat Georg von Vollmar und der liberale dicke Casselmann. Es folgen (in der mittleren Reihe) von links nach rechts das klerikal-heftige Brillengesicht des hochwürdigen Herrn Schädler, das strenge Rektorengesicht des kleinen, energischen Präsidentenmännchens Orterer und dann das fröhliche Kooperatorenantlitz des Prälaten Pichler von Passau. Unten sitzt der schwarz-rote Bauernführer Dr. Georg Heim aus Regensburg, ein gebürtiger Aschaffenburger. Überlegen hat er ein Bein über das andere geschlagen. Er denkt genossenschaftlich seiner Zeit voraus. Und ganz unten, dieses rechte Fundamentum eines Granitblockes, trägt und hält alles: Msgr. Professor Balthasar von Daller. So viel kräftige Gelassenheit muß selbst den Preußen imponieren. Der ganze Freisinger Domberg und das bayerische Kirchenrecht erscheinen da in der Gestalt eines Posthalters.

Solang er gelebt hat, ist die bayerische Politik noch durch und durch bayerisch gewesen, und unser Landl hat seine Freiheit gehabt, auch wenn es sie nicht gehabt hat. Die bayerischen Briefmarken werden weiter gedruckt. Und die königlich-bayerische Eisenbahn hat mehr Geld wie die preußische.

Daller verkörpert den bayerischen Föderalismus. Er ist die Inkarnation des föderalistischen Subsidiaritätsprinzips, der Demokratie von unten. Denn die Äuglein in diesem theologischen Posthaltergesicht blinzeln wachsam.

1911, ein Jahr vor dem Prinzregenten, ist Prälat Daller gestorben. Im Alter von 76 Jahren. Und im bayerischen Parlament ist keiner mehr aufgestanden, der auf unsere Reservatrechte so aufgepaßt hätte wie er. Auch auf den Oberbefehl übers bayerische Heer in Friedenszeiten, auf die eigenen Manöver, zu denen kein preußischer General Zutritt haben sollte, und auf die bayerischen Farben, die für alle Anlässe ausgereicht haben. Wurde vor dem Manöverzelt des bayerischen Generalstabs auch eine deutsche Reichsflagge aufgezogen, wie es in den anderen deutschen Bundesländern üblich geworden war, da über deren Armeen der deutsche Kaiser auch in Friedenszeiten den Oberbefehl hatte, dann entfachte Daller eine stürmische Anfrage im Plenum.

Ja, des Königreichs Bayern Verweser durfte nicht einmal eine preußische Militärmusik hören, wenigstens nicht als Oberbefehlshaber seiner Armee. Msgr. Daller hat die Prinzregentenzeit wesentlich mitgeprägt.

Die Monumentalbaukommission

»Zum Bauen braucht man drei Ding: viel Geld, viel Geist und noch mehr Zeit.« So hat es einmal ein Ottobeurer Reichsprälat formuliert. Sogar die armseligsten Bauernhütten waren Generationen kunstbegabter Handwerker wohl geraten und nicht ohne Schönheit. Die Heustadel noch verzierte man mit aufwendigem Bundwerk! Erst das Ende des vorigen Jahrhunderts brachte mit der Kreierung immer neuer Stile der strengen und strengsten Zweckmäßigkeit eine nun allerweil spürbarer werdende Monotonie.

Der Prinzregent Luitpold hat die Einsetzung einer Behörde angeregt, »welche die Baubedürfnisse des Staates – vornehmlich in München – in künstlerischem Sinne zu beeinflussen im Stande wäre«. Diese Behörde wurde 1901 gegründet und erhielt den Namen »Monumentalbaukommission«. Daß nicht noch mehr alte Gebäude abgerissen wurden, verdanken wir vor allem dieser Monumentalbaukommission des weitblickenden Regenten. Auch die Zweckbauten der Prinzregentenzeit sind noch schön und stehen am richtigen Platz: der Justizpalast etwa Friedrich Thierschs; die großzügigen und gar nicht plumpen Hauptpostgebäude an der Arnulf- und Seidlstraße. Das Nationalmuseum in der Prinzregentenstraße, die Lenbachvilla und das Künstlerhaus gelten als die Hauptwerke Gabriel von Seidls.

Erweiterungsbauten, Kliniken, Ministerien, Bahnhöfe. Im ganzen Königreich spürt man einen letzten hohen Willen zur Schönheit. Am Michaelitag anno 1900 ist das neue Bayerische Nationalmuseum feierlich eröffnet worden. Tausende von Münchnern sind Spalier gestanden und haben die Auffahrt des Hofes angeschaut. Punkt 11 Uhr ist der Prinzregent vorgefahren, vierspännig und im offenen Hofwagen. Die Musikkapellen haben gespielt, und der Oberstzeremonienmeister Graf Moy ist dem Regenten vorausgeschritten, hinein in das neue, schöne Bayerische Nationalmuseum. Der Regent hat sich auf einen Thronsessel gesetzt, und der Herr Kultusminister, ein gewisser Dr. von Landmann, hat mit seiner Rede angefangen. Vier Millionen und siebenhundertachtzigtausend Mark habe das Museum gekostet, um keine Mark mehr als geplant, sondern um 3200 Mark weniger. »Und, Königliche Hoheit«, sagte der Minister, »das Museum ist sein Geld wert.« Im Sommer 1895 weihte der Regent den schönsten Brunnen ein, der München schmückt, den Wittelsbacher Brunnen am Maximiliansplatz. Der berühmte Bildhauer Adolf von Hildebrand hat ihn geschaffen.

Dem weit in die Zukunft weisenden Werk der Wasserversorgung der Stadt München aus den Quellen des Mangfalltals wurde damit ein Denkmal gesetzt. Der Prinzregent fand bei der Brunneneinweihung anerkennende Worte für den Bürgermeister und die Stadträte. Und als er dann wünschte, »daß die Wasser des Brunnens fließen«, begann es zu rieseln und zu fließen, zu strömen und zu plätschern, ja zu spritzen und zu platschen. Während Meister Hildebrand mit dem Regenten um den Brunnen herumging, intonierten die Musikkapellen den Marsch aus den »Ruinen von Athen« von Ludwig van Beethoven.

Sein liebstes Bauwerk aber war der Friedensengel. Zur Grundsteinlegung im Mai 1896 waren alle Schüler Münchens vertreten, von den Abc-Schützen bis zu den Universitätsstudenten. Und die Kinder verstorbener Veteranen aus dem 66er und 70er Krieg stiegen mit dem Regenten hinab in die Baugrube und bekränzten den Grundstein des Friedensengels mit Blumen. Der Regent hämmerte die drei üblichen Schläge auf diesen Grundstein und sagte dabei die schlichten Worte: »Möge der lieben, treuen Haupt- und Residenzstadt München noch lange der Friede bewahrt werden! Wichtiger als ein Kriegerdenkmal ist ein Friedensmonument.« Einfacher gehts nimmer. Friedensengel gereichten jeder Hauptstadt zur Zierde.

Lenin in München 1900–1902

Unser H wie Hof ist auf russisch ein N und unser B wie Bräuhaus auf russisch ein W wie Wolja. Das HB auf den Hofbräuhauskrügen haben einmal Sowjetfunktionäre der allerersten Generation in gemütlicher Stammtischrunde in der Schwemme als »Narodnaja Wolja«, den Namen eines politischen Geheimbundes, gedeutet. Lenin gehörte selbst zu dieser Runde im August 1913. Er war damals zusammen mit seiner Frau, der Krupskaja, zum letztenmal in Isarathen bei alten Bekannten, auf einer Reise von der Schweiz nach Krakau.

»Und Lenin lobte mit Kennermiene das Münchner Bier«, schrieb anläßlich dieses HB-Besuches die Krupskaja in ihr Tagebuch. Er konnte es leicht loben, er hat es ja gut gekannt von seinem Münchner Aufenthalt anno 1900 bis 1902, mitten in der allerschönsten Prinzregentenzeit.

Wladimir Iljitsch Lenin hatte ehedem Uljanow geheißen, und sein

Vater war Gymnasialdirektor in Simbirsk gewesen, wo er 1870 geboren wurde. Sein älterer Bruder Alexander war als Student in St. Petersburg Mitglied der zarenfeindlichen Gruppe geworden, die sich die »Volkstümlichen« (Narodnaja Wolja) nannte und die nach einem Attentat auf den Zaren hingerichtet wurde. Dieses Erlebnis machte Wladimir zum Revolutionär. Auch er geriet in Haft und Verbannung nach Sibirien und wurde schließlich des Landes verwiesen. So ist er 1900 nach München gekommen. In der königlich bayerischen Residenzstadt lebten damals schon viele Exilrussen, und es hat ihnen in München gefallen. Lenin hat zunächst in der Kaiserstraße gewohnt unter dem Namen »Meyer« und später in der Siegfriedstraße Nr. 14 als »Dr. Jurdanoff«.

Die Münchner nannten die Schwabinger Russen die »Schlawen von Schwabing« und scherzhafterweise bald »Schlawiner«; das war ein anarchistischer Russe oder ein roter Literat. Aber damals haben die Bayern für die russischen Aufständischen eher geschwärmt. Beim Aufstand in Petersburg anno 1905 haben die Münchner für die verwundeten Aufständischen und deren Hinterbliebene sogar Geld gespendet. Dr. Ludwig Thoma und Professor Lujo Brentano haben solidarische Schriften verfaßt und Reden zugunsten der Revolutionäre gehalten.

Das wichtigste während des Aufenthaltes Lenins in München ist die Gründung und Herausgabe der russischen Revolutionszeitung »Iskra«, die auf mancherlei Kanälen – zum Beispiel in Koffern mit doppelten Böden – ins Innere Rußlands hineingeschmuggelt worden ist. Und deshalb wurde sie in München auf dünnem Zigarettenpapier gedruckt, bei einem Drucker in der Senefelderstraße.

Lenin, der tagelang im Lesesaal der Staatsbibliothek gesessen hat, hat in München sein wichtigstes Buch geschrieben, das seine Revolutionstaktik enthält und den Titel trägt: »Was tun?« Auch hat Herr Uljanow, alias Meyer, alias Dr. Jordanow, in München den Namen Lenin angenommen.

Im Fasching 1901 schreibt er seiner Mutter: »Die Münchner verstehen das Leben, sie können sich besonders im Fasching ausgezeichnet amüsieren! In der Neuhauserstraße herrschte heute ein ausgelassenes Treiben, und die Leute bewarfen sich mit Konfetti... Aber es ist kein Wetter, Mama, es ist nicht kälter als bei uns im Herbst... Ich brauche nicht einmal einen Wintermantel in München.«

Auf die Krupskaja, die eine ausgebildete Lehrerin war, haben die Münchner Kinder einen außergewöhnlichen guten Eindruck gemacht:

»Hier in München ist so etwas wie ein Reich der Kinder«, schreibt sie, »es sind so prächtige und gesunde Kinder ... ich habe mir vorgenommen, daß die Kinder es bei uns auch einmal so haben sollen.«

Bayern und Preußen

»Ich fühle mich täglich wohler in Berlin«, schreibt anno 1901 Dr. Ludwig Thoma an seine Haushälterin Viktor nach Allershausen. Und er lobt die Berliner Küche, deren superbe europäische Restauration »mit dem Münchner Schlangenfraß« nicht verglichen werden könne.

Dr. Ludwig Thoma hat das geschrieben? Es ist kaum zu glauben. Aber vor 1914 haben viele Bayern für Berlin geschwärmt. Berlin war die Hauptstadt des deutschen Kaiserreiches. München daneben eine glänzende deutsche Provinzstadt.

Die Glorie des deutschen Kaiserreiches hat übermächtig auch nach Bayern gestrahlt. Selbst die bayerischen Zentrumsabgeordneten empfanden jetzt plötzlich so deutschnational wie die Deutschnationalen. Die neue Generation der jungen Deutschen war herangewachsen. Wer über die weiß-blauen Grenzpfähle nicht bis Berlin sehen wollte und über Berlin nicht bis nach Deutschsüdwestafrika, Deutschostafrika, bis nach Kamerun und Togo, nach Neuguinea und zum Bismarck-Archipel im fernen Ozeanien, der war ein hoffnungslos engstirniger Bajuware. Ein Mann von gestern. Deutschland war ein Weltbegriff geworden. »Mit Volldampf voraus«, hieß die Parole. Die Zukunft lag in Berlin. Und von dem Stolz eines wackeren Bayern, in der Welthauptstadt angesehen zu sein, sich auch dort durchgesetzt zu haben, können wir uns in der Bundesrepublik heute keinen Begriff mehr machen.

Nicht nur Ludwig Thoma hat sich wohl gefühlt in Berlin. Auch der junge Oskar Maria Graf von Berg am Starnberger See, der sein Leben lang die Lederhose getragen hat, schreibt gar, daß er in Berlin größere Räusche sich angetrunken habe als in München.

Und unsere berühmten Volksschauspieler haben erst von Berlin geschwärmt! Konrad Dreher, der sogar dem Kaiser Wilhelm und dem Bismarck hat Separatvorstellungen geben dürfen. Auch Xaver Teroval behauptet das. Und noch seine Tochter hat einen ganzen Stoß kaiserlicher Handschreiben und Telegramme aufbewahrt.

Wäre der Erste Weltkrieg nicht gekommen, die Mediatisierung der deutschen Stammesfürsten wäre nur noch eine Frage von etlichen Jahren gewesen. Ja, die deutschen Fürsten wären jetzt selbst zurückgetreten, und zu einem Königsdrama wäre es nicht mehr gekommen. Der Prozeß der Vermischung der deutschen Stämme hat jedenfalls bereits im deutschen Kaiserreich seinen Anfang genommen und wurde dann durch die beiden Weltkriege ungemein gefördert. Ein Zurück zu den bayerischen Zeiten des 19. Jahrhunderts ist unmöglich geworden, ist schon unter Kaiser Wilhelm kaum mehr vorstellbar gewesen.

Aber die Preußen haben jetzt eine Schwäche fürs Bayerische bekommen. Nicht nur in Berlin. Fast in jeder norddeutschen Großstadt wurden bayerische Gaststätten eröffnet, »original bayerische Volkssänger-Lokale«, mit Trachtenkapellen, mit »original bayerischen Schuahplattlern«, mit Bauerntheatern und mit bayerischem Bier. Sogar Reichskanzler Bülow hat sich mit dem Reichskabinett in der Lederhose fotografieren lassen. Die Herren Reichsminister in der kurzen Wichs! Das Bild ging durch die deutsche Presse.

Die Sachsen haben unsere Komödien am meisten gemocht; sooft Michl Dengg als Filser in Berlin und Dresden aufgetreten ist, so oft hat er in München nicht spielen dürfen. – Die Theaterkritiker in Berlin und Breslau, in Königsberg und Chemnitz haben unsere Volksschauspieler auch mehr gelobt als die Herrn von der Neuesten in der Sendlinger Straße. Kaiser Wilhelm II. hat für sein Leben gern Schuhplattler gesehen und bayerische Volksmusik gehört. Das läßt sich nicht verschweigen, auch wenn das für einen bayerischen Patrioten eine ungelegene Nachricht ist.

Schwieriger gestaltete sich die Arbeit des Gesandten des Königreiches Bayern in Berlin. Wie heute der Freistaat Bayern in Bonn hatte damals das Königreich Bayern einen ständigen Gesandten in Berlin. Und nur mit Geschick und Entschlossenheit – oft auch München gegenüber – gelang es dem wackeren Grafen Lerchenfeld, die aufkommenden Unstimmigkeiten zwischen Seiner Majestät dem Kaiser und Seiner Königlichen Hoheit dem Prinzregenten jeweils gleich im Keime zu ersticken. Obschon es meist nur noch um Nichtigkeiten ging, etwa um die Frage, ob bei den Manövern im Donaumoos, zu denen auch Seine Majestät der deutsche Kaiser kommen wollte, ob da nur bayerische Fahnen zu sehen sein sollten oder natürlich auch kaiserliche, reichsdeutsche und preußische Banner? Und wie viele? Und auch über dem Empfangszelt? – Gefährlicher war schon die Frage, ob man preußische Gelder annehmen dürfe zum Ankauf von Bildern für die

Münchner Pinakothek, auch wenn der Kaiser diese Gelder dem Prinzregenten spendiert hatte!

Viele Perlen schmückten damals die souveräne bayerische Krone nicht mehr. Nur noch mit Vorsicht konnte man damals eine mäßige bayerische Politik betreiben, in den Jahren der preußisch-deutschen Allgewalt zwischen 1870 und 1918. Und ein bayerischer König hätte gewiß keine prunkvollen Schlösser mehr bauen dürfen im deutschen Bundesstaat Bayern.

Nur unser bayerischer Sozialdemokrat Georg von Vollmar hat sich noch zu opponieren getraut. Er hat sich nämlich mit seinem deutschen Parteichef August Bebel öfter verkracht: »Es kann nicht jeder Sozialdemokrat ein Preuße sein, Herr Bebel!« hat er im Reichstag einmal ausgerufen. Und das mutige Wort hat Aufsehen erregt und sich erhalten bis auf den heutigen Tag.

Bauernbündler

Bayern ist ein Bauernland, hat es um die Jahrhundertwende noch recht selbstverständlich geheißen. Damals haben fast fünfzig Prozent der Gesamtbevölkerung Bayerns sich von Ackerbau und Viehzucht ernährt. Der Bauer war der erste unter den Ständen des Volkes. Sogar der letzte bayerische König, Ludwig III., war ein eifriger Landwirt. Er betrieb in Leutstetten ein Mustergut, dessen Spezialität ein besonders schöner und guter Kuhstall gewesen ist. Deshalb haben ihn die Städter und Journalisten auch respektlos den »Millibauern« genannt. Mit einem Wort: Vor dem Ersten Weltkrieg waren die bayerischen Bauern dominierend in der Gesamtwirtschaft und der Kultur. Und politisch hatten sie jetzt, in den neunziger Jahren, eine eigene Partei: den Bayerischen Bauernbund, mit drei oder fünf Abgeordneten im Parlament und manchmal sogar mit zwei Reichstagsabgeordneten in Berlin.

Von 160 Abgeordnetensitzen hat der Bauernbund nur drei, später einmal fünf Mandate erobern können! Wenn man bedenkt, daß doch der Bauernstand fast fünfzig Prozent der Gesamtbevölkerung ausgemacht hat, hätten achtzig Bauernbündler im Parlament sitzen müssen!

Der Bauer Franz Wieland aus Hierlbach in Niederbayern war der erste Vorsitzende des Bauernbundes gewesen. Ihm folgte der Ökonom Georg Eisenberger aus Ruhpolding an die Parteispitze. Er blieb

Bayerischer-Bauernbund-Vorsitzender bis 1930. Und er hat immer brav mitregiert im Landtag und im Reichstag. Aber halt allerweil in der Opposition. Man kann geradezu sagen: Die Bayerischen Bauernbündler opponierten gegen das herrschende System des schwarzen Zentrums auf dem Lande. Aber sie waren nur sehr wenige, denn die Landbevölkerung war dem frommen Zentrum ergeben.

Daß die Bauernbündler da oft einen schweren Stand gehabt haben, läßt sich denken. Im ganzen Bezirksamt war einer verschrien, wenn er sich offen als Bauernbündler bekannt hat. Und manch lustige Pfarrhaushälterin zitierte den Spruch: »Troad hat er koans, Küah gehn eahm menz, zwoa Töchter habn ledige Kinder, 's Weib an offan Fuaß, und er is a Bauernbündler!« Und Hochwürden, der Herr Pfarrer, hat so einen Bauernbündler im Beichtstuhl nicht absolviert. Sogar einfache Abonnenten der Volkszeitung sind hier und da nicht von ihren Sünden losgesprochen worden.

In einer damaligen Satire heißt es von den Bauernbündlern: »Von denen liberalen Saubärn, die wo einwendig drin schon bereits rosarot sind oder mindestens violettrot-weiß-blau, könnten wir einiges erzählen. Aber Gott sei Dank gibt es die Bauernbündler in unserer Pfarrei jetzt nimmer, dafür aber nur noch den christlichen Bauernverein, den wo das Zentrum in Tuntenhausen gegründet hat.«

Warum war es eigentlich zur Gründung des Bayerischen Bauernbundes gekommen? Im Jahr 1891 hatte der Reichskanzler Caprivi Handelsverträge mit den USA abgeschlossen. Und der Amerikaweizen drückte den Preis des deutschen Weizens unter das Existenzminimum unserer Bauern. Dagegen half natürlich kein Verein, der obendrein noch dem deutschnationalen Zentrum hörig war, denn dieses Zentrum hatte ja in Berlin den Reichskanzler Caprivi unterstützt. Die Gründer des Bauernbundes, kleine Ökonomen, sprachen Anfang der neunziger Jahre in den Dorfwirtshäusern und hatten einen enormen Zulauf. Man mußte mit den kräftigsten Höllenpredigten dagegen wettern, mit Kirchenstrafen und wachsamer Agitation, daß die Bauernbündler nicht in Scharen in den bayerischen Landtag gewählt wurden. Denn dieser Bauernbund wollte kein christlicher Bauernverein sein, sondern er wollte eine aktive Politik betreiben und ins Parlament einziehen.

»O mein, die Welt, die is a lumpiges Haus!« seufzte damals ein wackerer Bauernpfarrer und wetterte fast jeden Sonntag auf der Kanzel gegen die Bauernbündler: »Wer den Bauernbund wählt, der wählt den Antichrist!« Und darauf hat er den Huzenauer verspottet. Wie dieser Landwirt nicht einmal wisse, wie er sich zu benehmen habe, und dabei ganz Bayern lächerlich mache, wenn er sein Gselchtes auswickele und mitten unter den Herren Junkern und Baronen auf seiner Abgeordnetenbank im Reichstag Brotzeit mache. Siebzigtausend bayerische Bauern haben den Bauernbund gewählt, heimlich und oft nur zum Trotz gegen die Geistlichen.

Aber einen Priester hat es doch gegeben, der selber Mitglied des Bayerischen Bauernbundes gewesen ist: den niederbayerischen Bauernpfarrer von Günzelhofen, den Hochwürdigen Herrn Pfarrer Georg Ratzinger. Ein hochgebildeter Mann und Historiker, der mehrere Bücher geschrieben hat. Und keine schlechten! – Pfarrer Dr. Georg Ratzinger war sogar Abgeordneter seiner verketzerten Partei, seit 1893 im Landtag und ab 1898 im Reichstag. Seine Hauptthemen waren: »Die Erhaltung des bayerischen Bauernstandes schlechthin« und »Die sittlichen Grundlagen der Volkswirtschaft«. Seine Standesgenossen haben ihm ziemlich zugesetzt, aber er hat sich nichts gefallen lassen, bei all seiner niederbayerischen Freundlichkeit nicht. Leider ist er schon anno 1899 mit 54 Jahren plötzlich verstorben. Vergessen sollen wir ihn nicht, den Ratzinger Schorsch, den Bauernbündler. »Leut bleibts gsund, wählts an Bauernbund, oder mir gehn z'grund!«

Das Bürgerliche Gesetzbuch

Im Jahre 1897 hat die Biersteuer noch zehn Prozent des gesamten bayerischen Staatshaushaltes ausgemacht, nämlich 36 Millionen. Und es hat damals noch 6364 Brauereien im weiß-blauen Vaterland gegeben. Im viel größeren Königreich Preußen existierten zur gleichen Zeit über tausend Brauereien weniger. Im bayerischen Parlament wurde am 28. September 1899 der neue Landtag vom Prinzregenten feierlich mit einer Thronrede eröffnet. Der Regent bedauerte ausführlich die verheerenden Donauüberschwemmungen und überhaupt das schlechte Wetter des Sommers 1899. So weit war es gekommen, daß über das Wetter geredet werden mußte! – Dann lobte er den Aufschwung der Industrie und des Handels, sprach von glücklich gemachten Rücklagen und vom weiteren Ausbau des Eisenbahnnetzes.

Eine ruhige Session stand bevor. Von den 159 Abgeordneten konnte sich das Zentrum auf 83 Mandate verbessern. Die Liberalen hatten 15 Sitze verloren, weil sie sich mit den Bauernbündlern vielenorts vereinigt hatten und weil nun tatsächlich zehn Bauernbündler gewählt worden sind. Und in den Städten fiel das liberal-soziale Wahlbündnis zugunsten der Sozialdemokraten aus. Immerhin zogen noch 48 Liberale ins schwarze bayerische Parlament und nur elf Sozialdemokraten. Präsident wurde wieder der Zentrumsabgeordnete Orterer und Vizepräsident der Liberale von Keller.

Da haben natürlich die Minister des Prinzregenten brav christlich, am besten katholisch-christlich regieren müssen. Da hat der »Simplizissimus« noch soviel spotten können.

Und jetzt sollte es plötzlich in ganz Deutschland, also auch in Bayern, nur noch ein einziges Gesetzbuch geben? Die Bayern sollten die gleichen Paragraphen bekommen wie die Preußen? Ein Föhnwind der Entrüstung ging durchs ganze Land.

»Da waar iatz nachand a jede Fotzn a Körperverletzung? So weit kaams no! Und ein Meineid wuret a net billiger? Und was alls für neimodische Paragraphen daherbrachten, die norddeutschen Juristen! Verbrechen, von denen wir noch nie was gehört haben! So gewisse Paragraphen hat das alte bayerische Landrecht gar nicht gekannt, z. B. diesen 175er etc.«

Noch keine von den 32 vorausgegangenen bayerischen Landtags-Sessionen hat so viel Sitzungen abhalten müssen. 500 Sitzungen waren es, und nur wegen der neuen »preußischen Gsetzer«!

Die Annahme des deutschen Bürgerlichen Gesetzbuches wurde vom bayerischen Parlament sehr verzögert. Die Zentrumsabgeordneten haben immer wieder Haare in der Paragraphensuppe gefunden. Ganz zuletzt noch machten sie die Annahme davon abhängig, daß die vorgesehene staatliche Genehmigung der Annahme von Erbschaften durch Klöster von fünftausend Mark auf zehntausend Mark heraufgesetzt wurde, was auch im bayerischen Ausführungsgesetz geschehen ist. »Ja no, Recht muß Recht bleibn! – Und alls brauch ma uns aa net gfalln laßn!«

Manch Angeklagter hat damals den Richter nach der Verhandlung noch gefragt: »Sie, Herr Richter, a Frag hätt i no, was hätt i jetzt für die Beleidigung nachm altn Gsetz kriagt? Waar i da it frei ganga?« Oder man denke an die bekannte Geschichte Ludwig Thomas: Der Hofbauer konsultiert seinen Advokaten und fragt: »Sie, Herr Doktar, is dös wahr, daß nachm neia Gsetz billiger werd?« – Merkwürdige Geschichten sind passiert, als in Bayern das Bürgerliche Gesetzbuch eingeführt worden ist. Eine deutsche Reichsstrafprozeßordnung hat es ja schon seit 1877 gegeben. Aber das BGB gilt erst seit 1900. Nicht, daß in Bayern vordem keine Paragraphen gegolten hätten. Jedoch bei weitem nicht so viele.

Am 7. November 1899 ist es bereits zu größeren Auseinandersetzungen gekommen. Man diskutierte über den Etat des bayerischen Ministeriums des Äußeren. Der Fraktionssprecher des Zentrums, der Regens des erzbischöflich-freisingischen Klerikalseminars, Prälat Balthasar von Daller, führte wieder das große Wort und scheute mit seinem Angriff nicht einmal vor der allerhöchsten Person des Prinzregenten zurück: »Wozu«, rief er aus, »wozu braucht das Königreich Bayern noch ein Ministerium des Äußeren, wenn Seine Kgl. Hoheit, des Königreichs Bayern Verweser, ein Huldigungstelegramm des evangelischen deutschen Bundes dankend angenommen haben, der in diesem Sommer in Nürnberg getagt hat und unter dem Schirm des preußischen Königs steht? – Hat man denn Seine Kgl. Hoheit den Prinzregenten seitens der Kgl. Regierung so wenig informiert? Wußte man denn nicht, daß auf jener Tagung zu Nürnberg gegen Seine Heiligkeit den Papst gehässige Äußerungen gefallen sind?«

Ein anderer Zentrumsabgeordneter tadelte die Bevorzugung der Protestanten in der Besetzung der höheren Staatsämter. Und wieder ein anderer bezichtigte die bayerische Regierung der Preisgabe der Reservatrechte und der Verminderung des bayerischen Einflusses im Bundesrat. Darauf verteidigte sich Ministerpräsident von Crailsheim sehr erfolgreich, indem er bekanntgab, daß seine Regierung den Versuch der Einführung von Reichsbriefmarken energisch zurückgewiesen habe. Bayern werde weiterhin eigene Briefmarken drucken, und zwar jetzt mit dem bayerischen Löwen darauf. Und bei Hofe würde keine preußische Militärkapelle spielen dürfen.

Die Steuerschraube

Die gute alte Zeit? Und ausgerechnet in Bayern gleich gar? Lassen Sie sich's nicht verdrießen, ein bisserl besser war sie doch gewesen, diese gute alte Zeit. Besonders, was die Höhe der Einkommensteuer anbelangt hat. In den letzten Jahrzehnten des vorigen Jahrhunderts und auch noch in den ersten Jahren unseres Säkulums hat man viel weniger Steuern bezahlt. Nicht nur den Summen nach, nein, auch im Verhältnis zu den damaligen Einkommen, also prozentual. Dabei war im preußischen Staat die Lohn- und Einkommensteuergesetzgebung schon weit entwickelt und einheitlich progressiv gestaltet. Damals zahlte zum Beispiel ein Oberregierungsrat mit einem jährlichen Einkommen von fast 4000 Mark etwa 80 Mark Steuern im Jahr. Ein Handwerksmeister mit einem Jahreseinkommen von 6000 Mark hat schon 142 Mark an den Fiskus abführen müssen. Ein reicher Mann mit einem Jahresgewinn von ungefähr 100 000 Mark zahlte ganze vier Prozent oder 4000 Mark Steuern. Und das in Preußen!

Im Königreich Bayern hat man noch kein so modernes Einkommensteuergesetz gehabt. Da hat man noch viel komplizierter gerechnet und hat viel mehr Ausnahmen gekannt, viel mehr Extrawürste. Bei uns hat nämlich bis 1909 das Steuergesetz von anno 1856 seine Geltung gehabt. Anno 1881 und 1899 hat man dieses Gesetz zwar ein wenig geändert, aber die fiskalische Milde des kgl. bay. Zepters ist wohltuend und untertanenfreundlich erhalten geblieben. Man hat eigentlich nur die Kapital- und Rentensteuern, die Grund-, Haus- und Gewerbesteuern etwas angehoben.

Das alte königlich-bayerische Einkommensteuergesetz von 1856 ist ein gutes, ein freundliches Steuergesetz gewesen. Es hat ganze Seiten von Ausnahmen und Steuerbefreiung gekannt. Man hat zum Beispiel damals in Bayern noch für gewisse Verdienste eine Zeitlang völlige Steuerfreiheit allerhöchst gewährt bekommen. Das war eine Auszeichnung! Da hat sich ein Orden noch gelohnt.

Und natürlich sind im bayerischen Königreich die persönlichen »Diridari-Verhältnisse« genau berücksichtigt worden. Ein krankes Kind, ein krankes Weib, Unglück im Stall, Hagelwetter, erfrorene Obstbäume, auffällig schlechter Geschäftsgang, Aussteuer der Töchter etc., das alles hat die Leistungsfähigkeit eines königlichen Untertanen schwer heruntergedrückt und nicht selten seine Steuerbefreiung zur Folge gehabt.

Und dann hat man in Bayern seine Steuerkategorien gehabt und gekannt. Die Progression ist in klar abgegrenzten Klassen für jedermann deutlich sichtbar gewesen. In der ersten Steuerklasse für die königlichen Untertanen sind nur Leute mit Jahreseinkommen bis zu 500 Goldmark inskribiert gewesen. Der adäquate Steuersatz in dieser ersten Klasse war jährlich 50 Pfennig. Die zweite Steuerklasse in den

Listen umfaßte die Jahreseinkommen zwischen 500 Mark und 750 Mark. Und die Jahrestaxe dafür war bereits eine Mark. Wer jährlich 1000 Mark verdient hat, der mußte bereits 1,75 Mark bezahlen. In der vierten Klasse bis 1500 Mark hat man dann schon zwei Mark bezahlen müssen. Bei den Einkommen über 10 000 Mark änderten sich die Kategorien bei jedem Tausender. Ab 50 000 Mark Jahreseinkommen hebt sich dann die Steuer bis zu einer Progression von drei Prozent. Die Kategorie Nummer 43 zum Beispiel mit einem Jahreseinkommen von 24 000 bis 25 000 Mark hat den Steuertarif von 720 Mark. Die Kategorie Nummer 118 aber mit 99 000 bis 100 000 zahlt 3942 Mark jährlich. Das sind dann allerdings auch fast vier Prozent. War das nicht doch eine gute Zeit gewesen?

Wenigstens steuerlich? Erst anno 1909/1910 haben sie die Steuern auch in Bayern hinaufsetzen müssen, wegen der Verbeamtung der allermeisten Staatsdiener. Aber der bayerische Reichsrat hat der zweiten Kammer lange nicht zugestimmt. In Frankreich sind damals die Steuererhöhungen im Senat wirklich durchgefallen. Und dieses französische Vorbild wurde in München gern zitiert. In Preußen freilich sind schon durch die Steuerneuordnungsnovelle von 1906 alle Steuern drastisch erhöht worden. Auch bei den kleinen Lohnsteuern! Von 1000 bis 3000 Mark Jahreseinkommen hat man generell fünf Prozent Steuern zahlen müssen. Darüber zehn Prozent, über 10 000 dann 15 Prozent, 20 Prozent über 20 000 und über 30 000 bereits 25 Prozent. – Gott sei Dank hat der Prinzregent die Vereinheitlichung der Steuergesetze aller deutschen Staaten noch fünf Jahre hinauszögern können! Ab 1911 ist es dann nicht mehr möglich gewesen. Die großen Reichsparteien haben energisch durchgreifen lassen. Zum erstenmal mußte der Regent der Partei genehme Minister ernennen, was eigentlich wider die Verfassung gewesen ist. Um eine Nuance besser ist es in Bayern aber doch noch geblieben. Bis zum Weltkrieg wenigstens, wo man die Steuerschraube wieder gedreht hat.

Und ganz schlimm ist es dann nach dem Ersten Weltkrieg geworden. Die Revolutionäre hatten eigene Steuervorstellungen, die dann von den folgenden bürgerlichen, republikanischen Regierungen beibehalten wurden. Gerade die unerhörte Steuerprogression der jungen Weimarer Republik ist auffällig und wird von den heutigen Steuergesetzen nur noch gering übertroffen. Das Reichseinkommensteuergesetz vom März 1920, ein Jahr später noch ergänzt, sieht zum Beispiel bei einem Jahreseinkommen von 80 000 Mark bereits 50 Prozent Steuern vor, die sich dann bei 200 000 Mark bis zu über 60 Prozent steigern können. Aber auch die geringeren Einkommen sind deutlich höher besteuert als in der alten Zeit. Hat man früher für 24 000 Mark Jahreseinkommen nur 720 Mark Einkommensteuer bezahlt, so verlangte die neue deutsche Republik nun für das nämliche Einkommen 2400 Mark, also 10 Prozent!

Ein alter Münchner Hoflieferant und Sattlermeister hat damals den Ausspruch getan: »Nach jeder Revolution werden d'Steuern höher. Mirkts enk dös, ös blöden Revoluzzer!«

Die Kategorie

Jedes Jahr hat umwälzende Neuerungen gebracht, damals am Anfang des 20. Jahrhunderts. 1900 wurden das Bürgerliche Gesetzbuch und das Grundbuch eingeführt. Und diesem neuen Recht genügten die alten bayerischen Gerichtsgebäude nicht mehr. In Würzburg und Nürnberg, in Augsburg und München wurden Justizpaläste gebaut. Auch die alten Zuchthäuser sind zu klein geworden mit der neuen Zeit: in Straubing, Landsberg und Aichach wurden große und sehr moderne Gefangenenanstalten errichtet. 1906 kam dann das neue Landtagswahlgesetz. Für je 38 000 Einwohner wurde in direkter Wahl mittels Stimmzettel je ein Abgeordneter gewählt, im ganzen 163 Abgeordnete. Das bayerische Heer wurde immer größer, und neben der bayerischen Kokarde mußte es jetzt auf einmal »freiwillig« auch die deutschen Farben tragen.

Denn von der Begeisterung aller, auch der Bayern, für die Größe des heiligen deutschen Kaiserreiches wurde damals täglich in den Zeitungen geschrieben. Viele waren tatsächlich zu »dreihundertprozentigen Deutschnationalen« geworden.

Und laufend ist man »gleichgeschaltet« worden, trotz der bayerischen Reservatrechte! Den preußischen General Moltke und den Fürsten Bismarck, auch Kaiser Wilhelm I., die Büsten dieser drei Männer, alle aus Berlin gebürtig, hat unser Prinzregent in die Walhalla aufnehmen müssen. Und noch etwas ganz Antibayerisches: Der bayerischen Armee hat man das bayerische Pulver verboten und dafür das rauscharme preußische Pulver eingeführt. Mit diesem Preußenpulver hat unseren Soldaten das Schießen anfangs gar keine Freude mehr gemacht.

Das bayerische Pulver hatte fürchterlich geraucht, und es ist »graub aufgegangen«, wenn es gekracht hat. Sogar die Münchner Maler haben protestiert. Es hat aber nichts geholfen. Von jetzt an hat man rauchlos schießen müssen.

Der bayerische Kronprinz wurde auf Vorschlag des Kaisers zum »Präsidenten des deutschen Flottenvereins im Süden des Reiches« ernannt. Später ist er sogar zum preußischen Generalfeldmarschall befördert worden. Und immer öfter haben unsere Generäle nach Berlin reisen müssen. Manchmal sogar der Prinzregent! Aber der ist ungern gefahren und hat sich in den 26 Jahren seiner Regierungszeit dreimal entschuldigen lassen.

Nach preußischem Vorbild sollten auch in Bayern die Herren Bürgermeister der größten Städte den Titel »Oberbürgermeister« erhalten. Also hat im Juni 1908 des Königreichs Bayern Verweser zehn Oberbürgermeistertitel verliehen: dem Geheimen Hofrat Dr. Wilhelm Borscht von München, dem Hofrat Wolfram von Augsburg, dem Geheimen Hofrat Ritter von Schuh in Nürnberg und auch noch den Herren Bürgermeistern von Würzburg, Landshut, Regensburg, Ludwigshafen, Bayreuth, Fürth und Hof.

Die Zeitungen haben diese Einführung des Oberbürgermeistertitels als einen »historischen Akt« gefeiert, der den Ruhm der deutschen Städte mehre und festige.

Und immer mehr Schulhäuser wurden gebaut. Auch die Lehrer wurden aufgebessert, und die Zahl der Studenten hat sich verdoppelt. Am Gymnasium wurde Physik als Pflichtfach eingeführt. Und 1907 sind allein neun Oberrealschulen gegründet worden. Neue Krankenhäuser wurden gebaut, neue Versicherungen, neue Ministerien. Nichts mehr war gut genug. Das Alte war schlecht und rückständig.

Auch die Beamten haben sich gewaltig vermehrt, besonders seit dem 16. August 1908. An diesem Tag ist in Bayern das neue Beamtengesetz verabschiedet worden. Dadurch wurden die Beamten erst richtig aufgewertet und das Beamtentum für Hunderttausende ungemein erstrebenswert. Früher hat es in Bayern nur eine akademische Beamtenschaft gegeben. Alle anderen Angestellten des Staates waren nur »Staats-Bedienstete«, deren Stellung nicht gesichert war. Sie konnten kurzfristig entlassen werden und bekamen auch keine Pensionen. Am 16. August 1908 wurden diese Unterschiede aufgehoben, und nun gab es neben der Akademikerklasse noch die »Einjährigen« und die mit dem Volksschulzeugnis. Diese drei Hauptkategorien der Beamten wurden 1908 in insgesamt dreißig verschiedene Besoldungsklassen eingeteilt. In der Gehaltsordnung eins bis zwölf waren die Akademiker, in Kategorie dreizehn bis siebzehn konnten die Herren mit der Einjährigenberechtigung avancieren und in der Kategorie achtzehn bis dreißig die Herren mit Fachschul- oder Volksschulbildung.

»Der Mensch muß seine Kategorie kennen!« sagte damals der Gefängnisaufseher in Laufen. Die Bauern, die Geschäftsleute, die Arbeiter und die Ärzte, die Künstler und Privatiers haben geschimpft, weil die Beamten so viel Geld kosten, nämlich jetzt zwanzig Millionen mehr. Und befördert muß seit dem 16. August 1908 auch ein jeder werden, ganz unabhängig von seiner Tüchtigkeit, alle drei Jahre. Jawohl, alle drei Jahre kommt der Mensch, wenn er ein Beamter ist, in eine höhere Kategorie.

So was hat man früher in Bayern nicht gekannt. Da ist nur der Tüchtige vorwärtsgekommen oder einer mit sehr guten Beziehungen. Aber jetzt waren die Beziehungen plötzlich unwichtig geworden.

Durch dieses Beamtengesetz vermehrte sich die Zahl der Beamten ungeheuer. Die Dienststellen wuchsen, neue Ämter wurden geschaffen, wie zum Beispiel die Wasserwirtschaftsämter, die Grundbuchämter, die Flußbauämter, Gesundheitsämter usw. Und das Dienstalter regelte die Gehaltshöhe. Gerade das soll »Ansehen und Gesamtlage der Beamtenschaft wesentlich gehoben haben«, wie zeitgenössische Kommentare es ausdrücken. Denn nun waren sie alle gleich vor dem Gesetz, gerecht und gleich, wenn auch in 30 verschiedene Klassen aufgegliedert.

Das neue Ministerium

Konservativ sein heißt nicht altmodisch, nicht reaktionär sein. Die erste deutsche Eisenbahn hat im Königreich Bayern gepfiffen. Und auch verwaltungsmäßig sind wir mit dem Fortschritt gegangen. Schon zum Jahresende von 1903 hat sich in Bayern ein Ereignis von eminentester politischer Wichtigkeit vollzogen: die Errichtung eines siebten Ministeriums, eines Verkehrsministeriums. Und auf den wichtigen Posten des Ministers wurde der Ministerialrat Heinrich von Frauendorfer berufen. Er war ein Oberpfälzer Lehrerssohn aus Höll bei Waldmünchen, hat in Landshut die Schule absolviert und in München die Rechte studiert und ist dann gleich in die Verkehrsabteilung des

Staatsministeriums des königlichen Hauses und des Äußeren eingetreten, wo er es von der Post- und Telegraphenverwaltung über die Tarifordnung bis zum Personalchef und schließlich 1899 bereits zum Ministerialdirektor der ganzen Verkehrsverwaltung gebracht hat.

Eine ehrliche Fachkarriere für einen königlichen Minister, das muß ihm der Neid lassen, diesem ersten Eisenbahnminister! Und die Postler haben ihn zugleich Postminister genannt. Unter dem Wort »Verkehr« hat man nämlich damals in Bayern noch nichts Ministeriales verstanden. In jenen Tagen ist ja die Verwaltung der Post und Eisenbahn noch klein gewesen. Es hat keine vierzig Inspektoren gegeben, kaum zwanzig Oberinspektoren und nicht einmal ein Dutzend Regierungsräte. Erst jetzt, 1903, mit dem neuen Eisenbahnminister hat die Bürokratie Fortschritte gemacht, und man ist bei Post und Bahn befördert worden.

Im vorigen Jahrhundert war ein Post- oder Eisenbahninspektor eine sehr hohe Respektsperson gewesen. Königlich-bayerische Inspektoren hatten nicht nur ein Gymnasium mit Auszeichnung absolviert, sie hatten auch ein Universitätsstudium abgeschlossen, waren Diplomingenieure oder Volljuristen. Und mancher hat es nur bis zum Oberinspektor gebracht. Regierungsräte oder gar Ministerialräte konnte man an den Fingern abzählen. Eine Ahnung von der Härte einer Karriere und von dem zähen und mühsamen Vorrücken bekommt man aus den biographischen Daten von Minister Frauendorfers engsten Mitarbeitern, seinen vier Direktoren. Zum Generaldirektor der königlich-bayerischen Posten und Telegraphen wurde im neuen Eisenbahnministerium Lorenz von Ringer berufen. Er hatte die Generaldirektorsposition schon seit 1901 inne und hat sich also nicht verändert. Er blieb der Chef der kgl.-bay. Post.

Der gebürtige Bamberger legte 1866 in Würzburg das juristische Staatsexamen ab – mit 21 Jahren. Zugleich hatte er bereits anno 1866 mit Auszeichnung gegen die Preußen gekämpft und war »Leutnant auf Kriegsdauer« in einem königlich-bayerischen Infanterieregiment geworden. Anschließend verbrachte er vier Jahre als Rechtspraktikant in seiner Vaterstadt. Im Krieg 1870/71 diente er bei den Jägern, wurde schwer krank und ging dann zur Post. Von 1871 bis 1875 als Postoffizial, ab 1880 als Sekretär, ab 1882 als Assessor. Endlich 1886 – nach 16 Dienstjahren in verschiedenen Betriebsämtern – wurde er Postinspektor und dann auch noch königlich-bayerischer Oberinspektor. Anno 1888 kam Ringer gar als Oberpostrat in die Generaldirektion nach München, wurde 1897 Oberregierungsrat und geadelt und 1901 also dann, im Range eines Regierungsdirektors, der Generaldirektor der königlich-bayerischen Posten und Telegraphen im Ministerium des königlichen Hauses und des Äußeren. Und er war zugleich ein Hofkavalier der zweiten Hofrangklasse.

Und was ist heute ein Regierungsdirektor? Kaum mehr als im alten bayerischen Königreich ein Sekretär. Dazu hat man im Königreich Bayern bereits als Regierungsrat in den Adelsstand erhoben werden können! Und später ist man dann gar in die Hofrangklasse aufgerückt. Zunächst in die vierte Hofrangklasse. Dann routinemäßig in die dritte. Auserwählte brachten es als Oberregierungsräte schon bis zur zweiten Hofrangklasse und einige wenige bis zur ersten mit dem Titel Exzellenz.

Höher hat niemand mehr steigen können, denn darüber standen nur die Prinzen und Prinzessinnen. »Seine Exzellenz der Herr Staatsrat Ritter von Ebermayer, Generaldirektor von der königlich-bayerischen Eisenbahn«, hat da der diensttuende Zeremonienmeister den zweithöchsten Eisenbahner im Königreich Bayern Seiner Majestät bzw. Seiner Kgl. Hoheit dem Prinzregenten zur Audienz gemeldet.

Da sieht man den Unterschied zwischen den kgl. Postlern und den Eisenbahnern! – Der Herr Ringer, der Postdirektor, hat die Exzellenz-Titulatur nicht gehabt, aber der Ebermayer schon. Die Exzellenz Ebermayer haben in Ansbach absolviert und haben dann Technik studiert und sind 1862 zur Eisenbahn gegangen. Damals hat man noch mehr Bauzüge gehabt als Personenzüge. So hat Ebermayer von Anfang an Strecken geplant und gebaut. 1883 hat ihn König Ludwig II. nach Amerika geschickt, damit er – als königlich-bayerischer Eisenbahner – die amerikanischen Eisenbahnen studieren möge. Über das amerikanische Eisenbahnsystem hat er dann sogar ein Buch geschrieben. Und auch den Minister Westinghouser hat er noch kennengelernt. Nach Bayern zurückgekehrt, ist er 1890 zum Chef der Bauabteilung ernannt worden, immer noch als Regierungsrat. Erst 1893 ist er zum Direktor aufgerückt und wurde dann der Nachfolger des eben verstorbenen ersten Eisenbahngeneraldirektors Schnorr von Carolsfeld. Später hat er auch noch den Rang eines Regierungspräsidenten bekommen und wurde Hofkavalier der ersten Hofrangklasse mit dem Titel Exzellenz.

Jetzt ging es aufwärts. Die technischen Direktoren bekamen im neuen bayerischen Verkehrsministerium den Rang eines Ministerialrates. Welch eine vornehme Position. Eugen Freiherr von Schacky dirigierte den Eisenbahnbetrieb und Ministerialrat Adolf Geith die bayerischen Posten und Telegraphen. Ohne Übertreibung läßt sich sagen, daß vergleichsweise das Ansehen eines damaligen kgl.-bay. Ministerialrates mindestens dem eines heutigen Ministers entspricht.

Interessant ist, daß bei der Postverwaltung weniger adelige Titel anzutreffen sind, während wir bei der Eisenbahn in unteren Rängen, selbst unter den Expeditoren, zahlreiche Freiherren antreffen. Weil halt die Eisenbahnen technisch interessanter waren, fortschrittlicher, modischer und spektakulärer als die bayerischen Posten und Telegraphen. Über beide aber herrschte Seine Exzellenz Heinrich von Frauendorfer, der neue Minister für den gesamten Verkehr im Königreich, rechts und links des Rheins.

»Zurücktreten! Türen schließen! Fertig!« Der Konkukteur pfeift, die Lokomotive schnauft und auf geht's ins Zeitalter der Bürokratie und der Technik.

Der Prinzregent stirbt am 12. 12. 1912

Mit dem Prinzregenten Luitpold, der am 12. 12. 1912 als 92jähriger rüstiger Greis gestorben ist, verbindet sich die ökonomische Geborgenheit eines Bauernlandes mit dem soliden technischen Fortschritt eines aufstrebenden, fleißigen Kleinstaates; verbindet sich reiche Kunstpflege mit einer untadeligen liberalen Gesinnung, die gelassen über den Parteien steht. Aber das hat sich kurz vor des Regenten Tod geändert. Im Februar 1912 ergab der Ausgang der Wahlen eine unerwartete Zunahme der sozialdemokratischen Stimmen, so daß die katholische Zentrumspartei nur noch eine knappe Zweidrittelmehrheit hatte. Daß die SPD im Februar 1912 alle zwölf Münchner Wahlkreise hat erobern können, das hat die »Ultramontanen«, wie man damals die Schwarzen genannt hat, so sehr erzürnt, daß sie den Prinzregenten überredet, ja fast gezwungen haben, sein liberales Ministerium des Grafen Podewils zu entlassen. Er ernannte ein durch und durch zentrumstreues Parteiministerium, jenes Ministerium des katholischen Philosophieprofessors an der Münchner Universität und rührigen Zentrumsabgeordneten des Reichstages, des Herrn Professor Dr. Georg von Hertling. Dieses Hertling-Ministerium war das erste

Ministerium von Parteifunktionären in Bayern. Vordem hat es immer nur Fachminister gegeben, die der König, nicht selten im Einverständnis mit dem Parlament, nach der Verfassung der konstitutionellen Monarchie gewissenhaft ausgesucht hat.

Aus Angst vor den paar Sozialdemokraten haben sie also den 92jährigen Prinzregenten gezwungen, seine liberalen Minister davonzujagen. Gerade ihr Liberalismus sei daran schuld, daß die Wahlen in der Münchner Stadt und in Nürnberg fürs Zentrum so schlecht ausgegangen seien und daß man jetzt statt 147 Mandaten nur noch 132 habe! Kleinlicher Ehrgeiz und aufgestachelte Eifersucht verbittern das private Leben. Überzogener Parteieifer bedroht die Gemütlichkeit eines Volkes. Wie schön wär's in einer Demokratie, wenn die Politiker auch würdig, ja mit Genuß eine Wahl einmal verlieren könnten! Ohne daraus scharfe und schärfste Konsequenzen zu ziehen. Wenn sie vielmehr ihrer untergehenden Idee treu blieben, zum Beispiel mit den Worten: »Unsere Zeit ist vorbei. Macht auch nichts. In fünfzig oder hundert Jahr kommen unsere Ideale vielleicht wieder!« Von den königlichen Fachministern abzugehen und Parteipolitiker mit Kabinettsämtern zu betrauen war ein Verhängnis! Einstweilen war ja das Ministerium des Grafen Podewils schon recht brav und zahm gewesen und hat das Zentrum fast nie erzürnt, Aber: »Wehret den Anfängen!« war Professor Hertlings Spruch. Sogar der kgl.-bay. Eisenbahnminister von Frauendorfer hat zurücktreten müssen und der getreue Zentrumsmann von Seidlein hat an seiner Stelle jetzt die kgl.-bay. Eisenbahn fahren lassen. Erst unter dem Revolutionär Kurt Eisner ist Frauendorfer wieder bayerischer Eisenbahnminister geworden. Da hatte man ja dann deutlich bewiesen bekommen, was die alten kgl.-bay. Minister des Herrn Prinzregenten für liberale Loder gewesen sind.

Die Parteien eroberten allmählich den gesamten Staatsapparat. Und angefangen hat das in Bayern im Februar 1912. Kurz darauf, im März, erschien der Prinzregent nicht mehr zur Eröffnung der großen Gewerbeausstellung. Er schickte seinen Sohn, den Prinzen Ludwig, den späteren Prinzregenten und König Ludwig III. Gerade der bayerische Kronprinz galt als Mitschöpfer des Ministeriums Hertling. Die reaktionären Zentrumsherren haben den frommen Prinzen Ludwig ganz in ihre Gewalt bekommen. Er war jetzt als Parteimann abgestempelt, als ein Parteimann des ultramontanen schwarzen Zentrums. Seinem Vater, dem Prinzregenten, war das nie passiert, ihm waren alle Parteien gleich. Darum haben um ihn auch die Sozialdemokraten getrauert.

Denn das war ja ein Grundsatz unserer bayerischen Könige gewesen: »Hoch steht Wittelsbach über allen Parteien!«, so hat es schon einmal in den Zeiten König Ludwigs I. geheißen. Und dieses »Über-den-Parteien-stehen« hat man damals »liberal« geheißen.

Der alte Grandseigneur war jetzt verbittert und gab langsam die Zügel aus der Hand. Nicht einmal bei der Fronleichnamsprozession ließ er sich noch sehen. Er hatte angeblich kurz vorher einen »kleinen Jagdunfall« gehabt, ist mit seinen genagelten Schuhen im dunklen Bergwald hängengeblieben und hatte ein geschwollenes Knie. So konnte man es in den Zeitungen lesen. Verschwiegen wurde, daß der Greis noch im Juli den Pferdemarkt mit Interesse besucht hat, daß er noch alle Unterschriften eigenhändig vornahm, daß er noch Audienzen gab, auch in Berchtesgaden.

Gewiß, die Hand ist ihm langsam belzig geworden. Er hat jetzt nur noch mit »Luitpold« unterschrieben, was er früher nie getan hätte, denn mit dem Personennamen allein zeichnen nur Könige. Jedes Leutnantspatent hat er ausführlich signiert mit »Luitpold, Prinzregent von Bayern«. Auch gegessen hat er nur noch wenig. Aber geraucht hat er noch gern, natürlich seine langen Prinzregentenzigarren, von denen eine jede zwei Stunden geglüht hat. Diese Zigarren sind ihm nicht ausgegangen. Meistens hat er im Lehnstuhl gesessen, der steinalte Mann, in den Steinzimmern der Residenz. Und am 12. 12. 1912 ist er dann ruhig verschieden, der Prinzregent Luitpold, des Königreichs Bayern Verweser.

Ein braver Mann, der nicht alt werden mochte. – »Wia gehts denn allerweil, Herr Expeditor?« hat er einmal einen bekannten Eisenbahner gefragt. Und der auch schon siebzigjährige Bahnhofsvorstand von Buchloe hat geantwortet: »Ja no, Königliche Hoheit, alt werdn ma halt!« – Das mochte Luitpold nicht hören, und er hat darauf kurz gesagt: »So? Da spann i nix.« Und der kgl.-bay. Expeditor hat dazugesetzt: »Mir spannens net, Königliche Hoheit, aber die andern!«

Eine glückliche Zeit, diese Prinzregentenzeit! Und weiter hätte es die Menschheit nicht bringen sollen. Die kgl.-bay. Post hatte zum Beispiel neun Millionen Jahreseinkommen, und es wurden jährlich 130 Millionen Telephongespräche geführt. Die kgl.-bay. Eisenbahn zählte zu den fortschrittlichsten der Welt und erzielte ungeheure Jahresgewinne. Die kgl.-bay. Lokomotiven stellten Geschwindigkeitsrekorde auf. Tierzucht und Milchleistung sind gestiegen. Und die Maurer haben am Montag blau gemacht und die Handlanger dazu. Eine

Portion Leberkäs hat fast ein halbes Pfund gewogen, und die Bratwürste haben zwei Finger breit über den Teller hängen müssen. Eine beinahe schon gute Zeit, ein bisserl menschlich und ein bisserl liberal, damals vor 1912, als die kgl. Minister noch keine Parteipolitiker gewesen sind.

Ludwig III.
1912/13–1918

War's wirklich eine so liebe Zeit, die »gute alte Zeit« vor 1914? Behäbiger, ruhiger, umweltfreundlicher, voll der gesunden Luft und des sauberen Wassers war sie bestimmt. Und die Architekten des Jugendstils konnten auch noch prächtige Fassaden bauen, Häuser der Zuflucht und der Geborgenheit, ja der Festlichkeit.

Im Dezember 1912 war der greise Prinzregent verstorben, des Königreichs Bayern Verweser. König war immer noch der unglückliche Otto, den die Psychiater schon vor 30 Jahren für geisteskrank erklärt hatten und nachts einfach ans Bett fesseln ließen. Er residierte im Jagdschlößl Fürstenried, in seinem königlichen Privatsanatorium. Und weil nach dem bayerischen Legitimitätsprinzip kein König abgesetzt werden kann – wohl aber bei andauernder Krankheit und Regierungsunfähigkeit durch eine Regentschaft von seinen Pflichten entbunden werden kann –, ging jetzt die Regentschaft Bayerns auf den nächsten Agnaten des Hauses Wittelsbach über, auf den bereits 67jährigen Prinzen Ludwig. Der neue Prinzregent Ludwig war der älteste Sohn Luitpolds, ein Vetter König Ottos und natürlich auch ein Vetter von Ottos älterem Bruder, von König Ludwig II.

Man kannte ihn, diesen Prinzen Ludwig. Er war ein bescheidener, ruhiger und braver Familienvater. Seine Gemahlin Maria Theresia, die Tochter des Erzherzogs Ferdinand von Österreich-Este, hatte ihm dreizehn Kinder geboren. Im Dezember 1912 war der neue Prinzregent von Bayern schon vielfacher Großvater. Er kannte keine anderen Passionen als die Landwirtschaft, die Rinder- und Pferdezucht, verstand auch einiges von Geschäften, und viele sahen in ihm einen idealen bayerischen König. Denn Bayern war ja überwiegend noch ein Agrarstaat.

Etwas spottlustig haben die Münchner ihren Monarchen den »Millibauern« genannt. Wegen seines landwirtschaftlichen Musterbetriebes in Leutstetten bei Starnberg. Und die Königin Maria Theresia, die letzte aus dem Hause Este, dem Gedächtnis nach auch eine Nachfahrin der Schottenkönigin Maria Stuart, nannten sie die »Butter-Resl«. Einen zweiten Spitznamen bekam der König wegen seiner faltenreichen Ziehharmonikahose: »Ludwig der Vielfältige.« Dazu hatte er einen schwerfälligen Gang. Eine preußische Kugel steckte seit 1866 in seinem linken Bein. Das hat dem Bayernvolk imponiert. »Leut, lachts net über den Millibauern. Anno 66e hätten ihn die Preußen eh bald erschossen!«

Die Bayern hätten nach der langen Prinzregentenschaft Luitpolds lieber einen jungen, frischen und elegant-königlichen Herrn gehabt. Aber sie schmunzelten dann doch über die ehrliche, schwerfällige Greisengestalt des neuen Prinzregenten Ludwig, der ohne Begleitung durch die Straßen Münchens humpelte, jeden Prunk ablehnte und ungemein schlicht auftrat. Gern suchte er entlegene Antiquitätenläden auf, um wertvolle Kleinigkeiten zu erwerben. Manchmal kam es zu peinlichen Verwechslungen. Irgendein behäbiger alter Münchner wurde für den Prinzregenten gehalten – manchmal freilich auch umgekehrt. So soll Ludwig III. einmal allein vor dem Hofbräuhaus vorbeigegangen sein, wie sie gerade einen Betrunkenen herausgeworfen haben und dabei eine kleine Rauferei entstanden ist. Seine Majestät werden angerempelt und stürzen aufs Pflaster. Ein junger Volksschullehrer aus Fürstenfeldbruck erkennt den König von Bayern, hebt ihn auf und will ihn weiterbegleiten. Ludwig III. aber sagt nur: »Lassen S' mich nur gehen, lieber Herr, es fehlt nichts. Und sagen Sie es niemandem, sonst gibt es Komplikationen!«

Ähnlich war es mit seiner Verwundung, die er am 25. Juli 1866 in der Nähe des Dorfes Mädelhofen bei Helmstedt erlitten hat. Die Preußen hatten das bayerische Vorgehen des sechsten Infanterieregiments nicht nur gestoppt, sondern die Bayern zum raschen Rückzug gezwungen. Der zwanzigjährige Prinz Ludwig, berittener Oberleutnant des zweiten Infanterieregiments, wurde getroffen, stieg vom Pferd und humpelte noch ein paar Meter auf einen Baum zu, hinter dem schon zwei bayerische Gefreite Deckung genommen hatten. Der Prinz blutet stark und kann nicht mehr gehen. Er wird schließlich ohnmächtig auf einem Gewehr von den beiden Gefreiten zurückgetragen und später dann auch notdürftig verbunden. Erst auf dem Verwundeten-Leiterwagen erkennt man ihn. Trotz seines starken Blutverlustes wird Ludwig wieder gesund. Er heiratet zwei Jahre später seine Maria Theresia, wird Prinzregent von Bayern und besteigt schließlich im Oktober 1913 den Thron seiner Väter. Die SPD stimmte dagegen. Viele Genossen aber waren im Herzen für die »Standeserhöhung des Luitpoldsohnes«. Besonders Erhard Auer, der Stellvertreter Georg von Vollmars.

Die neue Zeit vor anno 1914

»Den Fortschritt kann kein Mensch mehr abbremsen, nicht einmal der Herr Prinzregent«, so seufzt der diensthabende Generaladjutant Hubertus von Haag, als er anläßlich seines 50. Dienstjubiläums im September 1911 ein Automobil besteigen soll. Dabei fallen einem in jeder Tageszeitung gleich mehrere Automobilanzeigen auf, in denen »hundertfach erprobte Tourenwagen« angepriesen werden. Amtlich zugelassene Kraftfahrzeuglehrer bieten das Erlernen des Steuerns, Schaltens und Hupens von Automobilen in wenigen Stunden an. Die Austro-Americana, die größte Triester Passagier-Reederei, lädt zu preisgünstigen Vergnügungsfahrten mit großen Doppelschraubendampfern auf dem Mittelmeer ein. Ihre 32 Schiffe dampfen außerdem wöchentlich einmal nach Nord- und Südamerika. Und auf jedem dieser Dampfschiffe sind Marconis drahtlose Telegraphenapparate installiert. Ein in München damals schon existierendes amtliches Reisebüro wirbt für Reisen in die Mitternachtssonne nach Norwegen in nur 34 Stunden.

Das alles gab es schon um 1911. Vitamintabletten und Yohimbin gegen schlechte Nerven. Man braucht bloß die alten Inserate studieren, dann kann man da über den sogenannten Fortschritt nur lächeln! Wahrscheinlich ist 1913 das Mittel gegen den Haarausfall um kein Haar schlechter gewesen als das heutige. Nur die Zigarren von damals oder der »Champagner« aus der guten alten Zeit brauchten heute nicht mehr angepriesen werden, sie würden ob ihrer besseren Qualität gekauft werden. Die Mittel gegen Fußschweiß, Magenschmerzen, Blutarmut und abstehende Ohren werden sich auch nicht viel gebessert haben. – Nur daß halt die Inserate damals billiger waren und von den Leuten noch lieber gelesen wurden. Das Neueste, »das Modernste«, »das soeben patentierte Spezialpräparat« hat man auch damals schon für das Beste gehalten.

Die Jahre vor dem Ersten Weltkrieg brachten unglaubliche Neuerungen. – In Nürnberg zum Beispiel führte der Physiklehrer Christoph Wirt im Sommer 1911 auf dem Dutzendteich sein ferngelenktes Elektroboot vor. Das Boot war zehn Meter lang und wurde von einem 4½-PS-Motor angetrieben. Es erreichte eine Geschwindigkeit von 15 Stundenkilometern, und kein Mensch befand sich an Bord. Gespenstisch aber führte es alle gewünschten Manöver aus. Die gerade in Nürnberg tagenden Vorstände des Deutschen Flottenvereins – darunter Admirale des Reiches – gaben vom Uferpavillon aus ihre Befehle: »Mehr steuerbord! Backbord! Oder mittschiff!«, und das ferngelenkte Boot führte in Sekundenschnelle alle diese Befehle aus. Man war verwundert, daß die an Bord befindliche Kanone auch ferngelenkt feuern konnte. Wirth nannte seinen Kurzwellenschalter einen »elektrischen Wellenfernschalter«.

Anno 1911 hat es also das alles in Bayern gegeben. Der Tierpark wurde 1911 eröffnet. Das war eine »Viecherei«, besonders für die Komiker. Die Leute sind ganz verrückt gewesen auf die Löwen und Tiger und Affen. Und die Zeitungen haben sich über die Münchner wieder aufregen müssen, weil sie »den rechten Ton im Umgang mit den exotischen Tieren« noch nicht gefunden hätten. Sie sollten einen Affen oder Seelöwen nicht unbedingt beleidigen, weil die Tiere sich in München ohnehin erst eingewöhnen müssen.

Die Münchner Sportvereine werden aktiver. Die Presse veröffentlicht immer häufiger die Namen und Adressen der Match-Kämpfer bei den größeren Spielen. Es gibt eine gute Rugby-Mannschaft. Das Clubheim ist im vornehmen Hotel Vier Jahreszeiten. Und die jeweiligen Fußballmeisterschaftsspiele werden sogar in Kulturzeitungen eingehend geschildert, selbst in der berühmten vaterländischen Zeitschrift »Das Bayerland«. Es gibt eine Skisportabteilung für Damen, eine Tennis- und eine Hockeymannschaft. Auch königliche Prinzen und Prinzessinnen beehren manche Spiele durch ihre Anwesenheit.

Aber der 90jährige Prinzregent hat die neue Zeit nicht gemocht. Er hat das Elektrische aus seinem Schlafzimmer wieder entfernen lassen und ist lieber mit Kerzenlicht ins Bett gegangen. In ein Auto wollte er durchaus niemals einsteigen. Die größte Feierlichkeit war sein 90. Geburtstag. Der hat acht Tage lang gedauert. Und das gesamte Königreich Bayern ist sogar vom Papst dispensiert worden und hat am Freitag Fleisch essen dürfen zu Ehren des Geburtstages seines Regenten. Viele Denkmale sind 1911 aufgestellt worden, auch jenes für den Schmied von Kochel an der alten Sendlinger Kirche.

Und die Münchner Künstler haben große Kunstausstellungen abgehalten: die Juryfreien sowohl wie die Sezessionisten. – Es war doch noch schön gewesen damals, gemütlich, obwohl die Welt bereits ziemlich modern geworden war. 1914 ist sogar der Tango populär geworden, auch in Bayern. Zunächst freilich nur für die Gewappelten. Das Volk hat noch lieber den Schieber getanzt, der von der politisch-aktiven Geistlichkeit freilich für unkeusch erklärt wurde.

1914

In Bayern lebt man immer noch ein bißchen anders als im übrigen deutschen Kaiserreich. Auch noch anno 1914. Trotz der Begeisterung der Massen für den großen vaterländischen Krieg am ersten Mobilmachungstag, dem 1. August 1914. Um einhalb sechs Uhr nachmittags befahl der deutsche Kaiser in Berlin die Mobilmachung. Der König von Bayern, Ludwig III., der nach der Verfassung der Oberbefehlshaber der königlich-bayerischen Armee in Friedenszeiten war, mußte als einziger deutscher Fürst seine Armee selber mobil machen. Erst nach der bayerischen Mobilmachung ging der Oberbefehl über diese bayerische Armee an die Oberste Deutsche Heeresleitung über. Und König Ludwig zögerte mit seiner Mobilmachung einen Augenblick. Allerdings nur etwa zwei Stunden. Gegen sieben Uhr unterzeichnete er das kriegerische Dokument, und gegen dreiviertel acht Uhr trat er auf den Balkon des Wittelsbacher Palais und verkündete dem schon begeistert wartenden deutschnationalen Bayernvolk den Kriegsbeginn seiner Armee.

Hätte er die Mobilmachung der königlich-bayerischen Armee verweigert, hätte dann der Friede gerettet werden können? Diese Frage stellte sich sogar der bayerische Oberstkommandierende, Kronprinz Ruprecht, in seinen Tagebuchaufzeichnungen. Und er muß die rhetorische Frage verneinen. »Auch ein Friedenswort des Bayernkönigs, selbst wenn es von Rechts wegen oder durch die Kraft der Persönlichkeit geltend gemacht worden wäre, hätte die Gewalt der Dämonen nicht mehr zu bannen vermocht.«

Aber etwas gespannt war man doch gewesen am 1. August 1914 gegen Abend. Überall haben die Leute es bereits gewußt, daß der deutsche Kaiser mobil gemacht hat. Auch in München, Augsburg und Nürnberg sind Telegramme und Extrablätter verteilt worden. »Deutschland eilt zu den Waffen!« – »Der Kaiser kennt keine Parteien mehr, nur noch Deutsche!« Der deutschnationale Jubel kannte keine Grenzen mehr. Nur der bayerische König läßt sich Zeit. Die bayerische Extrawurst will noch nicht einstimmen in die Begeisterung der Massen? Würde denn ohne Mobilmachungsbefehl im Königreich Bayern kein Soldat ausrücken? Eine theoretische Frage.

Der Bündnisfall mit dem Deutschen Reich war eine verfassungsmäßige Pflicht. Und die Leute in München und Nürnberg, in Würzburg und Bamberg waren von der Mobilmachung begeistert. Jeder Deutsche wollte den Krieg. Und der König von Bayern wartet und wartet mit seiner Mobilmachung! Ein lächerliches, antiquiertes Überbleibsel.

Nur wenige überängstliche Personen empfanden in diesen aufregenden Minuten und Stunden das Warten auf den Vollzug des souveränen Willens Seiner Königlichen Bayerischen Majestät als eine möglicherweise niemals eintretende Ungeheuerlichkeit. Der König soll noch etliche dreißig Minuten lang, einen Rosenkranz lang, gebetet und meditiert haben, bevor er die Mobilmachung unterschrieben hat und »wie jeder deutsche Soldat nun seine vaterländische Pflicht tat«, wie eine norddeutsche Stimme bemerkte.

Hätte der fromme Ludwig III. nicht irgendeine Marienerscheinung haben können? Hätte er nicht aus einem Fenster des Wittelsbacher Palais zu den kriegsbegeisterten Massen hinunterrufen können: »I mag net. Ich, von Gottes Gnaden König von Bayern, mache meine Armee nicht mobil. Weil ich den Frieden will.« Was wäre schon passiert? Zur Abdankung hätten sie ihn gezwungen, wie sie 1886 Ludwig II. für geisteskrank erklärt hatten. Und sein Haus wär möglicherweise bis auf weiteres mediatisiert worden. 1918 aber wäre den Bayern die Monarchie erhalten geblieben. Beziehungsweise unser König wär als einziger deutscher Fürst wieder auf den Thron seiner Väter gekommen. Und Bayern wäre 1918 ein selbständiger Staat geworden. Das sind Spekulationen, gewiß. Und dennoch ist es schön, zu wissen, daß der König mit seiner Mobilmachung zwei Stunden gezögert hat.

»Wie schlicht und einfach ist der Abschied unserer deutschen Landwehrmänner im bayerischen Oberland«, schreibt der nun plötzlich auch kriegsbegeisterte Ludwig Thoma. »Es freut mich zu sehen, wie bei diesen tapferen deutschen Männern gleich wieder die unverwüstliche Lustigkeit des Bayern durchbricht!« Die Dörfer sind still geworden. Frauen, Kinder, alte Leute bringen die Ernte ein. Mühsam geht die bayerische Ökonomie weiter.

Wie hat Dr. Thoma zum Beispiel im Mai–Juni 1914 noch gegen die Regierung angekämpft! Der »Simplizissimus« war eben wegen Majestätsbeleidigung angezeigt worden. Weil er einen Artikel gebracht hat, in dem geschildert wird, wie Ludwig III. seinem Kultusminister die Pinakothek für eine Million Mark verkauft. Wo doch die Pinakothek zum bayerischen Krongut gehört hat und sich Ludwig I. im Grabe umdrehen würde.

Seit dreißig Jahren war das der erste Majestätsbeleidigungsprozeß in Bayern. Man weiß das deswegen so genau, weil am 90. Geburtstag des Prinzregenten eine Generalamnestie für sämtliche wegen Majestätsbeleidigung einsitzenden Verurteilten erlassen wurde und in ganz Bayern keiner zu finden gewesen ist, auf den die Amnestie angewendet werden konnte. Dr. Thoma war 1914 der einzige. Die Mobilmachung hat den mutigen Satiriker umgewandelt. Jetzt hat er alle seine Artikel zurückgezogen und ist ein eifriger deutschnationaler Autor geworden, ja ein vaterländischer Lyriker.

Und doch hat es noch einige Bayern gegeben – auch in diesen erregten Augusttagen anno 1914 –, die das willfährige Marschieren Bayerns an der preußisch-deutschen Seite als ein Unglück angesehen haben! Nach der königlich-bayerischen Mobilmachung nämlich stand in großen schwarzen Teerlettern an den Mauern der königlichen Residenz zu München der Vers: »Ludwig III., leg dich hin und krepier! Ludwig II., steh auf und regier!«

Zwei Tage lang hat die Polizei gebraucht, bis daß sie diese königlich-bayerischen Spottverse wieder hat wegwischen können. Und einige alte Münchner haben dazu ihren Kopf nicht geschüttelt, sie haben sich eher gesagt: »Ebbas Wahres ist dran!«

Die sechste Armee

Blau der Himmel, blau die Uniformen – und mitten drin, auf einem stolzen Schimmel, Seine Majestät König Ludwig III., der Oberbefehlshaber der königlich-bayerischen Armee im Frieden, das waren noch gemütlich-stolze Zeiten gewesen, stolz und gemütlich sogar die weißblaue Armee. Der Krieg hatte nun alles ernster gemacht.

Mit der Mobilmachung hat die ganze schöne königlich-bayerische Armee – mit ihren drei stolzen Armeekorps – nur noch die »sechste deutsche Armee« geheißen. Und beinahe hätte diese sechste deutsche Armee zu ihrem neuen Namen auch noch einen preußischen Oberbefehlshaber bekommen. Dem Kronprinzen Ruprecht sollte nämlich ein preußischer General als Chef des Generalstabes der sechsten Armee beigegeben werden.

Der Chef des deutschen Feldheeres war Kaiser Wilhelm. Und der große Mann im kaiserlichen Hauptquartier war anno 1914 Generaloberst von Moltke gewesen. Er begründete dem bayerischen Kronprinzen gegenüber den Wunsch des Kaisers, die sechste deutsche Armee mit einem preußischen Generalstabschef zu veredeln, mit der taktvollen Bemerkung: »Königliche Hoheit, für Preußen ist es von enormer Wichtigkeit zu siegen!« Das gleiche sei für Bayern auch der Fall, antwortete darauf unser Ruprecht. Und er konnte es durchsetzen, daß sein Generalstabschef bleiben durfte. Er hieß Krafft von Dellmensingen.

Selbst im Krieg mußte man also als Wittelsbacher an zwei Fronten kämpfen. Nicht nur die Franzosen waren unsere Feinde, so man ein aufrechter bayerischer Föderalist und kein scheinheiliger deutscher Scheinföderalist war.

Die Begeisterung für den Krieg aber war 1914 auch in Bayern überschwenglich gewesen. Die Freiwilligen drängten sich an den Meldestellen, Landwehr- und Landsturmmänner sangen die »Wacht am Rhein«.

Die Lokomotiven der ins Feld abdampfenden endlosen Züge waren mit Girlanden geschmückt. Überall wurden letzte Abschiedsküsse großzügig gewährt, sogar von den verschämtesten Bräuten der vornehmeren Bürgerhäuser. Kriegsanleihen wurden überzeichnet. Vermutliche Spione wurden gejagt, gestellt und sogar verhaftet. Bahnhöfe und Brücken bewacht. Das Freibier floß in den ersten Augusttagen in Strömen. Manchen Brauereien ging das Bier aus. – Nach 43 Friedensjahren war es endlich wieder Krieg geworden! Welch ein Glück für diese tapfere Generation! Ein unbestimmtes Abenteuer lockte und reizte die Männer und Frauen. Und sofort begannen die Feindseligkeiten.

In den ersten Augusttagen herrschte zwar überall eine fieberhafte Hektik, aber der Anfang der allerersten Kriegshandlungen beschränkte sich auf den Abmarsch der Armee und dann auf die immer lebhafter werdende Kundschaftertätigkeit. Das dritte bayerische Chevaulegers-Regiment in Dieuze, dieses stolze Reiterregiment der bayerischen Bauernknechte im fernen Lothringen, bewegt sich mit eingelegter Lanze bis gen Wich und Kambrich, bedenklich nahe an die Reichsgrenze heran.

Und obwohl französische Streifen schon am 30. Juli 1914 einmal etliche Meter deutschen Boden betreten haben sollen, war den bayerischen Kavalleristen noch strengste Zurückhaltung auferlegt worden. Jede Grenzüberschreitung, ja Grenzberührung war ihnen bei hoher Strafe untersagt! Das waren noch die letzten Befehle des souveränen bayerischen Königs gewesen.

Plötzlich waren diese Befehle aufgehoben: »Feindberührung« hieß das abenteuerliche Gebot der Stunde. Von diesen ersten Patrouillen sind viele bayerische Reiter nicht mehr zurückgekommen. Man schrieb den 5. und 6., den 7. und 8. August. Zwischen Metz und Lunéville gab es viele kleine Feindberührungen. Was hat da dem bayerischen Chevauleger die Lanze genutzt? »Hinter den feindlichen Linien starb er während eines Aufklärungsrittes den einsamen Heldentod für König, Kaiser und Vaterland!«, so hat man es in den allerersten Todesanzeigen in den »Münchner Neuesten Nachrichten« lesen können. Die Begeisterung hat sich bald gelegt. Man hat jetzt gewußt, daß der Krieg ein gefährliches, todbringendes Unternehmen ist.

In den Bauerndörfern geht die Arbeit ohne die Männer weiter. In den Zeitungen und Zeitschriften erscheinen darüber große Artikel. »Die Bäuerinnen bringen die Ernte ohne ihre Männer ein!« – »Es ist stiller geworden im Dorf«, heißt es in einem anderen Blatt. Und doch konnten die unglaublichen Lasten, die bisher nur Männer hatten heben können, auch von Frauen getragen werden. Patriotische Gedichte werden dutzendweise geschrieben. Auch von unseren berühmten Dichtern. – Selbst die Herren Redakteure des »Simplizissimus« stürzen sich auf die Kriegspropaganda. Ludwig Ganghofer und Ludwig Thoma melden sich freiwillig, wollen eine Jägerkompanie zusammenstellen, ein Wildschützenbataillon. Aus der Romantik wird Wirklichkeit. Im Winter werden in den Vogesen die ersten Gebirgsschützenkompanien gebildet und sogar zwei Schneeschuhbataillone. Und dann kommt für die sechste Armee die erste große Schlacht, die Schlacht von Lothringen! Stolz ist der Sieg, groß sind aber auch die Verluste.

Damals waren die Bayern noch unter sich. In der ganzen sechsten

Armee war fast kein einziger Preuße. Die Schlacht von Lothringen im August 1914 war eine rein bayerisch-französische Schlacht. Zum letzten Mal in der Geschichte haben Bayern und Franzosen gegeneinander kämpfen und miteinander sterben dürfen. Freilich nicht so sehr für das bayerische Vaterland, sondern mehr für das Deutsche Reich. »Ja, wahrscheinlich nur für das Deutsche Reich.«

Verdun

Den Ausbund des Leidens und Sterbens haben unsere Väter 1943 in Stalingrad erlebt. Die Großväter können von der Hölle von Verdun erzählen. Innerhalb von Monaten sind vor den Festungen von Verdun, vor Malancourt und Haucourt, auf den Höhen 304 und 279, im Wald von Avocourt und vor Arras und auf den Vimyhöhen, bei St. Mihiel, vor den verschiedenen Forts der Festung, wie zum Beispiel vor dem berüchtigten Fort Douaumont oder in der Kiesgrube von Thiaumont, vor all diesen »für ewige Zeiten mit Entsetzen genannten« Örtlichkeiten sind im Jahre 1916 innerhalb weniger Monate mehrere hunderttausend bayerische Krieger gefallen.

Ein alter bayerischer Chevauleger erzählt: »Als Chevauleger war ich bei Verdun bloß noch Munitionsfahrer. Bei der Nacht. Sechsmal habens mir meine Rösser weggeschossen. Mir ist aber nie etwas passiert. Nicht einmal verwundet bin ich geworden. Darum geh' ich jedes Jahr zweimal zu Fuß nach Altötting. Einmal an meim Namenstag und einmal auf Michaeli. Mein Bruder, der Hans, is' schon im März 1916 im Wald von Avocourt geblieben. Sein ganzes Regiment, das dritte bayerische Infantrieregiment! O mei, da kann man Heldentaten verzählen, wenn man möcht! Aber die Geschichten sind so entsetzlich gräußlich, daß man es gar nimmer verzählen kann! Von einer Division von 18 000 Mann z. B. sind innerhalb von acht Wochen 11 000 Mann gefallen! Und wie ist's nachher dem 13. Infantrieregiment ergangen? Wie der 11. bayerischen Infantriedivision? Was hat der Termitenhügel Blut gekostet? Was hat das erste Infantrieregiment bei Arras geleistet? Und sein General, der Ritter von Schoch? Die Leutnants Lang und Rompf? Ach was, mit Namen darf man da gar nicht anfangen! Was is gewesen, wie die Franzosen Ende Mai Douaumont wieder zurückgestürmt haben? Da hat über Nacht die zweite Infantriedivision hermüssen. Nachdem schon drei Divisionen aufgearbeitet worden sind vor Douaumont! Mit Eisenbahn und Lastwägen habens damals die dritte Division vorgefahren! Freilich ist die Hälfte gleich gefallen, aber Douaumont ist wieder zurückerobert worden!«

In den Zeitungen erschienen Heldengedichte und große Zeichnungen auf die tapferen Männer in der Kiesgrube von Thiaumont. Die Kommandeure erhalten hohe und höchste Auszeichnungen, werden gar Ritter des königlich-bayerischen Militär-Max-Joseph-Ordens! Der Wahlspruch der Max-Joseph-Ritter lautet: *Virtuti pro Patria!:* Tapferkeit fürs Vaterland! Auch der greise Kavalleriegeneral von Gebsattel ist wegen der Wegnahme des Forts Camp Romains unter den Ausgezeichneten. In der Schlacht vor Verdun werden jetzt immer kleinere Dienstgrade zu Max-Joseph-Rittern erhoben: Majore und Hauptleute, ja Leutnants und Unteroffiziere. Nicht wenige von ihnen werden freilich erst als gefallene Helden in den hohen Ritterstand aufgenommen!

Und die Heldenlieder werden grausamer: »Um dich krepieren die Granaten, zerfetzt liegst du im Grabendreck. Doch auf, marsch, marsch, hörst du sie schreien, sie stürmen weiter, über dich hinweg!«

Der ehemalige stolze Chevauleger hat diese Lieder nie singen wollen. »Na, das Singen hätt gar nichts geholfen. Das ganze Verdun! Und man hat froh sein müssen im Dezember 1916, daß wir die alten Stellungen haben halten können! Der bayerische Kronprinz Ruprecht, was unser Oberbefehlshaber gewesen ist, hat anno 16 vor Verdun schon gesagt: ›Entweder die Franzosen geben auf bis Mai, aber sie tuns nicht, infolgedessen sollte man jetzt keine Soldaten mehr einsetzen, sondern nur noch Diplomaten! Allerdings unter wesentlicher Zurückschraubung der deutschen Kriegsziele!‹

Aber unser Kronprinz war halt auch ein Soldat und hat dem preußischen Oberkommando folgen müssen, dem deutschen Kaiser. Dadurch hat der Krieg immer länger gedauert. Und immer mehr von uns haben sterben müssen! Lauter junge Burschen! In jeder Familie bald ist einer gefallen. Und an manchen Tagen haben daheim unsere Bauernpfarrer gleich drei Kriegsgottesdienste halten müssen!«

Verdun war nicht das einzige große Kriegsereignis im Jahre 1916. Rumänien hat den Krieg erklärt, und zahlreiche bayerische Truppenverbände marschierten nach Galizien, Rumänien, nach Siebenbürgen. Vor allem die verschiedenen bayerischen Chevauleger-Regimenter. Und die Festung Przemysl konnte schon im Juni den Russen wieder abgenommen werden. In Rumänien waren schwere Kämpfe zu bestehen: die Schlacht bei Hermannstadt oder die langdauernden Gebirgskämpfe unseres Alpenkorps, der Gruppe Krafft von Dellmensingen, am Roten-Turm-Paß dürften in einer bayerischen Armeegeschichte leider nicht fehlen.

In der Heimat ist das Essen immer schlechter geworden. Im Winter 1916/17 hat man von einem »Dotschenwinter« gesprochen. Von Brathendln und Schweinshaxn haben nicht einmal mehr die Münchner etwas gehört.

Die Hamsterer sind zu den Bauern aufs Land gefahren. Aber die Bauern haben selber nichts mehr gehabt, weil die Lebensmittelkontrolleure sehr streng waren. Drum sind uns Bayern die Maßkrüge lieber als die Weltkriege!

Der Spruch ist im Ersten Weltkrieg aufgekommen. Die Bayern sind niemals gern Soldaten gewesen, lieber Bauern und Gastwirte, Bräuer, Pfarrer, Musikanten und Künstler, Handwerker und friedliche Leute. Und doch haben unsere Großväter voller Stolz und Freudigkeit von ihrer Militärdienstzeit erzählt.

»Freilich, das ist meine schönste Zeit gewesen, als ich in München zwei Jahre aktiv Soldat gewesen bin, anno neunzehnhundertneun auf elfe! Noch unterm Prinzregenten Luitpold! Da warn wir lustig! Im Kindlkeller beim Bier oder mit dem Schatz im Englischen Garten! Ja freilich, und der Dienst ist auch zum Aushalten gewesen. Gar a so haben die bayerischen Offiziere nicht gezwirmt wie die preußischen. Na, na, das bayerische Militär ist um einen Deut gemütlicher gewesen! Auch in Nürnberg oder Bayreuth, in Würzburg oder Speyer!«

Und das war nicht zuletzt ein Verdienst der bayerischen Generalität. Überhaupt des Offiziersstandes im weiß-blauen Königreich. Die drei Armeekorps in Bayern waren nämlich streng landsmannschaftlich unterschieden. Zum ersten Korps in München gehörten die Altbayern und die Schwaben. Zum zweiten in Würzburg die Unterfranken und die Pfälzer. Zum dritten bayerischen Armeekorps in Nürnberg dann die Ober- und Mittelfranken und die Oberpfälzer. Selbstverständlich sind die Herren Offiziere öfters versetzt worden, aber man hat doch im wesentlichen den heimischen Armeekommandos auch die einheimischen Offiziere überlassen.

In der königlich-bayerischen Armee hat jeder Bürger zum Offizier aufsteigen können. Er hat freilich viel lernen und studieren müssen, hat das Abitur gebraucht. Oder wenigstens das Einjährige. Und für dieses »Einjährige« hat es auch schon Privatkurse und »Aspirantenkurse« gegeben. Der Adel ist in Bayern nie so stark gewesen, daß er einen Bürgerlichen neben sich nicht geduldet hätte.

Nicht wenige Kaufmannssöhne, Handwerkersöhne und natürlich sehr viele Lehrer-, Wirts- und Bräumeisterkinder haben es bis zum königlich-bayerischen Generalleutnant gebracht! Und sind dann vom König automatisch in den Ritterstand erhoben worden und haben sich »von« schreiben dürfen wie ein alter Graf. Zum Beispiel der Herr Generalleutnant Ritter von Höhn oder der General Ritter von Breitkopf, Ritter von Schoch oder der Lehrerssohn und General der Infanterie Ritter von Brug. Der Generalmajor Wening oder der General Jäger, der Ritter von Fischer usw. Fast drei Viertel der königlich-bayerischen Generalität waren bürgerlicher Herkunft. Und es ist darauf geachtet worden, daß man keine Unterschiede gemacht hat zwischen einem Grafen und Fürsten und einem ehemaligen Lehrerbuben. Man hat zu jedem General einfach »Exzellenz« gesagt wie zu einem Bischof.

Sehr wohl aber hat man einen Unterschied zwischen den einzelnen bayerischen Soldaten machen müssen. Das war der allerhöchste Wunsch der bayerischen Könige immer schon gewesen. »Die Offiziere und Unteroffiziere sollen in der Ausbildung auf Herkunft, Charakter und Eigenart eines jeden einzelnen Soldaten eingehen und ihn allmählich zu verstehen versuchen«, heißt es da unter anderem in einem alten königlich-bayerischen Militärerziehungsbüchlein!

Unter den Offizieren herrschte sowieso ein toleranter, liberaler süddeutscher Ton, und man hat niemals hochmütig auf den Bürger- und Bauernstand herabgesehen. Unter König Ludwig I., wo man ohnehin nur sehr schwer hat befördert werden können, waren die Herren Offiziere sehr bildungsbeflissen gewesen und sind fleißig in die Pinakotheken und Glyptotheken gegangen. Manchmal vielleicht sogar, um einmal dabei vom König gesehen zu werden. Mit einem Wort: In Bayern sind auch die Generäle noble Herrn gewesen, gebildet und eher bescheiden als hochmütig. Und vor allem hat man auf eine sehr gediegene Ausbildung Wert gelegt.

Der Kriegsminister, der Generaloberst Freiherr Kreß von Kressenstein, war der unermüdliche Organisator und Umformierer des bayerischen Heeres gewesen. Er ist im königlich-bayerischen Kriegsministerium in der Ludwigstraße gesessen, und jedes Kind hat ihn gekannt. Generalfeldmarschall war Kronprinz Ruprecht. Seine beiden

Onkel, die Brüder des Königs, waren die Prinzen Leopold und Arnulf. Leopold war ein geborener Soldat, Armeeinspekteur und oberster Erzieher des bayerischen Heeres. Nach ihm ist die Leopoldstraße in Schwabing benannt. Er war mit der Tochter des österreichischen Kaisers Franz Joseph verheiratet, mit der eleganten Prinzessin Gisela. Vom Prinzen Arnulf weiß man es ohnehin, er hat nur für das Leibregiment gelebt und für sein erstes Armeekorps. Das waren die Spitzen der königlich-bayerischen Armee. Und dann haben die Bayern noch viele sehr originelle Generäle gehabt. Kahlköpfige und Stiftlkopferte, ernste Gelehrtennaturen waren darunter, mit Zwicker und Augenglas, wie z. B. der Generalleutnant Huller, der seine zwölfte Infanteriedivision zum Küstenschutz hat aufstellen müssen. Oder der Generalleutnant Kiefhaber, einer der tapfersten bayerischen Heldengeneräle, der in der Sommeschlacht nicht zurückgewichen ist.

Die Generäle der bayerischen Armee, die in den unmenschlichen Kämpfen um Verdun das Kommando hatten, sehen auf den alten Fotografien merkwürdigerweise besonders altväterlich martialisch aus: die Generäle Rauchenberger, Koch und Grüber zum Beispiel. Unter den fast 400 gefallenen Offizieren des ersten bayerischen Armeekorps vor Verdun waren auch dreizehn Oberste und Generäle dabeigewesen. So viele Generäle sind in anderen Armeen nicht gefallen.

»Ja und überhaupts ist sogar ein bayerischer Prinz gefallen!« Der Prinz Heinrich am 7. 11. 1916 bei der Erkundung des Angriffsgeländes gegen Pojana Spinului am Roten-Turm-Paß in Rumänien. Der bayerische Prinz wird dabei schwer verwundet und stirbt in der kommenden Nacht. Der spätere NS-Statthalter von Bayern, Franz von Epp war der Brigadeführer. Prinz Heinrich war Offizier im Leibregiment. Man hat bei der Gefährlichkeit des Unternehmens auf die Kgl. Hoheit keine Rücksicht genommen. Was man von den Söhnen der führenden Politiker damals nicht immer sagen kann. So z. B. wurde, wie mir ein, beide Ereignisse miterlebt habender, Hauptmann erzählt: »Vier Monate vorher bei Verdun vor dem Fort Douaumont der Kompagnieführer Graf Hertling zurückbeordert, unmittelbar vor einem am 4. 7. 16 geplanten und gründlich vorbereiteten Vorgehen. Es hieß plötzlich, Minuten vor dem Sturm in einer Durchsage: ›Die Kompagnie übernimmt sofort anstelle Graf Hertlings Leutnant Ludwig Meng.‹ – Hertlings Vater war Tage zuvor Reichskanzler geworden. Leutnant Meng wurde verwundet und bekam anläßlich dieses grauenhaften Einsatzes, der sieben Tage gedauert hat, den Max-Josef-

Orden.« Insgesamt aber sind zweimal hunderttausend bayerische Soldaten im Feld geblieben und haben ihre schöne Heimat nicht mehr gesehen. Zweihunderttausend Mannschaften, Unteroffiziere und Offiziere, 37 Generäle und ein Prinz.

Veteranen, senkt die Fahnen!

Der Dotschenwinter (1916–1917)

»Vor Pest, Hunger und Krieg«, heißt es in der Allerheiligenlitanei, »verschone uns, o Herr!« Laut und oft haben die Leute das früher gebetet, besonders noch während des Ersten Weltkrieges. Damals hat man die Gleichschaltung des ganzen deutschen Kaiserreiches in jedem Bauerndorf zu spüren bekommen, denn die Kriegswirtschaft wurde von Berlin aus sehr streng und zentralistisch dirigiert. Jedes Stück Vieh war gezählt, jedes Pfund Roggen mußte abgeliefert werden. Schon im Winter 1916 auf 1917 mußten sogar die Bayern im eigenen Land Hunger leiden. Und der alte Spruch, daß in Bayern noch nie jemand verhungert wäre, stimmte nicht mehr. Brot und Kartoffeln sind plötzlich rar geworden. Und viele Menschen mußten sich tageweise von gekochten Speiserüben ernähren, von den sogenannten Dotschen. Darum haben die Münchner diesen Kriegswinter auch den Dotschenwinter genannt.

Jawohl, alles ist von Berlin aus angeschafft worden! Auch der Hunger. Und allerweil mehr junge Soldaten sind gefallen. Ein nobles Kaiserreich, dieses Deutschland, der Inbegriff für Sterben und Hungern! Großartig waren die Durchhalteparolen und die überspannten Hoffnungen. Auch ein Theodor Heuss hat 1918 in der Zeitschrift »März« noch einen sieges- und opferfreudigen Durchhalteaufsatz veröffentlicht! Aber die kleinen Leute haben sich langsam ausgekannt, und die Augen sind ihnen aufgegangen.

»Nieder mit dem Krieg, es lebe der Friede!« So haben immer mehr gedacht und auch geredet. Und das Reden und Denken war damals, Gott sei Dank, noch nicht verboten gewesen. Besonders nicht in Bayern. Kurt Eisner hat lange agitieren dürfen. Seine Parole hieß: »Sozialistischer Friede!« Erst 1918 wurde er nach Stadelheim hinter Schloß und Riegel gebracht. »Weils von Berlin aus befohlen worden ist, indem daß der Streik hat unterdrückt werden müssen.«

Aber im September hat König Ludwig III. Kurt Eisner wieder die

Freiheit geschenkt, weil ja ein Wahlkampf vor der Tür stand und man den Vorsitzenden der Unabhängigen Sozialdemokraten nicht von Stadelheim aus hat diesen Wahlkampf führen lassen können. Eisner wurde entlassen. Das Reichsgericht in Leipzig hat in letzter Minute noch einen jungen Staatsanwalt nach München geschickt, um den König umzustimmen, Eisner nicht in Freiheit zu setzen. König Ludwig III. hat diesen Herrn aber nicht empfangen. »Für den Wahlkampf muß er entlassen werden, das steht ihm zu, auch wenn er ein unabhängiger Sozi ist«, soll er geäußert haben.

Als Bayer steht man den Ereignissen von 1918 zwiespältig gegenüber. Die Friedensrevolution Kurt Eisners freut einen. Aber das Verschwinden der angestammten Monarchie schmerzt einen. Schön wäre es gewesen, wenn der alte König mit Kurt Eisner zusammengegangen wäre! Gar so weit hätte es da vielleicht gar nicht gefehlt?

Kurt Eisner war ein tapferer Preußenhasser, und gegen Kriegsende hatte auch Ludwig III. vom deutschen Kaiserreich Berlins die Nase voll.

In der Schweiz ließ der König bereits, auf Betreiben des Kronprinzen zwar, durch einen Unterhändler mit dem amerikanischen Bevollmächtigten Mister Herron über die Abdankung Kaiser Wilhelms II. verhandeln. Als der geheime Schritt ruchbar wird, bekommt der Kronprinz Ruprecht von seinem Vater eine Zurechtweisung. So konnte König Ludwig III. auch noch bis zuletzt den Schein seiner deutschen Vasallentreue dem Kaiser gegenüber wahren.

Aber um die Zeit ist ohnehin schon alles viel zu spät. Am 4. November, vier Tage vor der Revolution, hält der letzte bayerische König vor dem Staatsrat noch eine kurze Rede, in der er sagt, daß die Preußen an dem ganzen Unglück schuld seien, sie allein. »Die Berliner«, sagt er, »die Oberste Heeresleitung und der deutsche Kaiser!« Nur sein schwarzer Ministerpräsident von Dandl sieht noch nicht so schwarz, er meint in dieser Sicherheitssitzung: »Wir in Bayern brauchen eine Revolution nicht zu befürchten. Denn nichts ist dem Bayernvolk heiliger als sein angestammtes Königshaus. Außerdem mögen sogar unsere schärfsten Revolutionäre, wie z. B. dieser Literat Kurt Eisner, die Preußen nicht. Majestät, ich versichere Eurer Majestät, es besteht kein Anlaß zu irgendeiner Aufregung!« So sprach der Ministerpräsident von Dandl, und man ging beruhigt auseinander. Diese besonders den Fragen der inneren Sicherheit in München gewidmete Sitzung war die letzte Zusammenkunft des königlich-bayerischen Staatsrates.

Im Volk gärt es. Man hält den greisen Ludwig III. für einen zu getreuen Paladin des deutschen Kaisers. Man beginnt ihn zu hassen, haßt in ihm den deutschen Kaiser. Der Bayernkönig hat sich von der deutschnationalen großen Presse auch immer widerspruchslos als einen besonders reichstreuen deutschen Fürsten feiern lassen. Längst vergessen war sein separates Auftreten bei der Zarenhochzeit in St. Petersburg, wo er sich geweigert hatte, sich im Gefolge Wilhelms II. von Preußen zu präsentieren, und auf ein souveränes Auftreten den größten Wert gelegt hatte. Im Augenblick galt er nicht mehr als irgendein Großer des deutschen Kaiserreiches, als der Vater eines preußischen Generalfeldmarschalls. Und die Revolutionäre nannten auch den Kronprinzen Ruprecht einen kaiserlichen Menschenschlächter.

»Der soll doch seine Kühe melken in Leutstetten!« Vergessen waren die tierzüchterischen Erfolge um die Erhöhung der Milchleistung. König Ludwig III. war einer der ersten Landwirte der Welt gewesen, die die Milch ihrer Kühe haben regelmäßig messen lassen und daraus züchterische Konsequenzen gezogen haben. Und die Behauptung scheint nicht übertrieben: Wenn es heute in der Welt Kühe gibt mit fünf- und sechstausend Liter Milch, dann verdanken die Bayern diesen Erfolg dem königlichen Mustergut Leutstetten und dem »Millibauer« Ludwig III.

Niemand mehr hat den König gemocht. Hätte er doch nur ein Wort darüber verlauten lassen, daß auch er die deutschen Generäle nicht ausstehen könne und für einen sofortigen Verständigungsfrieden sei, er wäre nicht gestürzt worden, die Revoluzzer hätten ihn beschützt. Aber von einer sozialistischen Revolution und einer monarchistischen Tradition läßt sich leider nur träumen. »Jawohl, dös waar's gwen damals: sozialistische Revolution und monarchistische Tradition! Dann hätte es keinen Hitler gegeben! Und der bayerische Fortschritt hätt uns gereicht. Aber no, die guten Gedanken und die hinketen Roß kommen zum Schluß, wenn's zu spät ist! Aber freilich, in der Weltgschicht is' nia zu spät – und in der bayerischen Gschicht zwoamal net!«

Bayerische Kriegsziele

»Lieber im Frieden der Rahm als im Krieg der Ruhm!« 188 000 Soldaten hatte das königlich-bayerische Heer im Ersten Weltkrieg verloren. Und 400 000 sind verwundet worden. Die meisten unter ihnen schwer.

Bei knapp sieben Millionen Einwohnern gehörten gegen Kriegsende 1918 über 900 000 Mann zur Armee. Also fast jeder achte Einwohner hat Soldat werden müssen. Und in der bayerischen Heimat hat es fast nichts mehr zu essen gegeben. Es war gar kein so großes Kunststück gewesen, damals eine Revolution zu machen. Selbst unter den königlichen Beamten und unter den bravsten Bauernburschen hat es Revolutionswillige gegeben.

Was aber fast schon wieder lustig war: Noch im letzten Kriegsjahr haben die hohen Herrn von Annexionen geschwatzt und haben sich gegenseitig mit ganz großen Kriegszielen überboten. Die deutschen Fürsten haben sich bis zum Schluß untereinander gezankt, ob Bayern Elsaß-Lothringen bekommt und dafür Preußen Kurland, ganz Polen und das Baltikum. Oder ob Bayern nicht lieber ganz Belgien nehmen sollte und dafür Württemberg und Baden Elsaß-Lothringen? König Ludwig III. hat sich nicht mehr ausgekannt. Er hat sogar gemeint, wenn sie schon immer das Lied vom »deutschen Rhein« singen, dann sollten die Preußen die Rheinmündung auch noch deutsch machen. Auf dieses Königswort hin sind die Herren Diplomaten und deutschen Ministerpräsidenten wieder etwas verwirrt worden, und die eine Konferenz hat zwei andere zur Folge gehabt. Noch im Sommer 1918 traf man sich dreimal wegen der Belgienfrage!

Bis zum November 1917 war Graf Hertling, der ehemalige erzkatholische Philosophieprofessor, bayerischer Ministerpräsident gewesen. Und als es im Reich immer dunkler geworden war, hat es halt wieder geheißen: »Laßt die anderen Deutschen auch etwas werden, es müssen nicht immer nur Preußen Reichskanzler sein!«

So konnte man in verschiedenen Leitartikeln jetzt lesen: »Laßt die Bayern hin!« Sogar in jenen Blättern, die dem stolzen Kaiser Wilhelm am nächsten gestanden sind. Wilhelm II. gab dem Reichskanzler Bethmann Hollweg die Entlassung und ernannte den bayerischen Ministerpräsidenten – obzwar der schon ein 74jähriger Greis war und nicht mehr ganz gut bei Gesundheit – zum deutschen Reichskanzler, zum Nachfolger eines Bismarck!

In München war man fast stolz: zum erstenmal in der Geschichte des deutschen Kaiserreiches war ein Bayer Reichskanzler! Die Stunde war ernst, und die militärische Lage wurde immer schwieriger. Der kaiserliche Generalstab gab sich zwar noch optimistisch, denn in Rußland gab es revolutionäre Vorgänge. Vielleicht hat sich selbst ein Ludendorff jetzt gesagt: »Lassen wir mal einen Bayern ran, es geht ohnehin nur noch darum, wie lange wir unsere Köpfe noch hocherhaben tragen können.« Professor Hertling hatte als bayerischer Ministerpräsident bereits 1916 ausgesprochen, daß der Krieg auf keinen Fall mehr zu gewinnen sei.

Und er hat gewisse, speziell bayerische, harmlose Friedensfühler ausgestreckt: nach Rußland und nach Belgien, nach Italien und nach England. Und speziell natürlich nach Rom zum Papst.

Aber die Scharfmacher sind leider auch in München nicht zu umgehen gewesen. Einige Herren Professoren, Studienräte und auch königliche Kommerzienräte waren darunter, Abgeordnete, Medizinal- und Justizräte haben, wenn sie auch nicht selber an die Front marschiert sind, einen höchst kriegerischen Verein gegründet: den berüchtigten Münchner intellektuellen »Volksausschuß für die rasche Niederwerfung Englands«. Und dieser Verein propagierte von München aus ausgerechnet den totalen U-Boot-Krieg. Die »Süddeutschen Monatshefte« wurden sein Sprachrohr, und die großen bayerischen Volksredner, die Bauernführer Dr. Georg Heim und Schlittenbauer, verdeutschten diesen totalen U-Boot-Krieg gegen England als die einzige Möglichkeit, so rasch wie möglich zu einem siegreichen Frieden zu kommen.

Das Unterseeboot wurde zu einem volkstümlichen Begriff in den entlegensten Bauerndörfern Frankens und Niederbayerns. Vielleicht ist es eine Kuriosität, daß ausgerechnet im deutschen Binnenstaat Bayern die größte Begeisterung für das Unterseeboot entflammt werden konnte. Der Volksausschuß der Intellektuellen erweiterte sich rasch zum »Landesverein Bayern der Deutschen Vaterlandspartei«. Und der Großadmiral von Tirpitz war das Idol dieses bayerischen Patriotenvereins anno 1917/1918. Einer der eifrigsten Agitatoren dieser Vaterlandspartei war kein Geringerer als Ludwig Thoma gewesen! Wo war der einst so aufsässige »Demokrat aus Bayern«, der unter dem Pseudonym Peter Schlemihl seine frechsten Gedichte geschrieben hatte, nur hingeraten?

»Ja no, was will man da sagen? – Ganz gfeit ist keiner. Und hätt er was anderes gsagt, die Herrn Politiker hätten auf ihn net aufgepaßt!«

Ein Gutes haben ja die bayerischen Friedensgesuche gehabt. Und da haben sie sich mit dem Vaterlands-U-Boot-Verein getroffen: Die königlich-bayerische Diplomatie hat es fertiggebracht, daß 1917 der deutsche Reichskanzler den Papst in Rom gebeten hat, er möge den deutschen U-Boot-Krieg nicht ganz verdammen!

Man hat gewissermaßen in Bayern doch noch ein schlechtes katholisches Gewissen gehabt! Und daß die deutschen Unterseeboote natürlich geweiht werden müßten, das hat der neue bayerische Ministerpräsident Otto von Dandl bei dem neuen Reichskanzler, Professor von Hertling, auch noch durchsetzen können. Vorbei und vergessen. Aber Reste dieser reaktionären, fromm-bayerischen konservativen Tapferkeit und Blamage hat man noch bis 1933 an der Gestörtheit der Konservativen bemerken können. Erst das Dritte Reich hat sie wieder sicherer gemacht und ihr 1917 Aufsehen erregendes Verlangen nach einem päpstlichen Segen für einen totalen U-Boot-Krieg vergessen lassen.

Ein erfolgreicher Ministerpräsident, dieser Otto von Dandl! Nach Ausbruch der Revolution hat er bei seiner letzten Audienz seinem Exkönig gesagt: »Mei, Majestät, ich verlier' ja auch meinen Posten!«

»Majestät, gehn S' heim!«

Das Schönste von Bayern sind nicht nur seine Berge; die bayerische Revolution von 1918 ist eine Fundgrube exemplarischer Menschlichkeiten. Man kann heute geradezu darauf stolz sein, denn die Bayern waren die ersten Deutschen, die Revolution gemacht haben. Und das allein hat es nur in Bayern gegeben: ein eigenes Wort »Revoluzzer« und »revoluzzern«. Man hat die Revolution nämlich zunächst als ein Gaudium, eine Wohltat empfunden. Und auf einmal ist sie ausgebrochen.

Man war kriegsmüde geworden, auch in Bayern. Und die Herren unserer Regierung haben nichts dagegen unternommen. Sie hätten ja auch nichts Legales für den Frieden unternehmen dürfen. Die deutschpreußische Reichsgewalt, das heißt die Oberste Heeresleitung, führte ein absolutes Regiment.

Um einen bayerischen Sonderfrieden nachzusuchen wäre ja schon ein Verbrechen gewesen. Für ein Ausscheren Bayerns aus dem zentralistischen Bismarckreich war zwar schon seit mindestens Januar 1918 eine gewisse Volksstimmung zu spüren, aber wie anders hätte dies geschehen können als durch Treubruch oder Revolution? Es waren wenige, die diese Antikriegsstimmung in ihren Reden öffentlich auszusprechen wagten. Die Minister des Königs hatten diesen Mut nicht.

Weder die katholischen Zentrumspolitiker hatten ihn noch die Sozialdemokraten, die braven »Auerochsen« unter ihrem Vorsitzenden Erhard Auer, und schon gar nicht die deutschnational gesinnten verschiedenen Liberalen. Es waren eigentlich nur etliche niederbayerische Bauernbündler und die zur Revolution seit langem entschlossenen linksradikalen unabhängigen Sozialdemokraten, also die Freunde des zugewanderten Schwabinger Schriftstellers Kurt Eisner. Kurioserweise zählte zu diesen Freunden auch einer der beliebtesten ehemaligen königlich-bayerischen Fachminister, der edle Heinrich Ritter von Frauendorfer, den schon 1912 die Zentrumsmehrheit nicht mehr ins Kabinett von Hertling eintreten ließ wegen seiner gewerkschaftsfreundlichen Äußerungen. Ritter von Frauendorfer hat sich damals nämlich für das Streikrecht auch der beamteten königlich-bayerischen Eisenbahner ausgesprochen. Er wurde durch einen zuverlässigen Zentrumsmann ersetzt. In den Wochen vor der Revolution konspirierte nun der ehemalige königliche Minister mit dem radikalen Kurt Eisner.

»Ja no, wenn's einem einmal stinkt in der Politik, dann fragt man nimmer nach dem Stall, nachher ist oft ein Gegner der ehemalige Freund.« Das ist alles menschlich. Da sagt man allerweil, die Politik waar net menschlich! Aber daß man weiter verzähln: Der Eisner Kurti, wenn er auch ein Schwabinger Schreiberling gwen ist, 's Revoluzzern hat er könna. – Im Januar 1918 hat er z. B. zum Streik für den Frieden aufgerufen. Die Arbeiter, hat er gsagt, solln einfach keine Kugeln mehr gießen, dann können sie an der Front keine Menschen mehr erschießen.

Dös hat fein vuil Leut eingleicht. Bsonders dene Witwen und dene kleinen Leut. Und das war in München nicht nur lauter Gschwerl, das da 1918 grevoluzzert hat! Das waren keine Novemberverbrecher! Da waren, wie neuere Untersuchungen ergeben haben, viele kleine Handwerker und Angestellte dabei, sogar Beamte. »Halt Leut, die nix zum Umtauschen und Hamstern gehabt haben. Aber dafür um so mehr Hunger.«

Natürlich wurde Kurt Eisner im Februar 1918 gleich festgenommen und gegen ihn Klage wegen Hochverrats erhoben. Aber in Bayern waren doch noch starke liberale, ja großzügige und menschenfreundliche Grundsätze vorhanden in der zivilen Verwaltung und in der Rechtsprechung. Oder war es nur eine bürokratische Umständlichkeit, daß sich die Vorbereitungen für den Eisner-Prozeß so sehr in die Länge gezogen haben? Eisner saß also im Gefängnis Stadelheim und bereitete sich auf seine Revolution vor. Da legte der große alte Mann der bayerischen Sozialdemokratie, Georg von Vollmar, gebeugt durch Krankheit und Alter, seine Ämter nieder. Auch sein Reichstagsmandat. Eine Ersatzwahl war notwendig. Die Unabhängigen stellten ihren Kurt Eisner als Kandidaten auf. Und ersuchten die königliche Regierung um Freilassung des Kandidaten zum Wahlkampf.

»Dös derf nachher doch schon net sein, daß man einen Reichstagskandidaten einsperrt!« Die Zeitungen schreiben darüber, und alles redet von Kurt Eisner. Und daß er freigelassen werden muß. Und daß der Mann im Januar schon gar nicht so unrecht gehabt hat. – Mittlerweile war es ja Oktober geworden. Und am 4. Oktober schon hat der deutsche Kaiser mit seinem obersten General Ludendorff um Waffenstillstand nachgesucht. »Die Stimmung ist nimmer rar gwen jetzt.« Kurt Eisners Stunde war gekommen.

Der Nürnberger Oberbürgermeister, der Deutschliberale Dr. Otto Geßler, hat zwar energisch gegen die Freilassung Eisners protestiert. Und auch er ist eigens nach München gefahren, um dem König die Eisner-Amnestie ausreden zu können. Aber der bayerische Ministerpräsident hat dem furchtsamen Nürnberger Bürgermeister die Audienz verweigert. Ein Beauftragter der Reichsregierung, der auch wegen Eisners Freilassung nach München gereist war, erfuhr vom bayerischen Parlamentspräsidenten, Exzellenz von Fuchs, »daß der Dandl schon recht hat, wenn er den Gschaftlhuber von Nürnberg, diesen Dr. Geßler, den König nicht beunruhigen läßt. Denn die Freilassung Eisners werde sich auf die Münchner Bevölkerung sehr beruhigend auswirken!« Eisner wurde freigelassen. Tage später brach die Revolution aus. Ludwig III. machte gerade seinen Spaziergang durch den Englischen Garten. Verwundert hat ihm ein Arbeiter nachgeschaut und hat ihm dann diese mittlerweile geflügelten Worte zugerufen: »Majestät, gehn S' heim, Revolution is'!«

Donnerstag, den 7. November 1918, hat man sich noch königlichbayerisch niederlegen können, und am Freitag, den 8. in der Früh ist man als Republikaner aufgewacht. Und man hat es sogar zum Frühstück schon in der Zeitung lesen können: »Bayern ist ein Freistaat, der provisorische Ministerpräsident heißt Kurt Eisner, und der Rat der Arbeiter, Soldaten und Bauern wird unverzüglich eine Volksregierung einsetzen.

König Ludwig III. aber ist in der Nacht geflohen. Die Dynastie Wittelsbach ist abgesetzt.«

Das waren Neuigkeiten! Ja, wie hat das nur so schnell gehen können? Der hergelaufene Schwabinger Literat getraut sich in München den König davonzujagen? Am Sonntag, den 3. November, hat Eisner die Revolution geprobt. Etwa 1000 Personen, Arbeiter, Matrosen, Schreibstubensoldaten mit ihren Freundinnen, auch einige Neugierige, Urlauber und Rentner, haben sich auf der Theresienwiese versammelt, um Kurt Eisner sprechen zu hören. Jedermann war sehr aufgeregt, weil ja schon drei Tage davor, am Allerheiligentag, die Habsburger Monarchie in Wien gestürzt worden war. Eisner hat den Frieden und die sofortige Abdankung Kaiser Wilhelms II. verlangt. Der Beifall war überschwenglich. Nach der Versammlung hat der Unteroffizier Felix Fechenbach etliche hundert Demonstranten nach Stadelheim geführt, wo noch drei unabhängige Sozialdemokraten in Untersuchungshaft saßen.

Die Demonstranten verlangten deren sofortige Freilassung. Die Gefängnisdirektion telefonierte mit dem Innenminister von Brettreich, dieser mit dem Ministerpräsidenten des Königs, dieser mit dem Obersten Reichsrichter in Leipzig. Nach zwei Stunden durften die drei Untersuchungsgefangenen Stadelheim verlassen. In einem großen Triumphzug wurden sie durch die Stadt geführt. Man zog sogar vor die Wohnung des Königs, vor das Wittelsbacher Palais. Dort brachte man ein Hoch auf den Frieden aus und ein dreimaliges Hoch auf eine soziale Republik. Die königliche Familie war aber schon zwei Tage vorher aus dem Wittelsbacher Palais ausgezogen und hatte vorübergehend in der königlichen Residenz Wohnung genommen. Nicht etwa aus irgendwelchen Vorsichts- oder Sicherheitsmaßnahmen. Nein, wegen Bauarbeiten im Wittelsbacher Palais. Das Elektrische wurde neu installiert.

Zwei Tage später, am Dienstag, hat Eisner abermals auf der Theresienwiese zu einer Revolutionsversammlung eingeladen. Ebenfalls wieder mit polizeilicher und königlich-ministerieller Genehmigung.

Es war ihm nur nicht gestattet worden, Soldaten zur Meuterei zu verleiten oder eine Republik auszurufen. Demonstrationen für den Frieden waren aber erlaubt, ja sogar erwünscht.

Bei dieser Versammlung am Dienstag, den 5. November, hätte Eisner bereits die Revolution ausrufen können. Die Leute hatten die richtige Stimmung. Aber der Kurt Eisner war noch nicht bereit, er hat die begeisterten Massen sogar zurückgehalten. »Heute ist es noch zu früh, Genossen, übermorgen treffen wir uns wieder.«

Und am Donnerstag, den 7. November 1918, strömten wieder etliche hundert, ja fast tausend Anhänger Kurt Eisners auf die Theresienwiese. Diese revolutionswilligen unabhängigen Sozialdemokraten versammelten sich am oberen, stadtnahen Ende der Wiese, gleich unter den Bierkellern, von wo es auch nicht so weit zu den Kasernen der Münchner Garnison war. Am unteren Ende, am Fuße der Bavaria, versammelten sich zur gleichen Zeit – als ordentliche, friedliche und königstreue Gegenbewegung gedacht – die Münchner Sozialdemokraten unter Erhard Auer. Jedoch vergebens. Die disziplinierten Münchner Genossen, obschon sie in der Überzahl gewesen sind, konnten gegen die revolutionsbereiten Anhänger Eisners nichts ausrichten. Vielleicht haben sie auch »die spinnerten Schwabinger und ihr arbeitsscheues Gschwerl« nicht ernst genommen. Eisners Anhänger zogen nun zu den Kasernen.

Zur Infanteriekaserne, zur Türkenkaserne, zum Leibregiment und zu den Schweren Reitern. Und überall wurden die Revoluzzer eingelassen, überall waren schon etliche Soldatenräte bereit und haben mit ihnen konspiriert: »Ja freilich, Kameraden, mach ma Frieden!«

Man hat sich verbrüdert, hat sich gegenseitig die Hände gedrückt, hat sich auch zugeprostet, hat sich jedenfalls versichert, daß man nichts gegeneinander unternehmen würde, wenn die königlichen Generäle oder der Herr Kriegsminister persönlich Befehle zur Unterdrückung der Revolution erteilen sollten. Aber die hohen und höchsten königlichen Herrschaften haben keine Befehle erteilt.

Und Seine Majestät der König von Bayern hat allerweil noch nichts gewußt. Er hatte zwar seinen Nachmittagsspaziergang im Englischen Garten unterbrochen, weil ihm dazu ein Arbeiter geraten hatte, aber seine Minister haben nichts hören lassen. Sie waren nachmittags und gegen Abend für den König unauffindbar und unerreichbar. Die Dienerschaft war sogar schon auseinandergelaufen oder hatte sich geschwind freigenommen. Auch die meisten Hartschiere waren heimgegangen. Das spärliche Abendsouper – Ludwig III. lebte nach der Lebensmittelkarte – konnte nur noch der treue alte Diener Wilhelm servieren. Dünnbier, ein Stück Brot und etwas Käse. Die Königin lag obendrein schwerkrank zu Bette. Sie war von den Ärzten schon aufgegeben, man erwartete ihren Tod in den nächsten Tagen. Es war halb acht geworden.

Um diese Stunde hatten die Arbeiter- und Soldatenräte des Herrn Eisner schon alle Kasernen fraternisiert und auch bereits sämtliche bayerischen Ministerien besetzt. Die Hausmeister haben ihnen bereitwillig die Tore geöffnet, denn die Beamten hatten ja schon seit halb sechs Uhr Feierabend. Auch die Herren im Kriegsministerium waren heimgegangen. Eisners Leute hatten den Hauptbahnhof und das Telegrafenamt besetzt, nur die Münchner Polizei wurde von den Revolutionären nicht entmachtet, vielleicht zunächst noch aus Furcht. Das Polizeipräsidium war also noch völlig intakt. Aber der Herr Polizeipräsident hatte keine Befehle erhalten. So verhielten sich die Gendarmen ruhig.

Erst jetzt gegen halb neun Uhr erschienen in der Residenz, sehr vorsichtig und heimlich, der Herr Minister des Inneren von Brettreich und der Herr Ministerpräsident von Dandl, um dem König zu berichten, daß nun alles verloren sei und daß den Monarchen nur noch eine rasche Flucht vor einer sogar möglichen Hinrichtung retten könne. – Ohne Gepäck floh der König mit der schwerkranken Königin in den Chiemgau, nach Schloß Wildenwart, mit einem Auto, das unterwegs mehrmals steckengeblieben ist. Die königlichen Minister haben dann noch feierlich ihre Ministerien an die Revolutionsminister übergeben dürfen und sind Beamte des Freistaates geworden.

Schad war's halt um die vielen königlichen Titulaturen! Titel sind noch keine Mittel, aber sie haben einen Klang. Und einem musikalischen Ohr tut so ein Klang wohl. »Königlich-Bayerischer Hofrat« oder »Königlich-Bayerischer Eisenbahn-Expeditor« – wenn man das gehört hat, dann war man gleich von einem heimischen Glanz berührt. Durch die Revolution Kurt Eisners vom 7. auf den 8. November anno 1918 sind mit dem Sturz der Monarchie, der ältesten und ehrwürdigsten im ganzen damaligen deutschen Kaiserreich, auch diese klingenden Hoftitulaturen alle verschwunden. Über Nacht war der königlich-bayerische Ökonomieratstitel für abgeschafft erklärt.

Und wer im Oktober 1918 gerade noch seinen königlich-bayerischen Kommerzienratstitel hat ergattern können, der war jetzt ein betrogener Mann. Noch kurz vor der Revolution sind viele in den Adelsstand erhoben worden, königliche Abgeordnete und hohe und höchste Beamte, Stabsoffiziere und Wissenschaftler, Unternehmer und Künstler. Und nach der Rätezeit sind die Titel wieder in Ehren geführt worden, trotz der Republik.

Ein wirklicher königlich-bayerischer Geheimrat und Professor hat damals gesagt: »Eine Republik kann schnell werden, aber ein Königreich muß ein Volk Jahrhunderte über wachsen lassen.« Und es ist heute noch eine himmelschreiende Ungerechtigkeit, daß nach dem Untergang der Räterepublik die weißen und weiß-blauen Sieger der Gegenrevolution nicht sofort wieder den bayerischen König in München inthronisiert haben. Warum nicht? Sie, die konservativen und vor kurzem noch so sehr ihre feste Treue betonenden Politiker schämten sich plötzlich nicht, sich ins gemachte republikanische Nest zu setzen. Wo doch diese Republik von angeblich verbrecherischen Kaffeehausliteraten ausgerufen worden war. Und auch den von Kurt Eisner erfundenen neuen republikanischen Namen führen sie stolz bis zum heutigen Tag: Freistaat Bayern! Sie hätten unbedingt wieder die Monarchie einführen müssen, die Exzellenzen, die Herren »von« mit den königlich-bayerischen Hof- und Geheimratstiteln, die sie in der von den Roten geschaffenen Republik jetzt stolz weiterführten.

»Ja no, der Mensch lebt von der Inkonsequenz. Und dös is aa wieder menschlich von den Herrn Politikern, daß sie so inkonsequent sein können!« Des Königs letzter Ministerpräsident, der brave und fromme Volksparteiler von Dandl, ist nach der Revolution – unter den neugebackenen Republikanern – sofort ein hoher Staatsbeamter geworden, nämlich Regierungspräsident von Unterfranken.

»Warum net?« Auch die Roten waren inkonsequent. Der revolutionäre Arbeiter- und Soldatenrat im Münchner Milchhof hat sich auf Plakaten und Aufrufen – in alter Gewohnheit – noch »Der Königlich-Bayerische Revolutionäre Arbeiter- und Soldatenrat« genannt.

Merkwürdige Vorkommnisse hat es damals in ganz Bayern gegeben. In einer niederbayerischen Kleinstadt hat sich im November ein revolutionärer Arbeiter-, Soldaten- und Bauernrat konstituiert, und sein Vorsitzender oder Präsident hat sich fast gleichzeitig auch zum Schriftführer des ebenfalls neu gegründeten »Vereins zur Erhaltung der Monarchie in Bayern« wählen lassen. Überflüssig zu sagen, daß derselbe Mann später Ortsgruppenleiter der NSDAP geworden und dann noch später abermals Mitglied einer Partei hat werden können, Eine politische Begabung setzt sich halt immer durch.

Ja no, da sagt man als erfahrener Taktiker einfach: »Das ist Geschichte.« Oder: »So was ist menschlich!« Alles ist natürlich nicht menschlich, was sich als menschlich ausgibt. Bei den Politikern ist es oft nur taktisch. Besonders in Revolutionszeiten. Und was heißt »taktieren« anderes als lügen und heucheln, verleumden und schmeicheln?

Da spürt man gleich den Atem der neuen Welt, der nun, in der republikanischen Zeit, auch im ehemaligen Königreich Bayern geatmet wird. Die Versammlungen werden radikaler, die Interessenten zielstrebiger und die Interessen täglich materieller, auch die geistig und geistlich verbrämten. Es ist, als wäre mit dem Königlichen alles Ideale und Schöne verschwunden. Selbst die Themen der schönen Künste werden in unserer Republik jetzt aggressiv. Und hat man sich früher oft eine zu ideale und schöne Welt vorgemacht, so belügt man sich jetzt mit einer zu häßlichen. Die Heimat seufzt nach einem schönen König, der Bayerns Ruhm, der Bayerns Liebe mehrt, wie die Wittelsbacher das Ansehen Bayerns doch nicht selten gemehrt haben.

Das Ende der Hoflieferanten

Durch die der Revolution Kurt Eisners vom 7. auf den 8. November anno 1918 sind mit dem Sturz der Monarchie, der ältesten und ehrwürdigsten im ganzen damaligen deutschen Kaiserreich, auch diese klingenden Hoftitulaturen alle verschwunden. Über Nacht war der königlich-bayerische Ökonomieratstitel für abgeschafft erklärt. Und wer im Oktober 1918 gerade noch seinen königlich-bayerischen Kornmerzienratstitel ergattern hat können, der war jetzt ein betrogener Mann.

Das hat's gegeben! Noch kurz vor der Revolution sind viele in den Adelsstand erhoben worden, königliche Abgeordnete und hohe und höchste Beamte, Stabsoffiziere und Wissenschaftler, Unternehmer und Künstler. Und nach der Rätezeit sind die Titel allesamt wieder in Ehren geführt worden wie die urältesten. Bis sie ausgestorben sind. Ich hab' noch einen königlich-bayerischen Kommerzienrat gekannt – er ist erst in den fünfziger Jahren gestorben, der war sogar sehr stolz darauf, daß er der letzternannte königlich-bayerische Kommerzienrat gewesen ist und seine Ernennungsurkunde die königliche Unterschrift vom 5. November 1918 getragen hat! Zwei Tage vor Ausrufung der Republik!

Ein wirklicher königlich-bayerischer Geheimrat und Professor hat damals gesagt: »Eine Republik kann man schnell werden, aber ein Königreich muß ein Volk Jahrhunderte über wachsen lassen. Und es ist heute noch eine himmelschreiende Ungerechtigkeit, daß nach dem Untergang der Räterepublik die weißen und weiß-blauen Sieger der Gegenrevolutionäre nicht sofort wieder den bayerischen König in

München inthronisiert haben. Warum nicht? Sie, die konservativen und vor kurzem noch so sehr ihre feste Treue betonenden Politiker schämten sich plötzlich nicht, sich ins gemachte republikanische Nest zu setzen. Wo doch diese Revolution angeblich verbrecherische Kaffeehausliteraten gemacht hatten! Und auch den von Kurt Eisner erfundenen neuen republikanischen Namen führen sie stolz bis zum heutigen Tag: Freistaat Bayern! Sie hätten unbedingt wieder die Monarchie einführen müssen, die Herren »von« mit den königlich-bayerischen Hof- und Geheimratstiteln, die sie in der von den Roten geschaffenen Republik jetzt stolz weiterführten.

Der Mensch lebt von der Inkonsequenz. Und das ist auch wieder menschlich von den Herren Politikern, daß sie so inkonsequent sein können! Des Königs letzter Ministerpräsident, der brave und fromme Volksparteiler von Dandl, ist nach der Revolution – unter den neugebackenen Republikanern – sofort ein hoher Staatsbeamter geworden, nämlich Regierungspräsident von Unterfranken. Warum net? Auch die Roten waren inkonsequent. Der revolutionäre Arbeiter- und Soldatenrat im Münchner Milchhof hat sich auf Plakaten und Aufrufen – in alter – Gewohnheit – noch mit einem »Der Königlich-Bayerische Revolutionäre Arbeiter- und Soldatenrat« unterschrieben. Da haben natürlich die alten Münchner Bürger gelacht.

Da sagt man als erfahrener Taktiker einfach: »Das ist Geschichte.« Oder: »Was interessiert mich das, was ich gestern gewesen bin?« Oder, was bereits vor fast 3000 Jahren ein Philosoph gesagt hat: »Irren ist menschlich.« Ach was, es gibt eine solche und eine solche Menschlichkeit. Und alles ist natürlich nicht menschlich, was sich als menschlich ausgibt. Bei den Politikern ist es meistens taktisch. Besonders in Revolutionszeiten. Und was anders heißt »taktisch« als wie »lügen und heucheln, verleumden und schmeicheln«!

Da spürt man gleich den Atem der neuen Welt, der nun, in der republikanischen Zeit, auch im ehemaligen Königreich Bayern geatmet wird. Die Versammlungen werden radikaler, die Interessenten zielstrebiger und die Interessen täglich materieller, auch die geistig und geistlich verbrämten. Es ist, als wär' mit dem Königlichen alles Ideale und Schöne verschwunden. Selbst die Themen der schönen Künste werden aggressiv. Und hat man sich früher oft eine zu ideale und schöne Welt vorgemacht, so belügt man sich jetzt mit einer zu häßlichen.

Anders ist alles geworden, und das Anderswerden hat nicht mehr aufgehört. Aber was hat denn der Mensch, wenn er allweil grad verändert und erneuert? Keine Ruhe hat er mehr, keine königlich-bayerische Ruhe. Eine Ausnahme hat ein alter Münchner Sattlermeister vorgestellt, ein titulierter königlich-bayerischer Hoflieferant: obwohl der biedere Handwerksmann in seinem Herzen eher links gestanden ist, hat er sein Hoflieferantenschild nicht von seinem Laden runtermachen lassen. »Solang i leb, bleibt dös Schuidl drobn«, hat er immer gesagt. »I hab mir den Hoflieferantentitel sauer gnuag verdeana müaßn.« Und als ihm eine politische Polizeitruppe das Hoflieferantenschild gewaltsam heruntergerissen hat, hat er sofort wieder – mitten in der zweiten Räterepublik – ein neues machen lassen. »Jawoihl, solang i leb, führ i den Hoflieferantentitel. I hab ma'hn sauer gnuag verdeana müaßn! Und wenn i dös Schuild nimmer aufimacha derf, nachad gfreut mi die ganze Republik nimmer.«

Kurt Eisner

Der Bayer ist kein Revolutionär, er ist seinem Volkscharakter nach – wenn es einen solchen überhaupt gibt – eher ein konservativer Mensch.

Und trotzdem hat anno 1918 im November die Revolution in München angefangen. Der unabhängige Sozialist Kurt Eisner hat am 7. November den bayerischen König für abgesetzt erklärt. Und die ganze bayerische Welt hat es sich gefallen lassen. Der Eisnersche Freistaat war eine Republik.

Das muß man den radikalen Sozialdemokraten vom Jahr 1918 lassen: die Republik in Bayern haben sie eingeführt und nicht die Konservativen oder Schwarzen. Und auch die Titulatur Freistaat. Und später haben die Schwarzen das republikanische Nest, das die Roten angefangen haben, gelassen und haben den König nicht mehr zurückgeholt. Das ärgert die bayerischen Monarchisten auch noch 1945. – Aber so ist der konservative Mensch: Wenn er auch selber nicht gern was Neues anfängt, übernehmen tut er's.

Kurt Eisner hat im November und Dezember 1918 und auch noch bis zum 21. Februar 1919 mit seiner Revolutionsregierung, der schweren Zeit entsprechend, in einem neuen Stil und mit Fleiß und Energie zu regieren versucht. Seine außenpolitischen Erfolge waren gering, obschon er über die Schweiz zu den Amerikanern Kontakte herstellen hat können. Er träumte von einem selbständigeren Bayern innerhalb eines wieder lockeren deutschen Bundes. Manchmal hat es gar den Anschein, als wollte dieser rote Revolutionär, der gar kein gebürtiger Bayer gewesen, ein völlig souveränes Bayern schaffen. Aber in drei Monaten kann man nicht die Welt umkrempeln, und außerdem regten sich jetzt die bürgerlichen Parteien, die Bayerische Volkspartei und die Sozialdemokratische Partei Erhard Auers, sowie die liberalen und deutschnationalen unverbesserlichen Kräfte. Man kämpfte in tausend kleinen Versammlungen gegen die unfähigen, radikalen, gottlosen und anarchistischen Stümper dieser Revolutionsregierung.

Viel hat nicht zusammengehen können in diesen acht Wochen. Man hätte es ihm ja auch nicht gegönnt. Nicht einmal die Beamten hätten es dem alten Revoluzzer gegönnt. Und trotzdem, ein paar Sachen sind übriggeblieben vom Kurt Eisner seiner Regierung: die Aufhebung der geistlichen Schulaufsicht, nämlich daß der Herr Lehrer in jedem Bauerndorf unter Kuratel vom Hochwürden, dem Herrn Pfarrer gestanden ist. Bis Dezember 1918 ist er das! Besonders das Lehrerfräulein! Die hat nicht einmal ins Nachbardorf fahren dürfen – mit dem Rad –, ohne daß sie sich vom Herrn Pfarrer abgemeldet hätte. Oder von der Pfarrersköchin! Eigentlich hätte sie ja sogar anfragen müssen. Und was der junge Hilfslehrer gelesen hat, das hat der Herr Pfarrer verbieten können. Der Roman von der geistlichen Schulaufsicht in Bayern ist auch noch nicht geschrieben!

Sagen Sie nicht, diese geistliche Schulaufsicht wäre auch unter der Volkspartei aufgehoben worden! Denn die parlamentarischen Verhandlungen der Jahre 17 und 18 – über die neuen Kompetenzen des Parlamentes und eines erneuerten, demokratischeren Regierungssystems – haben darüber nicht einmal sprechen dürfen. Ohne die Revolution hätten sich die christlichen Politiker kaum an so heiße bayerische Eisen herangewagt. Und außerdem haben die bayerischen Bischöfe am 18. 12. 1918 gegen die Aufhebung der geistlichen Schulaufsicht in Freising feierlich protestiert.

Noch Ende der zwanziger Jahre sprachen Abgeordnete der Volkspartei von einer Wiedereinführung der geistlichen Schulaufsicht. Und nur die mangelnde Stärke der in den zwanziger Jahren nie über 37 % hinausgekommenen christlichen bayerischen Volkspartei hat die erneute Demütigung der Schullehrer unmöglich gemacht.

Also ist doch was übriggeblieben vom Revoluzzer Eisner! Ob das aber was Gutes ist, weiß man heutigentags nicht einmal so ganz genau. – Und die Titulatur Freistaat Bayern, die stammt auch von dem ganz und gar linksradikalen Sozi Eisner. – Ja und daß er den König davongejagt hat. Die drei Sachen sind geblieben von ihm. Obwohl sie ihn schon am 21. Februar anno 1919 erschossen haben, nachdem er nur 104 Tage lang regieren hat dürfen. Und es hat ihn der junge Student Graf Anton Arco-Valley erschossen, ausgerechnet wie der Eisner ins Parlament gegangen ist, wo er sowieso hätte zurücktreten müssen, weil er und seine Partei die Januar-Wahlen ganz und gar verspielt gehabt haben.

Die Ermordung Eisners war ein gewaltiger, revolutionärer Paukenschlag in München, ja in ganz Bayern. Jetzt war er ein Held und wurde beerdigt, wie noch kein Mensch vor ihm zu Grabe getragen worden ist. An die sechzig Musikkapellen spielten im Trauerzug. Hunderttausende säumten die Straßen. Und nicht nur die roten Proletarier trauerten, auch die vielen kleinen Handwerker und kleinen Geschäftsleute, die Beamten und Angestellten. Das Parlament wagte nicht mehr zusammenzutreten, der Arbeiter-, Soldaten- und Bauernrat übergab einem Zentralrat die Regierung der Bayerischen Republik, die Macht: die Revolution fing jetzt erst richtig an.

Kronprinz Ruprecht hat sich nach Kreuth geflüchtet, schreibt Thoma, da ihn die Roten bereits als Geisel gesucht haben. Aber so etwas hätten am End nicht einmal die bayerischen Roten gelitten, meint der Dr. Thoma.

Eisners Ermordung

»In Bayern geht allerweil alles wieder gut aus«, sagt ein Volksspruch. Und die bayerische Geschichte hat diesen Spruch wiederholt bestätigt. Auch damals, während der Revolutionszeit nach dem Ersten Weltkrieg, im Januar 1919. Aber da die einen und die andern den Spruch zitieren können, also die Revoluzzer geradeso wie die Deutschnationalen, kann das gute Ende so und ganz anders aussehen. Die ersten Wahlen am 12. Januar 1919 brachten der die Revolution tragenden USPD Kurt Eisners nur drei Mandate, während die Christliche Bayerische Volkspartei 66 Abgeordnete in den Landtag schicken konnte, die SPD 61 und die bayerischen Bauernbündler immerhin 16, die Deutsche Volkspartei 25 und die Nationalliberalen neun. So eine

Niederlage hätte sich der große Revolutionär und Königstürzer Eisner nicht erwartet. Nur drei Sitze von 129! War das der Dank der Nation? Wie man sagt: »Bei uns geht allerweil alles wieder gut aus.« Besonders bei den Wahlen. Da darf geschehen, was mag, das Wahlergebnis stimmt bei uns immer. Und das ist die Hauptsache.

Eigentlich hätte der selbsternannte Revolutionsministerpräsident Kurt Eisner jetzt zurücktreten müssen. Aber das freute ihn gar nicht. Und außerdem konnte er – bis der neue Landtag zusammentreten und ein neues Kabinett wählen würde – nach einem Staatsgrundgesetz vom 4. Januar 1919, nach einem Gesetz also, das er vorsichtigerweise selber noch kurz vor den Wahlen erlassen hatte, getrost alleine weiterregieren. Und er tat es auch. Er berief den Landtag gar nicht ein. Die Einberufung erließ allein der Innenminister Auer, der berühmte Führer der bayerischen Sozialdemokratie. Von ihm ist diese Einberufung des neuen Landtages allein unterzeichnet. – Wozu überhaupt einen Landtag, fragte sich Kurt Eisner und berief den Rätekongreß und sprach von einer zweiten Revolution. Also wollte er doch eine bolschewistische Regierung in Bayern? – Nein, sagte er, was ihm als Ideal vorschwebe, das sei eine sozialistische Demokratie. Aber bei den Münchner Räten wurde die Stimmung immer radikaler, mochte Eisner auch noch so oft beschwichtigende Erklärungen abgeben.

»So kann es nicht mehr weitergehen! Die reaktionären Lumpen, die alten Offiziere und die Kapitalisten und die Pfarrer haben ja die ganze Sozialdemokratie unterwandert!« So haben sie geschimpft, die Herren Arbeiter-, Soldaten- und Bauernräte. Und den SPD-Vorsitzenden Erhard Auer haben sie am meisten dick gehabt. Den hätten sie direkt umbringen können! – Überhaupt war die Stimmung in München speziell, aber auch in Augsburg und ein bißchen auch in Nürnberg, ja sogar in Rosenheim und Ingolstadt – oder auch in den kleineren Bezirksstädten wie Miesbach oder Hof etc. – gar nicht so rätefeindlich in diesen Tagen, nachdem der Eisner umgebracht worden ist. So radikal sind für acht, vierzehn Tage viele Leute geworden in Bayern. Freilich, nachher ist alles wieder gut ausgegangen!

Der verhaßte Vorsitzende der Sozialdemokraten Erhard Auer hatte also für den 21. Februar das neugewählte Parlament einberufen. Der noch amtierende Ministerpräsident Kurt Eisner, begleitet von seinem Sekretär Fechenbach und einem Sicherheitsbeamten, machte sich gerade auf den Weg zum bayerischen Landtagsgebäude in der Prannerstraße. Die etwa 150 Meter vom Amtssitz des bayerischen Ministerpräsidenten, dem damaligen Außenministerium, dem Palais Montgelas, bis in die Prannerstraße hinüber ging Eisner immer zu Fuß. Der Attentäter stand schon an der Ecke des Gebäudes, seine Pistole geladen und entsichert in der Manteltasche. Es war der 22jährige Student der Jurisprudenz und Leutnant der Reserve Graf Anton von Arco-Valley. Er traf Eisner mit zwei Schüssen tödlich. Es war die Tat eines einzelnen, wie die Untersuchungen ergeben haben, obwohl auch schon behauptet worden ist, Arco hätte Hintermänner gehabt. – Der naive junge Mann, den seine Zimmerwirtin in München, der er die Tat tags zuvor schon angekündigt hatte, als einen kindischen dummen Buben geschildert hat, saß nur etliche Jahre im Gefängnis und starb erst Jahrzehnte später an einem Autounfall.

Freilich, die Reaktionären haben in Arco natürlich eher einen Helden gesehen, derweil dieses Attentat natürlich ein Blödsinn gewesen ist, wie eigentlich ein jedes Attentat ein Krampf ist. Ausgenommen das gegen Hitler. Aber das ist ja eh schlecht ausgegangen – für die Attentäter und gut für Hitler. Die Gaudi nach dem Eisner-Mord läßt sich denken: D. h., man kann sich's heute gar nicht mehr vorstellen. Im Landtag haben sie gleich mit Maschinengewehren geschossen, die radikalen Revoluzzer. Erhard Auer ist zusammengeschossen worden, und noch etliche Abgeordnete sind getroffen worden. Einen solchen Ramasuri hat's noch in keinem andern deutschen Parlament gegeben wie damals am 21. Februar im bayerischen Landtag. Da sind die Fetzen geflogen. Die Abgeordneten haben sich unter ihren Bänken im Blut gewälzt.

In wenigen Stunden schwenkten zahlreiche Mehrheitssozialdemokraten nach links ab, wurden unabhängige Sozialisten und Kommunisten. Der Rätekongreß trat zusammen, und um Haaresbreite wäre damals schon, am 25. Februar 1919, von der Mehrheit dieses Kongresses getragen, die Räterepublik Bayern ausgerufen worden. Geschicktes Taktieren der Sozialdemokraten in diesem Kongreß konnte das gerade noch verhindern. Tags darauf, am 26. Februar, wurde Eisner zu Grabe getragen. Die Bevölkerung war von tiefer Trauer erregt, kilometerlang begleiteten die Leut den Sarg des großen Revolutionärs. Über 60 Musikkapellen spielten in diesem Zug, der vom Zentrum bis zum Ostfriedhof reichte. Und jedermann fühlte es, eine zweite, radikalere Revolution würde bald ausbrechen.

Und daß das auch in Bayern noch mal gut ausgegangen wäre, das hätte damals keiner für möglich gehalten. – Zur Beseitigung der Räterepublik hat man dann die Truppen der Berliner Reichsregierung gebraucht. Und auch etliche Freikorpssoldaten aus dem bayerischen Oberland. Sie hätte sich ohnehin nicht halten können, diese bayerische Sowjetrepublik. Aber gegeben hat sie's. Und gut acht Wochen lang auch noch. Und das ist wieder eine bayerische Kuriosität.

Die Auerochsen

Daß gerade in dem konservativen München der Fortschritt immer wieder deutlich spürbar wird, ja Avantgarde und Revolution sich in Isarathen fast wie in Paris daheim fühlen, ist schon eine seltene Merkwürdigkeit, ja bleibt letztlich unverständlich wie der Föhn. Beispiele revolutionärer Umtriebe der Münchner Bürger sind schon im Mittelalter nachzuweisen. In der Nazizeit wurde ausgerechnet München zur Hauptstadt der Bewegung. Und im April 1919 konnte sich in München die rote bayerische Räterepublik installieren. In ganz Deutschland war das nicht möglich gewesen, nicht einmal in Berlin. In München stimmten, im April 1919, sogar beinahe die Hälfte der Mehrheitssozialdemokraten für eine bayerische Räterepublik. Obwohl dieselben Sozialdemokraten ihren bedeutendsten Führer, den gebürtigen niederbayerischen Bauernknecht Erhard Auer, durch die Maschinengewehrschüsse, die schon im Februar im Landtag gefallen sind, schwer verwundet im Krankenhaus liegen hatten.

Die Linken und die Unabhängigen nannten die noch zögernden Mehrheitssozialisten ohnehin die Auerochsen. Es war eine turbulente Zeit. Und lernen könnte man aus der Münchner Räterepublik mehr als aus der ganzen Nazizeit, denn in diesem April 1919 steckt ein ganzes Jahrhundert.

Das glauben aber unsere Schulmeister immer noch nicht. Sie kennen grad das Tagebuch von Professor Hofmiller und vielleicht noch die lustigen Geschichten und Spaßettln vom Oskar Maria Graf in seiner Autobiographie »Wir sind Gefangene«, wo aber der Oskar selber zugibt, daß er damals ein Idiot war und ein lebenslustiger Schwarzmarkt-Selbstversorger im zünftigen Schwabing. – Und trotzdem ist im April 1919 politisch mehr geschehen wie in den letzten 50 Jahren. Das kann man heute sagen, auch wenn man kein Kommunist ist. Die Räterepublik war nicht gerade ein bayerischer Fasching, es war auch eine

Passionszeit und ein Karfreitag dazu. Nur Auferstehung hat es keine mehr gegeben für die Roten, bis heute noch nicht. Dieselben Roten sind aber fast lauter Idealisten gewesen, echte Völkerverbrüderer, Friedensapostel und Utopisten, Weltwirtschaftsökonomie-Propheten und ausgezeichnete Anarchisten.

Erhard Auer, der Vorsitzende der Sozialdemokratie in Bayern, hat noch königstreu gefühlt. Und er hat sich nach dem Zusammenbruch des stolzen preußischen Deutschen Reiches, nach der Kapitulation der größenwahnsinnigen Generäle mit den Kriegszielen einer Eindeutschung von Belgien, Holland und Polen im November 1918 nicht totgestellt, wie dies die konservativen Parteien getan haben, ebenso die königstreuen Zentrumsmänner. Erhard Auer hat mit den Revolutionären eine Regierung gebildet, hat mit ihnen zusammengearbeitet. Wer da behaupten will, sein Lohn dafür waren die Schüsse im Landtag, der tut unrecht. Denn die Schüsse auf Erhard Auer wurden ja auch mittelbar von dem Eisner-Attentäter abgegeben.

Ja weil er halt überall gebremst hat, weil er den Zentralrat für nicht so ernst genommen hat wie die drei berühmten Münchner Anarchisten, der Herr Gustav Landauer, der Erich Mühsam und der Ernst Toller! – Die haben den Zentralrat der vereinigten Arbeiter-, Soldaten- und Bauernräte für viel wichtiger gehalten wie das Parlament. Indem daß der ganze Parlamentarismus ein Krampf wäre, haben sie gesagt, weil ja immer wieder die gleichen ins Parlament hineinkommen und die Leute alle vier Jahre grad einmal ein bisserl wählen dürften. Und da auch grad die Herrn Kandidaten von den Parteien. – Ja, ja, sie haben dir schon keine schlechten Argumente aufsagen können, die Herren Anarchisten. Besonders der Mühsam Erich und der Landauer Gustav nicht.

Landauer war ein origineller Denker, und seine Argumente gegen den Marxismus sind heute noch nicht dumm: »Alte Weiber prophezeien aus dem Kaffeesatz. Karl Marx prophezeit aus dem Dampf!« So hat er in seinen viel und gern besuchten Reden in den größten Münchner Bierkellern ausgerufen. Und die echten Sozialisten, das seien immer die Anarchisten, das sei immer die Gewaltlosigkeit und das Beschränken jeder Verwaltung und Regierung auf das Notwendige. Auch würde der zentralistische Staatskapitalismus der Marxisten auch die technischen Einrichtungen zentralisieren und z. B. gegen die elektrische Übertragung und volksweite Ausbreitung der Dampfkraft arbeiten. Es würde aber im Zeitalter des wahren, des anarchistischen

Sozialismus eines Tages gerade die elektrische Kraft in jedermanns Hand liegen und die Arbeitskraft des einzelnen Handwerkers vermehren und ein glücklicheres, eben ein anarchistischeres Zeitalter heraufführen.

Und dagegen war der Erhard Auer mit seinen Leuten. – Derweil haben den Münchnern die Anarchie und der wahre Sozialismus von Landauer und Mühsam nicht schlecht gefallen. »Weg mit dem Parlament, her mit dem Zentralrat! Und her mit dem wahren, mit dem anarchistischen Sozialismus!« Ende März 1919, Anfang April hat man auch so gedacht in Bayern, nicht gerade nur in der Münchner Stadt, nein, auch in Würzburg und in Hof, in Kempten und in Nürnberg, ja sogar in Rosenheim. Und wie die Abstimmungen in den Reihen der Auerochsen ergeben haben, die im Zentralrat ein Stimmrecht gehabt haben, haben sie auch nicht mehr anders können als zustimmen. Also ist die erste bayerische Räterepublik in der Nacht vom 6. auf den 7. April 1919 ausgerufen worden. Es gibt kein Parlament mehr, es gibt nur noch einen Zentralrat. In Rußland hat man den Zentralrat den Obersten Sowjet genannt. In München also den Zentralrat der Arbeiter-, Soldaten- und Bauernräte. Und der Zentralratspräsident war der Toller Ernstl. Mit 26 Jahren! Die zwei wichtigsten Generalsekretäre aber waren die zwei Anarchisten-Sozialisten Gustav Landauer und Erich Mühsam.

Leider sind die Auerochsen aus der ersten Räterepublik gleich wieder ausgestiegen, obwohl das Regime gar nicht so schlecht gewesen wäre: ein bisserl anarchistisch, ein bisserl demokratisch, ein bisserl diktatorisch und vielleicht sogar bald wieder einmal ein bisserl monarchistisch? Und so etwas hätte es noch nie gegeben! – »Alle Macht den Räten!« Hunderttausende haben vier Wochen lang so geschrien! Aber leider, die Mehrheitssozialisten haben nicht mögen und haben mit der konservativen Volksmehrheit, mit der Geistlichkeit, mit den Gwappelten und mit den Offizieren wieder nach Ruhe und Ordnung geschrien. Und nur mit Ruhe und Ordnung läßt sich halt keine zukünftige Anarchie einrichten. Ganz gewiß keine so friedliche, wie die vom Landauer und vom Mühsam Erich gewesen wäre.

Die Kontinuität des Freistaates

Wir Bayern bleiben die alten, und kommen auch noch so neue Zeiten! »Ich habe anno 1918 abends im Bette geweint, als die Monarchie in Bayern gestürzt worden ist«, schreibt ein späterer Minister des Freistaates Bayern. Damals war er noch ein blutjunges Studenterl in Scheyern gewesen.

Die königlich-bayerische Ruhe blieb in den Herzen noch lange zu spüren, ja ist heutzutag noch nicht ganz verschwunden, trotz der nun schon siebzigjährigen Republik. So etwas nennt man in der Geschichtswissenschaft die Kontinuität. Das Alte reicht ins Neue hinüber, ist nicht umzubringen, läßt in den geübten Bräuchen die alten Traditionen erkennen. – Augenfällig erlebt man die Kontinuität in einem Benediktinerkloster wie Scheyern. Besonders das turbulente Schuljahr 1918/19 verlief in Scheyern ziemlich benediktinisch-bayerisch-zeremoniös.

Die Engländer, die Australier und die Kanadier sind bei St. Quentin durchgebrochen, aber in der Scheyrer Stiftskirche zelebriert der hochwürdigste Herr Abt ein hochfeierliches dreispänniges Pontifikalamt, weil er gerade sein fünfundvierzigstes Priesterjubiläum feiert. Eine Woche darauf – man schreibt den 24. September, die Reichsregierung möchte jetzt auf einmal Friedensverhandlungen, aber sie kriegen nicht einmal eine Antwort – feiert im Kloster Scheyern Abt Rupert III. Metzenleitner seinen Namenstag.

Der Abtpräses von der bayerischen Benediktinerkongregation, der hochwürdigste Herr Prälat Abt Sigisbert von Schäftlarn, singt wieder ein Pontifikalamt, und auch der Prälat von Andechs und Bonifaz, Abt Gregor, ist nach Scheyern gekommen. Und in der gleichen Woche noch, am 29. September, am Michaelstag, wird noch mal festlich zelebriert, zu Ehren des heiligen Erzengels Michael, der der Namenspatron von Erzbischof Faulhaber ist. Und bei jeder Festlichkeit gibt's am Abend für den ganzen Konvent und auch für die Studenten einen feierlichen Umtrunk, wie es seit dem Mittelalter und vielleicht seit noch länger der Brauch ist. – An dem Tag wirft der Ludendorff sein blutiges preußisches Handtuch, und der Reichskanzler Hertling, weiland der brave Münchner Philosophieprofessor für die scholastische Philosophie, muß zurücktreten. Der Prinz Max von Baden wird Reichskanzler, und auch Sozis kommen zum erstenmal in die Regierung. Da trifft aber genau der Jahrestag für den erst voriges Jahr in Fürstenried gestorbenen König Otto. Und der hochwürdigste Herr Abt Metzenleitner, Rupert III. von Scheyern, zelebriert ein wunderschönes Requiem samt Libera!

Keine acht Tage später, die kaiserlich-königliche Österreichisch-Ungarische Monarchie löst sich in souveräne Nationalstaaten auf, und der amerikanische Präsident Wilson erkennt die ältesten habsburgischen Kronländer in Böhmen und Mähren und Krain, also die Tschechoslowakei und Jugoslawien – um die übermütigen Wiener besonders zu ärgern –, sogar als alliierte und mit dem Kaiser und dem Reich kriegführende souveräne Staaten an!

An diesem 15. Oktober 1918 hält aber der hochwürdigste Herr Abt Rupert III. Metzenleitner von Scheyern – aus Anlaß des hohen Namensfestes Ihrer Majestät der Königin Maria Therese, der Gemahlin König Ludwigs III. von Bayern, also der noch regierenden Königin, einer geborenen Erzherzogin von ebendiesem sich gerade auflösenden Österreich-Ungarn – an diesem Tag also hält der Abt ein feierliches Pontifikalamt. Und da Ihre Majestät gerade krank waren, wie der Hofmarschall es in einem Rundschreiben an die bayerischen Klöster mitgeteilt hatte, betete man für die baldige Genesung der Königin speziell noch eine feierliche Litanei. Abends dann wieder feierlicher Umtrunk für Konvent und Studenten.

Und so geht es weiter mit der Kontinuität. Den 9. November wird zu München die Revolution ausgerufen. Zu Scheyern bewirtet man den Hochwürdigsten Herrn Weihbischof und die Schlüsseldame Ihrer Majestät. Bereits den 12. Februar 1919 singt der Abt der verstorbenen Königin ein feierliches Requiem. Obwohl in München schon die Räterepublik marschiert, tut man im Kloster noch so, als wenn eine regierende Königin gestorben wäre. Und wie gerade die Schlacht von Dachau geschlagen wird, wo Scheyern als Aufmarschgebiet für die Weißen eine kleine Rolle spielt, genau an diesem 28. Februar ist im Kloster ein ganz großer Festtag, nämlich der Stifterfesttag, der Todestag weiland Seiner Majestät König Ludwigs I., des Wiederherstellers von Scheyern. Ein Pontifikalamt wird abgehalten mit Orchester und Chor, und abends gibt es wieder einen Festtrunk. Gleich darauf feiert der Abt Rupert seinen 70. Geburtstag.

Da liest man zwar im Jahresbericht, »daß in Anbetracht der turbulenten Zeitläufe leider von größeren Feierlichkeiten abgesehen werden hat müssen«. Aber man hat wenigstens ein feierliches Pontifikalamt zelebriert, und die Festpredigt hat der Regens von Freising gehalten, der Professor Doktor Schauer, der nachmalige Weihbischof. Und im Festsaal haben die Zöglinge halt dann ein bisserl was aufgezogen zu Ehren des hochwürdigsten Herrn Abtes, haben etliche Chöre gesungen, Gedichte aufgesagt und haben drei Orchesterstücke aufspielen lassen. Es war halt alles so, wie man's in Bayern schon immer gehabt hat an solchen Tagen, schon bald seit 1500 Jahren. Und so etwas nennt man die Kontinuität. Indem daß das alte Leben allweil wieder weitergehen muß, auch nach einer Revolution. Natürlich, die Katz' muß allweil wieder auf die alten Füß' springen! – Es lebe hoch die Kontinuität!

Im Schlafzimmer der Königin oder Die erste Räterepublik in Bayern

Paris mag Frankreich sein, aber München ist nicht Bayern. Der Satz hat vor allem anno 1918 seine Gültigkeit gehabt. Gleich gar im April 1919, da die Delegierten des Zentralrates im Schlafzimmer der letzten bayerischen Königin, Marie Therese, im Wittelsbacher Palais in der Nacht vom Sonntag, den 6. April, auf Montag, den 7. April, die Räterepublik ausgerufen haben.

Kaum nach der letzten Abstimmung gegen Mitternacht – man hatte den Text der Proklamation noch nicht endgültig formuliert, und einige Herren stritten sich, weil einer auch noch das Schlagwort vom Klassenkampf in dem Text darinnen stehen haben wollte, was der Anarchist Landauer, immer ein entschiedener Pazifist, streng und leidenschaftlich abgelehnt hat – kaum nach dieser letzten Abstimmung gingen von diesem Schlafzimmer der Königin aus Telegramme an alle Bezirksämter Bayerns ab. Ein neues Zeitalter habe begonnen, Bayern sei eine Räterepublik!

Daß sowas in Bayern erlaubt war? Daß sowas überhaupt möglich war? Weil die konservativen Politiker sich nirgends mehr haben sehen lassen dürfen. Das waren lauter Kriegstreiber und Kriegsgewinnler. Die haben noch im Oktober 1918 an den Endsieg geglaubt. Die alten Offiziere und Menschenschlächter. Die haben jetzt alle Angst gehabt. Auch die höheren Bürokraten und Parteifunktionäre haben sich nicht mehr blicken lassen können. Sie haben sich alle totgestellt. Nicht einmal die Geistlichkeit hat sich politisch jetzt noch was zu sagen getraut. Da hätte es gleich geheißen: Ja, seid's doch alle still! Ihr habt ja die Waffen gesegnet, die bei Verdun Hunderttausende umgebracht haben! – Revolution war jetzt Trumpf. Nach dem Tod von Eisner ist die radikale Stimmung immer ärger geworden. Und den ganzen März anno 1919 hat es überall gegärt und rumort. Die Regierung Hoffmann-Roßhaupter-Schneppenhorst, also überwiegend Sozialdemokraten, hat sich nichts mehr trauen dürfen, ist grad noch für etliche Tage geduldet gewesen. Das hat man in jedem Wirtshaus jeden Tag hören können. »Alle Macht den Räten! Nieder die Diktatur des Kapitalismus! Hoch die Diktatur des Sozialismus!« Oder man hat gehört: »Arbeiter und Soldatenräte tanzen nicht nach der Landtagsflöte!« Und von den größten Hotels in München, auch vom Regina und vom Bayerischen Hof, sind rote Fahnen heruntergehängt. Regiert hat eigentlich niemand. Aber die Macht, hat's geheißen, liegt bereits ganz beim Zentralrat der vereinigten Arbeiter-, Bauern- und Soldatenräte. Und beim Revolutionären Arbeiterrat. – Wer hat sich da noch ausgekannt?

Einmal wurde die Parole ausgegeben: »Proletarier, in den vornehmen Restaurants der Münchner Bourgeois zechen noch immer die alten Kapitalisten! Es gibt keine Klassenunterschiede mehr. Geht hinein in die Hotels und Restaurants der ersten Klasse! Trinkt eueren Kaffee im Regina, tanzt im Café Luitpold!« – Tatsächlich sah man die kommenden Tage in den Münchner Nobelrestaurants Arbeiter und Soldaten – und besonders solche jener Art, wie man sie früher nur im Soller und beim Steyrer Hans hat antreffen können. Dann hieß es wieder »Generalstreik«. Ausgenommen aber sind die Gaststätten und Cafés, die Bars und Kabaretts.

Diese erste Räterepublik, später auch die »Scheinräterepublik« genannt, weil die Kommunisten bei ihr nicht mitgemacht haben, war eine deutlich spürbare Anarchie der menschenfreundlichen Schwabinger Sozialisten. Vor allem der beiden Freunde Gustav Landauer und Erich Mühsam. Landauer war ein großer Shakespeareforscher und hat zwei dicke Bände über den englischen Dramatiker herausgegeben. Er hatte in der literarischen Welt einen Namen. Und auch Erich Mühsam genoß in den Künstlerkreisen Schwabings als geistvoller Aphoristiker einiges Ansehen. Gustav Landauer war ein Riese an Gestalt, vollbärtig wie Eisner, und er trug auch stets einen altmodischen schwarzen Überzieher. Mühsam dagegen war klein und lebendig. Beide waren jüdischen Glaubens und keine gebürtigen Münchner. Und dennoch waren sie in einem höheren Sinne Münchner. Sie waren Schwabinger Bohemiens. Und ihre anarchistischen sozialen Reden und Programme kann man heute noch mit Hochachtung lesen. Nicht zufällig sind die beiden gerade bei den Arbeitern, beim Volk, gut angekommen. Man hat ihre radikale Menschenfreundlichkeit und unermüdliche Gewaltlosigkeit gut verstanden.

Es waren schon zwei Typen, daß man sie in der Komödie nicht schöner hätte auftreten lassen können. Damals aber, im Schlafzimmer der »Butterresl«, wie die gscherten Münchner ihre Königin mit Spitznamen genannt haben (Butterresl, weil ja der König Ludwig Millibauer geheißen hat!) – in ihrem Königinnenschlafzimmer haben sich die zwei Freunde fast ein wenig zerkriegt. Daß es keine Minister mehr geben sollte in der Räterepublik, darüber waren sie sich alle einig. »Volksbeauftragte« sollten die Herren Ressortleiter künftighin heißen. Also, wer wird der Volksbeauftragte für das Auswärtige? – Tiefes Schweigen, wie allweil, wenn unter Brüdern aufgeteilt wird. Da steht der Erich Mühsam auf und schlägt sich selber für den Außenminister vor. Er redet und redet, aber allesamt sind eigentlich dagegen, sogar sein bester Freund, der Gustav Landauer. Er sagt's ihm gar deutlich ins Gesicht. »Erich«, sagt er, »ich liebe und schätze dich, aber für einen Volksbeauftragten für das Auswärtige fehlt dir zwar nichts, jedoch hast du zuviel Lebendigkeit! Du würdest alles ausplaudern und aus Gutmütigkeit verraten!«

Es kommt zu langatmigen Aussprachen. Es wird spät. Endlich schlägt Ernst Toller, der schöne junge Mann, der Frauenheld und erfolgreiche Poet, einen Mann vor, den er selber erst vor kurzem kennengelernt, einen Herrn Dr. Theodor Lipp. Lipp ist ein Schizophrener, Verrückter. Aber im Augenblick scheint er der richtige Mann zu sein. Er wird der Außenminister der ersten bayerischen Räterepublik. Er schickt Telegramme an die auswärtigen Missionen, daß sein Amtsvorgänger den Abtrittsschlüssel seines Ministeriums mitgenommen habe. – Ein Landstreicher wird Eisenbahnminister und ein Theoretiker des Not- und Scheingeldes, das einen idealen Übergang zur Geldlosigkeit darstellen würde, wird Finanzminister, usw.

Halten haben sie sich grad gute acht Tage lang können. Aber gegeben hat sie's, diese Scheinräterepublik! Besser nennt man sie ja die bayerische Anarchistenrepublik aus Schwabing. Gegeben hat sie es. Und das ausgerechnet in München! – Ich sag' ja: Unsre Münchner Stadt, die bringt nix um.

Freiheit statt Ordnung

Das war eine Zeit, die Münchner Revolutionszeit! Von den Frauentürmen hingen die roten Fahnen herab. Alle Daumen lang mußten alle Glocken läuten. Die Plakatanschläge wechselten in der Woche nicht selten zweimal. Auch wenn es keine Zeitungen mehr gegeben hat. Und eine Revolution hat die andere abgelöst. Matrosen und junge Krieger belebten das Straßenbild. Die Wintermäntel aufgeknöpft, die Flinte lässig über die Schulter gehängt, den Lauf nach unten, und eine blutjunge, zigarettenrauchende Braut am Arm. Offiziere der alten Armee ließen sich nicht mehr sehen. Tauchte wirklich ein heimgekehrter Hauptmann oder Major auf, riß man ihm sofort die Achselklappen von den Schultern.

Die Kohlen waren äußerst knapp geworden, die Münchner froren. Genügend zu essen hatten nur noch die Schwarzhändler und wenige der Hamsterer. »Nie wieder Krieg«, und »Freiheit von Dynastien und Bourgeoisien«, das waren die Parolen. Seit dem 7. April 1919 gab es eine Räterepublik, aber ohne Beteiligung der Kommunisten. Und dennoch verbrüderten sich die Volksbeauftragten dieser »Scheinräterepublik«, die menschenfreundlichen Anarchisten Landauer und Mühsam, mit dem Bolschewismus in Rußland und Ungarn. Und sie sagten sich los von den sozialdemokratischen Kriegsverbrechern Ebert, Noske und Scheidemann. In zahlreichen Städten und Märkten Bayerns folgte man diesem Treiben und rief Räterepubliken aus. – Diese Apriltage 1919 waren die turbulentesten in der ganzen bayerischen Geschichte. Schwabing war Münchens Herr geworden, formulierten einige Korrespondenten.

»Freiheit haben wir früher mehr gehabt, jetzt haben wir weniger Ordnung«, sagte ein Münchner Komiker im Platzl. Und das nur, weil der neue Polizeipräsident Köberl ein vorbestrafter Hausknecht gewesen sein soll und der Innenminister ein Schenkkellner! Die Chefs der politischen Polizei sollen gar noch anrüchigere Gewerbe betrieben haben. – Es ist eine Mordsgaudi und doch nicht zum Lachen? Was ist das? Die Münchner Räterepublik.

Nur einige Tage lang können sich die Herren Volksbeauftragten der Scheinräterepublik halten. Am 12. April kommt es in München zu einem Gegenputsch der Weißen Garden. Diese Weißen Garden oder Freikorps gründet der ehemalige Kommandeur des Leibregiments, Oberst Ritter von Epp, eigens zum Schutze der mittlerweile von München nach Bamberg geflüchteten sozialdemokratischen Regierung

Hoffmann. Epp verhaftet in Nordbayern die gefährlichsten Revolutionäre und Anhänger der Räterepublik und beherrscht bald ganz Franken. In dieser Regierung Hoffmann gibt es inzwischen auch bereits räterepublikanische Überläufer, wie z. B. den sozialdemokratischen Kriegsminister Schneppenhorst, der eben noch in München Volksbeauftragter für Verteidigung gewesen war. Und jetzt Freikorps aufzurüsten begann. Oder auch der Beauftragte für die Ernährung, Herr Wutzlhofer, der Tage nach seiner Münchner Vereidigung Minister in Bamberg geworden war.

Außerhalb der stocknarrischen Münchner Stadt hat die Revolution ganz anders ausgesehen. Da waren die friedlichen Dörfer. Das Frühjahr hat man schon gespürt, die Bauern haben wieder geackert. Die Welt ist ruhig gewesen. Und es ist einem warm ums Herz geworden, auch wenn man gerade vom Zugfenster herausgeschaut hat.

Der Schneppenhorst wollte die gegnerische Lage eigentlich bloß auskundschaften. Und auf dem Weg zum Gegner ist er vom Saulus zum Paulus geworden. Und in München hat man sich ja eh nicht mehr ausgekannt. Nicht einmal als Minister. Die Kommunisten im Mathäserbräu haben mit der Räterepublik allweil noch nicht mittun wollen. Und haben einen Streik nach dem anderen ausgerufen. – Ja, wer regiert denn eigentlich? Es gibt ja nichts mehr zu essen in der Stadt: keine Milch, und kein Bier auch bald mehr.

Der Putsch der Konterrevolutionäre innerhalb der Stadt mißlingt in wenigen Stunden. Aber immerhin gelingt es den wenigen verschworenen Männern, die Hälfte der leitenden Minister der Scheinräterepublik zu verhaften und sich mit ihnen zum Hauptbahnhof durchzukämpfen. Hier besteigen sie ihre Lokomotive und dampfen ab, verfolgt von den Schüssen der sich eilig bewaffnenden Rotarmisten. Mühsam befindet sich in der Gewalt der Konterrevolutionäre, Landauer und Ernst Toller konnten sich verstecken. Toller begibt sich auf die Theresienwiese, wo sich die Rote Armee etabliert. Tags zuvor war er im Mathäser von den Kommunisten verhaftet worden. Aber im Saal hatte er zu viele Freunde, auch unter den Genossen, so daß er wieder freikommen konnte. Die Chefs der kommunistischen Partei in München sind in dieser Stunde die drei russischen Herren: Levien, Levinè und Axelrod. Lenin hat sie eigens zur Durchführung der Revolution nach München geschickt.

Und die Russen haben für unsere Revolution einen ganz anderen Weg gehen wollen: sie hätten den Klassenkampf auf die bayerischen Dörfer hinausgetragen. Das wäre erst etwas geworden, da ja auch unsere Kleinbauern, unsere Gütler und Ochsenzeugler keine russischen Muschiks waren. Lenin selber hat seitenlange Telegramme geschickt, wo er anfragen läßt, ob die bayerischen Fabriken und landwirtschaftlichen Großunternehmen auch schon allesamt expropriiert seien. Jetzt ist er selber zwei Jahre lang in München gewesen und weiß nicht mehr, daß in Bayern kein Klassenkampf möglich ist. Schon wegen der angestammten Gemütlichkeit nicht.

Der Held von Dachau

Ein jeder hat mehrere Seiten. Und es gibt auch verschiedene Vergangenheiten: gute und schlechte Zeiten hat man erlebt. Auch die Tage in der Karwoche von 1919, in denen man die Schlacht von Dachau geschlagen hat.

Heute hat Dachau den furchtbaren Ruhm eines gewesenen berüchtigten Konzentrationslagers der Naziherrschaft. Vorher hat man nur immer geschmunzelt und vieldeutig mit dem Kopf genickt bei der Nennung des Namens dieser uralten, friedlichen bayerischen Bauernstadt. »So, du bist auch ein Dachauer?« Meistens hat man auch noch das schmückende Beiwort »gschert« hinzugefügt. Gemeint hat man nach 1919 damit die Kämpfer der Roten Armee, die unter dem Schriftsteller und Reserveleutnant Ernst Toller gegen die Truppen der Freikorps am Gründonnerstag einen ersten und letzten Sieg errungen haben. Und das ausgerechnet durch die Erstürmung der Bauernstadt Dachau vor München.

Also zuerst hat es geheißen, der Toller tut mit den Kommunisten nicht mehr mit. Und nachher ist er doch gekommen. – Beim Karlsfelder Wirt sind wir beieinandergesessen, die Vertrauensleute von unserer Roten Armee, was also überwiegend Arbeiter gewesen sind von Kraus Maffei und von anderen Munitionsfabriken. Auch etliche Bierfahrer waren dabei. Und nicht zu vergessen die Gepäckträger vom Münchner Hauptbahnhof. Die waren ganz eifrige Rote. Und auch viele kleine Selbständige und Handwerker waren da. Insgesamt waren wir ungefähr so 2000 Mann. Zwei Batterien Artillerie und die anderen lauter Karabinersoldaten. Vielleicht noch ein Dutzend Maschinengewehre. Und etliche Flintenweiber waren auch dabei. Dafür freilich auch wieder ein paar junge ehemalige Offiziere. Und Studenten.

Die Vertrauensleute von unseren Räten haben sich also beim Karlsfelder Wirt getroffen. – Wer übernimmt das Kommando? Darüber haben wir debattiert. Und die Weißen sind schon in Dachau gewesen. Das ist eine Armee mit 10 000 und lauter Berufssoldaten. – Und wir? Ausgehungerte Arbeiter und Zivilisten. – Revolution ade!

In München wurde die Polizei aufgelöst. Den Sicherheitsdienst in der Stadt übernimmt sofort die Rote Garde. Und diese Rotgardisten, unter dem Befehl des ehemaligen Matrosen und Kommunisten Eglhofer, der in Kiel schon die Matrosenaufstände angeführt hat, diese Rotgardisten beginnen sofort mit einer großangelegten Razzia auf gehamsterte Lebensmittel. Diese Maßnahme begrüßen die vielen unterernährten Münchner zunächst und finden sie populär. Aber die Rotgardisten verteilen keine Lebensmittel. – Unter ihnen gibt es viele Schwarzhändler. In Dachau lassen sie sich nicht blicken.

In München gibt es keine Zeitungen mehr. Dagegen verbreiten die übrigen deutschen Blätter aus der bayerischen Hauptstadt Schreckensmeldungen, die freilich alle bös erfunden sind. – Noch wurde niemand hingerichtet. – Viele Idealisten stützen die Räterepublik. Aber ihre Führer zanken sich und debattieren endlos. Besonders auch Frauen, die etliche Wochen in Rußland verbracht haben, um dort die Revolution von Angesicht zu Angesicht studieren zu können. Diese roten Münchnerinnen greifen in jede Debatte mit den geflügelten Worten ein: »In der Sowjetrepublik macht man das so, Genossen...« Die ältesten Sozialdemokraten verstummen dann voll Ehrfurcht. Dazu herrscht ein permanenter Generalstreik, und die Bauern liefern keine Lebensmittel mehr in die Stadt. – Die zwei Armeekorps der sozialdemokratischen Regierung Hoffmann aber rücken immer näher – sie lösen in München bereits einen konterrevolutionären Putsch aus, der freilich niedergeschlagen wird –, stehen bereits in Dachau.

Da sagt der Franze zum Ernstl: Einer muß seinen Kopf hinhalten, Ernstl! Mach unseren Oberbefehlshaber! – Und der Toller Ernstl mag. Er stellt unter uns, im Karlsfelder Wirt, gleich seinen Generalstab zusammen. Ein neunzehnjähriger Student und ehemaliger Fahnenjunker z. B. wird sein Chef der Infanterie. Ein Sattlergeselle übernimmt die Vorausabteilung. Sakradi, wo sind wir denn eigentlich? Wie geht der Weg nach Dachau? – Nur von Verdun lassen sich etliche Generalstabskarten auftreiben. Also zurück ins Kriegsministerium. Da müssen Karten von Dachau sein. Nichts ist da. Ein alter Generalstabler hat sie auf die Seite geräumt. Also gehn wir's ohne Karten an! – Wir schwärmen aus und rücken vor. Da kommen die Weißen mit einem Parlamentär. Sie wollen, daß wir uns ergeben. – Kommt nicht in Frage, sagt der Toller. Und er fährt mit dem Auto selber auf Dachau zu. Da kriegt er Feuer. Und unsere Kanonen fangen zu schießen an. – Aufgeht's! Vorwärts! In drei Stunden sind wir in Dachau. Obwohl die Weißen schießen wie die Wilden. Dachau wird gestürmt, und die Freikorps von den Reaktionären hauen ab. Werden von den Dachauer Munitionsweibern entwaffnet oder gefangen. Ja, ja, die Arbeiterinnen von der Munitionsfabrik waren besonders tapfer. Die Freikorps, obwohl in der zehnfachen Übermacht, ziehen sich zurück bis Pfaffenhofen. – Sieg! Sieg! Vierzig Soldaten und fünf Offiziere haben wir gefangen. Und vier Maschinengewehre und zwei Kanonen haben wir erobert etc., etc. Die ganze Rote Armee hat aufgeschnauft und hat gemütlich Ostern gefeiert. Die meisten sind wieder heim nach München marschiert.

Die lassen sich nicht mehr blicken! Und hoch soll er leben, der Ernstl Toller, der Held von Dachau! – Solche Sprüche hat man überall gehört.

Der Chef der Roten Garde, Eglhofer, hat an Toller sofort einen Kurier geschickt, die gefangenen Soldaten und Offiziere der Freikorps-Armee sofort in Dachau zu erschießen. Toller aber hat sich geweigert. »Großmut gegenüber dem besiegten Gegner, das ist die Tugend der Revolution«, so schrieb er zurück. Und er hat die Gefangenen entlassen. – Vierzehn Tage später rücken an die hunderttausend Mann als Befreier in München ein. Die Räterepublik war eine Episode gewesen.

Aber schon eine merkwürdige. Eine münchnerische! Durch und durch gemütlich. Und den Toller Ernstl, den Helden von Dachau, kann man nicht so schnell vergessen. 1939 hat er sich in New York das Leben genommen.

Schlachthofgeschichten oder Die Befreiung Münchens

Erinnerung ist Poesie, heißt es zwar, aber es gibt auch in der bayerischen Geschichte sehr unangenehme Erinnerungen. Kein Mensch denkt gern an den wunden Punkt seiner Vergangenheit. Ein gemütlicher Münchner schon gleich gar nicht.

Aber was sein muß, muß sein. Also, erzählen wir die traurige Geschichte von der Befreiung Münchens in den ersten Maitagen anno 1919: die Geschichte von der Befreiung Münchens von der roten Räterepublik durch die Weißen Garden. Man könnte dieses dunkle bayerische Geschichtskapitel auch »Münchner Schlachthofgeschichten« titulieren. Wenn es typisch münchnerisch gewesen wäre. Aber unter den Weißen Garden waren ja fast keine Münchner, ja fast keine Bayern. Die Truppen des Oberstkommandierenden der reichsdeutschen Befreiungsarmee, des Generals von Owen, waren überwiegend Sachsen, Preußen und Württemberger.

Schon. Das stimmt. Aber es hat auch den berühmten königlich-bayerischen Kommandeur des Leibregiments, den Herrn Ritter von Epp, gegeben. Auch er hat sich später gern als »Befreier Münchens von der roten Schmach« feiern lassen. Und hat im April anno 1919 mit dem Obergeneral von Owen Schwierigkeiten und Kompetenzstreitigkeiten gehabt. – Dem Epp seine bayerischen Freikorps haben gemeint, sie unterstehen noch mehr der bayerischen Regierung unter dem Ministerpräsidenten Hoffmann in Bamberg und noch nicht schon wieder einer gewissen Reichsregierung, die sich erst in Weimar eine Verfassung aushandeln muß. Und dann hat es auch noch das patriotische Freikorps Oberland gegeben im Mai 1919: schneidig in der Tracht, mit den Lederhosen, sind sie in München einmarschiert, unsere Oberlandler Schützen! Da haben die Münchner etwas zu sehen gehabt! Sofern sie sich überhaupt zum Fenster hinausschauen getraut haben. Weil die Münchner Kommunisten sich platzweise verteidigt haben und einzelne Widerstandsnester etliche Stunden und gar zwei Tage lang gehalten haben. Besonders in Giesing! In Giesing ist das Blut den Berg hinuntergeronnen. Und in Untersendling hat's auch ein wenig getropft. Auch von Pasing herein, die Bahngleise entlang bis zum Hauptbahnhof.

Einzelne rote Maschinengewehrnester hatten sich in verschiedenen Häusern verbarrikadiert und konnten sich etliche Stunden halten. Eines z. B. feuerte noch am 1. Mai abends aus dem dritten Stock eines Mietshauses in der Lindwurmstraße. In der Au und in Untergiesing konnten die Weißen Garden jedoch zahlreiche rote Widerständler ausheben und als Gefangene abführen. Über hundert dieser roten Kämpfer wurden in einem Schulgebäude unmittelbar nach ihrer Gefangennahme in einem raschen Standgerichtsverfahren »im Namen des kommandierenden Generals von Owen« zum Tode verurteilt und erschossen. Die meisten Rotgardisten transportierten die Freikorps-Soldaten jedoch auf ihren Lastwägen in den Münchner Schlachtviehhof. Hier wurden sie zusammengepfercht wie das Schlachtvieh. Und sie warteten auf ihre Hinrichtung. Einigen wenigen ist aus diesem Schlachtviehhof die Flucht geglückt. Einen von ihnen, den Köbl Ludwig, habe ich noch persönlich gekannt, und er hat mir seine Geschichte oft erzählt.

»Tag und Nacht haben sie da unsere Leute erschossen. Immer gleich zu zehnt und zwölft haben sie uns an die Wand gestellt. Und das darfst du glauben, daß damals mehr erschossen worden sind, als hernach in der Zeitung zugegeben worden ist. Nicht grad 480! Und auch nicht grad 800. Auf Ehre und Seligkeit«, hat er erzählt, der Ludwig, und ein alter Münchner Schlosser, dem ein Offizier von den Weißen am 2. Mai befohlen hat, daß er an einer Tür im Schlachthof ein neues Riegelschloß hinmachen muß, hat das nämliche bestätigt – nicht grad achthundert hat man damals im Münchner Schlachtviehhof erschossen, weil sie bei der Räterepublik mitgemacht haben sollen oder mit einer Waffe in der Hand erwischt worden sind oder auch, weil sie gerade von einem guten Freund denunziert worden sind, nein an die zwei- oder dreitausend sollen es gewesen sein! Jedenfalls viel mehr als 480! Die Kolpingssöhne, die man versehentlich erschossen hat, weil sie gerade einen Kolpingsabend abgehalten haben, nicht mitgerechnet! – Ein junges Weib hat gar ihren alten Mann auf diese Weise losgebracht, daß sie unten im Laden zu einem Trupp Freikorpsleuten gesagt hat: »Ihr sucht Rotgardisten in meinem Haus? Oben im ersten Stock in der Wohnung liegt einer auf dem Kanapee und macht gerade seinen scheinheiligen Mittagsschlaf. Das ist einer! Und ein ganz scheinheiliger dazu!« Und die recherchierenden Weißen sind also rauf und haben den Mann mitgenommen in den Schlachthof.

Den Gustav Landauer haben sie in Stadelheim erschlagen, obwohl der Philosoph und Menschenfreund doch nur ein hoffnungsloser Anarchist gewesen. Wie viele der Münchner roten Genossen der Rätezeit. – Sie glaubten an den Weltfrieden und an die ewige Gerechtigkeit. An die wirkliche Brüderlichkeit nicht nur am Biertisch, sondern auch im staatlichen Alltag eines wirklichen Lebens.

An sowas darf man nicht glauben. Höchstens am Biertisch. Da sind wir allesamt gleich – nach der dritten Maß. Schwoabn mas obi, die saudumme Erinnerung an die Befreiung Münchens anno 1919!

Verlust des Reservatsrechts

Ganz gleich wird's selten, aber die Situationen ähneln sich. 1870/71 hat unser Bayernland für den Kriegsfall den militärischen Oberbefehl verloren, 1919/20 auch den für Friedenszeiten. – Es wird allerweil weniger. Das war die Erfahrung im Laufe der Generationen. Und die meisten Leute haben das auch noch begrüßt. So nationaldeutsch und großdeutsch haben sich auch die bayerischen Gemüter erhitzen können. Und hatte sich schon Ludwig II. in einem Brief an seinen Bruder Otto darüber beklagt, daß er nur noch von Deutschen, aber nicht mehr von Bayern umgeben sei.

Jetzt im Jahre 1919 hieß es alle daumenlang: »Im Zeichen des Vollzugs der Weimarer Verfassung stehen die Verhandlungen über den für den 1. April 1919 vorgesehenen Übergang der Bayerischen Verkehrsanstalten auf das Reich...« Und fast keinem hat es weh getan. Nicht den bayerischen Parteien und nicht einmal den bayerischen Beamten. »Als was werd' ich dem nachtrauern? Als Reichsbeamter steh' ich mich besser wie als bayerischer Eisenbahner!« – Sogar solche undankbaren Stimmen hat man hören können. Niemand mehr wollte königlich-bayerisch sein. Ein jeder hat fortschrittlich gedacht und hat reichisch sein wollen. Viele bayerische Beamte sind nach Berlin. Ja, das Berlin! Das ist ja ganz aus! Da ist ja München wirklich ein Bauerndorf! – So haben sie geredet. Besonders die jungen, die fortschrittlichen Bayern. Auch das gehört einmal gesagt. Nur die alten haben vielleicht ein bisserl getrauert. Die königlich-bayerischen Pensionisten und die über Fünfzig- und Sechzigjährigen!

Mit einer gewissen Wehmut haben die hohen und höchsten christlich-bayerischen Volksparteiler dann doch ihre Gesandtschaften in Wien und Bern und im Januar 1920 auch in Paris aufgegeben. Und gleich darauf haben sie im März 1920 im bayerischen Landtag ein Gesetz beschlossen, das die Umwandlung des bayerischen Außenministeriums in eine bayerische Staatskanzlei bestimmt hat.

Und so ist es weitergegangen! Schon damals hat man überall das Wort von der »Gleichschaltung mit dem Reich« gehört. »Prost, Hanse, wie geht's dir denn? Habns dich noch nicht gleichgeschaltet mit Berlin?« – So hat man geredet. Und die Gleichschalterei mit Berlin hat unseren Postboten noch gefallen auch.

Am 5. Mai 1920 ist die gute alte königlich-bayerische Eisenbahn nominell »Deutsche Reichsbahn« geworden. Und das Verkehrsministerium haben sie aufgehoben. Der königlich-bayerische Verkehrsminister Frauendorfer hat sich also selber auflösen müssen. »Weg mit dem alten Hut«, haben die Streicher gesagt und haben die »Bayerische Eisenbahn« überpinselt und haben »Deutsche Reichsbahn« auf unsere Lokomotiven gemalt! »Ich hab' keinen gesehen, der geweint hätte«, hat mein alter Vetter erzählt, der ein alter königlich-bayerischer Eisenbahner gewesen ist. Na, na, die Zukunft gehört dem Deutschen Reich! Jawohl, die Zukunft gehört »Deutschland«! So hat man's auch schon gehört. Und dann hat die neue Reichsverfassung für die bayerischen Eisenbahndirektionen doch noch eine eigene »Gruppenverwaltung der Deutschen Reichsbahn in Bayern« gestattet. Der zuständige Generaldirektor, im Rang eines Staatssekretärs, saß freilich in Berlin.

»Weil wir eben zu viele separatistische alte Zöpfe mitgeschleppt haben, darum konnte der große Krieg nicht gewonnen werden. Deutschland erwache!« – Kein Mensch trauert der bayerischen Armee nach. Das sind sentimentale Redensarten weniger borniert, krachlederner Juhu-Bayern. – Die Reichsverfassung hat in Artikel 79 die alleinige Wehrhoheit dem Reiche gegeben. Gewiß, die bayerischen Unterhändler haben die Berücksichtigung von zwei, drei »landsmannschaftlichen Eigenarten« in Weimar durchsetzen können. Aber nicht bindend. Nur ein gutwilliges Zugeständnis ist das. Und außerdem sind diese landsmannschaftlichen Eigenarten sowieso völlig belanglos: Daß neben dem preußischen Präsentiermarsch in München auch noch der bayerische Präsentiermarsch geblasen werden darf. Daß in der 7. Division ein paar alte Regimentsnummern beibehalten werden dürfen. Bitte, lassen Sie die paar bayerischen Militärmärsche spielen. Sie klingen ja gar nicht so übel! Aber das deutsche Heer der Zukunft wird nur einem einzigen Willen gehorchen. Und das ist die Hauptsache.

Ja, ja, so ist schon anno 1919 und 1920 geredet worden. Und am 25. August 1919 hat der letzte bayerische Kriegsminister Schneppenhorst sein Ministerium und seine bayerische Armee dem Reichsminister übergeben. In Anwesenheit des obersten Kriegsherrn, des deutschen Reichspräsidenten. Und wo? In München auf dem Oberwiesenfeld, wo die bayerischen Könige jedes Jahr ihre stolze Frühjahrsparade abgehalten haben. – So friedlich schön und schneidig hat sich das nicht mehr angeschaut. Obwohl die 7. Division, die Reichswehr in Bayern, dann doch noch das weiß-blaue Rautenwappen am Helm hat tragen dürfen.

Nur untereinander haben die deutschen Bundesländer noch Gesandtschaften unterhalten dürfen. Aber gern hat man das in Berlin nicht gesehen. Außerdem war diese Länderdiplomatie beinahe ohne Einfluß gewesen, hat höchstens da und dort in den Berliner Ministerien für einen verdienten und befreundeten Länderbeamten eine Ministerialratsstelle auspähen helfen können. Zudem ist man sowieso überall immer reichstreuer geworden.

Ein selbständiges Unikum hat Bayern aber behalten dürfen, und das war der französische Gesandte in München gewesen: der M. Dard. Die Berliner Reichsregierung hat ihn dick gehabt. Aber die Franzosen haben ihn belassen. Er ist eine Art französischer Beobachter für die deutsche Länderpolitik gewesen. Und, wie die heutigen bayerischen Geschichtsschreiber noch mit großdeutschem Zorn schreiben:

M. Dard war ein übler französischer Agent, der »auf die innere Zerklüftung und Verunsicherung des deutschen Bewußtseins in Bayern« hinzuarbeiten hatte.

Wie ich immer sag': Nazi sind genug dagewesen, es hätte der Hitler-Teufel gar nicht kommen müssen, es wäre ohne ihn auch höllisch genug zugegangen. – Derweil ist die königlich-bayerische Eisenbahn so viel gemütlicher gewesen. Und man hat oft den Ruf gehört: »Lassn S' Eahna derweil, Herr Expeditor, a so pressiert's net!«

Der letzte König stirbt

»Es ist ja grad, daß d'Zeit vergeht!« Dieses Sprichwort ist im Jahre 1919 aufgekommen. Weil es halt damals in Bayern gar soviel drunter und drüber gegangen ist: Räterepublik, Einmarsch der Weißen, Vertreibung der Roten, Volksgerichtshöfe in jeder größeren bayerischen Stadt, Hochverratsprozesse in jeder Kleinstadt, Weimarer Verfassung, Aufhebung des Standrechts, ein Jahr auch der Wahlen und Regierungsumbildungen. Eine solche Zeit macht einen gemütlichen Brotzeitmacher zum Philosophen. – Und auch das Ende der bayerischen Reservatsrechte war gekommen. Im Juli 1919 hat die vormals königlich-, jetzt aber immerhin noch republikanisch-bayerische Armee zu existieren aufgehört, indem die neue Reichsverfassung die Wehrhoheit im ganzen Deutschen Reich beansprucht hat. – Das Ende der bayerischen Post und Eisenbahn war auch schon beschlossen worden, und die Termine für eine feierliche Übergabe an das Deutsche Reich hat man schon in den Kalender geschrieben. – Schade um unsere guten bayerischen Lokomotiven!

Alles ist jetzt von Berlin ausgegangen. Und jeder hat von Berlin geredet. Viele sind sogar hingefahren, wenn sie sich in München nicht haben durchsetzen können.»Wenn mir das nicht genehmigt wird, Herr Inspektor, dann fahr' ich halt nach Berlin!« Das hat man oft hören können. Und auch das:»Der Bismarck hat uns erst halb kassiert, jetzt hab'n sie uns ganz!« Und abgelehnt hat sie keiner, die Weimarer Verfassung. Nur der einzige Dr. Georg Heim! Unser Bauerndoktor. Respekt vor dem Mann! Der sagt ihnen die Wahrheit, den Zentralisten und Unitaristen in der eigenen Partei.

Aber das waren alles nur Kleinigkeiten. Die Gelder flossen jetzt nach Berlin und wurden von dort aus wieder verteilt. So kraß hat man in Bayern schon lange nicht mehr umdenken müssen. Und die Königin ist auch noch gestorben. Die gute Königin Marie Therese! Schwer krank hat die 69jährige Landesmutter den Winter über alle Stationen der Flucht mitgemacht. Zuerst nach Wildenwart, dann ins Berchtesgadener Land, schließlich nach Anif und wieder zurück in den Chiemgau, wo sie dann auch am 3. Februar schon gestorben ist. Mehrere tausend Frontpakete hat sie persönlich zugeschnürt und hergerichtet in den vier langen Kriegsjahren. Noch im Oktober hatten ihr die Münchner zugejubelt, da sie an der Seite des letzten bayerischen Königs – anläßlich ihrer goldenen Hochzeit – zu einem Dankgottesdienst in den Dom gefahren ist. Und jetzt wird sie in der kleinen Gruft in der Schloßkapelle zu Wildenwart still beerdigt.

Die Kirchenglocken von Wildenwart und Umratshausen, von Frasdorf und Sankt Salvator haben geläutet. Aber die von Prien nicht. Und der Erzbischof von München, der Herr Dr. Michael von Faulhaber, hat persönlich die Aussegnung vorgenommen und hat ihr auch die Leichenpredigt gehalten. – Eine gute Frau, die letzte bayerische Königin Marie Therese. 13 Kinder hat sie ihrem Ludwig geboren – überwiegend Prinzessinnen –, und die Leute haben ihr einen Spitznamen gegeben: die Topfaresl! Weil sie ja den König einen Millibauern geheißen haben.

Gar nicht bös waren diese Übernamen gemeint, und für einen bayerischen König könnte man sie eher als ehrend empfinden; denn damals war ja Bayern noch ein ausgesprochenes Agrarland gewesen. Und außerdem war Ludwig III. auf seinem Mustergut in Leutstetten tatsächlich ein vorbildlicher Ökonom gewesen, der sich vor allem um die Milchwirtschaft bedeutende Verdienste erworben hatte.

Ja, das ist wahr, der hat damals schon auf die Milchleistung geschaut und hat züchterische Konsequenzen daraus gezogen. Schon in den siebziger und achtziger Jahren. Ein braver Mann! Und jetzt also muß er schon wieder fort. Kaum hat man die Königin eingegraben gehabt, wollte ihn eine Rote Armee von Rosenheim aus einfangen. Bei Nacht und Nebel und im tiefen Schnee reist er über den Wildbichel nach Kufstein, in die Ötz, nach Vaduz, und in Zizers bleibt er etliche Wochen. Nachher versteckt er sich in Locarno und dann in Sigmaringen. Erst im Frühjahr 1920 kommt er wieder nach Wildenwart. Er bringt die Herzurne von der Königin – wie es der Brauch ist in Bayern seit Jahrhunderten – in die Gnadenkapelle nach Altötting, und hier und da bekommt er auch Besuch von etlichen Getreuen. Gar zu viele waren es nicht.

Er erlebt die Vermählung des Kronprinzen mit der luxemburgischen Prinzessin auf Schloß Hohenburg und noch manchen Akt der Demütigung seines einst souveränen Bayern: die Aufgabe der bayerischen Gesandtschaften in Rom und Paris, in Wien, Stuttgart und Dresden, die Umwandlung des bayerischen Außenministeriums in eine bloß republikanische Staatskanzlei nach Anordnung der Reichsverfassung. Und immer häufiger wird es ihm bestätigt in langen Leitartikeln der Zeitungen: Es gibt praktisch kein selbständiges Bayern mehr, es gibt nur noch ein Deutsches Reich. Denn Bayern darf nun nicht mehr ein deutscher Bundesstaat genannt werden, sondern nur noch ein deutsches Land.

Ludwig III. wird kränker und kränker. Er hat Magenblutungen. Trotzdem fährt er im Herbst 1921 auf sein Gut Savar nach Ungarn. Dort ist er ganz Landwirt. Er hat viele neue Pläne. Er ist immer unterwegs in den Viehweiden, in den Ställen, auf den Feldern. Nach drei Wochen bricht er zusammen. Am 18. Oktober stirbt er. Seine Leiche wird nach München überführt. Zunächst nach Wildenwart, wo der Sarg der Königin abgeholt wird. Die Särge des Königspaares werden dann am 5. November 1921 mit königlichem Zeremoniell in der Münchner Frauenkirche beigesetzt.

Und plötzlich ist es wieder so, als ob die Monarchie nie aufgehört hätte. Die Landesregierung, die Vereine und Verbände, die Bauern und die Arbeiter, das Militär und die Geistlichkeit, Kronprinz, Adel und das Volk, stumm und betreten, in aufrichtiger Trauer, sie alle geben dem letzten bayerischen König die letzte Ehre.

Und die Stimmung damals, an dem 5. November 1921, war so, daß allesamt gewartet haben, daß gleich nach der Kirche der Kronprinz Ruprecht wieder den Thron seiner Väter besteigen würde. Allesamt haben wir darauf gewartet. Vor dem Dom! Und nicht nur das Volk, auch etliche Minister! Aber der Kronprinz ist nicht gekommen, er ist heimlich hinten zur Sakristei hinaus. Vielleicht war das sein größter Fehler. Er hat nicht mehr mögen, sagen die einen. Er hat zuviel Respekt gehabt vor der Berliner Reichsregierung, sagen die anderen. – Nichts Gewisses weiß man heute noch nicht.

Die bayerische Politik und Adolf Hitler

Poesie ist Erinnerung, heißt es zwar bei den Dichtern. Aber für die Politik stimmt der Seufzer nicht. Weil für viele und für vieles es gut ist, wenn es vergessen werden kann. Auch die frühen zwanziger Jahre z. B., die noch nicht die goldenen gewesen sind, der Kapp-Putsch und der Hitler-Putsch und ihre politischen Auswirkungen in Bayern könnten vergessen werden. Beide Revolten haben die gut konservativen Bayern zu antidemokratischen Gesinnungen verführt, haben ihnen vielleicht schon ein wenig die Immunität gegen den Nationalsozialismus genommen.

Niemals durch einen Staatsstreich aber sollte die bayerische Monarchie wiederhergestellt werden. Das war ein Grundsatz des immer zurückhaltender werdenden Kronprinzen. »Justitia fundamentum regnorum«, die Gerechtigkeit ist das Fundament der Königreiche, das war des Kronprinzen Wahlspruch, mochten die Verführer ihn auch noch so drängen. Monarchisten nannten sich damals viele Persönlichkeiten in Bayern, z. B. die Herren Gürtner und Pöhner. Der Justizminister und der Polizeipräsident. Sie waren in Wirklichkeit aber bereits große Gönner und Freunde der Faschisten. Das milde Urteil gegen den am 9. November 1923 gescheiterten Hitler spricht Bände, und Gürtner ist ja dann zum Dank auch Reichsjustizminister geworden. Ja, selbst der junge Staatsanwalt im Hitlerprozeß, Hans Ehard, wurde 1933 belohnt!

1945 aber hat er als Staatsanwalt zu den Amerikanern sagen können: »Ich habe 1923 Herrn Hitler angeklagt, hab' sogar seinen Kopf gefordert!« Und die Amerikaner haben den Mann zum Justizminister gemacht. –

Eine Ausnahme hat Dr. Georg Heim gemacht, der Gründer der Bayerischen Volkspartei. Auch er war ein Rechtsgesonnener. Als man ihn in den Tagen des nationalfaschistischen Kapp-Putsches in Bayern zum Ministerpräsidenten machen wollte, hat er abgewinkt. Ohne mich! Und er hat den Regierungspräsidenten von Oberbayern, Dr. von Kahr, durch die Gremien seiner Partei, der christlichen Volkspartei, zum Ministerpräsidenten wählen lassen. Das war eine Absage an die deutschnationalen preußischen Putschisten von 1920 gewesen. – Man hat sie ihm nie verziehen.

Freilich, hätte er selber mitgemacht, der volksbeliebte Mann, der große Bauerndoktor, auf den alle gehört haben, dann wären die alten wilhelminischen Machthaber wieder im Sattel gesessen. Bayern steht geschlossen hinter Dr. Heim«, hätten sie gesagt in Berlin, »und Dr. Heim steht zu Deutschland!« – Vielleicht wäre dann kein Adolf Hitler über uns gekommen. Heim verlangte aber die Änderung des Stimmrechtes: Ab vierzig Jahren sollten die Wähler zwei Stimmen haben bei jeder Wahl. Die eigene Partei hat ihm diese Konsolidierung der Demokratie verweigert. Aber drei Monate später dem Ermächtigungsgesetz Hitlers zugestimmt.

Dr. Heim war ein schlagkräftiger Redner. Als ihm im Reichstag ein nationaler Abgeordneter entgegenruft: »Warum werden Sie denn nie Minister, Herr Heim, wo Sie so gescheit sind?«, kontert er sofort: »Weil ich das nicht nötig hab', Herr Kollege! Minister wird doch heut nur, wer sonst nichts werden kann!«

Wenn die Nazis immer geschrien haben: »Wir fordern die Wiedergutmachung des Unrechts vom Jahre 1918!«, dann meinten viele Bayern – und besonders die Bauern –, der Hitler will uns das Königreich wiederbringen. Und darum haben sie ihn dann auch gewählt. Da waren natürlich die Republikaner und viele Sozialdemokraten besser dran. Die haben den Hitler höchstens wegen seines Sozialismus gewählt.

Daß so ein großer Mann wie der Dr. Heim, der Unbestechliche, bis zuletzt ein aufrechter Demokrat bleibt, ist selbstverständlich. Kurz vor der Machtergreifung Hitlers spricht Heim noch auf einer der letzten Tagungen der Bayerischen Volkspartei in Tuntenhausen. Wer allen alles verspricht, ist ein schlechter Politiker. Da mögen sie daherkommen mit ihren Hakenkreuzen, was sie nur wollen, meine lieben bayerischen christlichen Bauern, sie mögen kommen, sie werden uns nicht umrennen. Unsere Fahne ist weiß und blau. Und wer danach greift, den mag der Teufel holen!«

Sie haben danach gegriffen, 1933. Dr. Heim hat alle seine Ämter niederlegen müssen und stirbt arm und verlassen von allen Freunden mit 73 Jahren in Würzburg. Er ist auch schon ein alter Mann gewesen. 68 Jahre ist er 1933 alt. Er resigniert und wird krank. 1938 stirbt er. Und ein Böser will wissen, daß er noch kurz vor seinem Tod, vielleicht schon im Fieber, in die Partei Hitlers aufgenommen werden hätte wollen. Das ist bestimmt eine üble Nachrede. – Freilich, weh getan hat dem Dr. Heim das Stillhalten furchtbar. Weil er allerweil einer von den Rührigsten war, er war ein bayerischer Vollblutpolitiker gewesen.

Der deutsche Kampfbund

»In Bayern geht immer alles wieder gut aus!« – Der Spruch ist leider schon lang nicht mehr wahr. Vielleicht hat er nie gestimmt. – Gar nicht gut ausgegangen sind nämlich die anfangs geduldeten, ja sogar staatlicherseits geförderten Umtriebe Adolf Hitlers, Anfang der zwanziger Jahre. Und hätte doch alles zusammenharmonieren können: das Weißblaue, der Kampfbund Oberland und die anderen nationalen Kräfte in München! – Es hat ja ganz harmonisch angefangen. Auf den Tag genau ein Jahr zuvor: Am 8. November 1922 hat die Bayerische Volkspartei den ehemaligen königlichen Minister des Inneren, für Kirchen- und Schulangelegenheiten, Eugen Ritter von Knilling, zum bayerischen Ministerpräsidenten gewählt. Mit 86 Stimmen, bei nur 54 Gegenstimmen! – Ein durch und durch königlich-bayerischer Staatsbeamter ist der Ritter von Knilling gewesen. Und er hat es auch immer wieder ausgesprochen: Das Königreich Bayern muß wiedererrichtet werden! Und alle monarchistischen Kräfte sollten sich sammeln, gerade in Bayern, gegen eine kommunistische Weltgefahr.

Was da alles marschiert ist! Der Kampfbund Oberland, die schneidigen Oberlandler, die anno 1950 einen guten Eindruck gemacht haben, als sie in München die Revoluzzer davongejagt haben! Und dann die Orgeschtruppen, die der Förster Escherich aufgebaut hat, auch gegen die Sozis und Revoluzzer! Daß wieder eine Ordnung wird in Bayern. Oder in ganz Deutschland? Auch die vielen verschiedenen Einwohnerwehren, wie z. B. die Orga, die Organisation Kanzler, schon fast eine christlichfromme Hilfspolizeitruppe, und noch andere militante Selbsthilfeorganisationen haben Appelle abgehalten und sind marschiert, damit ja keine Revolution mehr ausbricht in Bayern! Aber zur Restauration der Monarchie hat es nicht gereicht. Viele haben sich eine starke Führerpersönlichkeit gewünscht. Einen Mann, der das deutsche Chaos ordnen kann, der Deutschland wieder in die Höhe bringen würde und den Bayern wieder einen König verschaffen kann.

Diese Persönlichkeit war vorhanden. Es war der ehemalige Regierungspräsident von Oberbayern, der 1920 schon einmal bayerischer Ministerpräsident geworden war, es war Gustav Kahr. Und seine Freunde, der Polizeipräsident Pöhner und sein Justizminister Roth, der schon ein Nationalsozialist gewesen sein soll. – Unter Kahr ist der Begriff von der »Ordnungszelle Bayern« aufgekommen. Und starke deutschnationale Persönlichkeiten sind nach München gezogen. Wie z. B. der Generalfeldmarschall von Ludendorff. So hat sich gerade in Bayern aus den vielen patriotischen und deutschnationalen starken Persönlichkeiten und Verbänden eine Stimmung gegen das rote Berlin entwickelt und schließlich auch mehr oder weniger zusammengefunden in der Persönlichkeit Gustav Kahrs. Von einigen mag er benützt worden sein, wahrscheinlich sogar von seinen eigenen Parteifreunden, die ihn schon einmal haben fallenlassen; von den deutschnationalen Kräften jedenfalls wurde der spätere Staatskommissar teilweise als Mitverschworener gegen das Reich und seine Weimarer Verfassung konsultiert und hofiert. Kahr und Heim blieben im Hintergrund, aber der Ministerpräsident Eduard von Knilling war im Jahre 1923 doch nur ein oberster bayerischer Verwaltungsbeamter gewesen.

Und weil die Leute in Bayern damals durchaus wieder eine gemütliche Monarchie mögen hätten, haben die meisten Politiker in ihren Reden vor dem Volke auch königstreue, weiß-blaue Anmerkungen fallenlassen. Daß Bayern mit seiner Schutzfrau und dem Hause Wittelsbach ein Hort sei gegen die gottlosen Revolutionäre. – Auch Hitler ist so groß und größer geworden. 1922 hatte er 7 Anhänger, im Januar 23 bereits 50 000. Am 9. November 1923 hat er sogar schon an eine Machtergreifung denken können und an einen Marsch nach Berlin.

Der Ministerpräsident von Knilling hat am 9. März 1923 die vermögensrechtliche Auseinandersetzung des Freistaates Bayern mit dem Königshaus erfolgreich abschließen können. Seit dieser Zeit datieren der »Wittelsbacher Ausgleichsfonds« und als Gegenleistung die »Wittelsbacher Landesstiftung für Kunst und Wissenschaft«. In gutem Einvernehmen und mit gegenseitigen Zugeständnissen ist man in diesem

Gesetz auseinandergegangen, nachdem das Königshaus fast 750 Jahre lang in Bayern regiert hatte. Und wäre der sozialdemokratische Führer Erhard Auer damals nicht schwer krank daniedergelegen, infolge des Attentats von 1919, dann hätten wahrscheinlich auch die bayerischen Sozis diesem Gesetz zugestimmt.

Aber schon im September 23 hat sich Gustav von Kahr zum bayerischen Generalstaatskommissar erheben lassen. – Von wem? – Von seiner Partei, der Bayerischen Volkspartei, vom Ministerpräsidenten Hofrat Ritter von Knilling? Von den Einwohnerwehren und von der Orgesch? Von allen, die sich weißblau-föderalistisch-deutschnational getarnt hatten. Auch vom Hitler, der aber dann die ersten Tage schon den Diktator Kahr wieder abhalftern hat wollen und sich selber zum großen Befreier Deutschlands hat machen wollen, was ihm aber im November 1923 noch mal mißglückt ist.

Ein wichtiges Kapitel bilden diese Ereignisse des Jahres 1923 in der bayerischen Geschichte. Wie leicht bayerische Patrioten fehlgeleitet und mißbraucht werden können! Wie urplötzlich aus dem Durcheinander große Diktatoren aufstehen. Und wie dann doch auch wieder dieses vage bayerisch-deutsche Gefühl, doch auch einem größeren Reiche anzugehören, alle Intrigen wieder als ein »so nicht durchführbares Projekt« wegschieben und rasch vergessen läßt.

Ja mei, nix Gwiß woaß ma net. Und manchmal geht's auf! Und nachher wieder zu. Und dennoch möcht' keiner was anderes wie seine bayerische Ruh'.

Der Prozeß

Auch in Bayern sind schon Geschichten passiert, die eigentlich nicht hätten passieren dürfen. Der Hitler-Ludendorff-Prozeß im Februar-März des Jahres 1924 war einer der schlimmsten Justizskandale, die in Bayern jemals geschehen sind. Der Putsch der Nationalsozialisten war am 9. November vor der Feldherrnhalle niedergeschlagen worden. Hitler und Ludendorff waren nämlich am Morgen des 9. November 1923 in einem bewaffneten Demonstrationszug von der Rosenheimer Straße bis zur Feldherrnhalle marschiert, nachdem sie in der Nacht vom 8. auf den 9. November erklärt hatten, daß sie die Macht in Bayern, ja in ganz Deutschland übernehmen und den Marsch nach Berlin antreten würden. Der anfangs mit Hitler paktierende bayerische Generalstaatskommissar Kahr widerrief aber – wie ist es wirklich gewesen? – in der Nacht, ohne es Hitler zu sagen, seine Teilnahme am Hitler-Putsch und alarmierte die bayerische Landespolizei.

Und wie der Hitler-Zug bis zur Feldherrnhalle gekommen ist, steht da ein ganzer Zug von der bayerischen Landespolizei und verweigert den Putschisten den Weitermarsch in die Ludwigstraße. In dem Augenblick schießen die Nazis auf die Polizisten, und ein Mann der Landpolizei fällt tot um. Da gibt der Herr Oberleutnant Michael Freiherr von Godin seinen Leuten den Befehl, das Feuer zu erwidern. Unter einer Salve von diesen Landpolizisten sind dann sechzehn Hitleranhänger gefallen. Hitler selber und der ehemalige Generalfeldmarschall von Ludendorff haben sich davonmachen können. Später sind dann diese sechzehn ermordeten Helden in eigenen Prunkgräbern am Königsplatz, in den sogenannten Ehrentempeln der Bewegung, beigesetzt worden. Und ein jeder, der vorbeigegangen ist, hat die Hand aufheben müssen zum deutschen Gruß. Wie auch am Ehrenmal an der Feldherrnhalle. – Und jedes Jahr hat der Hitler mit seinen alten Kämpfern den Marsch vom 9. November 1923 in ganz großer Feierlichkeit zelebriert. Die ganze Ludwigstraße voller Hakenkreuzfahnen mit Trauerflor. Riesige Trauerfackeln haben dazu brennen müssen. Das war jedes Jahr – zwischen 1933 und 1942 – ein Mordstheater. Und auch von dem Prozeß 1924 gegen den Führer ist immer noch geredet worden. Und daß ihm sogar seine Feinde damals bereits höchst ehrenvolle nationaldeutsche Motive haben zugute halten müssen. Auch der Staatsanwalt, der die Höchststrafe gefordert hat.

Weil ebendieser Hochverratsprozeß ein gewaltiger Justizskandal gewesen war! – Es wurde schon nicht im Justizpalast verhandelt, sondern, wegen angeblicher Sicherheitsmaßnahmen, in höchst militärischer Umgebung, in der Münchner Kriegsschule. Als sollte es sich eher um ein militärisches Ehrengericht handeln. Der Vorsitzende, Landgerichtsdirektor Neidhardt, ließ Herrn Hitler stundenlange Reden halten, die mit dem eigentlichen Prozeßthema nichts zu tun hatten. Aufmerksam lauschten die wackeren Rechtsgelehrten, die z. T. selber schon Anhänger der NSDAP gewesen sind, den Worten ihres Führers, der den Versailler Schandvertrag geiselte und die Novemberverbrecher von 1918, die Sozialdemokraten und die Kommunisten, und auch bereits das internationale Judentum. Auch Ludendorff wurde mit Respekt angehört. Der Feldmarschall des Kaisers beschimpfte den Kardinal Faulhaber und den bayerischen Kronprinzen

Ruprecht, den er bezichtigte, die eigentlichen Befehle zum Niederschießen dieser nationalbewußten deutschen Waffenbrüder um Adolf Hitler am 9. November 1923 von der Residenz aus gegeben zu haben. Und zwar im Auftrage des Kardinals. Denn neben dem internationalen Judentum sei die weiß-blaue Romhörigkeit der Bayern auch ein Erzübel im süddeutschen Raum. – So ähnlich sprach Ludendorff vor den kopfnickenden Richtern und Staatsanwälten. – Und sogar der Herr Generalstaatskommissar der Bayerischen Volkspartei, der Herr von Kahr, hat sich recht zwielichtig benommen. Oder zumindest höchst ungeschickt. Er hätte geglaubt, so führte er aus, über Hitler die bayerische Monarchie wiedereinführen zu können. Nur deswegen hätte er mitgemacht am 9. November. Er hätte das freilich nur anfangs geglaubt, aber schon am 8. November seien ihm Zweifel daran gekommen. Zumal weil ja auch der Kabinettschef des bayerischen Kronprinzen, Freiherr von Soden-Frauenhofen, von den Nazis verhaftet worden sei.

Ein junger Nazi, mit Namen Rudolf Heß, hat den Grafen Soden damals bewachen müssen. Der ganze Prozeß war eine einzige Tragikomödie der Justiz. Deutsche Richter haben sich damals schwer belastet. Die Herren Verteidiger und der Herr Vorsitzende sowie seine Beisitzer und ganz besonders die Schöffen haben nur unter der Voraussetzung der Verurteilung Hitlers zugestimmt, daß er nach sechs Monaten Haft begnadigt werde. Über diese sofortige Bewährungsmöglichkeit ist bereits im Prozeß verhandelt worden. Und natürlich hat der Herr Hitler nicht ausgeliefert werden brauchen. Gesetzmäßig hätte er als Ausländer, als Österreicher, ja abgeschoben werden müssen. Aber auch das ist im Urteil bereits protokollarisch verhindert worden. – Die Justitia ist manchmal schon eine blinde Kuh! Adolf Hitler hat sich bei seinen Richtern und Staatsanwälten später auch bedankt und hat sie alle nach 1933 in hohe und höchste Stellungen befördert. Aber nach 1945 waren dieselben Herren dann halt doch wieder gut dran, indem sie sagen konnten: Wir wollten diesen Herrn Hitler ja damals schon zum Tode verurteilen. Jedenfalls haben wir davon intern gesprochen. Und die CIA-Offiziere haben es geglaubt.

Und jedes Jahr, wenn es November wird, sollte man auch an den damaligen 9. November denken. Und auch an das ganze Durcheinander! Und auch ein bißchen an unsere unabhängigen Herrn Richter! Und ob sie wirklich auch immer so unabhängig sind, sie mit ihrem jeweils geltenden Recht? Hätten sie ihn geköpft damals, wie sie auch die

Schwabinger Giftmischerin geköpft haben, Millionen junge Burschen wären nicht erschossen worden! Und einen Holocaust hätte es auch nicht gegeben!

Die Ära Held

»In Bayern gehen doch auch die unangenehmen Geschichten immer wieder gut aus!« – Diesen Seufzer konnte man im Sommer des Jahres 1924 doch endlich tun. Es konnte endlich wieder eine bürgerliche, freundliche Regierung vorgestellt werden. Lange hat es gedauert. Die Landtagswahlen hatten schon am 6. April stattgefunden. Und jetzt also erst, am 2. Juli, konnte Geheimrat Dr. Heinrich Held, langjähriger Fraktionsvorsitzender des Zentrums und nach dem Krieg der Bayerischen Volkspartei, sein Kabinett vorstellen. Und die Antrittsrede als Ministerpräsident halten. – Sein Nachfolger als BVP-Fraktionschef und zugleich sein Freund und vertrautester Ratgeber wurde der Eichstätter Dompropst Georg Wohlmuth.

Da hat man gleich wieder Vertrauen kriegen können in die weißblaue Politik. Jetzt ist es wieder aufwärts gegangen mit dem neuen Geld und mit der neuen Regierung. Schön ist es geworden, die goldenen zwanziger Jahre sind jetzt erst richtig angegangen. Und die Radikalen links und rechts hat man schnell vergessen. – Eine gute Zeit, die Ära Held! Fast wie die schöne Prinzregentenzeit. Ist doch der Herr Geheimrat Dr. Held selber ein überzeugter Monarchist. Er läßt sich's nur nicht anmerken vor der Opposition. Und da hat er ja auch recht. Ganz hinein brauchen die nicht schauen können in einen Menschen und Ministerpräsidenten.

Und doch war diese bayerische Opposition laut und stark. Von einer Zweidrittelmehrheit konnte keine Rede sein. Dr. Helds Partei, die christliche Bayerische Volkspartei, hatte bei den Wahlen im April nur 35,6 Prozent der abgegebenen Stimmen erhalten und 46 Mandate von insgesamt 129 Sitzen im Landtag. Die große Überraschung in diesen Wahlen nach dem Hitler-Putsch und dem Verbot der NSDAP war das gute Abschneiden des Völkischen Blockes gewesen, eine Tarngemeinschaft der Nationalsozialisten. Dieser Naziblock hatte 18 Mandate bekommen. Und Adolf Hitler im Gefängnis in Landsberg sollte ja ohnehin bald wieder in Freiheit gesetzt werden. Die Sozialdemokraten hatten auch schlecht abgeschnitten, und sie hatten um fast die

Hälfte Stimmen eingebüßt. Obwohl sie sich jetzt »Vereinigte Sozialdemokratische Partei« genannt haben! – Nur 24 Sitze haben sie erobern können. Das waren keine 19 Prozent. – Ihre Führer hießen Auer und Timm, Roßhaupter, Segitz und Endres. Aber auch schon Dr. Wilhelm Högner, dritter Staatsanwalt in München, hat zur Vorstandschaft gehört.

Unter den Völkischen aber hört man schon etliche NSDAP-Namen heraus. Die Herren Drexler und Dörfler, Sesselmann, Dr. Glaser. Und den Erbendorfer Bergdirektor Adolf Wagner, den späteren Gauleiter Oberbayerns. Fraktionslos aber bleibt der Nürnberger Hauptlehrer Julius Streicher.

Ein schwieriges Parlament. Geheimrat Held mußte mit nur 36 Prozent regieren, und er hat gut regiert, wenigstens die ersten Jahre – bis zur Weltwirtschaftskrise. Aber für diese ist ein damaliger bayerischer Ministerpräsident nicht verantwortlich zu machen. – Seine Koalitionspartner waren nicht die Sozialdemokraten gewesen. Angesichts der kommenden nationalsozialistischen Umtriebe muß man heute sagen, sie waren es leider nicht. Held koalierte, den immer noch vorhandenen reaktionären Utopisten seiner Partei gehorchend, obschon er selber nicht zu ihnen gehörte, mit den später mit Hitler paktierenden Deutschnationalen. Aber auch mit dem redlichen Bauernbund.

Es hat so kommen müssen, wie es gekommen ist. Noch eine Kuriosität von dem bayerischen Parlament von anno 1924 bis 29 muß erzählt werden: Damals, in der Ära Held, in den guten zwanziger Jahren, hat es in unserem Landtag auch noch eine kommunistische Fraktion gegeben. Und gar nicht eine so kleine. Acht rote Abgeordnete saßen im weiß-blauen Landtag: fünf Schlosser, ein Hilfsarbeiter, ein Industrieverbandsangestellter aus Ludwigshafen und ein Studienprofessor a. D. aus München. Zwei Schlosser waren Münchner, einer ein Nürnberger, und einer kam aus Speyer.

Da muß man sich wundern, daß damals im bayerischen Landtag acht Kommunisten waren, wo doch die Leut noch jeden Sonntag in die Kirche gegangen sind, nach der Statistik über achtzig Prozent beider Konfessionen. Heute sind es nur noch 20 Prozent Kirchgänger. Aber dafür sind keine Kommunisten mehr im Landtag.

Der neue Ökonomierat

Was hat der Mensch, wenn es ihm noch so gutgeht, er aber kein Ansehen hat? Wenn es nicht heißt: »Ja, dein Vater, das war ein angesehener Mann gewesen im ganzen Bezirksamt!« – Es gibt so ein natürliches Ansehen. Ohne Vermögen und ohne Position und auch ohne Titulatur. Aber unter hundert einer hat es nicht. Darum wollen die einen reich werden, die anderen hoch hinaus, und die dritten brauchen zu ihrem Renommee eine Titulatur. Und die hat man in der Republik nicht mehr verliehen bekommen. Man konnte in den zwanziger Jahren nicht mehr Kommerzienrat werden und nicht mehr Sanitätsrat, nicht mehr Hoflieferant und vor allem nicht mehr Ökonomierat. – Und doch waren die Bauern und christlichen Bauernführer die Hauptstütze der Regierungsparteien, sowohl der Bayerischen Volkspartei als auch des Bauernbundes. Und ohne die brave Landbevölkerung hätte der Herr Ministerpräsident Geheimrat Dr. Held nicht regieren können. Die Anträge, die an die Regierung Held herangetragen wurden, doch ja bald den Ökonomieratstitel wieder zu stiften, waren schon 1924 ziemlich massiv. – Wenn man in der Weimarer Verfassung schon keinen eigenen bayerischen Staatspräsidenten bekommen habe und keine zweite Kammer, weil es dazu eine verfassungsändernde Zweidrittelmehrheit gebraucht hätte – und die hat man ja leider nicht gehabt –, dann wolle man wenigstens den Ökonomieratstitel an verdiente Landwirte und an agrarische Funktionäre des christlichen Bauernvereins verleihen dürfen, kraft der dem Freistaate verbliebenen Restsouveränität in der Weimarer Republik.

Früher hat den Ökonomieratstitel der König verliehen. Von seiner Hofkanzlei aus. Und hineinreden hat er sich nicht lassen. Die Herren Minister haben nur ein Vorschlagsrecht gehabt. Und manchmal haben sie Kandidaten vorgeschlagen, gleichzeitig wieder als unwürdig kritisiert. Da schreiben sie beispielsweise an die Hofkanzlei: »Der Bauer Johann Mitterdinger hat zwar sechsmal hintereinander den besten Stier gehabt im Regierungsbezirk Niederbayern, aber im Wirtshaus, schreibt der Herr Pfarrer, schimpft er gegen den Herrn Innenminister, und auch gegen den kranken König Otto hat er schon einmal etwas Böses gesagt.« – Natürlich hat der Kabinettssekretär den Kandidaten nicht einmal vorgelegt. Der Mann hat vielleicht den bayerischen Zivilverdienstorden dritter Klasse bekommen.

Das Ministerium Held griff den Vorschlag auf, und das Kabinett stiftete also 1925 wieder den bayerischen Ehrentitel eines Ökonomierates. Der ganze Bauernstaat war glücklich. Und die nächsten Wahlen würden auf dem Lande traditionsbewußt ganz gewiß wieder zugunsten der Bayerischen Volkspartei ausfallen. Und die bösen Nationalsozialisten würden keine Chance haben. – Die Hitler-Partei machte jetzt ohnehin eine innere Krise mit. SA und Reichskriegsflagge, Bund Oberland und Abgeordnete des Völkischen Blockes im Parlament hatten Schwierigkeiten mit ihrem schon im November 1924 wieder entlassenen Führer. Ausweisen durfte man ihn auch nicht. Dagegen war der eigene Justizminister Gürtner. Und die Österreicher haben ihm sowieso die Staatsbürgerschaft aberkannt. Hitler war nun staatenlos geworden. Die Volkspartei und Held glaubten, den Mann vergessen zu können. Als bayerischer Katholik hat man vor den Kommunisten ohnehin mehr Angst gehabt als vor diesem Hitler. Ministerpräsident Held aber konnte die Bürger Bayerns beruhigen. Er hatte andere Themen: ein Konkordat mit dem Papst und den Ökonomieratstitel.

Also das darf man auch nicht sagen. Der Herr Geheimrat Held war ein Ehrenmann, und es ist bessergegangen in den zwanziger Jahren. Bald wäre er ja für den Hindenburg Reichspräsident geworden anno 1925. Beim zweiten Wahlgang haben die Bayern aber dann doch auf die Kandidatur des eigenen Ministerpräsidenten verzichtet. Dadurch ist der Hindenburg durchgegangen. Und der bayerische Regierungschef hat auch außenpolitische Reden gehalten im bayerischen Parlament. Das hat dann wieder den Stresemann in Berlin geärgert. – Eine Gaudi war beispielsweise die Südtiroler Rede Helds im Februar 1926. Da hat er den Mussolini arg beschimpft, weil er die Bajuwaren Südtirols italienisiert mit seinem Faschismus. Das hat eine Wirkung gehabt! An der Wirkung dieser Südtirolrede hat man es ja deutlich sehen können: wenn unser bayerischer Ministerpräsident in München einmal laut hustet, dann zittern sie sogar noch in Rom. Der Mussolini hat scharf geantwortet, haben alle Zeitungen geschrieben, und er hat sogar in Berlin seinen Botschafter protestieren lassen, und der Stresemann hat wieder Scherereien gehabt. – Ein bayerischer Sozi hat damals gesagt: »Was hat denn unser Herr Ministerpräsident nur für ein Mitleid mit den Bajuwaren in Südtirol? Gut, das sind auch Bajuwaren wie wir, und sie dürfen in Italien wohnen. Wir sind auch Bajuwaren, und wir müssen in Deutschland wohnen!«

Die Debatten waren in den zwanziger Jahren noch manchmal heiter. Aber das Ende des Parlamentarismus stand schon vor der Tür: der

Nationalsozialismus. – Wie harmlos lesen sich da die Verfügungen über die Verleihung des Ökonomieratstitels! Und Vorschlagsrecht haben jetzt nicht mehr nur die Bezirke. Auch die Kreise und die Parteien und die Standesvertretungen. Und manch tüchtiger Funktionär hat sich gewiß den Titel bereits selbst verliehen. Wirkliche Bauern haben ihn weniger bekommen als noch in der Prinzregentenzeit.

Es war halt zu schön, wenn man gehört hat: »Guten Morgen, Herr Ökonomierat. Soll ich heute die Weißwürste beim Unterbräu holen?«

Der Wittelsbacher Ausgleichsfonds

Einen Ausgleich müssen wir machen, ein Ausgleich schafft Frieden! So haben die Politiker früher gesagt, wenn eine schwierige Situation jahrzehntelang gemeistert und ertragen werden hat müssen. »Ein Ausgleich wär' halt recht!« Denn das Wort Kompromiß war noch nicht so geläufig. Vor allem in Österreich-Ungarn war der Ausgleich fast schon ein bißchen ein metaphysischer Begriff geworden: der Ausgleich mit den Ungarn und der Ausgleich mit den Kroaten, der nie zustande gekommen ist. Die Großösterreicher haben sich wieder ganz anders ausgleichen wollen usw. Aber auch in der bayerischen Geschichte kennen wir das Wort: wir haben den Wittelsbacher Ausgleichsfonds. Das berühmte Gentleman-Agreement vom 9. März 1923, das »Gesetz über die vermögensrechtliche Auseinandersetzung des Bayerischen Staates mit dem vormaligen Bayerischen Königshaus«. Und dieses Gesetz hat zwei Stiftungen hervorgebracht: den »Wittelsbacher Ausgleichsfonds« zur Unterhaltung der Familie Wittelsbach und die »Wittelsbacher Landesstiftung«, die dem Volke die Besichtigung der Pinakotheken, Glyptothek und anderer Kunstsammlungen gestatten soll. Im Landtag von 1923 mit 92 zu 26 Stimmen angenommen.

Was ist das für ein Landtag gewesen damals in Bayern? – Die bürgerlichen Parteien waren alle ganz begeistert für die Diktatur von Staatskommissar Kahr. Und die Minister waren auch alle noch königstreu, besonders der Ministerpräsident Knilling. Und die Freikorps haben regiert, und das ganze Land war direkt königstreu. Und man hat gemeint, übermorgen rufen wir die Monarchie wieder aus.

Die 26 Sozialdemokraten und Unabhängigen und die acht Kommunisten haben gegen den Ausgleichsfonds gestimmt. Die wollten eine

Republik bleiben und haben die Gewährung einer Zivilliste oder Privatschatulle für die abgesetzten Wittelsbacher einen hanebüchenen Unsinn und Anachronismus genannt. Und einen Ausgleich bräuchte es überhaupt nicht mit der Dynastie Wittelsbach, haben sie gemeint. Indem sie gesund genug über die Revolution gekommen seien und ihre Privatschlösser und Villen sowieso behalten haben dürfen. Was müßte der Freistaat den Familienmitgliedern des ehemaligen Königshauses seiner Lebtag die Privatschatulle zahlen? Und nichts anderes wäre der Wittelsbacher Ausgleichsfonds als wie die Gewährung der Zivilliste des Königs durch das republikanische Parlament. Eine Kuriosität. Eine generöse bayerische Spezialität. Der Freistaat zahlt einen König, wie wenn er herrschen würde. Er herrscht aber nicht. So argumentierten die Sozi.

Die juristische Begründung der damaligen noch durch und durch königstreuen königlich-bayerischen Justizräte, Ministerialdirigenten, Minister und Präsidenten hört sich in der Tat kurios an. Ihre republikanisch getarnten Imponderabilien – aus Angst vor dem Deutschen Reich in Berlin – setzen nämlich auch nach stattgehabter Revolution von 1918, jetzt, im Jahre 1923, den Privatbesitz des Englischen Gartens in München, den Privatbesitz der Bayerischen Staatsgemäldesammlungen, der griechischen Vasensammlungen, der königlichen Schlösser zu Schleißheim, Nymphenburg, Linderhof, Neuschwanstein und Herrenchiemsee voraus. Die Rubensgemälde und der Englische Garten gehören also nach der Diktion der Herren um Knilling und des Diktators Kahr ganz persönlich und privat der Familie Wittelsbach. – Gerade darüber belustigten sich anno 1923 schon die sozialdemokratischen bayerischen Abgeordneten und auch etliche Bauernbündler. Eine ungute Begründung.

Die Mehrheit des Volkes war 1923 wieder königstreu. Viele glaubten den patriotischen Freikorpskämpfern. Dem Bund Oberland, der Organisation Escherich und natürlich auch den Nationalsozialisten, den Anhängern Adolf Hitlers, der mit dem Kronprinzen Ruprecht 1923 hätte anbandeln wollen. Überhaupt mit den Königstreuen. Weil, so hat Hitler 1923 noch geglaubt, daß man in Bayern ohne königstreue Gesinnung einfach keine Politik machen kann. – Schon Jahre später hat er gesagt: »Jetzt brauche ich ihn«, gemeint war der Kronprinz, »nicht mehr.«

Für die Überlassung also des Englischen Gartens und der Gemälde Peter Paul Rubens u. a. übergab der Freistaat Bayern der Familie der

315

Wittelsbacher ein Vermögen, das ungefähr jährlich soviel abzuwerfen hat, wie früher, zur Zeit des Königreiches, die königlich-bayerische Privatschatulle ausgemacht hat. Abzüglich der festen Kosten der Privatschatulle im Königreich, also abzüglich der Gehälter für die Lakaien und die Beamten der Krongutsverwaltung etc., auch der Aufseher in den Kunstsammlungen, abzüglich dieser Gehälter und fixen Ausgaben waren das ungefähr jährlich eineinhalb bis zwei Millionen. Der Staat übergab als Hauptkapital den Wittelsbachern 10 000 Hektar Wald und somit jährlich mindestens 40 000 Kubikmeter Holz. Ferner sechzig Millionen in bar und etlichen Hausbesitz in München. Zusätzlich noch andere Paraphernalien und Nutzrechte und Wohnrechte. Für Republikaner recht großzügig – drei Jahre nach der Revolution.

Der Freistaat Bayern leistet sich eine königliche Privatschatulle und ist gar kein Königreich! – Oder anders gesagt: Unsere Großväter haben den Wittelsbacher Ausgleichsfond aus historischer Dankbarkeit gestiftet – aus angeborener Königstreue. – Und daß uns die angestammte Königsfamilie in königlicher Würde erhalten bleiben möge bis wir eines Tages wieder eine Monarchie bekommen. Und es noch schöner wird. Denn auch künftige Genossen sollen die schönste Form einer Staatsrepräsentation genießen können.

Der kleine Apparat

Das Haus Bayern hat von Montgelas den hübschen Spitznamen bekommen, ein Haus der verpaßten Gelegenheiten zu sein. Das ist gewiß trefflich formuliert, aber dennoch für bayerische Verhältnisse nicht ehrenrührig. Denn mit den verpaßten Gelegenheiten sind auch viele Kriege verpaßt worden.

Nach der großen Blamage der deutschen Fürsten und martialischen Monarchisten, also nach der Revolution von 1918, hat Kronprinz Ruprecht den günstigen Augenblick wiederholt versäumt, verzögert, verzaudert, halt einfach verstreichen lassen. So vor allem den Tag der feierlichen Beisetzung des Königspaares im Münchner Liebfrauendom, den 5. November 1921. Ganz München hat damals die Thronbesteigung Ruprechts erwartet: Die Reichswehr in Bayern war angetreten, sämtliche Bischöfe des Landes waren versammelt. Der bayerische Ministerpräsident Graf Hugo von Lerchenfeld war mit dem gesamten königstreuen Kabinett des Freistaates in getreuer Bereitschaft anwesend, und unter dem ehemaligen Oberstzeremonienmeister, dem Grafen Moy, leitete der Herr Regierungspräsident Gustav von Kahr die Feierlichkeiten. Nur die Hauptperson hat sich nicht entschließen können. »Nicht heut, meine Herrn, nicht diese Trauerfeier zum Ausgangspunkt einer großen Aktion machen!« Und, so wird von Augenzeugen erzählt – und von offiziellen Berichterstattern doch auch wieder verschwiegen –, er hat den Dom durch die Sakristei verlassen.

Was soll man da sagen? Früher hat's geheißen: »Der König ist tot, es lebe der König!« – Die nächste Gelegenheit wäre dann schon der November 1923 gewesen. Und eigentlich hätte ja, behaupten einige Blutordensträger und auch die Erinnerungen des Stabschefs der SA, Röhm, eigentlich hätte ja der Hitler unter dem bayerischen König Ruprecht seinen Marsch von München nach Berlin antreten und den Kronprinzen in Berlin dann sogar zum deutschen Kaiser machen wollen. Aber dagegen wäre der Ludendorff gewesen, der unbedingt wieder einen Hohenzollern zum deutschen Kaiser hätte machen wollen. Und da hat natürlich unser Kronprinz nicht mögen, weil er ja den Ludendorff vom Weltkrieg her schon nicht ausstehen hat können.

Und dann war es langsam zu spät geworden. Der neue bayerische Ministerpräsident Held hat mit seinen Herrn an der Republik allmählich Gefallen gefunden. Ohne König war das Ministersein in Bayern gleich noch glanzvoller und bedeutsamer. Die konservativen Herrn regierten nun den von Kurt Eisner gemachten Freistaat Bayern ganz gern ohne König. Wenn sie auch äußerlich noch eine monarchistische Gesinnung zur rechten Zeit sich deutlich anmerken lassen konnten.

Der Wittelsbacher Ausgleichsfonds ging unter dem Staatskommissar Kahr innerhalb weniger Stunden mit 92 gegen 26 Stimmen durch den Landtag und wurde Gesetz. Kronprinz Ruprecht und seine Familie hatte nun mehr Geldmittel zur Verfügung, als vordem das regierende Königshaus an Zivilliste bekam. Er richtete sich im Leuchtenberg-Palais zu München einen »kleinen Apparat« ein – oder, wie man früher gesagt hätte, einen kleinen Hofstaat. Graf Pappenheim war Hofmarschall. Baron von Redwitz Adjutant, und auch Graf Soden-Frauenhofen gehörte zu diesem kleinen Apparat.

Die Rentenmark kam, und Adolf Hitler mußte für etliche Monate nach Landsberg ins Gefängnis. »Jetzt brauchte ich den Kronprinzen nicht mehr«, hat Hitler später gesagt.

Auch ohne Wittelsbacher Ausgleichsfonds ist unser Königshaus nicht arm gewesen. Als reinen Privatbesitz hat es gehabt: die Schlösser und großen Güter zu Leutstetten und Wildenwart, die Riesengüter Eiwanowitz in Mähren und Savar in Ungarn und noch etliche andere Häuser und Liegenschaften. Und der Ausgleichsfonds hat ihm auch noch das Wohnrecht gegeben in den Schlössern Hohenschwangau, Berchtesgaden, Nymphenburg, Edenkoben in der Pfalz und in der Würzburger Residenz sowie etliche Zimmer im Alten Schloß auf Herrenchiemsee. Gerade gegen diese Ehrenrechte an diesen Königsschlössern und Besitzungen des bayerischen Krongutes haben die Sozialdemokraten und Kommunisten im Landtag ihre Einwendungen vorgebracht. »Das Krongut ist Staatsbesitz, und dergleichen Ehrenrechte stehen einem Bürger nicht zu!« rief der Sprecher der Opposition aus; denn mit diesen Ehrenrechten würde – geschickt verteilt im ganzen Freistaat Bayern – immer wieder versucht, eine monarchistische Stimmung unter die Bevölkerung zu tragen.

Aber die monarchistische Stimmung ist in den folgenden Jahren immer schwächer geworden. Adolf Hitler begann seine Bewegung zu konsolidieren. Er wetterte gegen die gleichen Feinde, die auch die Monarchisten hatten, gegen die »Novemberverbrecher«, gegen Sozialisten, Anarchisten und Kommunisten. Von nicht wenigen konnte er als Monarchist verstanden werden. Und zugleich gelang es ihm, alle Konkurrenten innerhalb der Völkischen Vereine Bayerns – auch alle Neomonarchisten – an die Wand zu drücken. Der Kronprinz mied bald sein Lieblingsschloß Berchtesgaden, denn dort, auf dem Obersalzberg, hatte sich Hitler seinen Berghof gekauft.

Aber der Stabschef Ernst Röhm, der wiederholt einen Kniefall gemacht hat vor dem Kronprinzen Ruprecht, ist bis zur letzten Minute gesinnungsmäßig ein getreuer bayerischer Monarchist geblieben. Und auch die Herren vom Wittelsbacher Ausgleichsfonds haben über Röhm zur NSDAP einen guten Kontakt gehabt. Mein Vater selig, der ein einfacher Bauernbräu gewesen ist und ein ehemaliger königlichbayerischer Soldat im Regiment Kronprinz, der hat freilich immer gesagt: »Der Ruprecht mag nimmer. Er wäre ja auch dumm, wo er das Geld auch so kriegt und seine Ruhe hat.« –

Hitler in Landsberg

In der Geschichte eines jeden Volkes gibt es Vorkommnisse, über die man nicht gern spricht, z. B. über die goldenen zwanziger Jahre in Bayern, in München: das Emporkommen Adolf Hitlers. Und warum ausgerechnet in München? Das tut einem bayerischen Historiker weh, und am liebsten möchte man dieses Kapitel verschweigen.

Natürlich: Nicht darüber reden ist das beste! Auf daß man die Geschichte leichter vergißt. Wem ist denn damit schon geholfen, wenn man immer wieder erzählt, daß der Herr Hitler nach seinem Putsch von den Geschworenen des Sondergerichtes, das seinen Hochverratsprozeß verhandelt hat, daß er da nur unter der Bedingung zu fünf Jahren Gefängnis hat verurteilt werden dürfen, daß er nach sechs Monaten wieder frei wird. Und noch dazu hat die Staatsanwaltschaft schriftlich erklären müssen, daß der Österreicher nicht abgeschoben werden darf und im Gefängnis Landsberg eine schöne, große Zelle bekommt und alles lesen darf, ebenso trinken und essen, was ihm schmeckt, und soviel Besuch empfangen kann, wie er mag.

Er war der vornehmste Gefangene, den es in Bayern jemals gegeben hat. Und seine Zelle wurde übrigens während des Dritten Reiches zu einem vielbesuchten Museum, das der Reichskanzler 1934 höchstpersönlich noch einmal besucht hat. – Damals, 1924 nach seinem Prozeß, wurden die NSDAP und die SA verboten. Aber Hitler und seine noch in Freiheit befindlichen Helfer nannten die Partei jetzt »Völkischer Block in Bayern« und im Reich »Nationalsozialistische Deutsche Freiheitsbewegung«. Gregor Strasser, Röhm und Rosenberg, unterstützt von Ludendorff, beteiligten sich mit diesen angeblichen Neugründungen an den Landtagswahlen in Bayern und an den gleichzeitigen Reichstagswahlen. Und sie schnitten nicht schlecht ab. Im Jahre 1924 erhielten sie im Reichstag, unter diesen leicht gefälschten Namen also damals bereits 32 Sitze, und im bayerischen Landtag wurde der Völkische Block zur drittstärksten Partei mit 18 Sitzen gegenüber den Sozialdemokraten, die 24 Sitze hatten. Die Bayerische Volkspartei bekam freilich 46 Sitze und konnte die Regierung stellen. Unter Ministerpräsident Geheimrat Dr. Held, der einen nationalgesinnten Justizminister in seine Regierung aufgenommen hatte, den Regensburger Franz Gürtner. Und dieser Gürtner hat über die Nazis eine schirmende Hand gehalten, hat sogar die verbotene SA unter dem neuen Namen »Frontbann« weitermarschieren lassen. So daß also die Bewegung Hitlers auch im Jahre 1924 einen nicht unbedeutenden Fortschritt gemacht hat.

Doch haben sie überall nach ihrem Führer geschrien. Obwohl der Gregor Strasser die NS-Partei schön langsam in ganz Deutschland aufgerichtet hat und auch ohne Hitler große Erfolge hat machen können. Der Rosenberg und der Röhm, der Esser und der Weber und andere Genossen haben ganz treu zu Hitler gehalten. Der sowieso schon auf Strasser ein bißchen eifersüchtig geworden ist. Und dann nachher herumgeschrien hat, daß die Partei praktisch vernichtet ist und er ganz von vorne anfangen muß. – Am 20. Dezember 1924 ist er nach nur neunmonatiger Haft entlassen worden. Seine Getreuen haben ihn gleich mit dem Auto abgeholt. Und der Führer hat sogar den ersten Teil von seinem Buch »Mein Kampf« im Gefängnis geschrieben bzw. dem Rudolf Heß diktiert. Und redigiert hat das geschwollene Buch dann sogar vor dem Druck noch ein Miesbacher Pater. – Kaum daheim, hat sich Hitler mit der Bayerischen Volkspartei ausgesöhnt, ist vom Ministerpräsidenten Held empfangen worden, und die Partei und die SA sind wieder erlaubt worden. Weil Hitler eben gesagt hat: Der Putsch war ein Fehler, und jetzt kämpfe ich nur noch gegen die Kommunisten.

Schon im Februar 1925 durfte der Völkische Beobachter wieder erscheinen, und in großen Massenversammlungen strömten dem Führer immer mehr Neugierige zu. Er war bereits im Frühjahr 1925 wieder der alleinige Führer seiner Partei und konnte auch gegen Gregor Strasser sagen: »Mir stellt niemand Bedingungen, und ich allein trage die Verantwortung restlos und für alles.«

Also ist was dran an dem Ausspruch: »Hätten sie ihn nicht eingesperrt, wäre er möglicherweise vergessen worden!« – Aber reden wir nicht darüber, sonst vergessen wir ihn nie. – Und es ist doch so zuwider, daß er in München groß geworden ist. Und in Bayern. Jawohl, die erste Ortsgruppe der NSDAP außerhalb Münchens z. B. ist in Rosenheim aufgerichtet worden. – Vergessen wir's! Oder merken wir es uns wenigstens nur ganz schwach. Es gibt ja viel Schöneres in der bayerischen Geschichte.

Die Bayern haben nicht mehr viel zu reden

»Die Politik ist ein Lumpergspiel«, haben in den zwanziger Jahren schon gern die Leute gesagt. Was will denn dieses kleine Bayern allerweil so viel mitreden in der Welt? Hat das große deutsche Vaterland schon zu kämpfen genug! Aber nein, der bayerische Ministerpräsident Held will jetzt gar auch noch in der deutschen Außenpolitik mitreden! Und die andern meinten, daß es ohnehin eine Schande wäre, weil alles nun von Berlin aus geregelt würde und wir Bayern gar nichts mehr zu reden hätten.

Besonders nach dem Tod des ersten deutschen Reichspräsidenten Ebert – am 28. Februar 1925 – sind die Münchner wieder stärker aufgetreten. Und der bayerische Ministerpräsident Held hat in eigener Person sich als Kandidat seiner Bayerischen Volkspartei für das deutsche Reichspräsidentenamt in der Wahl am 29. März 1925 aufstellen lassen. Und unser weiß-blauer Ministerpräsident, noch mit dem Titel eines königlich-bayerischen Geheimrates ausgezeichnet, ist von sieben Mitbewerbern auf den sechsten Platz gekommen.

Jetzt hat man es gewußt, was Bayern im Deutschen Reich für einen Rang gehabt hat. Prälat Wohlmut aus Eichstädt, der Fraktionschef der Volkspartei, hat zum Herrn Geheimrat Ministerpräsident Held damals gesagt: »Als zweitgrößtes Bundesland an sechster Stelle, warum? Weil unser Parteifreund Dr. Georg Heim mit dem Zentrum in Berlin sich verfeindet hat und auch in der Reichsregierung auf die Deutschnationalen nicht verzichten möchte!« – So stritten sich selbst die christlichen Volksparteiler untereinander. »Hörn S' nur mit dem Zentrumsmann Reichskanzler Wilhelm Marx auf, der nimmt in Preußen jetzt sogar von den Sozialdemokraten Wahlhilfe an! Den dürfen wir doch nicht unterstützen!« – Aber nicht der Duisburger Braun, nicht Marx und nicht KPD-Chef Thälmann, nicht der Hellpach und nicht Held, der Herr Generalfeldmarschall des deutschen Kaisers, Paul von Hindenburg, ist am 26. April 1925 mit einfacher Mehrheit zum Reichspräsidenten gewählt worden.

Jetzt haben sich die alten Krieger wieder sehen lassen können. Und auch jene Kriegspolitiker, die noch 1917 und selbst noch 1918 jede Friedensbemühung zum Hochverrat erklärt haben und einer Annektierung Belgiens und Hollands und Polens das Wort redeten, die noch im September 1918 vom verschärften U-Boot-Krieg und von einem deutschen Siegesfrieden geschwärmt haben, die sich darüber schon in die Haare geraten sind, ob jetzt Bayern halb Lothringen und halb Belgien schlucken sollte oder ob das alles zu Preußen käme oder Reichsland des Kaisers würde! Alle jene Siegesfriedens-Wütigen konnten jetzt wieder Politik machen. Und das waren nicht nur die Nationalsozialisten. Das waren auch Parteifreunde Helds. Auch das darf vielleicht einmal ausgesprochen werden. Der großdeutschen vaterländischen Kräfte hat es in Bayern viele gegeben: Freikorpsleute und Monarchisten, christliche Volksparteiler und die 23 Abgeordneten des Deutschen Blockes. Sie alle haben ähnliche Ziele gehabt wie der »geniale« Gefreite des Teufels aus Braunau. »Deutschland, heiliges Deutschland, werde wieder stark und groß!« Hauptmann Röhm hat im Jahr 1924, da Adolf Hitler im Landsberger Gefängnis sein Buch »Mein Kampf« geschrieben hat, die verbotenen Kampfverbände der SA, der Reichskriegsflagge, des Bundes Oberland und noch andere nationalistische Freikorpsverbände zum »Frontbann« vereinigt. Adolf Hitler, am 20. Dezember 1924 wieder in Freiheit, wurde von Ministerpräsident Held noch in den Tagen nach Weihnachten in Audienz empfangen. Der junge Heißsporn würde nun sich in die demokratische Ordnung fügen und gewiß nicht mehr putschen, hieß es dazu in einer amtlichen Stellungnahme der bayerischen Regierungspartei.

Es war der bayerische Ministerpräsident Held selbst, der die deutsche Außenpolitik vom Herrn Stresemann scharf verurteilt hat. Fast mit den nämlichen Forderungen, die Hitler vorgebracht hat: »Weg mit den Locarno-Verträgen. Wir wollen Elsaß-Lothringen wieder und die Kolonien, der Schandvertrag von Versailles ist völkerrechtswidrig.« In Berlin aber hat auf Bayern niemand mehr gehört. Im Reichsrat hat Held die schon gebilligten Locarno-Verträge im November 1925 zu Fall bringen wollen. Es ist ihm nicht gelungen. Darauf hat er am 5. Februar 1926 eine geharnischte Rede gehalten, hat die italienische Unterdrückung von den Südtirolern scharf angeprangert. Mussolini hat in Berlin darüber protestieren lassen. Und dann sind die Parteien alle über den bayerischen Ministerpräsidenten hergefallen. Was geht einen Länderchef die deutsche Außenpolitik an? hieß es. Und alle anderen deutschen Länder haben das gleiche gesagt. Bayern war vor 60 Jahren ziemlich isoliert. »Reichskanzler verdammt die Extratouren des bayerischen Ministerpräsidenten«, haben die Schlagzeilen gelautet. Da hat unser Held gesagt: »Ich werde schon noch eine private Meinung haben dürfen.« – »Für einen bayerischen Ministerpräsidenten gibt es keine private Meinung«, antwortete der Reichskanzler. Es ist ähnlich gewesen wie heute.

Der Reißverschluß

Man muß mit der Zeit gehen – oder man geht mit Zeit Grabenbach zu. Einen Fortschritt muß es geben, wenn die Wirtschaft wachsen soll. Und einen Fortschritt gibt es nicht ohne Erfindungen, die der Mensch praktisch findet und gern kauft. Dann kommen die goldenen Jahre. Die zwanziger Jahre heißen die goldenen. Und nicht nur wegen der damals immer spürbarer werdenden Verbreitung des Automobils und der Motorräder waren die Jahre golden. In den bayerischen Fabriken zu München, Nürnberg und Augsburg hat man auch noch andere Neuheiten entwickelt. Die typischste Neuheit der goldenen zwanziger Jahre jedenfalls kam für Deutschland, für die Welt aus Nürnberg. Die dortigen Zipperwerke fertigten nämlich auf ganz neumodischen, in Amerika gebauten Maschinen, den Reißverschluß. Im Sommer 1925 wurde er bereits in Massen angeboten. Fliegende Händler demonstrierten ihn 1926 auf Tausenden von Plätzen und Jahrmarktständen. Die Hausierer, die Wanderhändler, trugen ihn in ihren Kraxen in die entlegensten Einödhöfe. Und er kam also für ganz Deutschland aus Bayern, aus Nürnberg. (Vielleicht hat sogar die Entscheidung Hitlers, die Reichsparteitage nach Nürnberg zu verlegen, nicht zuletzt dem wieder viel zitierten Nürnberger Erfinder- und Handelsgeist einiges mit zu »verdanken«.)

Aber die Nürnberger haben ja in den zwanziger Jahren nicht nur den Reißverschluß gebaut, sie haben auch 1927 den Farbstift »Stabilo« erfunden und noch andere Neuigkeiten. Freilich ist auch der dümmste Gauleiter, der Herausgeber des antisemitischen Wochenblattes »Der Stürmer«, ein Nürnberger, aber kein gebürtiger gewesen, ein Lehrer sogar. Zum Schämen grausig hat »Der Stürmer« die Juden beschimpft. Und das jahrelang in jeder Nummer, seit 1923 bereits. (Der Jude als Wucherer und als Mörder, als Zuhälter und Volksparasit.) Man kann sich das heute nicht mehr vorstellen, daß es in den goldenen zwanziger Jahren eine solche Zeitung gegeben hat. Mit abscheulichen farbigen Karikaturen! Die Juden als Mädchenhändler und Frauenschänder! Streichers Lehrerphantasie ist mindestens so minderwertig dreckig gewesen wie die Grausamkeit eines Konzentrationslagerkommandanten. Es ist nicht zuviel gesagt, wenn man eines Tages behauptet, daß er Hitlers Antisemitismus erst richtig zum Aufflackern gebracht hat!

1925 – inmitten der goldenen zwanziger Jahre –, als der Reißverschluß allmählich die kleinen Knöpfe zu verdrängen anfing, hat Hitler dem Gauleiter von Nürnberg sogar gestattet, sich »Frankenführer« nennen zu dürfen. Ein weiterer Ehrentitel Nürnbergs hieß: »Sporthochburg Deutschlands.« Und der 1. FCN konnte sich schon in den zwanziger Jahren, also schon vor der Machtergreifung Hitlers, zur führenden Fußballmannschaft Deutschlands aufschwingen. Der 400. Todestag Albrecht Dürers – im Jahre 1928 – ist ein gesamtdeutsches nationales Künstlerfest geworden. Und im Germanischen Nationalmuseum konnte man zum erstenmal das Gesamtwerk Dürers bewundern.

Was kann Nürnberg dafür, daß es einen Julius Streicher gehabt hat? Und daß es – die alte schöne Stadt – zur Stadt der Reichsparteitage werden hat müssen? Und später, noch viel schlimmer, die »Nürnberger Gesetze zur Entrechtung der Juden« in Nürnberg sind erlassen worden? Und was kann Nürnberg dafür, daß im Luitpoldhain das riesige Reichsparteitagsgelände eingebaut worden ist? Und daß anno 1945, wie die Engländer ganz Nürnberg zusammenbombardiert haben, ausgerechnet die Bauten auf dem Reichsparteitagsgelände überlebt haben? – Das alte Nürnberg aber, das 600 Jahre geschaffen, wurde 1945 an einem Tag zerstört (am 2. Januar 1945).

Von Haus aus stammt ja der Hitlersche Antisemitismus von den österreichischen Christsozialen und Alldeutschen her. Von Karl Lueger und G. v. Schönerer. Und die waren mehr nur theoretische Antisemiten gewesen, freilich auch gefährlich. Und ist der Julius Streicher – was man gar nicht glauben möchte – ein Lehrer gewesen. (Wie übrigens noch 20 Gauleiter Hitlers auch Lehrer gewesen sind, von 37.) Immer die Lehrer!

Und doch hat die goldenen zwanziger Jahre nicht der Antisemitismus geprägt, sondern die entzückenden Nürnberger Neuheiten, der farbige Malstift und der Reißverschluß. – Weg mit den langweiligen Knöpfen, gnädige Frau, ziehen Sie einfach an, und schon fallen die Röcke! Tempo, Tempo, die moderne Frau trägt ja den Reißverschluß!

Ich kann mich noch erinnern, daß es Stadtpfarrerprediger gegeben hat, die gegen den Reißverschluß schwer gepredigt haben. Er sei sittenverderbend unkeusch! Indem das Sündigen mit ihm noch schneller ging! Obwohl der Reißverschluß in den ersten Jahren auch seine Tücken gehabt hat! Eine Neuheit war's doch. Und ein Geschäft dazu. Und umweltfreundlich. – Die Welt vor 60 Jahren!

Die Legalität

»Was nicht gesetzmäßig ist, kann leicht gerichtsmäßig werden«, sagten bei uns früher einmal gern die erfahrenen Prozeßhanseln. – Den Spruch hat sich auch der Hitler gemerkt, als er 1925 in München wieder von vorne angefangen hat.

Er würde sich künftighin »legal« verhalten, hat er dem bayerischen Ministerpräsidenten Held bei einer Audienz am 4. Januar in die Hand hinein versprochen. Und der Vorsitzende der streng katholischen Bayerischen Volkspartei hat es ihm geglaubt. »Die Bestie ist gezähmt«, hat Ministerpräsident Held damals gesagt, »jetzt kann man die Fesseln lockern.«

Im Februar 1925 hat Hitler seine Partei wiedergegründet. Natürlich in der Stadt München und in einem großen Bierkeller, im Bürgerbräukeller. Das war für ihn bereits ein historischer Ort der Bewegung. Weil er ja in der Nacht vom 8. auf den 9. November 1923 im gleichen Keller seine Revolution, seinen Marsch nach Berlin schon einmal angefangen hat. – Das ist schon traurig, daß ausgerechnet in der schönen Münchner Stadt die Nazis ihren Anfang genommen haben. Die ersten SA-Bataillone, die ersten Hitlerjugendverbände, alles ist von München ausgegangen. Nur die erste Ortsgruppe der NSDAP wurde in Rosenheim gegründet. Gleich darauf sind dann Dachau und Freising gekommen, Erding und Fürstenfeldbruck usw. Und alles legal. Mit Gewalt wollte Hitler nicht mehr an die Macht kommen. Das hat er immer wieder, hundert- und tausendmal gesagt: nur legal, im Rahmen der Gesetze der Demokratie, über die Wahlen. »Zum Ärger der katholischen und marxistischen Abgeordneten werden wir im Bürgerbräukeller schon wieder ausgerufen.« Und »wenn es auch länger dauert, die jetzigen Machthaber zu überstimmen, als sie zu erschießen«, hat er geplärrt, »so wird uns schließlich ihre eigene Verfassung den Erfolg garantieren. Denn jeder legale Vorgang ist ja unendlich langsam und langweilig. Aber früher oder später werden wir die Mehrheit haben – und damit Deutschland!« – Das waren politische Sätze aus der Welt vor 60 Jahren.

Aber solche Reden haben den damaligen bayerischen Justizminister Gürtner nicht bekümmert. Hitler sagte ja auch: »Deutschland hat nur zwei Feinde: den Marxismus und das Judentum.« Und das waren schon zwei! Aber wie er dann auf einmal noch dazu sagt: »Unter Umständen meint man unter einem einzigen Feind auch mehrere. Und entweder geht der Feind über unsere Leichen oder wir über seine«, erst da haben ihn dann die bayerischen Polizeibehörden nicht mehr reden lassen. Im Gründungsjahr der Minerva hatte Adolf Hitler Redeverbot. Zweijähriges Redeverbot für Hitler in ganz Bayern – bis zum Mai 1927 also hat er jetzt außerhalb Bayerns reden müssen, im übrigen Deutschland. Aber da haben sie ihn bald nicht mehr reden lassen. In Preußen schon ab Januar 1926 nicht mehr.

Jetzt sind aber für Hitler zwei Niederbayern eingesprungen, die auch gut reden haben können: die beiden Brüder Strasser, der Herr Apotheker Gregor Strasser und sein Bruder Otto. Der Gregor hat in Landshut eine Apotheke gehabt und war Reichstagsabgeordneter des Völkischen Blocks, der bereits ganz mit den Nazis sympathisiert hat. Dadurch hat den Gregor Strasser die Bahnfahrt nichts gekostet, und er hat in ganz Deutschland, besonders im Rheinland und in Berlin, die NS-Partei organisieren können. Er hat überall Gauleiter eingesetzt, und darunter tauchen schon die Namen späterer Nazigrößen auf: Robert Ley in Köln, Bernhard Rust, der spätere NS-Kultusminister, und auch der Erich Koch, der Reichskommissar.

Gregor Strasser gibt auch zwei Zeitungen heraus: die »Berliner Arbeiterzeitung« und – für die Funktionäre der Partei – die »Nationalsozialistischen Briefe«. Der Redakteur dieser NS-Briefe ist der junge Sekretär Gregor Strassers, der frisch promovierte Rheinländer Dr. Josef Goebbels.

Und der Hitler darf nicht reden. Er kann nur Artikel schreiben für den »Völkischen Beobachter«, was seine Münchner Haupt-Nazizeitung ist und bleibt. Sonst hört man nicht mehr viel von Herrn Hitler in den Jahren 1926/27 und 28. Er sitzt meistens droben auf dem Obersalzberg, wo er sich schon im Sommer 1925 von einem Hamburger Kaufmann eine Gebirgsvilla gekauft hat, das »Haus Wachenfeld«. Die Parteikasse hat ihm dafür das Geld gegeben. Neuntausend Mark. Und ist die Parteikasse noch finanziert worden nur vom Mitgliederbeitrag. Monatlich eine Mark. Davon ist nur ein Zehnerl in die oberste Parteikasse gekommen. Parteispenden hat er damals freilich auch schon gekriegt, aber noch nicht von der Großindustrie. Für seine Leitartikel in der Parteipresse hat er auch was eingenommen. Und er hat in Bayern auch bereits seine Gauleiter hauptberuflich anstellen können. Was der Gregor Strasser in Norddeutschland nicht getan hat.

Aber wie die Legalität wirklich ausgesehen hat, davon bekommt man bei der Lektüre der Zeitungsberichte über die Versammlungen einigen Eindruck. Wie oft wurden die Redner des Zentrums, der Bayerischen Volkspartei, der SPD und der Kommunisten gestört! Wie oft ist es zu Saalschlachten gekommen, wie oft dann sogar zu Straßenschlachten. Und bald gab es die SA-Verbände in Divisionsstärke! In den kleinsten Bauerngemeinden hat es erschreckende Übergriffe von SA-Männern gegeben. Und sie würden eines Tages abrechnen, wenn sie an die Macht kämen, das sagten sie in jedem Wirtshaus und schrieben es in jeder Bauernzeitung. »Die Stunde desjenigen biederen Bürgers unseres Dorfes, der am letzten Sonntag in der Volksparteiversammlung beim Unterwirt mit seinem Zwischenruf unseren Sturmbannführer schwer beleidigt hat, wird bald geschlagen haben!«

Das hat man in der Zeitung lesen können, auch in unserem Wochenblatt. Noch hat es niemand geglaubt. Aber bald hat fast jeder Gauleiter sein Konzentrationslager gehabt. Und viele Stunden haben geschlagen. Auch in Ober- und Niederbayern, in Unter- und Oberfranken! In Schlesien und Ostpreußen. – Man möchte es heute nicht mehr hören. Darum spielen wir auch jetzt nicht den Badenweiler-Marsch, sondern einen anderen, einen schönen bayerischen, aber nach dem sind damals auch die SA-Männer marschiert.

Gott sei Dank war die Welt vor 60 Jahren nicht nur braun und national, sondern auch international. Sie war technisch und wurde immer technischer.

Weltwirtschaftskrise in Bayern

Auch bei uns ziehen nicht immer nur fette Jahre übers Land. Das ist schon eine biblische Weisheit: Auf die sieben fetten folgen die sieben mageren. Kaum ist es nach der Inflation von 1923 wieder bergauf gegangen, bekamen auch die Bayern im Jahre 1930 auf 31 die Weltwirtschaftskrise schön langsam zu spüren. 1929 noch war ein Rekordjahr des bayerischen Bierkonsums gewesen. Aber anno 1932 verzapften die Brauer nur noch die Hälfte ihres Ausstoßes. Diese Bierabstinenz war damals für eine wirtschaftliche Depression ein stärkerer Beweis, als heute der Aktienindex es ist.

Täuschen Sie sich nicht: Aktien haben damals, in den zwanziger Jahren, auch schon viele kleine Geschäftsleute gekauft gehabt. Aber die waren jetzt meistens fast wertlos geworden. Einige Aktiengesellschaften haben sich völlig aufgelöst. Die besten Pfandbriefe und Kommunalobligationen sind um die Hälfte, ja schließlich um zwei Drittel gefallen. Kein Geschäft ist mehr gegangen! Und das Geld ist so knapp geworden, daß man überall wieder mit Pfennigen gerechnet hat. Wer Schulden gehabt hat, sogar eingetragene Hypotheken, dem haben die Banken kündigen können. Und sein Anwesen ist versteigert worden. – Ganze Bauernhöfe hat es jetzt um zehn- und zwanzigtausend Mark zu kaufen gegeben!

Die feineren Geschäfte und die teuren Hotels haben zusperren müssen. Der Fremdenverkehr ist ganz zum Erliegen gekommen in Bayern. Obwohl Anfang der zwanziger Jahre viele Amerikaner von den bayerischen Seen und Bergen geschwärmt haben. – Schon 1930 sind die Amerikaner bei den Oberammergauer Festspielen fast ganz ausgeblieben. Viele kleine Privatbankiers haben ihre Geschäfte geschlossen. Große haben fusioniert. Selbst auf dem Wohnungsmarkt in München und Nürnberg konnten die besseren Wohnungen nur noch schwer vermietet werden. Nach den Notverordnungen des Reichspräsidenten konnte jedermann zu teure Mieten kündigen. – Aber auch viele Sozialwohnungen sind leer gestanden.

Die Leute sind wieder zusammengezogen. Wer voriges Jahr geheiratet und eine Wohnung gemietet hat, ist wieder zurück zu den Eltern. Oder zur Großmutter in Haidhausen. – Die Bettler sind immer mehr geworden, die kleinen Hausierer über Land und die ausgesteuerten Arbeitslosen, die nur noch von der Sozialfürsorge hätten leben sollen. Die Arbeitslosen sind sogar noch gut daran gewesen, wenn sie ihre Arbeitslosenunterstützung bekommen haben. Es hat ärmere Leute gegeben. Viele freiberufliche, aber jetzt total verkrachte Existenzen, die nicht einmal haben stempeln gehen dürfen!

Wer jetzt Geld gehabt hätte! Dem wäre es gutgegangen. Der hätte alles kaufen können. Nicht nur Häuser und Hotels, Nachtlokale und Bauernhöfe. Er hätte alles haben können im Land. Und schon gleich gar in München und Nürnberg etc. Um 50 Pfennig den höchsten Schweinsbraten!

Am schlimmsten waren die Künstler dran. Private Theater wurden geschlossen. Sogar so stolze Häuser wie das Café Luitpold sind unter den Hammer gekommen. Oder das Café Stadt Wien. Manch stolze Kurhäuser und Sanatorien waren für etliche zigtausend zu haben.

Und es hat doch einige Geldleute auch jetzt noch gegeben. Und andere sind gerade jetzt in der Weltwirtschaftskrise zu vermögenden

Leuten geworden. Aber schon ganz wenige. Einige Bankiers vielleicht, die gewisse Häuser, auf denen sie die erste Hypothek hatten, einsteigern haben müssen. – Aber auch lumpige Spekulationen waren möglich, z. B. das Geschäft der Schuldentilgung. Laut Notverordnung konnten bei der Schuldentilgung die wertlosen Pfandbriefe zum vollen Nennwert verwendet werden. Man konnte also hier Schulden machen und um die Hälfte des geborgten Geldes dann Obligationen kaufen und mit diesen dann die gesamte Schuld zurückzahlen. Aber wer hat das schon getan? – Parteikassen sollen auf diese Weise aufgebessert worden sein.

Und dann ist es wirtschaftlich langsam wieder bergauf gegangen. Aber schon sehr langsam. Vom Heulager in den Bauernstadeln über die Autobahnbaubaracken und die Arbeitsdienstbaracken zu den Kasernen, auf die Schlachtfelder Europas. Und noch mal eine Inflation und wieder ein Wirtschaftswunder! Wirtschaftlich machte man was mit als Deutscher! Auch in Bayern. Und der Spruch: »Boarisch könn ma nia verderbn, boarisch wolln ma lebn und sterbn!« stimmt nicht einmal mehr für unsere Bauern. Weil's nicht gewiß ist, ob es mit der Weltwirtschaft nicht einmal wieder stark bergab geht.

Das Braune Haus

In unserer bayerischen Geschichte hat es schon manch dunklen Tupfer mit verzeihender historischer Zuneigung zu erzählen gegeben; aber über das Braune Haus in München kann man wirklich nur mit dem Tone der Entrüstung sprechen.

Im Mai 1930 hat die NSDAP ein Bürohaus erworben. Die Zahl ihrer Mitglieder ist so sehr angewachsen, daß in den gemieteten Räumen in der Schellingstraße nicht einmal mehr die Kartei Platz gehabt hätte. Von über 600 000 Mitgliedern konnte der Schatzmeister der Partei einen kleinen monatlichen Beitrag kassieren. Darum hat Hitler beschlossen, in eine repräsentative Gegend zu ziehen; denn in dem schmalen dreistöckigen Wohnhaus in der Schellingstraße war für den berühmten Parteiführer das Residieren unzumutbar geworden. – In die repräsentativste Gegend Münchens wollte er ziehen, in die Nähe des Königsplatzes, in ein altes Adelspalais der Briennerstraße.

Und genannt haben sie dann das alte Palais das »Braune Haus«, die

Zentrale der Partei. – Das war ein Spektakel! – SA-Paraden, Hitlerjugendverbände, NSKK auf Motorrädern, Tausende von Parteigenossen aus ganz Deutschland, alles ist am Braunen Haus vorbeimarschiert. Und der Hitler hat im ersten Stock sein Büro gehabt. – Das Braune Haus, das ist bald berühmter gewesen wie die königlich-bayerische Residenz. So waren die Leute begeistert. Und die Münchner Stadt haben sie geheißen: »Die Hauptstadt der Bewegung.«

Hitler selber hat das Gebäude umgebaut, als sein eigener Architekt. Besondere Sorgfalt hat er dem Saal des Senates der Partei gewidmet. Der ganze Saal war getäfelt. Auch die Fenster waren in die Holzverkleidung einbezogen. Und wie die prunkvollen Chorstühle einer Abtei standen zu beiden Seiten die schweren Stühle der Senatoren. Alle in braunem Saffianleder gepolstert. Dieser Senatorensaal ist allerdings nie benutzt worden. Denn es gab keinen Senat der Partei. Erst nach Hitlers Tod sollte ein solcher eingerichtet werden. Parteiräte in einem obersten Gremium hätten womöglich durch Abstimmen der Eigenwilligkeit Hitlers gefährlich werden können. – Nach einer Grippe, die ihm während der Bauzeit des Braunen Hauses die Idee eines zu schaffenden obersten Parteisenates eingegeben hatte, ließ er die Idee wieder liegen. Aber nun war der Senatorensaal ja schon mit großem Aufwand ausgestattet worden.

Anschauen hat man den Saal können. Indem daß jeder Parteigenosse ins Braune Haus hineingehen hat dürfen. Und sogar in der Kantine im Keller hat essen können.

Man kann sich die Berühmtheit von dem alten Palais in der Briennerstraße 45 heute gar nicht mehr vorstellen. Von dem Braunen Haus in München aus haben die Nazis ganz Deutschland erobert. Und weite Reisen haben Hitlerverehrer gemacht, damit sie einmal am Braunen Haus haben vorbeigehen können. Familien aus Berlin und Sachsen, aus Ostpreußen und dem Rheinland – von überall her sind sie gekommen. Und natürlich haben die Herren Parteigrößen und Gauleiter in ihrer Zentrale jeden Tag ihre Besprechungen abgehalten und ihre Befehle direkt vom Braunen Haus in München aus empfangen. Bis zur Machtübernahme anno 1933 – darf man sagen – ist für die Nazibewegung das Braune Haus in München wichtiger gewesen als die Reichshauptstadt Berlin.

Hier wurden auch die parteiinternen Auseinandersetzungen mit den Gebrüdern Strasser ausgetragen. Besonders zunächst mit dem mehr auf den Sozialismus achtenden Otto Strasser, der Hitler wiederholt –

und auch öffentlich – scharf angegriffen hat, z. B. mit diesen Worten: »Sie haben den Sozialismus im Interesse der Legalität der Partei und Ihrer Zusammenarbeit mit den bürgerlichen Rechtsparteien in unserer Partei erdrosselt!« Hitler soll darauf geantwortet haben: »Ich bin sehr wohl Sozialist, aber von anderem Schlage. Ich war selbst einfacher Arbeiter und könnte niemals dulden, daß mein Chauffeur anders ißt als ich. Aber was Sie unter Sozialismus verstehen ist krasser Marxismus. Die Masse der Arbeiter verlangt nichts als Brot und Spiele. Sie hat kein Verständnis für irgendwelche Ideale ...«
Der Hitler! – »Der Hitler wär schon recht«, haben damals viele Leute noch gesagt, »aber die Hitler!«
Und sie haben sich auch getäuscht.
Heute müßten wir uns eher schämen, daß unsere Münchner Stadt einmal die Hauptstadt der Bewegung gewesen ist. Und noch mehr, daß wir ein Braunes Haus gehabt haben. – Braun ist keine Farbe für ein Münchner Haus.

Die Dietramszeller Notverordnung

»Noch braucht keiner jammern, es ist uns schon schlechter gegangen«, sagt tröstend ein historischer Kopf, der die Jahrzehnte, ja die Jahrhunderte überblickt. – Was sind schon zwei Millionen Arbeitslose? – In unserer Jugendzeit, in der Weltwirtschaftskrise von 1931 und 32 haben wir sechs und sieben Millionen Erwerbslose erlebt. Millionen davon waren ausgesteuert und lebten von der Fürsorge. Das war eine Krise.

Auch in Bayern haben die Bettelleut zugenommen, die obdachlosen Familien, die von Bauernhof zu Bauernhof gezogen sind. Und froh waren um eine warme Suppe, um ein Stück Brot und um ein Nachtlager im Stall. Natürlich waren keine Beamten unter diesen Arbeitslosen, denn die Herren Beamten werden ja niemals arbeitslos. – Im Gegenteil! – Damals regierten die Reichskanzler und Ministerialbürokraten in Berlin mit den Notverordnungen des greisen Herrn Reichspräsidenten Paul von Hindenburg. Und dieser greise Feldmarschall und Ersatzkaiser von Berlin verbrachte seinen Sommerurlaub auch gerne in Oberbayern, und zwar in der Tölzer Gegend, im ehemaligen Augustinerchorherrnstift zu Dietramszell. Am 24. August 1931 unterschrieb er dort die vom Reichskanzler Brüning geforderte Notverordnung zur Reichsfinanzreform zwecks Ankurbelung der Wirtschaft und Aufrechterhaltung der Sozialpolitik. Diese Notverordnung hat der bayerischen Staatsregierung durchaus nicht gefallen. Und es kam zu den größten Auseinandersetzungen zwischen dem Reich und Bayern in der Weimarer Zeit. Fast alle bayerischen Zeitungen wetterten damals gegen diese »Dietramszeller Notverordnung zur Ankurbelung der Wirtschaft und Aufrechterhaltung der Sozialpolitik«. Es ist alles schon einmal dagewesen! Aber damals hat sich der bayerische Ministerpräsident Held die Dietramszeller Notverordnung überhaupt nicht gefallen lassen. Er hat in Berlin ganz scharf protestiert, hat eine Denkschrift überreichen lassen »Gegen die Präponderanz Preußens und gegen die Aushöhlung der Finanzgerechtsamkeit des Landes Bayern«. Und auch gegen eine geplante Erhöhung der Biersteuer. Weil unsere Biersteuer das Deutsche Reich schon gar nichts anging! Usw. Und weil das Memorandum nichts genützt hat, hat der bayerische Ministerpräsident in Berlin sogar mit der Aufkündigung der Koalition gedroht. Wortwörtlich war er für eine Scheidung zwischen der Bayerischen Volkspartei und dem preußischen Zentrum. Und wenn sie die Dietramszeller Notverordnung nicht revidieren würden, würde Bayern den Reichspostminister zurücktreten lassen. In die Landessteuern darf einfach das Reich nicht dreinreden! – Der damalige BVP-Vorsitzende Fritz Schäffer hat sogar die Berliner Ministerialbürokraten als Halbdiktatoren beschimpft, die nichts anderes versuchen würden, als über die Reichsfinanzreform eine offene Diktatur zu errichten. Nichts lassen wir uns gefallen! Und wenn die Koalition draufgeht!

Trotz der starken Worte ist nichts geschehen. Die Ministerialbürokraten konnten sich immer wieder einigen. Und schließlich wurden sogar die Gehälter der Beamten ein wenig gekürzt. Nachdem sie vorher – 1930 – noch angehoben worden sind.

Ja, die Beamten werden nicht arbeitslos. Und eher kommen hundert Bauernhöfe auf d' Gant, bevor einmal ein Ministerialrat arbeitslos würde.

Die Jahre 31 und 32 sind vergangen mit nichts anderem als mit den Streitigkeiten über die Präponderanz Preußens im Reich und über die Reichsfinanzreform zur Ankurbelung der Wirtschaft und Aufrechterhaltung der Sozialpolitik. Und einen Wahlkampf um den anderen hat man führen müssen. Mit immer den gleichen Parolen und gegen die zunehmende Radikalisierung von rechts und links.

Am 10. April 1932 ist der alte Hindenburg wieder zum Reichspräsi-

denten gewählt worden. Aber nur weil die BVP in Gottes Namen auch den Hindenburg ihren bayerischen Wählern empfohlen hat. Nur darum. Sonst wäre es damals schon der Hitler geworden! – Sogar der Reichskanzler Brüning in eigener Person hat in Bayern etliche Wahlreden gehalten. Und der Herr Reichspräsident hat sich gar einmal in Altötting sehen lassen. Mit seinem Feldmarschallstab ist er dagestanden. Und eine Bäuerin hat zu der anderen gesagt: »Das ist er: der mit der Kerze in der Hand, den müssen wir wählen!«
Und gleich nach der Wahl haben sich die Beziehungen zwischen Bayern und Reich wieder verschlechtert. Wegen einer weiteren Dietramszeller Notverordnung vom 16. Juli 1932 gegen politische Ausschreitungen. Welche ein Uniformverbot teilweise wieder aufhob. Diese Notverordnung hätte es nicht gebraucht, sagte die bayerische Regierung, denn Bayern hätte ja schon im Juli 1931 – also ein gutes Jahr früher – wesentlich strengere Verbote erlassen: nämlich ein Uniformverbot, ein Versammlungsverbot unter freiem Himmel, ein Aufmarschverbot und ein Propagandafahrtenverbot. – Es nützte aller Protest nichts. Der neue Reichskanzler Papen hob mit einer neuen Notverordnung das Uniformverbot wieder auf. Auch das der Länder. – Über diesen Kompetenzstreitigkeiten zwischen Reich und Ländern ist es, trotz vieler einlenkender Konferenzen der Ministerialbürokraten, zu keiner fruchtbaren Zusammenarbeit der Reichs- und Länderregierungen mehr gekommen.
Und dann ist ja schon der Hitler gekommen, und die Herren Ministerialräte haben ihre Parteiabzeichen angesteckt und haben gehorsam die Befehle ausgeführt, die wenigen, die ihnen die NSDAP noch ausführen hat lassen! – Hören wir auf mit der Geschichte! Kein Mensch mag daraus was lernen. Man kann daraus nichts lernen. Höchstens das eine: Bub, werd ein Beamter, weil ein Beamter wird niemals arbeitslos! Eine solche Notverordnung kennt die Geschichte nicht.

Wes Brot ich ess', des Lied ich sing' oder Das Parteiabzeichen

In der Geschichte eines Volkes, auch in der des bayerischen Stammes, kann man viel verzeihen, aber die Charakterlosigkeit wird immer wieder als eine historische Selbstverständlichkeit hingenommen. »Wes

Brot ich ess', des Lied ich sing', natürlich gehe ich zur Partei, mit Adolf Hitler kann man was werden...« Im Jahre 1922 sind allein fünfzigtausend Münchner Mitglieder der NSDAP geworden. 1930 waren es in ganz Deutschland schon über 700 000!
Das »Zu-einer-Partei-gehören-Wollen« hat es bei uns vor dem Ersten Weltkrieg noch kaum gegeben. Wer war schon ein Zentrumsmann? Wer ein eingeschriebenes SPD-Mitglied? – Nach der Revolution sind die Parteien wie die Pilze aus dem Boden geschossen. Den Strebern hat es nun nicht mehr genügt, eine Partei gelegentlich zu wählen, sie wollten Mitglieder einer Partei sein. Ja, sie wollten diese Mitgliedschaft täglich jedermann vorzeigen, indem sie sich ein Parteiabzeichen an das Revers ihrer Joppe geheftet haben: das rot umrandete schwarze Hakenkreuz auf weißem Grund. Die starken Nazis besaßen gleich vier oder fünf solcher Parteiabzeichen. Eines heftete am Sakko des Sonntagsanzugs, eines an der Werktagsabendjoppe, ein drittes war an die Werksbluse geheftet. Und an der SA-Uniform ist natürlich auch eines gesteckt. Im Winter brauchte man noch zusätzlich eines für das Mantelrevers. In den Sportgeschäften hat es genug zu kaufen gegeben. Sie waren billig und kosteten nur eine Mark und fünfzig Pfennige, später dann zwei Mark. Manche Münchner Sportgeschäfte sind damals durch den Verkauf von Nazi-Emblemen groß geworden.

Es ist ja nicht anders gegangen. Die Arbeitslosigkeit, die Kommunisten und die ganze deutsche Melancholie wegen des Versailler Vertrages, das hat viele Leute dem Hitler in die Hände getrieben. Gewiß, ein paar Idealisten und Dumme hat es auch gegeben. Aber die meisten Parteigenossen waren Leute, die in ihrem Beruf nichts erreicht haben und die nichts getaugt haben. Die Taugenichtse waren die mehreren, sagt im Jahre 1931 im Braunen Haus sogar der Organisationsleiter der Partei, der Landshuter Apotheker Gregor Strasser. Und weil nach dem Führerprinzip der Führer die Gauleiter ernennt, der Gauleiter dann seine Kreisleiter und der Kreisleiter die Ortsgruppenleiter, zuletzt dann der Ortsgruppenleiter die Blockwarte, darum hat die ganze Parteiführung ein gleiches Gesicht. – Mag ein Gauleiter die Lehrer nicht, ernennt er Kreisleiter, die auch die Lehrer nicht mögen. Und hat einer einen Haß auf die Juristen, werden die Kreisleiter lauter kernige Rechtsleute, die auch die studierten Federfuchser nicht leiden können.

Wes Brot ich ess', des Lied ich sing'. Natürlich!

Die Demokratie aber fordert Masse. Die Zahl gibt den Ausschlag. Das hatte Hitler erkannt, und deshalb betrieb er die aufwendigste

Massenwerbung, die sich denken läßt: »Werbung des Volkes für das Volk«, wie er es genannt hat. »Und da will ich alle nehmen«, führt er vor Strasser und Wagner um 1931 bei einer Besprechung im Braunen Haus aus: »Alle will ich nehmen, die sich für Deutschland zur Verfügung stellen. Wenn ich dabei manche finde, die gestrandet sind, was soll's? Sie sind wahrscheinlich mehr als andere bereit und entschlossen, sich eine neue Zukunft aufzubauen, ihr neues Leben mit einem neuen Inhalt zu erfüllen, und sie sind häufig die besseren Kämpfer, die rückhaltloseren Verfechter meiner Gedanken, die fanatischeren Bannerträger unseres Glaubens. – Natürlich bilden die SA-Führer eine Ausnahme. Sie sind meist Offiziere und beziehen ihre Pension, und niemand kann ihnen diese Pension nehmen. Haben sie gegen Ende des Monats nichts mehr, liegen sie krumm, bis sie am Ersten wieder ihr Geld bekommen. Sie haben zu dienen und zu gehorchen gelernt, früher dem Kaiser, jetzt dem Führer des Volkes. Sie wissen, daß sie dem Volke am besten dienen, wenn sie mit unserer Bewegung marschieren...« Prophetische Worte eines grausamen Diktators.

Er hat das damals schon erkannt, daß kein vernünftiger Mensch die Zeit hat, daß er sich jeden Tag stundenlang einer Partei zur Verfügung stellen kann. Daß keiner seinen guten Beruf aufgeben will, um ein hauptberuflicher Parteibonze zu werden. – Das hat der Herr Hitler damals schon erkannt, wie es angefangen hat mit der Massenpartei. Da hat er recht gehabt: Wer mag denn schon – außer ein verkrachter Student oder Handwerksmeister – mit 25 und 30 Jahren Bezirks- bzw. Kreisleiter der Partei werden? Nur ein Pleitenmensch mag so etwas werden. Und damals schon sind verkrachte Existenzen die ersten SS-Führer geworden. Und die späteren Konzentrationslagerkommandanten haben die gleichen Biographien: Die Meisterprüfung nicht bestanden, Konkurs gemacht, zur SS gegangen, Scharführer geworden, Sturmführer, stellvertretender Kommandant von Dachau, 1938 beauftragt vom Reichsführer SS mit dem Aufbau des Konzentrationslagers Flossenbürg.

Das ist nur ein Weg, wie ihn Hunderte der ersten Parteigenossen gegangen sind. – Bekannte Maler haben damals teuere Porträts geschaffen, auf denen das Parteiabzeichen so hell herausgeleuchtet hat wie das deutsche Auge des porträtierten Professors.

Schön war's, wenn im Biergarten einmal etliche rauschige Parteigenossen beieinandergesessen sind und einer hat dem anderen auf seinen Hakenkreuz-Platschari an der Joppe hingetappt und sie haben sich hinterfotzig angegrinst: Ich bin gar nicht dabei, Freund, aber ich hab' mir heut beim Münzinger das Zeichen gekauft, bevor ich in die Regierung gegangen bin. Und jetzt hab' ich den Auftrag. Ich darf tausend Polizeihosen machen. Tausend Stück! Jetzt darf der Geselle bleiben und der Lehrbub auch! – So etwas, mein' ich, wäre wieder schön auch gewesen, wenn man's hinterher nicht so bereuen hätte müssen. – Nein, kein Parteiabzeichen brauchen wir mehr. Es reicht, wenn wir einmal so eine Partei wählen. Einmal die und einmal die andere. Wie es uns grad gefällt.

Die Gleichschaltung

In Bayern denkt man anders als in Preußen. Den Satz hat bereits 1933 der von Hitler ernannte Reichsstatthalter Ritter von Epp gesagt. Epp war noch ein angesehener königlich-bayerischer Militär gewesen, letzter Kommandeur des Leibregiments, in ganz Bayern populär und doch Reichstagsabgeordneter der NSDAP. Also ein ehrenwerter Nazi, der sich von der braunen Partei hatte anwerben und als konservative bayerische Prominenz hatte mißbrauchen lassen. Ihn ernannte Hitler – nach längerem Zögern – am 9. März 1933, also erst sechs Wochen nach der Machtübernahme, zum Reichsstatthalter in Bayern.

Was heißt da Zögern? Das hat er ganz raffiniert gemacht. Indem er die Reichstagswahlen am 5. März abgewartet hat. Vor den Wahlen haben die Nazis nämlich Angst gehabt in Bayern. Gerade in Bayern, wo die christliche Volkspartei und das Zentrum immer noch die meisten gewesen sind. – Natürlich ist der Wahlkampf im Februar 1933 in Bayern besonders aufwendig geführt worden, und die SA ist bereits durch jedes Bauerndorf marschiert, aber wählen würden die Bayern dennoch schwarz. Und wenn sie die Macht auch so übernommen hätten in Bayern, wenn sie den Ministerpräsidenten Held verhaftet hätten oder einfach davongejagt, dann wär's erst aufgangen im bayerischen Land. – Da mag ich heute noch wetten, daß es dann einen Krawall gegeben hätte, indem die bayerische Regierung und der Kronprinz dann sofort die Monarchie wieder ausgerufen hätten. Die Herren haben gerade gewartet auf so einen braunen Übergriff aus Berlin. Den ganzen Februar 1933 haben sie gewartet darauf. Aber der Hitler hat nichts unternommen und hat also tatsächlich in Bayern noch die Schwarzen regieren lassen – sechs Wochen lang. So etwas hat es nirgends gegeben im ganzen braunen Deutschland – nur in Bayern.

Aber die Reichstagswahlen vom 5. März sind infolge der braunen Propaganda und auch infolge des Terrors der SA und des Reichstagsbrandes auch in Bayern – welch eine Überraschung – zugunsten der NSDAP ausgegangen. Die christliche Volkspartei hat 5 Prozent verloren, die Hitlerpartei aber konnte 12 Prozent dazugewinnen. Vor allem durch die vielen mobilisierten Nichtwähler. Fast sechs Prozent bayerische Nichtwähler haben die SA-Männer in die Wahllokale gefahren. Und wahrscheinlich waren unter den herbeigebrachten Stimmen – aus Altersheimen und Krankenhäusern herbeigebrachten Stimmen – auch etliche eingeschmuggelte gewesen.

Wahrscheinlich, meinen Sie? Ja schon ganz gewiß. Sogar in manchen Bauerngemeinden sind Stimmzettel gefälscht worden bzw. zugunsten der Braunen falsch ausgezählt worden. Das weiß ich von mehreren alten Gemeinderäten und damaligen Wahlhelfern. Daß die drei, vier Naziwahlhelfer beim Auszählen hier und da eine BVP-Stimme haben zum Nazihaufen gelegt. – Darüber ist noch nie etwas geschrieben worden. Weil man es nicht mehr weiß und nicht mehr wissen will. – Heißt man so etwas auch Wahlmanipulation? Oder ist das bereits ein krimineller Betrug? – Aber gegangen ist damals allerhand. Indem die Wahlhelfer von der christlichen Volkspartei, biedere christliche Bauernmänner, gegen so drei uniformierte Naziwahlhelfer gar nicht angekommen sind. Und das Zusammenrechnen ist damals auch noch ein wenig langsamer und schwerer gegangen. Und in unserer Nachbarsgemeinde haben sie sich beim Zusammenrechnen von den Stimmen wirklich zerkriegt. »Wieviel sind das, sagst du? 39 und ein Drittel Prozent? Ja bei wem hast denn du das Rechnen gelernt? Im Bräuhaus, was? Das sind 43 Komma drei Prozent und damit basta. Das wird gemeldet, und du hältst dein Maul, du alter Betbruder, du hinterkünftiger!« – So und ärger ist es damals bei den Reichstagswahlen am 5. März 1933 in vielen bayerischen Wahllokalen zugegangen. Und darum hat die NSDAP auch in Bayern 43,1 Prozent zusammengebracht. Rechtmäßig niemals.

Und jetzt wurde von Berlin aus auch Bayern gleichgeschaltet. Der Ministerpräsident Held mußte zurücktreten mit allen seinen christlichen Volksparteiministern. Unter der honorigen Reichsstatthalterschaft des königlich-bayerischen Exgenerals Ritter von Epp wurden stramme Nationalsozialisten die neuen bayerischen Staatsminister.

Der Bürgermeister aus Lindau, Ludwig Siebert, wurde Finanzminister und Ministerpräsident, der Gauleiter von Oberbayern, Adolf Wagner, wurde Innenminister, Hans Frank Justizminister, der Oberpfälzer Lehrer Hanns Schemm bayerischer Kultusminister. Röhm, Esser und Luber wurden zu Staatskommissaren ernannt. – Aber die wirkliche Macht in Bayern hatten bald die Polizeidirektoren Himmler und Heydrich in der Hand.
Die Minister und Staatskommissare, die Stabschefs der SA und die Gauleiter haben sich oft gestritten. Und der Ritter von Epp hätte schlichten sollen. Aber das hat alles nichts genutzt. Regiert ist von Berlin aus worden. Und wer zum Hitler einen direkten Draht gehabt hat, der hat recht gekriegt. Auf die bayerische Extrawurst ist nicht mehr viel aufgepaßt worden. Indem – so ist es in solchen Meinungsverschiedenheiten immer gesagt worden – indem Gemeinnutz vor Eigennutz geht. – Ach was, sind wir froh, daß wir die Sprüche vergessen haben. Und solche Wahlmanipulationen wie damals gibt es im Zeitalter der Rechenmaschinen und Computer nicht mehr. Auch kaum in Bayern.

Die Hauptstadt der Bewegung

Manche Geschichten vergißt man gern. Und es macht einen fast nervös, wenn man wieder einmal mehr an die Blamage erinnert wird. – Aber die Jahre folgen aufeinander, und auch die Münchner Stadt kann die Nazizeit historisch nicht überspringen. So peinlich es heute klingt, München führte zwölf Jahre lang die NS-Titulatur »Hauptstadt der Bewegung«.
Das ist uns zuwider genug gewesen. Jedes Jahr am 9. November das Theater vor der Feldherrnhalle! Die Ehrentempel der gefallenen Parteikämpfer von 1923, wo man hat mit ausgestrecktem Arm grüßen müssen. Niemand hat auch am Ehrenmal in der Residenzstraße vorbei auf den Odeonsplatz hinausgehen dürfen, ohne daß er nicht seinen Arm in die Höhe gehoben hätte vor der an der Feldherrnhalle aufgemachten Erinnerungstafel. Und zwei SS-Posten sind davor gestanden. Da hat ein jeder gegrüßt. Viele auch noch auf der drüberen Seite, an der Residenz entlang. Wo man eigentlich hätte gar nicht mehr grüßen müssen. Und wieder andere haben dann aber auch die Bronzeknäufe von den Löwenschildern vor der Residenz angelangt.

Was wieder bedeutet hat, daß man ein alter Bayer war und eher ein Monarchist.

Nachdem der Münchner Gauleiter Wagner am 9. März den rechtmäßigen bayerischen Ministerpräsidenten Held aus seinem Amtssitz verdrängt und mit dem Reichsstatthalter Hitlers, mit dem General Ritter von Epp, in Bayern die Herrschaft übernommen hatte, flog noch am selbigen 9. März 1933 Hitler nach München, wo er stürmisch gefeiert wurde. Er kam als großer Sieger in die Stadt, in der er 1923 vor der Feldherrnhalle so energisch unterdrückt worden ist. Er triumphierte und war in selten euphorischer Stimmung. »München ist die Stadt der nationalsozialistischen Bewegung Deutschlands!« rief er aus. »Es ist die Stadt, die meinem Herzen am nächsten steht. Hier habe ich als junger Mann, als Soldat und Politiker die Anfänge meines Kampfdaseins, die Anfänge unserer Partei, die Anfänge der größten Bewegung, die es in Deutschland jemals gegeben hat, erlebt. Und die Stadt ist auch geweiht durch die Blutopfer vom 9. November 1923...«

Und unsere schöne Münchner Stadt hat die Titulatur gekriegt: Hauptstadt der Bewegung. Sogar auf den Poststempeln ist es gestanden. Auf jedem Brief. Viele Leute haben gar nicht mehr München gesagt, sondern gerade noch: die Hauptstadt der Bewegung. – Heute noch könnten wir uns schämen. – Aber damals waren schon viele auch recht begeistert gewesen. Und stundenlang haben die Leute auf Hitler gewartet. Und haben ihm zugejubelt. Und voll Fahnen ist die ganze Stadt gewesen. Die Gattin eines Reichsführers, die damals grad in einer Münchner Klinik entbunden hat, erzählt, daß sogar die Krankenschwestern, die katholische Nonnen waren, voll Begeisterung ihr erzählt haben, daß sie für Hitler gebetet hätten.

Hitler aber sagte zu seinem Münchner Reichsstatthalter und zu seinem Gauleiter: »Meine Herren, bilden Sie nun auch in München eine stabile, eine nationalsozialistische Regierung. Das ist entscheidend für die Reichspolitik, daß die Reichsgewalt nun endlich nicht mehr von bayerischen Sondertreibereien oder gar separatistischen Strömungen belastet oder gelähmt werden kann.« Damit hatte der Föderalismus ein Ende. Die Länderparlamente wurden aufgehoben. Die Länderregierungen durften jedoch bleiben – mit dem gesamten Beamtenapparat. So daß sich eigentlich doch nicht allzuviel geändert hätte, meinten damals viele Beamte. In jedes Büro muß halt ein Führerbild gehängt werden. Und dann muß man als Regierungsrat halt zur Partei gehen. Auch als Inspektor oder Sekretär wär' es nicht schlecht.

Aber die Hitlerbilder und die Parteiabzeichen haben die Beamten überhaupt nicht verändert. Die Verwaltung war die alte. Die meisten Herrn haben schon unter König Ludwig III. und unter dem Prinzregenten mitregiert und dann unter der Räterepublik anno 1919 und unter der Bayerischen Volkspartei auch. Und jetzt also von heut auf morgen unter dem Reichsstatthalter Ritter von Epp bzw. unter dem Gauleiter Wagner. Nur Juden sind entlassen worden. »Ja«, hat mir ein alter Oberinspektor gesagt, der erst 1951 in Pension gegangen ist, »ich hab' unter neun Herren gedient und immer als bayerischer Beamter. Aber 1933 sind wir noch mehr gewesen wie früher mit der bayerischen Extrawurst. Indem wir unseren Sitz in der Hauptstadt der Bewegung gehabt haben. – Da haben die Herren in den Reichsministerien in Berlin sogar wieder gelacht und haben gesagt: ›Ihr seid nicht umzubringen in München. Das ganze Deutsche Reich ist gleichgeschaltet, und ihr in der Hauptstadt der Bewegung dünkt euch wieder mal was Besonderes zu sein!‹«

Beständig im Wandel bleibt der Beamte. 1945 haben zwar viele vorübergehend ihren Dienst – ohne Pension – quittieren müssen, wegen Parteizugehörigkeit, aber schon 1948 taten sie wieder Dienst wie in der Weimarer Zeit. Und auch noch etliche wie in der königlichen Zeit. – Damals, als München Hauptstadt der Bewegung geworden ist, gingen die Hoheitsrechte Bayerns auf das Reich über. Aber die viel realere Verwaltung ist geblieben.

Darum gilt ja heute noch der deutsche Beamte als der beste Beamte der Welt! Weil er schon so viel mitgemacht hat. Und nicht zum Umbringen ist. Und die Münchner Stadt Gott sei Dank auch nicht. Heute sind wir die heimliche Hauptstadt oder die Weltstadt mit Herz. – Es würde reichen, wenn München München bleibt!

Ungeheuer bedrückend die Erinnerungen an den Erinnerungsmarsch vor die Feldherrnhalle in der Zeit, als München die Hauptstadt der Bewegung war: der dumpfe Trommelwirbel, die Hakenkreuzfahnen mit dem Trauerflor, die Pylonen und die gesamte Prominenz der Reichsführer und Parteigenossen neben Hitler auf den Odeonsplatz marschierend. – »Der Führer ehrt die Toten der Bewegung in der Hauptstadt der Bewegung.«

Nein, nicht mehr! Vergessen, vorbei! – München bleibt München.

Nicht hinschaun!

Natürlich sind bei uns auch Fehler gemacht worden, sagt man als bayerischer Geschichtsschreiber und schüttelt den Kopf. Gelegenheiten sind verpaßt worden, gewiß. Aber selbst die Niederlagen nehmen sich in der vielhundertjährigen Geschichte noch ansehnlich genug aus. – Die zwölfjährige Naziherrschaft Adolf Hitlers aber lastet schwer und dunkel auf der sonst so freundlichen weiß-blauen Vergangenheit.
Die vergessen wir. Da schauen wir nicht hin. Die Jahre gehören nicht dazu. Das war eine tyrannische Fremdherrschaft oder Sklaverei, und so etwas gehört in ein bayerisches Geschichtsbuch nicht hinein. – Freilich, München hat die Hauptstadt der Bewegung geheißen. – Und wenn der Hitler am Freitagnachmittag in Berlin in sein Führerflugzeug gestiegen ist, das nach München geflogen ist, dann »sind wir alle mitgeflogen«, hat mir eine Reichsministerswitwe erzählt. Da hat man's direkt gemerkt, daß die ganze braune Herrschaft, etliche Reichsminister und Reichsleiter, den freien Samstag/Sonntag am liebsten in München oder im bayerischen Gebirg verbracht hat. Ja, direkte Bayern gewesen sind. Der Hitler, der Göring, der Heß. Der Himmler, der Bormann, der Schwarz, auch der Herr von Schirach hat in München eine Wohnung gehabt und bei Kochel sein Landhaus. Die halbe Reichsregierung ist nach München mitgeflogen. Ja und das Braune Haus, der Hauptsitz der NSDAP, war ja sowieso in der Hauptstadt der Bewegung.
Das können wir alles nicht verleugnen. Das ist alles bitter für einen bayerischen Geschichtsschreiber. Aber wahr: Auch in der Brust vom Reichsführer SS Heinrich Himmler hat ein bayerisches Herz geschlagen. Sein Vater war sogar ein bayerischer Prinzenerzieher gewesen. Und sein Großvater war der Münchner Gendarmeriekommissär Konrad Himmler. Und das erste Konzentrationslager hat er in Dachau eingerichtet. – Das ist alles bitter genug, aber verleugnen läßt es sich nicht.
Es wird auch nicht geleugnet. Es sind zahlreiche Bücher veröffentlicht worden, in denen der braune Terror in München und Bayern erschütternd ausführlich beschrieben wird. Die beiden großen in Bayern errichteten Konzentrationslager, jenes zu Dachau und jenes noch unheimlichere zu Flossenbürg in der Oberpfalz, sind bittere und mahnende Gedenkstätten. Jeder Bayer sollte diese Museen des Grauens einmal in seinem Leben besuchen. Die Ergriffenheit hält wochenlang

an, und trotz der vielen tausend Steuerprüfer, trotz der ungeheueren Bürokratie, trotz der von Jahr zu Jahr zunehmenden höheren Verwaltungsbeamtenschaft atmet man auf und ist froh und dankbar, in einem freien Rechtsstaat leben zu dürfen.

Die vielen Richter und Scharfrichter in der Nazizeit haben sich damals auch im Recht geglaubt: und haben einen auf die Guillotine geschickt, nur weil man einmal einen gesuchten Jesuitenpater über Nacht behalten hat. Oder öfters einen ausländischen Radiosender gehört hat. Die Herren Richter und Scharfrichter damals haben sich alle im Recht geglaubt: »Im Namen des Führers mit dem Tode bestraft.« Das hat es tausendmal geheißen im Münchner Justizpalast. Von den zigtausend, die in Flossenbürg verhungert und erfroren sind, nicht zu reden. Indem der dortige Lagerkommandant Geyer eine Hinrichtungsmethode erfunden hat, wo man gar nichts hat tun brauchen. »Durch natürlichen Abgang«, wie er dem Himmler seine Patentlösung genannt hat, werden in Flossenbürg die Häftlinge weniger. Und er hat den Kranken weder Zudecken gegeben noch etwas zum Trinken und auch nichts zum Essen. Im Winter hat er von den Krankenbaracken auch noch die Fenster abmontiert. »Da geht es dann bedeutend schneller«, schreibt er dem Reichsführer SS. – Solche Dokumente kann man alle studieren in der Informationsbaracke zu Flossenbürg, 25 Kilometer hinter Weiden in der Oberpfalz. Auch der eigenhändige Lebenslauf des Kommandanten Geyer, der ein Schreinermeister aus Füssen war, ist dort zu lesen. Er fängt recht bayerisch und romantisch an: »Ich, der Füssener Schreinersohn, hab' als Hüterbub auf den grünen Matten auf den Allgäuer Bergen das Vieh gehütet ...«

In einem bekannten bayerischen Skigebiet steht heute noch das Erholungsheim des SD-SS-Sicherheitsdienstes, in dem der Reichsführer etliche Male die KZ-Kommandanten zu kurzen Tagungen eingeladen hatte. Und einmal habe er dort bzw. in dem benachbarten Hotel mit ihnen und ihren Damen sogar eine rührend schöne Weihnachtsfeier gestaltet, auf der auch der Kiem Pauli gesungen haben soll. Denn Himmler hat bei seinen Julfeiern gern die altbayerischen Weihnachtslieder singen lassen. Er hat sie nur germanisch-julhaft erklärt. Und kurz vorher wurde von den neuesten Verbrennungsöfen gesprochen.

Von solchem Krampf wollen wir heute nichts mehr hören. Die Metzger haben geschlachtet, die Bäcker haben gebacken, die Maler haben gemalt, und die Sänger haben gesungen. Da kann man niemand einen Vorwurf machen. Und gegen den Reichsführer SS Heinrich

Himmler hätte sich keiner verleugnen können. Nicht einmal der Andachtsjodler. »Da ist er oft gesessen, der Herr Reichsführer SS – indem ja seine Sekretärin bei uns gewohnt hat, weil er sie in der Valepp hinten aus Schicklichkeit oft nicht hat über Nacht bleiben lassen können, also da ist er gesessen, der Himmler, genau an dem Tisch«, erzählt mir der alte Hotelier, »und hat am Ende der Feier, wie es ein wenig lustiger geworden ist, sogar selber ein paar Schnaderhüpfl gesungen!«

Nach der Machtübernahme, anno 1933, war Heinrich Himmler zunächst Polizeipräsident von München, dann auch höchster Beamter der Polizei in Bayern und natürlich auch der Reichsführer der SS. Gegen Ende des Jahres zählte diese Elitetruppe bereits 8000 Mann. Himmler hätte seine SS-Männer am liebsten alle persönlich ausgesucht. Sie mußten mindestens 1,72 m groß sein und ein entschlossenes, gut arisches Gesicht haben. Besonders die politischen Sonderkommandos wurden ausgewählt zusammengestellt, die »SS-Leibstandarte Adolf Hitler« und die SS-Wachmannschaften der Konzentrationslager, die »Totenkopfstandarte«.

In den Baracken der ehemaligen Pulverfabrik bei Dachau ist am 22. März 1933 – anfangs unter einer Hundertschaft der bayerischen Landpolizei – das KZ Dachau aufgemacht worden. Sie haben gleich mit 4125 Häftlingen angefangen, indem die bayerischen Zuchthäuser alle zu klein gewesen sind damals. Der Kommandant hat Eicke geheißen, und alle künftigen Lagerführer haben bei ihm in Dachau das Geschäft lernen müssen. Auch sind alle sechs SS-Totenkopf-Verbände, die es ab Dezember 1933 gegeben hat im ganzen Reich, ihm, dem Kommandanten von Dachau, unterstanden.

Die ersten vier Jahre sind etwas über 27 000 Häftlinge durch Dachau gegangen, von denen 25 000 bis zum Jahr 1938 sogar wieder entlassen worden sind. So daß man sagen kann, in den ersten Jahren sind in Dachau kaum 1500 Häftlinge ermordet worden. Ab 1938/39 sind diese Zahlen des Terrors erheblich größer geworden. Man konnte also aus dem KZ Dachau – nach erfolgter Umschulung – auch wieder entlassen werden.

Wenn man Glück gehabt hat, freilich. Ich habe persönlich einen gekannt, der 1936/37 ein Jahr lang in Dachau gewesen ist. Wir wollten immer wissen, wie es ihm dort gegangen sei. Er hat aber kein Wort erzählt. Ja, haben die Leute gesagt, wenn einmal einer in Dachau gewesen ist, erzählt er nichts. Sonst käme er gleich wieder hinein.

Wie es der Zufall will, lernte ich vor drei oder vier Jahren einmal eine alte, angesehene Wirtin kennen und komm' mit ihr ins Reden. »Ja«, sagt sie, »vor dem Krieg hab' ich in Dachau die und die Wirtschaft gepachtet gehabt.« – »Ja«, frag' ich, »haben Sie denn da gar nie etwas gemerkt, wie es im KZ zugegangen ist?« – »Gedacht haben wir es uns freilich. Und weil die junge Frau vom Kommandanten bei uns logiert hat, weil die Dienstwohnung im Lager noch nicht fertig war, bin ich mit dem Herrn ein bisserl spezieller geworden. Wie sie also ins neue Heim eingezogen ist, hat mich die junge Frau einmal zum Kaffee eingeladen. Daß ich ihre schöne Wohnung halt bewundern sollt. Ein Auto holt mich ab und fährt mich zum Lager. Vor der Schranke aber kommen etliche SS-Männer her und kleben auf die Autofenster schwarze Blenden drauf, daß ich nichts mehr hab' sehen können. Auch die Vorhänge zum Chauffeur vor sind zugezogen worden. Und daß ich nicht ganz im Finstern gesessen bin, hat ein zugestiegener SS-Offizier das Licht angemacht. Nach einer Weile hat das Auto gehalten, und die junge Frau hat mir strahlend die Tür aufgemacht. Sie war ganz gut eingerichtet, und der Kaffee war auch nicht schlecht. Nach einer Stunde bin ich grad so abgedunkelt wieder bis zur Schranke zurückgefahren worden. Und dann ohne Blenden wieder heim in mein Wirtshaus (Ziegler-Bräu). Gesehen hab' ich nichts. Geredet ist auch nichts worden. Eher hab' ich Angst gehabt.«

Weil wir Bayern halt deutsch werden haben müssen. Darum ist uns die grausige Nazizeit nicht erspart geblieben. Darum haben wir solche Typen hervorgebracht wie den Himmler und den Röhm und den Streicher. Ja, ja, der Gauleiter von Franken mit seinem Stürmer war sogar ein bayerischer Schullehrer. Vergessen darf man sie nicht, die Lumpen. Aber verzagen brauchen wir auch nicht. Weil unser Bayernland es überlebt hat. Das Preußenreich nämlich hat es nicht überstanden. – Aber werden wir nicht zu hochmütig deswegen! Bleiben wir brav bayerisch, verlieren wir nicht wieder unser Augenmaß! Weil aufs bayerische Augenmaß, auf das kommt's an!

»Der Röhm-Putsch«

Zwischen 1918 und 1934, also in nur 16 Jahren, hat die Münchner Stadt sieben revolutionäre Ereignisse erlebt. Im November 1918 die Revolution Eisners gegen die bayerische Monarchie, 1919 dann gleich

Eisners Ermordung, die Ausrufung zweier Räterepubliken hintereinander und die erste kommunistische Regierung Deutschlands. Im Mai dann die Niederschlagung dieser roten Herrschaft durch den Einmarsch der Weißen Garden. Dann die ungeheuere Geldentwertung und 1923 den Hitler-Putsch. 1933 dessen Machtergreifung und am 30. Juni 1934 den »Röhm-Putsch«. Ernst Röhm, der Stabschef der SA, wurde am 1. Juli gegen 17 Uhr in seiner Zelle im Gefängnis zu Stadelheim erschossen, obwohl er der größte Freund Adolf Hitlers gewesen war. So hart hat noch keinen Parteifreund das Schicksal getroffen! Der Stabschef der SA, Ernst Julius Röhm, war ein gebürtiger Münchner. Sein Vater war sogar königlich-bayerischer Eisenbahnoberinspektor gewesen. Und das war bei der königlich bayerischen Eisenbahn ein sehr hoher Dienstgrad, weil es ja insgesamt in Bayern damals – 1887, im Geburtsjahr Röhms – nur 42 Inspektoren gegeben hat bei der Bahn. Nach dem Gymnasium und nach der Kriegsschule ist er 1908 bereits Leutnant geworden und ist 1914 als Kompaniechef an die Westfront gekommen. Öfters ist er verwundet worden, und wegen Tapferkeit hat er die höchsten bayerischen Auszeichnungen gehabt. Nach dem Krieg war er Freikorpsführer beim Freikorps General von Epp. Er ist mit dem als Hauptmann 1921 in die Reichswehr übernommen worden. – Ein schneidiger Offizier, ein etwas lauter Kamerad, freundlich dazu, er hat gern gelacht und von Haus aus immer schon ein merkwürdig lächelndes Gesicht gehabt, weil seine Nase operiert war und auch in seinen durchgeschossenen Wangen noch etliche Narben zu sehen waren. – Ein wanderndes Kriegerdenkmal, haben die Zeitungen über ihn geschrieben.

Als Hauptmann der Reichswehr war er der Beauftragte zur Betreuung der außerhalb der Reichswehr in München, ja in Bayern existierenden völkischen Wehrverbände. Das waren Freikorpseinheiten, die nicht in die Reichswehr übernommen werden konnten. Auch kleine Privatarmeen, wie jene des Apothekers Gregor Strasser aus Landshut, gehörten zu diesen bestens ausgerüsteten wilden Wehrsportverbänden. Zu seinen Untergebenen in der Reichswehr gehörte auch der Gefreite Adolf Hitler, der seinerseits wieder einen Sonderauftrag hatte, nämlich die Aufgabe, neugegründete nationale Arbeiterparteien aufzuspüren, zu überwachen und nach Möglichkeit dieselben auszubauen, zu koordinieren und zu vergrößern. Und weil Hitler das so erfolgreich gekonnt und aus einem kleinen Arbeiterzirkel, der DAP, mit seiner rednerischen Begabung eine immer größer werdende NSDAP in die

Höhe gebracht hatte, hat ihm sein Hauptmann Ernst Röhm das Du angeboten und Hitler auch mit dem Generalfeldmarschall von Ludendorff bekannt gemacht. Auch mit Schriftstellern, mit Industriellen, mit den einflußreichsten Kreisen der Münchner Gesellschaft.

Wenn man das so betrachtet, dann muß man sagen, der Hitler hat dem Röhm sehr viel, wenn nicht alles verdankt, seine ganze Karriere. Der Röhm hat von seinen ausgesuchtesten Freikorpskämpfern bei den Hitler-Reden die kommunistischen Zwischenrufer aus dem Saal rausschmeißen lassen, der Röhm hat ihm einen Leibwächter besorgt, der Röhm hat ihm das erste Auto zur Verfügung gestellt, der Röhm hat seine rauflustigsten Freikorpsburschen überredet, daß sie für Hitler eine Art Privatarmee aufbauen sollten, die spätere SA. Und der Hauptmann Röhm hat ihn auch zum Putsch im November 1923 überredet und hat mit seinem SA-Zug das bayerische Kriegsministerium besetzt und gehalten. – Die Fahne bei dem Unternehmen Kriegsministerium hat ein gewisser Fahnenjunker Heinrich Himmler getragen, der über Landshut, über Gregor Strasser, als Münchner Student zum Hauptmann Röhm gekommen ist. Weihenstephaner Studenten haben damals – wie man auf alten Fotos deutlich erkennen kann – auf Freisinger Bierautos als SA-Männer Münchner Stadträte als Geiseln verhaftet. Damals haben sie noch allesamt fleißig zusammengehalten, die völkischen Verbände, die ehemaligen Freikorpskämpfer. Aber nach dem Putsch, wie der Hitler immer größer geworden ist und der alleinige Führer der Bewegung war, haben sich die ältesten Gönner der SA und Partei von Hitlers neuen Freunden Göring und Dr. Goebbels ein bißchen brüskiert gefühlt. Ernst Röhm schied aus und ist als Militärberater nach Bolivien gegangen.

»Wär' ich nur in Bolivien geblieben!« soll er in der Gefängniszelle in Stadelheim kurz vor seiner Erschießung am 1. Juli 1934 ausgerufen haben. Aber nachdem die SA in ganz Deutschland sich etabliert hatte, berief Hitler seinen ehemaligen Hauptmann, »aus diesem Haufen begeisterter junger deutscher Männer« eine nationale braune Massenbewegung zu schaffen. Und Röhm kam und organisierte als Stabschef der SA ein Riesenheer der Braunhemden von schließlich fast drei Millionen. – Auf den Straßen Deutschlands dröhnten die braunen Stiefel im Gleichschritt. SA-Musikkapellen spielten die schneidigsten Militärmärsche, die Sturmbataillone lieferten den kommunistischen Wehrverbänden die wildesten Straßenschlachten. Hitler kam an die Macht. Und Röhm wollte aus seiner SA das neue deutsche Heer aufbauen.

Gegen die Reichswehr, die ihn 1923 ja ausgestoßen hatte. Seine SA-Generäle, die Schneidhuber und Heines, gehörten zu den gefürchtetsten alten Haudegen der SA. Der Generalstab der Reichswehr hatte Angst. Mit Papen und Hindenburg vermochten sie den Reichskanzler Hitler endlich auf ihre Seite zu ziehen. Hitler war entschlossen: Es darf nur ein deutsches Heer geben, die Reichswehr. Er hat die SA in Urlaub geschickt. Ernst Röhm ist mit etlichen SA-Führern nach Bad Wiessee und hat sich in der Pension Hanslbauer eingemietet. Der Führer hat ihm noch telegrafiert, daß er ihn besuchen wird, zwecks einer Aussprache. Das ist dann freilich so eine Aussprache geworden! Mit Herrn Dr. Goebbels und SS-Männern ist er um halb sieben in der Früh wütend dahergekommen, hat Röhms Zimmertüre aufreißen lassen und ihm wütend ins Gesicht geschrien: »Röhm, du bist verhaftet! Du wolltest gegen mich eine SA-Revolte anzetteln. Du bist verhaftet und wirst erschossen ...« Der Stabschef ist mit seinen hohen SA-Führern nach München ins Gefängnis Stadelheim transportiert worden. Jetzt ist es losgegangen. Mit Röhm sind im ganzen Reich mehrere hundert ehemalige Nazigegner verhaftet worden. Viele haben die SS-Erschießungskommandos hingerichtet.

Auch Gregor Strasser wurde vom Mittagessen weg in eine Berliner Gefängniszelle geführt, und dort wurden auf ihn durchs Fenster – von für ihn unsichtbaren Schützen – Schüsse abgegeben. Er versuchte diesen Schüssen durch Herumspringen zu entkommen. Endlich wurde er getroffen. Die Zellentür ging auf, und zwei SS-Männer gaben ihm den Fangschuß.

Den ganzen 30. Juni und auch noch am Sonntag, den 1. Juli 1934, rollten die Verhaftungskommandos der SS durch die deutschen Städte. In München ist es am auffälligsten zugegangen. Das Braune Haus war umstellt, den ganzen Königsplatz durfte man zeitweise nicht mehr betreten. Der Kommandeur der Leibstandarte Hitler, Sepp Dietrich, mußte auf Befehl des Führers in Stadelheim die hohen SA-Kameraden erschießen lassen. Als sein Freund Gustl Schneidhuber vorgeführt wurde und sagte: »Sepp, was ist denn los?«, soll ihm beinahe schlecht geworden sein. – Der bayerische Justizminister Frank wollte ein legales Verfahren. Aber Hitler schrie ihn nieder. »Ich bin der Reichskanzler, lassen Sie Ihre Justiz gefälligst aus dem Spiel. Die Erschießung dieser Hochverräter ist Reichssache ...«

Und dann hat er sich den alten Freund Röhm doch nicht gleich erschießen getraut. Er hat ihn am Samstag noch begnadigt. Wie er aber nach Berlin zurückfliegt, haben der Göring und der Goebbels auf ihn so stark eingeredet, daß er am Sonntag nachmittag in die Erschießung Röhms eingewilligt hat: »Aber gebt ihm eine Pistole und laßt ihm 15 Minuten Zeit, daß sich mein Freund Röhm selbst richten kann!« – Ernst Röhm hat ihm aber den Gefallen nicht getan. – Da betraten die vor der Zelle wartenden hohen SS-Führer die Zelle und erhoben ihre Pistolen. Röhm hat gesehen, daß ihre Hände gezittert haben, und er hat noch gesagt: »Ruhig zielen!« – Seiner Mutter und seiner Schwester wollte der Führer eine Ehrenpension anbieten. Aber die Mutter von Röhm hat sie nicht angenommen. Sie hat eh die königlich-bayerische Eisenbahninspektorenpension noch gehabt.

Eine aufregende Geschichte, der Röhm-Putsch. Die Revolution frißt ihre eigenen Kinder, hat man gesagt. Für etliche Tage war eine bürgerkriegsähnliche Stimmung im Land. Ich kann mich selber noch erinnern, wie bei uns in der Wirtsstube zwei Brüder gesagt haben: »Ich bin bei der SA, und du bist bei der SS. Und obwohl wir Brüder sind, müßten wir jetzt aufeinander schießen. Nix da, ich schieß' nicht auf meinen Bruder. Ich tret' aus.«

Mit den Toten des Röhm-Putscbes hat die illegale Hinrichtung von Millionen ihren Anfang genommen. – Wehret den Anfängen! Die deutschen Generäle aber haben damals Hitler unterstützt. Weit und breit kein einziger Soldat, Polizist oder SS-Mann, der gesagt hätte: »Nix da, ich schieß' nicht auf meinen Bruder, ich tret' aus ...«

Die Katastrophe

Auch in Bayern kann niemand sagen, er habe von den ungeheuren Grausamkeiten der Deutschen Reichsregierung, der NSDAP und ihrer Organisationen, der bayerischen Gauleitungen, Kreisleitungen, Ortsgruppenleitungen nichts gewußt. Der Terror war in jedem Bauernhof zu spüren. Selbst wir Ministranten haben von unserem Lehrer Strafarbeiten bekommen, wenn wir während des Unterrichtes bei einer Bauernhochzeit oder Beerdigung ministriert haben. – Selbst im abgelegensten Bauernwirtshaus sind nicht nur Raufereien zwischen radfahrenden SA-Männern und andersgesinnten Bauernknechten vorgekommen. Wobei die SA in einem Falle einmal unterlegen gewesen ist. Dafür wurden die übernächste Nacht ein biederer Schmiedemeister und ein Austragsbauer von der auflauernden SA »versehentlich« bewußtlos geknüppelt. In jeder kleinen Gemeinde ist mindestens einer einmal wegen »unbedachter« Äußerungen von der Gendarmerie vernommen worden, in jeder zweiten Gemeinde mindestens einer verhaftet. Viele harmlose Bürger und Handwerker, ja gar auch Bauern sind nach Dachau gekommen. Und keiner hat auch nur ein Wort »geredet« über seinen Aufenthalt im Konzentrationslager. Unser Herr Pfarrer wurde gleich zweimal verhaftet. Auch unser mutiger Kaplan wurde eingesperrt, weil er in einer Sonntagspredigt des Jahres 1937 gesagt hat: »Die Rede, die da neulich im Rundfunk gekommen ist, war eher die Rede eines gottlosen Lausbuben gewesen als die eines Staatsmannes.« – Wer hat solche Sätze schon zu sagen gewagt anno 1937? Nicht einmal der gottselige Pater Rupert Mayer. Es hat viele mutige Bauernkooperatoren gegeben. Ich hab' es mit eigenen Bubenaugen gesehen, wie der Gendarm von Schwindegg den Kapuzinerbettelbruder stundenlang kontrolliert hat und wie er nicht mehr hat weiterbetteln dürfen von Haus zu Haus, begleitet von einem den Schubkarren fahrenden Kleinbauern und Kongregationsmitglied. Und in jedem Dorf hat es ab 1937/38 eine stramme Hitlerjugend gegeben. NSKK und KDF waren Begriffe, die man täglich hat hören können. Auch der Trachtenverein Edelweiß hat zur Organisation »Kraft durch Freude« gehört. – In einem niederbayerischen Marktflecken hat freilich ein Übereifriger wiederholt in SA-Uniform Mist aufs Feld gefahren.

Es hat fürchterliche Nazis gegeben, »dreihundertprozentige«, in jeder bayerischen Stadt, in jedem Markt, in jedem Dorf, trotz der vielen innerlichen Gegner, die aber zu Frau und Kindern gesagt haben: »Seids fein staad und sagts nix übern Hitler, wenn der Schuster auf die Stör kommt. Aa wenn er ›Heil Hitler, Hofbauer‹ sagt, derfts net lacha, sonst werdn ma eingsperrt alle mitanand.«

Es war ein teuflisches System, denn die deutsche Obrigkeit setzt sich immer durch. Und hat es früher geheißen: »Aufmachen, Gestapo«, wenn nachts an die Wohnungstür geschlagen wurde, so könnte es eines Tages bald wieder heißen in diesem schönen, biederen Deutschland: »Aufmachen, Steufa« (bedeutet »Steuerfahndung«) oder »Soko« (Sonderkommission). – Der Herr geb, daß es nicht mehr soweit kommt! Und auch wieder mehr königlich-bayerische Gemütlichkeit in den staatlichen Organen üblich werde. Nach dem menschenfreundlichen Motto: »Liaber an Batzi net derwischen wiar an Un-

schuildign, der vielleicht bloß an bösen Feind hat, der'hn hinghängt hat, einsperrn...«
Es hat so kommen müssen. Es war dem strammen, fanatisch-gerechten, sozialjuridischen und doch alles immer nur komplizierter machenden deutschen Ordnungsgeist aufgesetzt, daß er sich endlich selber wieder einmal in den Abgrund der Hölle geführt hatte. Denn zuviel Ordnung und Bürokratie und Gerechtigkeit ist vom Teufel. Das erinnert an die Hexenverbrennungen z. B. allein in Würzburg zwischen 1628 und 29, wo gleich zweihundert den Scheiterhaufen haben besteigen müssen. In der ganzen Diözese sollen es 900 gewesen sein und in ganz Deutschland vielleicht über zehntausend, nur in den Jahren zu Beginn des Dreißigjährigen Krieges.
Vor Weltkriegen und Hexenverbrennungen verschone unser Bayernland! – Es sind Hunderttausende gefallen, Hunderttausende durch Bomben umgekommen, Hunderttausende in der Gefangenschaft verhungert. Das Elend über Bayern war groß. Die Zusammenbombardierung so vieler Märkte und Städte, so vieler Kirchen und Dome, Schlösser und Residenzen hat uns beinahe um den historischen Verstand gebracht, hat den Wert der Traditionen gemindert.

Nach 1945 wieder keine Monarchie

Trotzdem wollten anno 1945 viele Bayern wieder ein selbständiges Königreich unter Wittelsbach errichtet wissen. Umfragen haben 1945 ergeben, daß mehr als siebzig Prozent sich nach der Katastrophe nach der Erneuerung der Monarchie in Bayern gesehnt haben. Eine Umfrage der Notzeitung »Isarpost« hatte damals sogar ein Ergebnis von 83 Prozent bayerischer Royalisten erbracht.
Bekannt ist nur wenigen der Brief, den Prinz Heinrich, der später verunglückte Sohn des Kronprinzen Ruprecht, im Auftrage seines Vaters von Rom aus an die Vorstandschaft der Königstreuen nach München geschrieben hat. Darin heißt es, daß eine Besprechung des Kronprinzen im Vatikan mit Vertretern der Alliierten, auch der USA, zu dem Ergebnis gekommen sei: Wenn in Bayern die monarchische Idee noch genügend am Leben sei, hätte man von seiten der alliierten Mächte nichts gegen die Wiederbegründung einer bayerischen Monarchie einzuwenden.

Sowohl der Brief wie die gesamte mächtig anlaufende Idee der Wiedereinsetzung eines bayerischen Königs Ruprecht wurden damals von den sich eben auch konstituierenden republikanischen Parteien bei der hiesigen amerikanischen Militärregierung unterlaufen und hintertrieben. Die Königspartei wurde von dieser Militärregierung auf Wunsch dieser Parteien sofort verboten, noch ehe sie, die einen mächtigen Zulauf hatte, sich zu einer Wahl stellen konnte. Auch der Gründer der CSU, Dr. Josef Müller, der Ochsensepp, konnte sich für die Wiederbegründung der Monarchie nicht erwärmen. Er schreibt das deutlich in seinen Erinnerungen »Bis zur letzten Konsequenz«. Und gerade Müllers Aktivitäten – im Gegensatz zum größeren Teil in der CSU – haben die »Restauration« der Monarchie damals verhindert. Und dann kamen ohnehin die Gründung der Bundesrepublik und das Wirtschaftswunder und der Wohlstand und auch ein wieder ziemlich erstarkter deutscher Zentralismus.

Ein wichtiges Kapitel in der bayerischen Nachkriegsgeschichte bleibt aber die Auseinandersetzung der bayerischen Föderalisten mit den bayerischen Scheinföderalisten. Es bleibt der Skandal der Verurteilung Josef Baumgartners und der Bekämpfung der einst so starken Bayernpartei. Ein Skandal deshalb, weil, kaum zehn Jahre nach der Nazidiktatur, der politische Gegner wieder mit Hilfe der Justiz verleumdet und ungerecht verurteilt worden ist, nur um eine unliebsame Konkurrenzpartei gehörig ins Unrecht zu setzen, meineidig und korrupt zu schimpfen. In der NS-Zeit hätte man gesagt, »mundtot zu diffamieren«.

Das war kein Heldenstück gewesen. Und es hat auch keinen Segen gebracht. Vergessen dürfen wir den tapferen Dr. Josef Baumgartner nicht, den Landwirtschaftsminister Bayerns in der allerschlimmsten Hungerzeit. Ihm verdanken Millionen, daß sie nicht Hungers sterben mußten in den Jahren 1946/47 und 48. Auch er war ein Gründungsmitglied der CSU. Wie Dr. Josef Müller. Nur kam Dr. Josef Müller aus der Deutschen Abwehr, Abteilung Kirche und Vatikan. Und seine Chefs waren Canaris, Generaloberst Beck und schließlich auch Heydrich und Himmler gewesen. Wenngleich Dr. Müller damals bereits – seit den Führerattentaten – verhaftet war. Aber er hat seine NS-Haft überlebt. Seine Chefs, Generaloberst Beck und Canaris, sind noch gehenkt worden. Nach 45 gründete nun der ungebrochene Dr. Müller gleich die CSU. Und dabei stieß er auf den durch und durch nach bayerischer Selbständigkeit rufenden Dr. Josef Baumgartner, der es in der NS-Zeit zu nichts gebracht hatte, außer daß er in Graz, wo er als Lebensversicherungskaufmann gearbeitet hat, in SS-Haft geraten ist. Dann, über eine Strafkompanie zu einer Flakeinheit, in einer gewissen Anonymität den Krieg hat überleben können. Das konservative bayerische Lager war in zwei Parteien gespalten: in die Bayernpartei und in die CSU. Mit Hilfe der Erfolge Konrad Adenauers gelang es nun der CSU, die lästige Bayernpartei zu überflügeln und zu zerstören. Und das ausgerechnet mit dem parlamentarischen Untersuchungsausschuß über die Spielbanken, die Dr. Baumgartner und Dr. Hoegner in den Jahren ihrer Regierung, während die CSU in Bayern auf der Oppositionsbank gesessen, also zwischen 1954 und 1957, in Bayern einrichten haben lassen: Spielbanken in Bad Kissingen und Garmisch, in Lindau, Bad Reichenhall und in Bad Wiessee. Baumgartner wollte die Gewinne, die der Staat durch diese Spielbanken kassierte, zum dringenden Wohnungsbau verwenden. Was auch geschehen. – Nun aber tobte ein Sturm der Entrüstung gegen diese sündhaften Spielbanken. Jahrelang donnerte es von vielen Kanzeln, daß man eine Partei, die Spielbanken zulasse, als Katholik nicht wählen könne. Mit dieser mächtigen Schützenhilfe konnte die CSU beruhigt in die Verhandlungen des Spielbankenausschusses eintreten. Baumgartner wurde vernommen, ob er Gelder von den Spielbanken bekommen habe. Er hatte tatsächlich keine Mark verlangt und bekommen. Aber es gab falsche Zeugen. Und schließlich wurde Baumgartner wegen Meineids zu zwei Jahren Zuchthaus verurteilt. Obwohl die Richter wußten, daß er gar keinen Meineid geschworen haben konnte. Daß er keine Gelder bekommen, stand ohnehin außer Zweifel. Es ging nur um diese nebensächliche Frage: »Haben Sie neben Gembicki auch noch andere Spielbankenbewerber näher gekannt?« Baumgartner hat damals geantwortet: »Ja, sie sind alle gekommen, wie sie auch zu Ihnen gekommen sind.« Und das soll der Meineid gewesen sein. Denn er hätte sagen sollen, so jene Richter: »Ja, ich habe sie alle gekannt und den Herrn Freisehner ganz besonders, denn er hat mir einmal zufällig an einer Tankstelle das Tanken bezahlen wollen, und meiner Frau hat seine Frau einen Mantelstoff geschenkt...« Dieser Mantelstoff beschäftigte das Gericht drei Tage lang. Der Prozeß gegen Baumgartner wegen Meineids vor dem parlamentarischen Untersuchungsausschuß darf schon deswegen nicht vergessen werden, weil er zeigt, wie leicht – durch deutschen Parteihaß – die deutsche Justiz wieder in ganz gehörige Ungeheuerlichkeiten sich verirren kann. Und dann hat auch die Demokratie nicht mehr den Glanz der Gerechtigkeit für alle. – Dasselbe Gericht hat damals böse Weinpanscher mit einem halben Jahr auf Bewährung davonkommen lassen. – Baumgartner wurde im Gerichtssaal verhaftet und in Handschellen abgeführt. Und das im fetten Friedensjahr 1959. Zwei Jahre später ist er aus Gram verstorben. Und die Bayernpartei ist zur Bedeutungslosigkeit herabgesunken.

Parteien sollen sich eben nicht hassen, sondern eher lieben. Das ist die Voraussetzung einer glücklichen Welt. Ist abgestimmt, hat jeder seine Niederlage zu akzeptieren und darf nicht mehr weiteragitieren. Die alten Griechen haben gegen unfriedfertige Überstimmte das Scherbengericht erfunden.

Baumgartner und die Bayernpartei sind historisch geworden. Vergangen, vergessen, vorbei? – Man darf sein Schicksal nicht mit dem Schicksal der NS-Opfer vergleichen. – Die Tragödie ist vielleicht doch schon in den Gründerjahren der CSU zu finden, damals, als Baumgartner ausgeschieden, weil er den Dr. Josef Müller und seine gesamtdeutsche Politik nicht mehr hat riechen können. Wäre er in der CSU geblieben, wäre das Grundgesetz der Bundesrepublik Deutschland noch um eine Nuance föderalistischer ausgefallen. Bundesrecht hätte nicht Landesrecht gebrochen, und die Finanzhoheit wäre bei den Ländern geblieben. Dann hätte auch das Wirtschaftswunder etwas länger gedauert.

Bayern ist und bleibt – trotz der Vorkommnisse – ein konservatives deutsches Land. Und konservativ heißt ja nicht altmodisch.

Geben wir die Hoffnung noch nicht ganz auf: Wir brauchen keinen König, aber schöner wär's. Und wenn wir wieder mehr dunkles Bier trinken, gebraut nach dem bayerischen Reinheitsgebot, führen wir den Zeitpunkt der Erneuerung der Monarchie in Bayern ein klein bißchen geschwinder herbei. Denn am glücklichsten wäre dieses Land halt doch wieder mit einem König. Auch wenn einmal die kgl.-bay. Sozialdemokratie ans Ruder kommen sollte. – Natürlich bleiben wir ein Land der Bundesrepublik. Auch als Königreich.

Seine Majestät der Herzog:
Herzog Albrecht von Bayern (1905-1996)

Der Sohn des bayerischen Kronprinzen Ruprecht, Erbprinz Albrecht, ist seit Juli 1955 der Chef des angestammten Königshauses. Da er nicht herrschender König ist, führt er den Titel eines Herzogs von Bayern. Für die Königstreuen in Bayern ist er im Herzen doch die Majestät. Er wurde am 3. Mai 1905 in München geboren. Und er ist ein hochkarätiger Wittelsbacher, denn nicht nur sein Vater, Kronprinz Ruprecht (1869 bis 1955), war ein Bayernfürst, auch seine Mutter, die Prinzessin Marie Gabriele von Bayern, war eine Wittelsbacherin aus der herzoglichen Linie Birkenfeld-Gelnhausen, Tochter des Herzogs Karl Theodor, des Bruders der Kaiserin Elisabeth, der ein bekannter Augenarzt war. Sein älterer Bruder Luitpold verstarb 1914 als Dreizehnjähriger an Kinderlähmung.

Aber schon 1912 hat Herzog Albrecht seine Mutter Marie Gabriele verloren. Mit 34 Jahren starb sie in Sorrent, wahrscheinlich an einem schweren Lungenleiden.

Während des Ersten Weltkrieges durfte Prinz Albrecht in den Ferien seinen Vater öfter in dessen Hauptquartier an der Westfront besuchen. Nach dem Abitur an einem Münchner Gymnasium studierte Albrecht Forstwissenschaften, Zoologie und Botanik. Er schrieb ein bedeutsames Buch über die Jagd. Ein königlicher Waidmann, ein unverkennbarer Bayernfürst, halt ein echter Wittelsbacher! »A bisserl vornehm und a bisserl leger.« – Die vornehme Bescheidenheit, die an den meisten Wittelsbachern, auch des vorigen Jahrhunderts, oft gelobt und getadelt wird, da sie manchmal als schiere Menschenscheu aufgefaßt wird, diese hocharistokratische Eingezogenheit verleiht unserem angestammten Thronprätendenten eine durch und durch exemplarische Bayernwürde, ja sie repräsentiert auch für unsere Generation Menschenwürde und stille Gemütlichkeit. Das war von Haus aus einmal bayerische Art gewesen: benediktinische Diskretion und taciturnitas, eine stille, verschwiegene, fröhliche Gewohnheit des täglichen Lebens.

Natürlich sind Könige auch Menschen. Aber zuallererst sind sie die angestammten, die geborenen Repräsentanten ihres Volkes. Und wie könnte man die bayerische Art beschreiben – so es überhaupt eine gibt? Doch es gibt eine in den Nuancen. Auf die Nuancen kommt es an in der Kultur der Völker. Wie könnte diese bayerische Spezifität

würdiger repräsentiert werden als gerade durch die vornehme Bescheidenheit unseres angestammten königlichen Herzogs Albrecht von Bayern?
Nicht so sehr der Jäger und Forstmann ist an der Person Herzog Albrechts so typisch spürbar. Eine tiefe, erschütternd noble, bäuerische Menschlichkeit strahlt sein Gesicht aus; keine nur vitale, eher eine fromme, gottergebene – aber auch souveräne – urbäuerliche Würde. Fromm, wie es in Bayern der Brauch ist, *secundum consuetudinem*. Anläßlich des Requiems für den Großvater seines Großvaters, für König Ludwig I., im Februar 1968 in der Abteikirche St. Bonifaz in München konnte ich Denkwürdiges beobachten.
Ich durfte für den Bayerischen Rundfunk eine Fernsehaufzeichnung dieses historischen Gottesdienstes leiten. Der Generalabt der Benediktiner in Rom, damals ein Amerikaner, zelebrierte das Requiem, und die Äbte all jener Klöster, die Ludwig I. gestiftet hat, umstanden konzelebrierend den Altartisch. Nach dem Requiem ging es zu einem feierlichen Libera an das Hochgrab des Königs, das sich ja in St. Bonifaz befindet. Hier kam es zu einem peinlichen Gedränge, das aber zunächst nicht von den vielen Neugierigen verursacht worden ist. Die Benediktineräbte drückten den Herzog von Bayern an die Wand, übersahen ihn, als wäre er irgendein zufälliger Kirchenbesucher. Er, der Nachfahre Ludwigs I., war am Sarge des kgl. Klostergründers in diesem Augenblick des Gedenkens völlig übergangen worden.
Die Kirche kennt keinen anderen Thron mehr als den Bischofsstuhl. Ihr sind möglicherweise Republiken ohnehin lieber als Königreiche? Oder warum entfernte man danach in den Domen gerade die Hochaltäre und setzte an deren Stelle die Throne der regierenden Bischöfe?
Hier ruht der bedeutende König und Klösterstifter – und die Äbte und Äbtissinnen Bayerns gedenken seiner zum Säkulum seines Todes –, aber der Erbe der bayerischen Krone hat in diesem Augenblick kaum einen dürftigen Stehplatz in der Nähe der Hochgrabkapelle! Unter den neugierigen Kirchenbesuchern eingekeilt, an die Wand gedrückt, steht er in einiger Entfernung als ein Anonymus.
»Ja no, mir san halt koa Königreich nimmer!« Wären wir noch eines, für den König würde vor dem Grab seines Ahnen ein rotsamt gepolsterter Knieschemel bereitgestellt worden sein, und die Benediktineräbte hätten gewiß mehr der lebendigen Majestät zu Ehren benediziert als der toten. Geschweige denn des ärgerlichen Fernsehens halber.

So habe ich mir damals in meiner Heftigkeit gedacht. Aber Herzog Albrecht von Bayern blieb damals auch als Unbemerkter a bisserl vornehm und a bisserl leger, war trotzdem die Majestät, in seiner vornehmen Bescheidenheit ein idealer Bürger und schlichter Mensch. Diese stille Bescheidenheit hatte auch schon sein Vater, der Kronprinz und Generalfeldmarschall. Der konnte sogar vor der verschlossenen Tür eines Malerateliers geduldig auf den zu spät kommenden Maler warten, der zum verabredeten Besuch des Kronprinzen nicht mit der Pünktlichkeit der Könige gerechnet hatte (diese Anekdote erzählt Professor Padua). Es ist unvorstellbar, daß Kronprinz Ruprecht 1923 mit dem Hitler-Putsch etwas zu tun hatte. Und auch kaum mit den Spekulationen der Monarchisten um den damaligen Reichskommissar von Kahr. Obwohl während des Hochverratsprozesses gegen Hitler im März/April 1924 vor einem hohen bayerischen Sondergericht Feldmarschall Ludendorff als Zeuge wörtlich ungefähr diesen Unsinn ausgesagt hat: »Herr Präsident, nicht dieser Oberleutnant hat das Kommando zur Salve gegeben auf mich und Adolf Hitler an jenem 9. November 1923 vor der Feldherrnhalle, sondern der Kronprinz Ruprecht von Bayern. Ich habe ihn hinter einem Fenster der Residenz gesehen. Und an seiner Seite stand der Kardinal Faulhaber. Wie ja an der Seite der Wittelsbacher immer ein Pfaffe zu stehen pflegt.« Nachweislich ist Kronprinz Ruprecht am 9. November 1923 in Berchtesgaden gewesen.

Das wäre ein eigenes Kapitel: die Wittelsbacher unter der Tyrannei Adolf Hitlers. Die Flucht des Kronprinzen nach Ungarn, der Prozeß gegen die bayerischen Monarchisten. Die Rückkehr des Kronprinzen, seine Vernehmung durch die Gestapo. Seine Flucht nach Italien. Die Gefangennahme seiner Gemahlin und seiner Kinder in Südtirol. Er selbst kann sich in Florenz versteckt halten, bis die Alliierten die Stadt erobert haben. Seine Familie aber wird in Sippenhaft genommen und kommt in die Konzentrationslager Oranienburg, Flossenbürg und Dachau.

Und wer sind die Agnaten der jüngsten Generation? Der Erbprinz Franz, geboren am 14. Juli 1933, der Sohn Herzog Albrechts und der Herzogin Maria, einer geborenen Gräfin Draskovich von Trakostjan und mütterlicherseits mit den Fürsten von Montenuovo verwandt, die sich von der zweiten Ehe der Franzosenkaiserin Luise von Österreich, die diese mit dem Grafen Neuperg-Montenuovo eingegangen, herleiten. Prinz Franz ist wieder ein sehr kunstsinniger Wittelsbacher und könnte eines Tages ein ebensolcher Monarch werden, ein exemplarischer Nachfahre König Ludwigs I. Er ist Vorsitzender des Fördervereins für die Alte Pinakothek in München und zugleich Mitglied der Staatlichen Ankaufskommission der Bayerischen Staatsgemäldesammlung, ferner ist er Mitglied der Akademie der schönen Künste und der Freunde der Glyptothek, er gehört auch dem Vorstand des »International Council of Modern Arts« in New York an. Unter anderem präsidiert er auch in dem Galerieverein zu München. Und natürlich ist er auch selber ein passionierter Sammler. Ein kunstsinniger Monarch! Sein Bruder, Herzog Max in Bayern, dagegen ist mehr ein Forstmann und Ökonom. Während Erbprinz Franz noch unvermählt durchs Leben geht, schenkte die Gemahlin Elisabeth, eine geborene Gräfin Douglas, dem Prinzen und Herzog Max fünf Töchter. Aber noch keinen Sohn. Die Tochter des Kronprinzen Ruprecht, Irmingard, seit 1950 vermählt mit dem Prinzen Ludwig von Bayern, dem Sohne des Prinzen Franz, hat 1951 allerdings wieder einen »hochkarätigen« Bayernprinzen geboren, den Prinzen Luitpold von Bayern. Väterlicher- und mütterlicherseits war Bayerns letzter König Ludwig III. sein Urgroßvater. Er ist der Bräu von Kaltenberg. Prinz Ludwigs Bruder, Prinz Rasso von Bayern, vermählt mit Erzherzogin Theresa von Österreich-Toskana, hat drei Söhne und vier Töchter. Der Älteste, Prinz Franz Josef wurde 1987 zum Benediktinerpater geweiht. Die Prinzen Wolfgang und Christoph studieren ökonomische Fächer. Eine der Prinzessinnen ist Krankenschwester geworden. Auch die Adalbertinische Linie blüht weiter, die Nachkommen des Prinzen Adalbert von Bayern, des großen historischen Schriftstellers und Wittelsbacher-Biographen; die Söhne seines Sohnes Prinz Konstantin, der Politiker geworden war und es bis zum Bundestagsabgeordneten gebracht hat, 1969 aber bei einem Flugzeugabsturz ums Leben gekommen ist, diese Söhne, Prinz Leopold und Prinz Adalbert, haben sich beide bürgerlich vermählt und Prinz Adalbert hat als Autorennfahrer Schlagzeilen gemacht. Aber immerhin auch schon ein Buch geschrieben. – Ein Vivat dem Hause Wittelsbach. Es ist der Bayern angestammtes Herrscherhaus.

Es lebe der Herzog Franz!

Seit dem Tode Herzog Albrechts am 8. Juli 1996 regiert unserem Königstraum folgend der Herzog Franz. Selbstverständlich wurden 1919, auch von der Regierung Hoffmann, die Adelstitel abgeschafft.

Sollte eines Tages Bayern wieder einen König bekommen, einen angestammten aus dem Hause Wittelsbach, dann würde das Adelsverbot von 1919 weiterhin bestehen. Vielleicht mit einigen Ausnahmen. Aber ohne Titulaturen und ohne Adelsprädikate wäre ein Königtum nicht so schön. Also schafft neue Titulaturen: Einen zeitgemäßen Funktionärsadel etwa? Die Parteivorstände, die Gewerkschaftsführer, die Arbeitgeberpräsidenten, die Bürgermeister. Da gäb es dann möglicherweise einen Grafen von Mettalurgien und einen Freiherrn von Straubing oder Würzburg, denn die Oberbürgermeister und Bürgermeister wären auch adelsfähig. Aber nur so lange sie das Amt innehaben. Anschließend sind sie wieder der Herr Oberbriller oder der Herr Niedermayer.

Nur die Angehörigen des Königshauses verbleiben in ihrem Rang. Werden sie zu zahlreich, müßte ein neues Hausgesetz die Mitglieder der königlichen Familie neu festlegen: Neben dem Herrscherpaar die Kinder, die Vettern erster Ordnung o. ä.

Die monarchische Idee ist etwas Geistiges, vielleicht sogar Geistig-Geistliches. Und wird nicht von jedermann unserer Zeit verstanden. Es ist der Ahnentraum von der »stirps regiae«, der Wurzel des ganzen Volkes. Im König lieben wir den Vater, in der Königin die Mutter, in den Prinzen unsere eigenen Söhne und in den Prinzessinnen, stellvertretend und repräsentierend, die Lieblichkeit unserer eigenen Töchter.

Natürlich, um die königliche Wurzel eines Volkes, die Vater- und Mutterperson im geliebten Königspaar sehen zu können, braucht es die Zustimmung jedes einzelnen, braucht die familiäre Liebe eines ganzen Volkes. Darum ist es so schwer, unsere Parteipolitiker für die monarchische Idee zu begeistern.

Zum Tode Erhard Auers (am 20. März 1945)

Der Bauernknecht aus Dommelstadel bei Passau war unehelicher Sohn der Störnäherin-Gehilfin Anna Auer. Und die war die Schwester des Sattlers Ignaz Auer, der über Kolping und Ketteler auch ein Sozialdemokrat geworden war und in der Bismarckschen Sozialistenverfolgung oft eingesperrt war, aber in Sachsen es auch zu einem Reichstagsabgeordneten gebracht hatte. Sein Neffe Erhard Auer, der Bauernknecht, der seinen Onkel nur vom Hörensagen kannte, demonstrierte als 17jähriger Mitterknecht in Viehausen gegen das schlechte Fleisch, das die Bauern während der Ernte ihren Dienstboten zu essen gäben. Jetzt wär ihnen ein Geselchtes lieber gewesen. Diese Sonntagsdemonstration nach dem Pfarrgottesdienst in Sulzbach, Dekanat Fürstenzell, brachte den jungen Knecht vorübergehend ins Gefängnis in Griesbach – aber auch in alle deutschen Zeitungen. Nach seiner Dienstzeit im königlich-bayerischen Leibregiment nahm der Vater der SPD in Bayern, Georg von Vollmar, Erhard Auer zum Privatsekretär, brachte ihn in der eben beginnenden Ortskrankenkasse unter, dann in den Stadtrat und schließlich in den Landtag. Zugleich vervollständigte Erhard Auer seine Ausbildung so sehr, daß er, ein geborener Redner und Volkstribun, Chefredakteur der Münchner Post werden konnte. Nach Vollmars Rücktritt aus gesundheitlichen Gründen wurde Erhard Auer, der gewesene Bauernknecht – seinetwegen gab es einmal im Landtag die Debatte über den Hirtenbrief »Wer Knecht ist soll Knecht bleiben« – 1917 dessen Nachfolger und führte die SPD bis 1933.

König Ludwig III. hat ihn im November 1918 noch zum Innenminister ernannt, allerdings erst zwei Tage vor der Revolution. Unter Kurt Eisner war er dann wirklicher Innenminister. Aber Eisner mißtraute ihm, da sich Auer bei der Eisnerregierung stark für den geflohenen König eingesetzt hat. Worauf die Revolutionsregierung Anfang 1919 dem König 500 000 Mark ausbezahlt hat.

Erhard Auers Leben wurde in den zwanziger Jahren immer aufregender. Nicht nur die linken Genossen der eigenen Partei waren seine Feinde, auch die Nationalsozialisten haben ihn gehaßt, haben ihn mehrmals lebensbedrohend niedergeschlagen. Ein Verleumdungsprozeß folgte dem anderen. Trotz seiner gefährlichen Verwundung 1919 im bayerischen Landtag, ist er ein aufrechter Kämpfer geblieben. »Je mehr Schmerzen ich hab', desto weniger darf es am Humor fehlen. Oder wie man in Niederbayern sagt: Nur der Not keinen Schwung lassen!«

Am 9. November 1923, beim Hitlerputsch, sind SA-Kommandos in seine Wohnung in der Nußbaumstraße eingebrochen, haben, da sie ihn nicht persönlich angetroffen haben, Frau und Töchter bedroht und die schöne Wohnung total ruiniert. Sogar die Bettstatt im Schlafzimmer haben sie demoliert. Und den eben angetrauten Schwiegersohn haben sie als Geisel mitgenommen. Über diese Greueltaten haben manche Genossen eher gelächelt und dazu kommentiert: »Wer sich mit Rechtsterroristen einläßt, wird von Rechtsterroristen niedergeschlagen«.

Die Politik ist plötzlich ein hartes Geschäft geworden. »Mein Onkel Ignaz Auer, der sozialdemokratische Reichstagsabgeordnete und Freund Bebels, hat unter der 10jährigen Verfolgungszeit Bismarcks noch Schlimmeres mitgemacht«, schreibt er in seinen biografischen Notizen. Es ist eben hart, in Deutschland ein Sozialdemokrat zu sein. Nicht mehr so sehr wegen der Angriffe von rechts. Seit Bismarcks Entlassung gibt es keine Sozialistenverfolgung mehr, aber die eigenen Genossen, die ehemaligen »Unabhängigen Sozialdemokraten« und die Kommunisten machen den »Auerochsen«, den alten bayerischen Sozialdemokraten, das politische Leben schwer. Bereits in den Zwanziger Jahren verlangten viele Kommunisten und auch manche Sozialdemokraten eine »Verschmelzung von Arbeiterparteien zu einer Sozialistischen Einheitspartei« – zu einer SED.

Erhard Auer hat dies in vielen Reden den Genossen als eine ökonomische und soziale Katastrophe hingestellt. Immer wieder gebrauchte er den Satz: »Was Lenin da angestellt hat, das wird das russische Volk einmal bitter bereuen müssen.« Ja er griff einige Herren seiner Partei persönlich an: »Sie sind in Moskau gewesen und dort untergebracht worden wie ein Staatsmann, sind von Trotzki oder Lenin empfangen worden und haben von den bolschewistischen Greueltaten nichts gehört. Heimgekommen schwärmen Sie für eine sozialistische Einheitspartei...«

In seiner Rede zur »inneren Reform Bayerns« verlangt er als wichtigen Schritt einer Geschäftsvereinfachung und einer Eindämmung »des gewaltigen amtlichen Apparates« eine »möglichst reinliche Scheidung der Kompetenzen der Ministerien.« Das Flußbauwesen verstünde nämlich vom Verkehrswesen so viel wie die Kuh vom Orgelspiel. Und ein Ministerium will bekanntlich dem andern eins auswischen. Auch wollen »einige ministerielle Gschaftlhuber der Mitwelt zeigen, daß sie auch ohne Fachkenntnisse staatliche Gelder verpulvern können«.

Es waren der sozialdemokratischen Partei vor 1933 die Hände gebunden. Sie war mit sich selber beschäftigt. Die Frage nach einer, eines Tages doch kommenden, sozialen Einheitspartei, wurde hochaktuell. Und wurde von den westdeutschen Sozialdemokraten 1946 noch lauthals gestellt. Die Christsozialen seien eine Besitzpartei, hat Kurt Schumacher noch ausgerufen und würden sich weigern, die Kriegslasten zu bezahlen. Die linke sozialdemokratische Politik hat sich getäuscht, denn die meisten Kriegslasten sind von den »Besitzparteien« getragen worden.

Auer war immer ein konservativer Sozialdemokrat gewesen, dem die ökonomischen Grundsätze vertraut waren. Bauern und Handwerker waren ihm lieber als die vom Staate gelenkte Großindustrie.
Am 9. März 1933 wurde seine Wohnung abermals von einem SA-Trupp demoliert. Da er zu der Stunde wieder nicht zu Hause war, kamen die Herren am 11. März wieder und verhafteten den bekannten Sozialdemokraten.
Am 7. Mai wieder für etliche Tage auf freiem Fuß, wurde er am 9. Mai »im Stadtrat meuchlings niedergeschlagen und unter entsetzlichen Mißhandlungen aus den Sitzungssaal geschleift.«
1934 kam er aus Dachau zurück. Aber Polizei und SA überwachten ihn täglich. Zumal die braunen Behörden wußten und vermuteten, daß Auer einigen Sozialdemokraten zur Flucht ins Ausland verholfen hatte; zum Beispiel dem Dr. Wilhelm Hoegner nach Österreich und in die Schweiz sowie seinem Jungsozialistenführer Waldemar von Knoeringen über Österreich nach Prag und dann nach London. Er selber hielt sich für eine Flucht zu unbedeutend und zu alt.

Das Münchner Einwohnermeldeamt erklärte im Jahre 1936: »Erhard Auer sei eine öffentliche Gefahr für Ordnung und Sicherheit. Die Hauptstadt der Bewegung sei kein Unterschlupf für unverbesserliche Regimegegner und Feinde des Führers.«

So fand der Heimatlose in Karlsruhe eine notdürftige Aufnahme. Seine Frau kränkelte und starb am 1. Mai 1939. Ihm mußte ein Bein amputiert werden und dazu war er fast blind geworden. Aber nach dem 20. Juli 1944 wurde er erneut verhört, verhaftet und mißhandelt. Da er aber nicht mehr für transportfähig gehalten wurde und seinen baldigen Tod vor Augen hatte, ließ man ihn wieder frei.

Als sich die Amerikaner Karlsruhe näherten, wurde er in einem Sammeltransport Schwerkranker nach Giengen a. d. Brenz gebracht. Dort starb er am 20. März 1945. Er war 71 Jahre alt geworden. Arm wie er begonnen ist er gestorben.

Wegen seiner antimoskowitischen Reden wurde seiner nie gedacht. Auch nicht seine, von ihm protegierten Genossen, getrauten sich seiner zu erinnern, weder Hoegner noch Thomas Wimmer noch Waldemar von Knoeringen.

Aber wir dürfen ihn nicht vergessen, den ehemaligen Bauernknecht und königlich-bayerischen Innenminister Erhard Auer, den Chefredakteur der sozialdemokratischen Münchner Post, den Vorstand der SPD in Bayern. Er ist einen zu opferreichen Leidensweg gegangen –

von der Wiege bis zum einsamen Tod am 20. März 1945. Er könnte mit seinen Warnungen vor dem Marxismus/Leninismus den bayerischen Sozialdemokraten ein Vorbild sein – und eine Hilfe in den Wahlkämpfen. Jedoch sie gedenken seiner nicht, verachten bald seine Ziehsöhne.

Bayerns Ministerpräsidenten (und wichtige Parteiführer) seit 1945
Der Anfang: Fritz Schäffer und Wilhelm Hoegner

Nach dem Einmarsch der Amerikaner Anfang Mai 1945 regierte die amerikanische Militärregierung. Als Geld, neben der fast wertlosen Reichsmark, galt die Zigarettenwährung. Aber schon Ende Mai hörte man wieder von einem bayerischen Ministerpräsidenten. Er hieß Fritz Schäffer.

1917 hat er promoviert und wurde bald Regierungsrat im Bayerischen Staatsministerium für Unterricht und Kultus. In der christlichen Bayerischen Volkspartei brachte er es rasch zum Landtagsabgeordneten, dann zum Vorsitzenden und zum Bayerischen Finanzminister. Und weil der gebürtige Münchner Fritz Schäffer im Bayerischen Landtag polternde Reden gegen die preußische Alleinherrschaft in der Weimarer Republik geführt hat, besonders gegen die »Preußenkasse«, wurde er sehr populär. Anstatt Hitler abzuwehren, ließ er geplante Koalitionen nicht zustande kommen. Die Nationalsozialisten haben es ihm 1933 trotzdem nicht gedankt und haben ihn schwer drangsaliert. Bis 1945 konnte er aber als Rechtsanwalt, besonders für kirchliche Stellen, untertauchen und überleben.

Seine große Zeit kam nach 1945. Die amerikanische Militärregierung sah sich im Mai '45 schon nach einem Bayerischen Ministerpräsidenten um. Die ersten Kontaktpersonen der Amerikaner, zum Beispiel der eben ernannte Münchner Oberbürgermeister Scharnagl, der Bruder des Weihbischofs, empfahlen den ehemaligen Vorsitzenden der Bayerischen Volkspartei, Dr. Fritz Schäffer. Bayern wäre mit ihm gewiß nicht schlecht gefahren. Fritz Schäffer war ein starker bayerischer Föderalist. – Aber im Juni, Juli, August 1945 kamen die, im Mai erst aus der KZ-Haft entlassenen bayerischen Politiker, langsam nach München zurück: Dr. Alois Hundhammer, Dr. Josef Müller, sowie der Sozialdemokrat Wilhelm Hoegner aus dem Schweizer Exil, so daß die

Militärregierung den vorläufigen Ministerpräsidenten im September 1945 seines Amtes wieder enthoben hat. Schäffer wurde sogar jede politische Tätigkeit verboten. Aber er durfte wenigstens ein Mitbegründer der CSU werden.

1949 wurde er aber in den ersten Deutschen Bundestag gewählt und wurde Adenauers berühmter Bundesfinanzminister, der Minister des »knappen Geldes« und des Milliarden schweren »Juliusturmes«, d. h. er hat für die Wiederaufrüstung in den ersten vier Jahren der Bundesrepublik sehr viel Geld zusammengespart. Er war dann noch vier Jahre Bundesjustizminister und verstarb 1967 in Berchtesgaden. Ein sparsamer, ein tadelloser hoher Beamter, dem Dr. Hans Ehard vergleichbar.

Der Sozialdemokrat Dr. Wilhelm Hoegner wurde von den Amerikanern nun zum bayerischen Ministerpräsidenten ernannt. Zugleich wurde Hoegner als Justizminister, zum Präsidenten der Verfassungsgebenden Versammlung des Freistaates Bayern verpflichtet.

Dr. Wilhelm Hoegner SPD – und nicht Fritz Schäffer CSU – wurde also zum Vater der bayerischen Verfassung. Eine merkwürdige Fügung? – Nein, der Unterschied der Parteien war damals noch nicht erheblich. Außerdem haben bei der Verfassung viele mitberaten dürfen. Besonders auch Hoegners Freund, der in Graz geborene Schweizer Staatsrechtler Professor Hans Nawiasky, auch Professor in München.

Ministerpräsident Wilhelm Hoegner überreichte seinem Stellvertreter, Herrn Professor Baumgartner, am 23. Februar 1957 für seine Verdienste vor 1933 im »Christlichen Bauernverein« und seit 1945 um die Lebensmittelversorgung das Große Bundesverdienstkreuz mit Stern und Schulterband. Baumgartner hat in den Hungerjahren durch seinen Einfall, die Kühlräume und Keller der Brauereien zu beschlagnahmen und dort die wegen Futtermangel bedrohten Rinder geschlachtet aufzubewahren, um sie dann zur Fleischzuteilung bei der Hand zu haben, Millionen Menschen das Leben gerettet. – Es ist Friede im Land, wenn die Herren und Damen verschiedener Parteien sich sympathisch sind.

Hans Ehard

»Strauß ist nicht die CSU« sagt Alois Glück. Was hat er denn verbrochen? Quod licet Iovi non licet bovi. Was dem Gottvater Jupiter erlaubt ist, ist einem Ochsen natürlich nicht erlaubt. »Daß er kein Heiliger war«, haben wir immer gewußt. Ein Staatsmann von europäischem Format darf sich einiges erlauben. Jede Putzfrau macht sich Nebeneinnahmen! Gewiß macht ein Kopf nie eine ganze Partei. Aber über Jahre hat er sie geprägt, bestimmt, gelenkt und geleitet.

Wenn die CSU nun nicht mehr Franz Josef Strauß sein will, wer ist sie dann gewesen? – Im historischen Rückblick. War sie Alfons Goppel? Ein gelassener, gemütlicher Ministerpräsident aus Stadtamhof bei Regensburg gebürtig. Die Goppelsche Gemütlichkeit kommt so schnell nicht wieder. Aber halt, in den Zeiten Alfons Goppels hat Parteichef Franz Josef Strauß schon viel mitregiert.

Wieso also die Behauptung, die CSU sei nicht Strauß. Ist sie dann mehr Hans Ehard?

Es gab gleich drei Ehardkabinette: Das erste 1946 bis 1950, das zweite von 1950 bis 1954 und das dritte Kabinett Ehard – nach dem Tode Seidels – von 1960 bis 1962. Dem ersten Kabinett Goppel diente Hans Ehard dann noch bis 1966 als Innenminister, bis zu seinem vollendeten 79. Lebensjahr. Danach war er fünf Jahre Präsident des Bayerischen Roten Kreuzes und lebte zudem noch zehn Jahre lang als Altministerpräsident in seiner Vaterstadt Bamberg auf dem Michelsberg, ganz in der Nähe des Grabes des hl. Otto. Dieser war ein genialer Staatsmann gewesen, Formulierer des Wormser Konkordates, vielfacher Klostergründer und – ein Heiliger.

Hans Ehard hat sich nie als Parteitaktiker gefühlt, auch nicht in den Jahren, da er zugleich Parteichef gewesen ist. Nur er, der stille Verwaltungsjurist, der ungern zu Massen gesprochen hat, der 1947 im Münchner Ministerpräsidententreffen die deutsche Spaltung verhindern wollte, nur er hat die heftigen Flügelkämpfe in seiner Partei zwischen Müller- und Hundhammerflügel ein wenig ausgleichen können. Er war freilich auch für Bonn, für Konrad Adenauer, ein idealer Ministerpräsident Bayerns, von dem man nie etwas Oppositionelles gehört hat und der im Bundesrat dennoch als bayerischer Föderalist auftrat. So harmonisch wie unter Ehard ist es nie mehr geworden.

Hoch anzurechnen ist ihm sein gutes Verhältnis zum sozialdemokratischen Justizminister Wilhelm Hoegner und zu dessen demokratischer Gemeindereform; überhaupt, daß es 1950 zu einer CSU-SPD-Koalition gekommen ist! Aber die SPD Waldemar von Knoeringens war zu dieser Koalition nur bereit, wenn Alois Hundhammer nicht mehr Kultusminister würde. Hans Ehard hat das schließlich in seiner Partei mühsam durchdrücken können.

Dr. Ehards bleibender Ruhm ist aber doch, daß er im Hitlerprozeß 1924 als junger Staatsanwalt für Hitler die Höchststrafe, seinen Kopf, gefordert hat, wenn er damit auch leider nicht durchgedrungen ist. Dr. Hans Ehard personifiziert für mich eher eine integre CSU als Dr. Josef Müller, Alois Hundhammer, Alfons Goppel oder Franz Josef Strauß. Obwohl der begabtere gewiß der Franz Josef Strauß gewesen ist.
Eine müßige Frage: Wer personifiziert die CSU? Zuvörderst doch Christus! Also verzeihende Nachsicht, Mitleid, Nächstenliebe, Großzügigkeit auch mit den Steuersündern; keinesfalls Rache, Ränke und Rücksichtslosigkeit; und keuscher Umgang mit der stets lebensbedrohenden Staatsgewalt. Keine Sippenhaft! Denken Sie an die Tränen unseres Märchenkönigs! Als er einmal ein Begnadigungsgesuch nicht hat bewilligen dürfen, hat er tagelang geweint! Und hat es damals eine christliche Partei noch nicht gegeben?

Viererkoalition unter Wilhelm Hoegner

Das Aufblühen des deutschen Wirtschaftswunders macht den Adenauerstaat immer wohlhabender. Viele Leute kaufen sich schon ein Auto. Immer mehr beziehen eine Neubauwohnung. Was verhandeln sie im Maximilianeum für Themen? Kommunalgesetzgebung, Lehrerbildung, Konfessionsschulen, die Stimmen im Bundesrat und die Wiederbewaffnung. Das Wahlergebnis von 1950 war freilich eine Sensation. Die stärkste Partei nach Prozenten war nun in Bayern nicht mehr die CSU mit 27,4 % sondern die SPD mit 28 %. Und die drittstärkste Partei wurde die Bayernpartei mit 17,9 %. Dann kam der BHE, der Bund der Heimatvertriebenen, mit 12,3 %. Wilhelm Hoegner wurde stellvertretender Ministerpräsident, Hans Ehard führte das Kabinett. Wilhelm Hoegner, der königlich bayerische Sozialdemokrat, der Schüler Erhard Auers, hat den Kommunen ein Höchstmaß damals erreichbarer Selbstverwaltung geben können. Die Selbstverwaltung der Gemeinden, schreibt Peter Kritzer in seiner Hoegnerbiografie, »hatte für ihn den Rang eines Naturrechts.« – Viele Marktflecken Bayerns hat er als Innenminister damals zu Städten erhoben, weshalb er auch den Beinamen »Wilhelm, der Städtegründer« bekommen hat. Hoegner war beliebt.

Es waren friedliche Jahre des Aufbaus, als im bayerischen Parlament keine Partei über dreißig Prozent hatte. Trotz der stärker werdenden Bundesregierung war man in Wilhelm Hoegners Innenministerium noch recht leger bayerisch. Und Bonn war noch fast a bißerl weit weg. Grüabig war's. Zumal sich der bescheidene stille Ministerpräsident Hans Ehard und sein Stellvertreter, SPD-Minister Hoegner, gut vertragen haben.

Und dann kamen die alles aufwühlenden Wahlen vom November 1954. Durch die CDU-Erfolge, vor allem die der sozialen Marktwirtschaft Ludwig Erhards in Bonn, bekam die CSU wieder über 30 %, ja sogar 38 %. Die Bayernpartei, ihre konservative Rivalin, verlor 4 % und kam nur noch auf 13,2 %. – Die Sozialdemokraten konnten ihre 28 % gut halten, aber die Koalitionsverhandlungen brachten eine Überraschung.

Die siegreiche CSU mußte in die Opposition, denn Wilhelm Hoegner bildet mit Josef Baumgartner von der Bayernpartei, mit BHE-Staatssekretär Willy Guthsmuths, mit Minister Hans Stein und mit Otto Bezold von der FDP eine Viererkoalition. Der Aufschrei der stärksten Partei war fürchterlich. Aber die Schadenfreude vieler Bayern auch beträchtlich. Wilhelm Hoegner sagte: »Die kleinen vier Parteien zusammenzuhalten ist ein Kunststück.« Er betrieb als Ministerpräsident keinen Aufwand und ist oft mit seinem Privatauto, einem VW-Käfer, vorgefahren.

Drei Jahre hat er die vier Parteien zusammenhalten können. Und die großen Themen, die sie sich vorgenommen haben, vor allem die Abschaffung der Lehrerbildungsanstalten, zugunsten einer allgemeinen Hochschulbildung der Lehrer, und die Beseitigung der Konfessionsschulen sind ihnen dann doch nicht recht geglückt.

Immerhin brachte Wilhelm Hoegner mit seiner Viererkoalition das Max-Planck-Institut nach München, ließ in Garching den ersten Forschungsreaktor bauen und ordnete für den verstorbenen Kronprinzen Ruprecht ein Staatsbegräbnis an. Aber nicht nur deshalb heißt er der »königlich-bayerische Sozialdemokrat«. 1946 forderte er in der Verfassungsgebenden Versammlung einen bayerischen Staatspräsidenten. »Nicht für mich«, hat er mir persönlich noch erzählt, »sondern für den Kronprinzen. Aus dem Präsidenten hätte ein den demokratischen Freistaat Bayern repräsentierender König werden sollen.«

Und Spielbanken wurden zugelassen. Mit dem Geld, das diese Spielbanken dem Freistaat einbrächten, wurden immerhin 2000 Sozialwohnungen finanziert. Aber Baumgartner wurde fürchterlich angegriffen, von schier allen Kanzeln herab und von der stärksten Opposition, die es in Bayern je gegeben.

Der Spielbankenprozeß

Schuld am Untergang der rot-weißblau-gelben Koalition, also aus SPD, Bayernpartei, FDP und BHE im Oktober 1957, waren die Bundestagswahlen vom 15. September 1957. Hatte die Bayernpartei 1953 immerhin noch 460 000 Stimmen bekommen, so waren es jetzt nur noch 168 000. Soll die drittstärkste Partei Bayerns ins Nichts abrutschen? Man verärgert eine christliche Schwesterpartei nicht ungestraft. Haben die Wahlplakate der CSU doch ihre Wirkung getan? – Auf einem dieser Plakate war Baumgartner, der ehemalige erzbischöfliche Knabenseminarist, als Antichrist und Kirchenzerstörer verteufelt worden.

Er hielt dem roten Ministerpräsidenten aber noch vier Wochen lang ungeduldig die Treue. Da kündigten aber FDP und BHE die Regierung und koalierten mit der CSU. Die Bayernpartei stand verlassen da, und im Parlament braute sich über dem gewesenen stellvertretenden Ministerpräsidenten der Spielbankenprozeß zusammen, der heute noch als der größte Skandal in der bayerischen Geschichte seit 1945 gelten kann. Die Bayernpartei mit ihren Ministern in der Viererkoalition, mit Herrn Professor Baumgartner und dem Innenminister Geiselhöringer, mußte sich von dem parlamentarischen Untersuchungsausschuß befragen lassen, ob sie von den Spielbankenkonzessionären Schmiergelder bekommen hätten. Sie konnten vor diesem Untersuchungsausschuß beide ihre Unschuld beweisen.

Aber diese Beweise befriedigten die tiefgekränkte CSU nicht, und auch nicht die Presse. Alle Zeitungen ohne Ausnahmen, schrieben: »Sie sagen, sie hätten kein Geld bekommen.« Die Herren Konzessionäre Gembinsky und Bärenkopf der Spielbank von Bad Kissingen zum Beispiel haben möglicherweise nicht die Wahrheit gesagt. Der Konzessionär Freisehner, ein aus Wien stammender Wursthändler, der sich ebenfalls um Spielbankenkonzessionen bemüht hat, der hat nach dem Untersuchungsausschuß Gewissensbisse bekommen und mit einer Selbstanzeige, er habe 29 000 Mark der Bayernpartei gestiftet, einen echten Meineidsprozeß ins Rollen gebracht. In diesen langen Verhandlungen vor dem Münchner Schwurgericht konnte Professor Baumgartner nichts angehängt werden. Und doch wurde er wegen Meineids zu zwei Jahren Zuchthaus verurteilt, nicht wegen Bestechlichkeit, sondern wegen meineidlicher Falschaussage vor dem Untersuchungsausschuß! Dort habe er auf die Frage Hanauers: »Haben Sie auch noch andere Spielbankenbewerber näher gekannt und von ihnen Besuch bekommen, zum Beispiel auch von Freisehner?« Darauf hat Baumgartner geantwortet: »Ja, sie waren alle bei mir, auch er, wie auch bei Ihnen. Ich habe sie aber alle an den zuständigen Minister Geiselhöringer verwiesen.« –

Er hätte aber sagen sollen: »Ja, auch Freisehner war bei mir. Er hat mich besonders oft besucht, mich zur Hochzeit seiner Tochter eingeladen, meiner Frau einen Mantelstoff geschenkt und meinem Sohn Spielzeug.« Der Mantelstoff war zwei Tage lang Gegenstand von Zeugenaussagen und Sachverständigen-Gutachten gewesen. Richter Wohnhas, Senatspräsident, war mit Ministerpräsident Hanns Seidel während des Krieges Heeresrichter gewesen und aus der Aschaffenburger Zeit befreundet.

Baumgartner wurde in Handschellen abgeführt, und das im fetten Friedensjahr 1959. Gestern noch Minister, heut Zuchthäusler. Wenn auch die Haft wegen Krankheit ausgesetzt werden konnte, Baumgartner hat sich nicht mehr erholt und starb zwei Jahre später an einem Gehirnschlag.

Hanns Seidel

Die Hanns Seidel-Stiftung zur politischen Meinungsbildung, eine CSU nahe Stiftung e.V., kennt ein jeder. Aber wer weiß schon, wer Dr. Hanns Seidel gewesen ist? Gründungsmitglied der CSU in Unterfranken, von 1945 bis 1947 auch Landrat von Aschaffenburg, wie Strauß von Schongau. Von 1947 bis '54 bayerischer Wirtschaftsminister. Während der harten Jahre, in denen die CSU im bayerischen Landtag auf der Oppositionsbank gesessen ist, Fraktionsführer der CSU, seit 1955 Landesvorsitzender bis kurz vor seinem Tod 1961. Zwischen 1957 und '61 bayerischer Ministerpräsident. Jahrgang 1901, geboren in Schweinheim bei Aschaffenburg als Sohn eines kleinen Angestellten. Vor dem Krieg in seiner Vaterstadt ein gesuchter Rechtsanwalt. Während der

Kriegsjahre soll er auch zeitweise Heeresrichter gewesen sein. Hohe Stirn, kahler Kopf, von eher kleiner, lebendiger Körperlichkeit.

Er hatte es von Anfang an verstanden der CSU, dem Profil einer konservativen Partei, Fortschrittlichkeit, technisches Interesse und modernes Ökonomiestreben hinzuzufügen. Er verfaßte Artikel über Wirtschaftspolitik, über Zeitfragen und schrieb kurz vor seinem Tod noch einen Aufsatz über die Bedeutung der Medien in der Politik. Er sprach da »vom Mythos in der öffentlichen Meinung«. Ein betont moderner Mensch, der sich als Wirtschaftsminister im zweiten Kabinett Ehard, also schon Anfang der fünfziger Jahre, über die friedliche Nutzung der Kernenergie Gedanken gemacht hat. Daß Bayern zwischen 1954 und 57 ohne die CSU regiert wurde, sah er für das ganze Land als verderblich und äußerst gefährlich an. Obschon es das Kabinett Hoegner war, das in Garching den ersten Versuchsreaktor in Betrieb nehmen lassen konnte.

Angesichts der immer größer werdenden Verantwortung im Zeitalter der kommenden technisierten Gesellschaft, war Seidel das Recht der Bürger auf Bildung sehr wichtig. Die von Hoegner vorbereitete Lehrerbildungsreform konnte er verwirklichen. Wäre er, infolge eines Autounfalls nicht schon im August 1961 verstorben, der wirtschaftliche und technische Fortschritt hätte das angeblich so altmodische Bayern noch mehr modernisiert. Schon 1957 sagte er: »Die Staatsregierung will eine Politik betreiben, die mit dem Blick auf die Notwendigkeit der Zeit in allen Bereichen des staatlichen Lebens das real Erzielbare aufspürt, freilegt und zur Vollendung bringt.«

Bei so viel Energie zur Erneuerung mußten leider in vielen Städten und Dörfern alte Rathäuser, gotische Giebel und Barockfassaden einer nüchternen Betonarchitektur weichen. So viele Bundwerkstadel wie in den späten fünfziger und frühen sechziger Jahren verschwunden sind, hat kaum der Krieg zerstört. A bißerl weniger dynamisches Wirtschaftswachstum hätte uns nicht geschadet!

Das kann man heut leicht sagen, damals waren die Jahre der Not noch in Erinnerung. Ministerpräsident Hanns Seidel hat das Wirtschaftswunder in Bayern voll zur Entfaltung gebracht. Aber für bayerische Verhältnisse in der Tradition war er halt ein »schwacher Föderalist.« – Die Beseitigung der Bayernpartei war sein politisches Hauptanliegen.

Föderalismus, hat Seidel definiert, bedeutet, »daß die Bundesrepublik in allen nationalen deutschen und übernationalen Fragen des bayerischen Rückhaltes versichert sein kann«. Und, fährt dann, noch zentralistischer gesinnt, fort: »Wir wissen sehr wohl, daß diese Praxis bei uns noch keineswegs Allgemeinheit ist. Aber der Aufschwung des Materiellen und des Technischen macht auch vor dem föderalistischen Staatsgeist nicht Halt.«

Es ist kein Wunder, daß er selber ein Opfer dieses jähen technisches Fortschritts geworden ist.

Waldemar von Knoeringen (1906–1971)

Bis 1963 hieß der Landesvorsitzende der SPD nicht Wilhelm Hoegner, wie die Leute annehmen, auch nicht Thomas Wimmer, nach dem originellen Oberbürgermeister von München, sondern Waldemar von Knoeringen, Jahrgang 1906 und gebürtig auf Gut Rechertsberg bei Weilheim. Sein Vater zog in die Aisingerwies bei Rosenheim. Die Freiherrn von Knoeringen stellten im 16. Jahrhundert schon einen Augsburger Fürstbischof.

1926 ging der junge Baron nach der Mittleren Reife und einer Fotolehre zur SPD. Erhard Auer war der damalige Landesvorsitzende. Andere, von Auer protegierte, junge Herren waren Dr. Wilhelm Hoegner, er war bereits Landtagsabgeordneter, und Thomas Wimmer, Schreiner und Münchner Stadtrat.

Knoeringen wurde 1932 noch in den Landesvorstand der Jungsozialisten gewählt, und kümmerte sich nach der Machtergreifung der Nazis um eine illegale Kontaktstelle der bayerischen SPD, zunächst in Österreich, dann, ab 1934, in der Tschechei; schließlich in Frankreich, endlich in England, wo er über die Labourparty einen deutschen Sender betreiben konnte: Die unabhängige Sendestation »Europäische Revolution«.

1946 kehrte er nach München zurück, wurde von Dr. Hoegner in die »Verfassunggebende Landesversammlung« gerufen und stieg 1947 zum Landesvorstand der SPD in Bayern auf. Das 1949 erworbene Bundestagsmandat gab er zurück, um sich ganz seiner Aufgabe in Bayern widmen zu können.

Weil ihm kein akademisches Studium vergönnt war, hat er es zeitlebens abgelehnt ein Ministerium anzunehmen.

Er war kein Volkstribun. Aber er hat in Bayern, ja in Deutschland, demokratische und soziale Spuren von auffälliger Tiefe hinterlassen. Angefangen von der 1956 endlich verwirklichten Bauernrente bis hin zur liberalen Schul- und Bildungspolitik. Auch für die Volkgesundheit war er unermüdlich tätig, so daß es immer mehr auch für Bauern, Arbeiter und Angestellte möglich wurde, Kuren zu machen! Die Viererkoalition war sein Werk gewesen. Er gab dazu die Parole aus: »Licht übers Land, Bayern sagt ja zur liberal-sozialen Allianz.« – Er hat mit Wilhelm Hoegner und Josef Baumgartner das heikle Problem der Gemeinschaftsschule in Bayern treffend formuliert: »Pädagogische Hochschulen und Konkordatslehrstühle für die Lehrkräfte der Religion und Philosophie.« – Was die CSU zwei Jahre später wörtlich übernommen hat. – Denn erst der CSU-Regierung unter Seidel ist es in zähem Ringen mit den Bischöfen Bayerns gelungen, was der Viererkoalition versagt worden ist. Unter Hoegner-Baumgartner hat sich Kardinal Wendel geweigert am Neujahrsempfang der Regierung teilzunehmen. (Und ist vier Jahre später genau zum Jahreswechsel verstorben.)

Waldemar von Knoeringen hat in Vorträgen der sozialdemokratischen Akademie die Schlagzeilen machende Frage gestellt: »Sind katholische Sozialdemokraten in der Kirche nur geduldet?« – So sehr haben sich damals in Bayern wegen des Streites um die Konfessionsschule die Gemüter erhitzt.

Die letzten Jahre hat sich Knoeringen aus der aktiven Politik immer mehr zurückziehen wollen. Der 1923 in Teplitz geborene Volkmar Gabert löste ihn als Landesvorsitzender ab. Man war den sozialdemokratischen Sudetendeutschen und Pragern dankbar für die illegalen Kontakte, die sie in den dreißiger Jahren Knoeringen und der bayerischen SPD gewährt haben. Auch der Pressesprecher der SPD, Emil Werner, war ein sudetendeutscher Sozialdemokrat gewesen. Emil Werner war 1906 in Aussig geboren und 1996 in München verstorben. Er hatte in den Nachkriegsjahren seine Beziehungen auch zur mitkoalierenden Flüchtlingspartei BHE. Er war am Untergang der Viererkoalition nicht unbeteiligt. Als Pressesprecher der SPD-Fraktion hat er mehr dem linken Flügel der SPD angehört. Er war speziell ein Gegner der »autochthonen« Bayernpartei gewesen.

Bayernfreundlich waren aber immer schon die Sudetendeutschen gewesen, die Egerländer, Karlsbader und die ganzen Böhmerwaldler. Hoegner hat in seiner Rede auf dem Pfingsttreffen der Sudetendeutschen 1957 in Nürnberg das Wort »vom vierten Volksstamm Bayerns« geprägt.

Knoeringen hat jetzt vor allem viele Vorträge für die jüngeren Genossen gehalten. »Auf daß diese nicht zu marxistisch denken, sondern bayerische Sozialdemokraten bleiben.« – Er hat dazu eine eigene sozialdemokratische Akademie gegründet. Eine Vortragsreihe von ihm hieß: »Was bleibt vom Sozialismus?«
Der stets Nachdenkliche formulierte da: »Sozialismus muß vollendete Demokratie sein, sonst hat er keine Chance.« Ein Wort im Geiste Georg von Vollmars und dessen Lieblingsschülers Erhard Auer aus Dommelstadel bei Passau.

Die jungen Marxisten in der Partei, die täglich auch in Bayern mehr geworden sind, ließen sich von seiner Weisheit nicht beeindrucken und schrien ihn mit demonstrativer Massivität nieder.

»Was haben Sie denn schon geleistet, Herr von Knoeringen?« – Die Akademie, einst seine Lieblingsgründung, hat ihm nun am ärgerlichsten zugesetzt. Wie Hoegner war er ein leidenschaftlicher Demokrat und hatte mit den bayerischen Marxisten seine Differenzen. Da hat er ihnen dann noch diesen schönen Satz ins Gewissen zu reden versucht: »Die bayerischen Sozialdemokraten haben nur eine Zukunft, wenn sie ihre Wurzeln zum bayerischen Volk nicht vergessen...« Damit konnten die meist Zugereisten nichts anfangen. Am 2. Juli 1971 ist der »rotweiß-blaue Baron«, während eines Kuraufenthaltes in Bernried, mit 66 Jahren, an einem Herzstillstand gestorben. Auch ein heutiger CSU-Mann darf Waldemar von Knoeringen nicht vergessen.

Einer wird ihn gewiß nicht vergessen, war er doch nicht nur der Nachfolger des originellen Münchner Oberbürgermeisters Thomas Wimmer (Rama dama) sondern auch ein Schüler der altehrwürdigen SPD Georg von Vollmars, Erhard Auers und Waldemar von Knoeringens gewesen: Hans Jochen Vogel, der die Olympischen Spiele nach München gebracht hat (und das mittlerweile doch angenommene Olympiadach) und der, wie alle politischen Nachfahren Vollmars/Auers/Knoeringens mit den Marxisten in der SPD Bayerns seine Differenzen gehabt hat. Auch wenn er anschließend nach Berlin und Bonn gegangen ist.

Und das könnte Waldemar von Knoeringen gesagt haben, was kürzlich ein gestandener (konservativer) Altmünchner Sozialdemokrat ausgerufen hat: »I bin seit meiner Jugend Mitglied der SPD und werd's aa bleibn, aber wenn in der Partei nur noch die Zugreisten und ganz Linken reden dürfen, dann wähl ich die CSU und den Stoiber«!

Alois Hundhammer

»Hätte es in der CSU doch nur den Hundhammerflügel gegeben«, möchte man als bayerischer Patriot heute noch ausrufen. Der Hundhammerflügel war im Unterschied zum Müller- und Straußflügel für mehr selbstständige Politik in Bayern. Ja, Hundhammer galt insgeheim als Monarchist.

Wie Baumgartner war er Bauernbub und erzbischöflicher Knabenseminarist in Freising gewesen. Er hatte in Philosophie und Nationalökonomie promoviert. Wie Baumgartner begann auch Dr. Dr. Alois Hundhammer 1927 beim christlichen Bauernverein. Er wurde erster Sekretär, Baumgartner zweiter. Noch ein dritter kreuzte damals die Biografie der beiden. 1927 hatte sich bei Dr. Georg Heim auch ein gewisser Diplomlandwirt Heinrich Himmler beim Christlichen Bauernverein als Sekretär beworben.

Aber die damaligen Bauernpäpste Heim und Schlittenbauer haben den Sohn des Studienkollegen, des Oberstudiendirektors Himmler, nicht genommen, sondern Herrn Dr. Dr. Alois Hundhammer und den Dr. Josef Baumgartner.

Nach der KZ-Haft betrieb Hundhammer, dem jede politische Tätigkeit untersagt war, ein Schuhgeschäft. Vor allem versorgte er die bayerischen Nonnenklöster mit Schuhen. Er soll sogar die Meisterprüfung als orthopädischer Schuhmachermeister gemacht haben.

Nach dem Krieg war er Gründungsmitglied der CSU. Von Anfang an mit Baumgartner verbündet gegen den liberalen Müllerflügel. Um Haaresbreite wäre Hundhammer 1948 zur Bayernpartei übergetreten. Eine halbe Nacht lang haben die beiden Jugendfreunde darüber verhandelt. Für Hundhammer war aber dann doch das Christliche in der CSU bindender als der starke Föderalismus. Ein Übertritt des nach Baumgartner bekanntesten bayerischen Politikers, hätte damals für die CSU das Ende bedeutet. Hundhammer vertrat bis 1970 den Wahlkreis Rosenheim.

Beide Landwirtschaftsexperten spekulierten auf das Landwirtschaftsministerium. Wegen seines doppelten Doktortitels übernahm Hundhammer im 1. Kabinett Ehard dann das Kultusministerium, wo er von der liberalen Presse wegen des Verbotes des Ballettes »Abraxas« von Werner Egk in der Bayerischen Staatsoper »aus sittlichen Gründen« stark angegriffen wurde. Das kommende Jahrzehnt konnte man in jedem Kabarett eine CSU-Abraxasnummer sehen. 1950 durfte er wegen des Abraxasverbotes in der großen Koalitionsregierung CSU und SPD – eine von Wilhelm Hoegner geforderte Koalitionsbedingung – nicht mehr Minister sein.

Hundhammer hatte innerhalb der CSU – als Bezirksvorsitzender von Oberbayern – eine starke Hausmacht gehabt. Bis 1954 war er Landtagspräsident, zeitweise auch Fraktionsvorsitzender gewesen. Unter Seidel, Ehard und Goppel ist er dann endlich permanent Landwirtschaftsminister geworden und paßte als solcher auf den Milch- und Hopfenpreis auf. Er hat aber im bayerischen Bauernbetrieb nicht nur den mit der übrigen Gesellschaft auszugleichenden Erwerb und Profit gesehen, sondern auch andere Werte, wie die intakte ländliche, christliche Familie, den Wert der Heimat einer Bauerngemeinde und Dorfgemeinschaft, die uralten Traditionen bäuerlicher Mühen um den Erhalt der Selbstständigkeit. In seinen großen Reden in dem Marien-Wallfahrtsort Tuntenhausen hat er oft über diese Werte gesprochen. Seine Nachfolger nahmen ihn nicht mehr ernst. Der bäuerliche Profit forderte in Europa immer mehr Umsatz: Mehr Milch, mehr Vieh, mehr Getreide.

In der christlichen Schulpolitik hielt sich Hundhammer streng an das Konkordat von 1924, mußte aber dann unter Hoegner doch Zugeständnisse dulden. In einem vielbeachteten Kommentar zur bayerischen Politik nannte der damalige Chefredakteur des Bayerischen Rundfunks, Walter von Cube, Hundhammer den »unbestechlichsten Politiker, den Bayern je hatte«. Man könne ihm einen Sack voll Gold und eine Jungfrau anvertrauen und ihn um die Welt schicken, er würde beides unberührt zurückbringen.

Er war Ritter vom Heiligen Grab. In Opposition zu einer zu liberalen CSU-Politik durch Franz Josef Strauß, gründete er 1968 noch den »Petrakreis«. Als stellvertretender bayerischer Ministerpräsident gehörte er mit seinem Vollbart zu den markantesten Persönlichkeiten der Nachkriegszeit.

Bei der Beerdigung seines Jugendfreundes, Dr. Josef Baumgartner, in Sulzemoos am 24. Januar 1964, welche ein schwarzes Volksfest war, zischte ihn ein Bauer an: »No, bist iatz z'friedn, weil er da drunt liegt?«

Mit dem Begräbnis Prof. Dr. Josef Baumgartners endet die größte politische Tragödie Bayerns seit dem rätselhaften Tod König Ludwigs II.

Wir dürfen den Patrioten aus Sulzemoos nicht vergessen. Baut ihm ein Denkmal, sprecht ihn frei! –

Und Dr. Dr. Alois Hundhammer ist an seinem Tod kaum schuld. Er war kein Mann der Rache. Wahlergebnisse haben ihm genügt.

Alfons Goppel

»Der Fonse macht sei Sach guat!« – »Der Fonse machts schon recht.« Wenn die Leut einmal so vertraute Töne anklingen lassen, dann kann man so einen Ministerpräsidenten nur loben. Aber ein Historiker soll sich mehr der kritischen Methode bedienen. Doch auch als Kritiker tut man sich schwer an den vier Kabinetten Goppels etwas auszusetzen. Sogar als bayerischer Föderalist hat er seinen Mann gestellt. Er hat bereits in seinem ersten Kabinett einen eigenen Minister für Bundesangelegenheiten nach Bonn geschickt, denn »man könne denen in Bonn nicht genug auf die Finger sehen.« Und Alfons Goppel hat mit seinem dritten und vierten Kabinett – im Unterschied zu den früheren bayerischen Regierungen – eine sozialdemokratische Bundesregierung »über sich« gehabt. Das heißt nicht direkt »über sich«, nur im Bundesrat und in Bonn hat er sie fortwährend verspürt.

Er ist, bei all der notwendigen Opposition, mit den SPD-Bundeskanzlern nicht allzu schlecht ausgekommen. Jedenfalls nicht zum Schaden Bayerns. Ministerpräsident Alfons Goppel hat aber auch glänzende Höhepunkte erleben dürfen. 1963 bereits die Wiedereröffnung des Bayerischen Nationaltheaters und dann immer respektablere Wahlergebnisse seiner Regierungspartei. Im November 1970 zum Beispiel bekam die CSU – trotz fast einer Million Jungwähler – über 56 Prozent der Stimmen (und 1978 noch mehr), so daß die CSU in Bayern die Alleinregierung hat antreten können. Alfons Goppel brauchte in seinem zweiten, dritten und vierten Kabinett keine Koalition mehr eingehen. Es waren nun allerdings die Abgeordneten der Bayernpartei, nach dem Spielbankenprozeß und dem frühen Tod Josef Baumgartners, fast alle zur CSU übergetreten. Mit diesen Kräften der zurückgefundenen starken bayerischen Föderlisten waren der CSU auch wieder weißblaue, patriotische Flügel gewachsen. 1966 ist er noch eine Koalition mit der auf zwölf Mandate geschrumpften Bayernpartei eingegangen, nicht aus Notwendigkeit sondern mehr aus einem Gefühl der Versöhnung und des schlechten Gewissens. »Die Hebung der bayerischen Wirtschaftskraft und die Stärkung der finanziellen Leistungsfähigkeit unseres Landes werden die wesentlichen Elemente der bayerischen Politik sein«, sagte er in seiner Regierungserklärung.

Den Unternehmungen des Ministerpräsidenten Alfons Goppel in seinen vier Kabinetten kann man noch heut die Zustimmung nicht verweigern. Der Gründung der vierten Landesuniversität Regensburg, bereits im Juli 1962, folgten die Universitäten in Augsburg und Bayreuth und die Errichtung zahlreicher Fachhochschulen und Akademien. Er kümmerte sich um den Ausbau eines modernen Straßennetzes, um die Zonenrandförderung, um die Brennerautobahn und schließlich um sein größtes Projekt, um den Bau des Rhein-Main-Donaukanals. Seine Regierungserklärungen klangen immer optimistischer: »Bayern zählt zu den ersten Wachstumsländern innerhalb der Bundesrepublik!«

1970 ernannte er – mit Straußens Zustimmung – den bisherigen Generalsekretär der CSU, Max Streibl, zum Minister für Landesplanung und Umweltschutz. Bayern war in Deutschland also das erste Land mit einem so wichtigen Ministerium.

Freilich fiel unter Alfons Goppels Ministerpräsidentenschaft auch die Gemeinde- und Landkreisreform, und es wurden in rücksichtsloser Zukunftseuphorie historisch uralte Grenzen nicht mehr geachtet. Es gibt keinen Landkreis Wasserburg mehr und kein Bezirksamt Kötzting. Auch das Land Bayern mußte großräumiger verwaltet werden. Einfacher, bürokratieloser, billiger und menschlicher ist durch die Landkreisreform die Verwaltung aber nicht geworden.

Franz Josef Strauß
(1915–1988)

Es war ihm nicht vergönnt Bundeskanzler zu werden. Aber von 1978 bis '88 war er bayerischer Ministerpräsident und seit 1961 Landesvorsitzender der CSU gewesen. Ununterbrochen – bis zu seinem Tod am 3. Oktober in Regensburg, also 27 Jahre lang. Geboren wurde er am 6. 9. 1915 in München im Sternzeichen der Jungfrau.

Er war ein Parteichef mit politischer Überzeugungskraft, in Sprache, Gestik und Mimik. Kurzangebunden und direkt, auch wenn er stundenlang geredet hat. »Laßt die Hosen runter!« und »nennt Roß und Reiter!«, hat er einmal im Deutschen Bundestag ausgerufen. Christlich-soziale Politik hatte für ihn immer auch einen liberalkonservativen Hintergrund. »Bei zwei Erzbischofskandidaten hab ich mit meinem Veto nein sagen müssen. Sie wären für München zu traditionslos gewesen.« – Flüsternd fügte er noch hinzu: »Und zu rot!« –

Dazu war er etwas deutschnational und dem Herkommen nach ein verwurzelter katholischer Bayer, speziell ein Münchner. »Ich war auch Ministrant, Eminenz...«
»Wir betreiben eine christlich-soziale Politik auf demokratisch-parlamentarischer Grundlage in Frieden und Freiheit, deutschföderativ und nach den Vorstellungen eines christlichen Sittengesetzes, freilich liberalster Auslegung«, hat er einmal formuliert. Er war sich dieser komplizierten Widersprüche wohl bewußt, die er da auf seinen Nenner gebracht hatte. »Aber gerade das macht die Stärke unserer Partei aus«, schreibt er ein andermal aus erster Hand.

Er hielt sich für eine Identifikationsfigur all dieser Widersprüche in der Partei, und er hielt alles zusammen, besonders in den Jahren der CDU/CSU-Opposition (1971–82) gegen Kanzler Schmidt. Er war wirtschaftspolitischer Sprecher der vereinigten CDU/CSU Fraktion. Über Bayern hinaus gewann er Anhänger in ganz Deutschland. Zeitweilig konnte er seine Gegner in der CDU mit dem Plan einer bundesweit wählbaren CSU bedrohen.

Sein Vater stammte aus Franken, seine Mutter war Altbayerin. Sie betrieben in der Schellingstraße eine kleine Metzgerei. Daneben lag das Verlagsgebäude des »Völkischen Beobachters«.

»Ich habe damals Heinrich Himmler als Elfjähriger und erster Deutscher einmal eine Sau geheißen«, hat er mir erzählt. »Himmler parkte seinen DKW manchmal vor unserem Laden. Als gescheiterter Diplomlandwirt betrieb er in Trudering eine kleine Hühnerfarm, weshalb sein Wagen, DKW Reichsklasse, meist ungewaschen und voll Dreck war. Da schrieb ich mit dem Finger einmal ›Sau‹ auf Scheiben und Karrosserie. Ich hab es beobachtet: Er hat sich sehr geärgert. Aber Gott sei Dank, man hat mich nicht erwischt.« – Diese Episode hat er mir zweimal erzählt.

Am Maxgymnasium machte er 1934 ein glänzendes Abitur und wurde in die königliche Studienstiftung der Maximilianer aufgenommen. An der Ludwig-Maximilians-Universität studierte er dann philologisch-historische Fächer und bestand sein Staatsexamen als bester. Wie mir ein Studienkollege aus Nürnberg erzählte, schrieb er seine Abschlußarbeit über »Das Führungsprinzip bei Caesar Augustus Octavian«. Und hatte Augustus – nach der Diktatur – wieder mit dem Senat regiert. Aber alle Senatoren waren von ihm abhängig und mußten gehorchen. Während eines Studienurlaubs soll Strauß nationalökonomische Vorlesungen gehört haben. Trotzdem war er Soldat vom ersten bis zum letzten Kriegsjahr. Zum Glück kam er noch vor der Einkesselung Stalingrads in den Studienurlaub. Gegen Kriegsende war er als Oberleutnant Führungsoffizier an der Schule für Offiziersbewerber der Artillerie in Altenstadt bei Schongau.

Hier machten ihn die Amerikaner – anläßlich der Übergabe des Offiziers-Kasinos – zum stellvertretenden Landrat von Schongau. Bald wurde er Landrat, und zählt zugleich zu den Politikern der ersten Stunde. Eine gute Bekannte brachte ihn zum ersten Vorsitzenden der CSU, Dr. Josef Müller, in die Gedonstraße, wo 1945/46 die Fäden der Nachkriegspolitik zusammengelaufen sind. Dr. Josef Müller, genannt der »Ochsensepp«, NS-Geheimdienstoffizier und als Bruder eines Pfarrers, angesehener Katholik und Rechtsanwalt, hatte nach Ost und West gute Verbindungen, ebenso zum Vatikan. An seiner Seite gehörte Strauß innerhalb weniger Wochen zum Führungsstab der jungen CSU. Dr. Müllers erste Tat war die politische Ausschaltung der Königstreuen in Bayern, die unter dem amerikanischen Dreisternegeneral Patton, der den Kronprinzen von Rom nach München geflogen hatte, großen Zulauf hatten, vielleicht 60 oder 70 %. Durch den Präsidentenberater und Sonderkommissär Murphy wurde noch 1946 Patton abgelöst, und die Königspartei kurz vor den ersten freien Wahlen verboten. In seiner Biographie »Bis zur letzten Konsequenz« schildert Dr. Müller, wie sehr er schon im Ersten Weltkrieg Republikaner und niemals Monarchist gewesen sei, und wie er nach 1945 Deutschland »vor der Bolschewisierung« retten wollte, nicht zuletzt durch die von den Amerikanern garantierte Demokratie.

Franz Josef Straußens Karriere – er war immerhin bereits der erste Generalsekretär der CSU – verlor sich nicht in der Landespolitik, sondern er wurde, von Dr. Müller protegiert, gleich Mitglied des Zonenwirtschaftsrates und dann, ab 1949, Bundestagsabgeordneter in Bonn, wo er gleich Adenauer aufgefallen ist. Seine erste große Rede zur Wiederbewaffnung der Bundesrepublik, am 7. Februar 1952, brachte ihm eine ungeheure Popularität und stehende Ovationen von den Parlamentariern. 1953 stellte ihn Adenauer als Bundesminister vor. Straußens Mission galt damals dem Bemühen um eine europäische Verteidigungsgemeinschaft mit Frankreich, um die EVG. Daraus ist leider nichts geworden, aber »mit meinem Freund Pinay ist das Saarland wieder zu Deutschland gekommen«.

Strauß ist »Atomminister« geworden und schließlich Verteidigungsminister. Er streitet für die Bundeswehr um Gleichberechtigung in der

Nato. Es kommt zu den großen Skandalen der Wiederaufrüstung, um die Beschaffung der »Starfighter-Flotte« und um die Beschaffung von HS-30-Panzern. Der Bundesverteidigungsminister soll von den amerikanischen Firmen Bestechungsgelder bekommen haben. Franz Josef übersteht die Turbulenzen.

Im Juni 1957 heiratet der 42jährige Bundesminister für Verteidigung, der begehrteste Junggeselle Deutschlands, die 28jährige Marianne Zwicknagl, Kaiserbräutochter von Rott am Inn. Konrad Adenauer kommt als Trauzeuge. Am Vorabend der Hochzeit ertrinken 15 Wehrpflichtige der Bundeswehr bei einer Wehrübung in der Iller bei Kempten. Die Medien fallen über den Verteidigungsminister her: Er habe die Bundeswehr zu schnell aufgebaut.

Im Herbst 1962 hat dann Franz Josef Strauß die »Spiegelaffäre« (er ließ einen Spiegelredakteur verhaften) nicht ohne Einbuße seines Ministeramtes »bravourös« überstanden, war er doch schon seit 1961 Parteivorstand der CSU.

Die Katholische Kirchenzeitung schrieb damals: Strauß möge sich 10 Jahre lang jeder politischen Tätigkeit enthalten. Aber jetzt, als Parteichef, galt der Spruch: »Ohne ihn geht nichts mehr. Weder in Bonn, eher noch in Bayern.« Er wurde nach jedem Skandal populärer. Er hatte die väterliche Ausstrahlung eines demokratischen Alleinherrschers. Schier jedermann wollte mit ihm befreundet sein. Wir Bayern nehmen ihm heute noch nichts übel. Obwohl wir mittlerweile einiges erfahren haben, zuletzt von vielen, nur ihm allein verfügbaren, Geheimkonten seiner Partei. Der »Spiegel« weiß immer wieder von neuen Affären um Franz Josef Strauß.

»Nach der größten Katastrophe der deutschen Geschichte, nach der Stunde Null, beim Aufbau des neuen deutschen Hauses auf demokratischer Grundlage dabeizusein, mitzugestalten, bei einem politischen Schöpfungsakt unvergleichlicher Art mitzuwirken, darin lag Faszination und nicht zuletzt Gnade ...«

So steht es in seinen Erinnerungen. Wäre es anders gekommen, hätte er nicht das große Glück gehabt, vom Offizierskasino weg im Mai 1945 von den Siegern zum Landrat berufen zu werden, was wäre dann aus FJS geworden? Er sagt es in seinen Erinnerungen, auf Seite 155: »Zwei Angebote wurden mir gemacht ... Oberbürgermeister Karl Scharnagl bot mir das Amt des Stadtschuldirektors an und« – Kultusminister Hundhammer, das hat mir Hundhammer bei einem Osterlammessen erzählt, er, der seine Memoiren noch schreiben wollte, davon aber nur etwa dreißig Seiten geschrieben hat, hat ihm – Strauß verschweigt das und sagt: »man hat mir den Posten des Oberstudiendirektors am Gymnasium Marquartstein angeboten mit der Aussicht, eines Tages Oberstudiendirektor an meinem alten Maxgymnasium zu werden... Es scheiterte daran, daß ich mich politisch hätte einschränken müssen.«

Es ist zu verstehen, daß Dr. Dr. Alois Hundhammer den jungen Sekretär des liberalen Parteivorsitzenden und Rivalen, Dr. Josef Müller, aus der Politik fernhalten wollte. Was wäre aus Franz Josef Strauß für ein gewaltiger Rex Oberstudiendirektor geworden! »Setzen! Sie sind weder vorbereitet, noch haben Sie eine Ahnung von der Syntax der lateinischen Sprache...« Und wie erst wäre er mit den Herren Assessoren und Studienräten herumgesprungen. »Wenn Sie nicht fähig sind, Herr Kollege, in der so gutwilligen 9a mit Disziplin halbwegs Ordnung zu halten, dann wird sich das nicht nur in Ihrem Personalbogen wiederfinden, dann übernehmen Sie ab Montag die Klasse 1b...«

Vielleicht hätten ihn heranreifende Schülerinnen der Oberklassen erotisch korrumpiert, und Franz Josef Strauß wäre – mit ständig schlechtem Oberstudiendirektors-Gewissen – eine Art Professor Unrat geworden?

Da hat er es schon glücklicher zum Bundesminister, Parteivorsitzenden und Ministerpräsidenten gebracht. Glaubt man allerdings den vielen Enthüllungen des Spiegels, den plötzlich aufgefundenen Aktennotizen des diskreten Parteikassiers Pohle und den Briefen Zimmermanns und Schmidhubers, dann lebte FJS jahrelang unter der Angst, doch durch einen der parlamentarischen Untersuchungsausschüsse entdeckt zu werden, und plötzlich als korrupter Verteidigungsminister dazustehen, als Privatempfänger großer Geldsummen, die als Parteispenden gedacht, zu Geschenken »hier nicht näher zu nennender Geldgeber« umfunktioniert worden sind. Jahrelang schwelten diese diskreten Verfahren und Prozesse um seinen Kopf. Haben diese Verdächtigungen und Vermutungen aus ihm nicht doch eine Art übercharakterisierten »Minister Unrat« gemacht? – »Der große Boß, der große Zampano, mein Überich«, haben ihn bedeutende Persönlichkeiten der CSU gern genannt.

Und wenn schon! Die Leut haben Franz Josef Strauß gemocht und mögen ihn immer noch. Trotz der Nebengeschäfte, Aufsichtsratsposten, Präsidien, »diskreten Beteiligungen« bei »Fibag« und der »Bau-Union«, trotz der Spenden von hunderttausenden von Mark, Dollars und Schweizer Franken. Es ist ja alles diskret geschehen. Die parlamentarischen Untersuchungsausschüsse haben nie etwas herausgebracht. Seine getreuen Rechtsanwälte und seine, die Beteiligungen verschwiegen verwaltenden Rechtsanwälte, sind dafür Minister geworden, meint der Spiegel. – Das sei jetzt alles maßlos übertrieben und boshaft, meinen die vielen Freunde. »Strauß bleibt Strauß.« – Sie alle haben seine Freundschaft gesucht. Das Geld wurde ihm aufgedrängt. »Für die Partei und auch als Dank an Sie!« – Er selber hat nie Gelder verlangt oder gebettelt. Das haben Spezialisten der Partei gemacht.

Persönlichkeiten seiner Originalität, vor allem seiner natürlichen Autorität und mächtigen Ausstrahlungskraft, seiner Intelligenz und taktischen Gewandtheit, werden in Deutschland nur alle 25 Jahre einmal Politiker.

Einmal habe ich eine anders gefügte Situation erleben müssen. Im Fasching 1973 – er war damals das Gehirn der ganzen Opposition – hat er den Reiherorden des Landkreises und der Stadt Erding verliehen bekommen »für Politik und Verdienste um Bayern«. Gleichzeitig bekam dazu auch ich diesen Reiherorden meines Heimatlandkreises für Kunst (»Königlich-Bayerisches Amtsgericht«). Wir mußten uns gegenseitig die Lobreden halten. Mein Bruder Nikolaus, der »Bräu z'Loh« und Bürgermeister der Gemeinden Grün- und Wasentegernbach, war neben meiner plaziert. Franz Josef Strauß sollte gegenüber sitzen. Als er endlich, in großer Begleitung, eintraf, sagte mein Bruder, einer der letzten BP-Bürgermeister: »An dem Tisch bleib i net.« Er erhob sich und suchte sich weit hinten einen Platz.

Während der Geburtstagsfeier des Bräus von Aying, durfte ich, der Laudator, auch an seinem Tische sitzen. Strauß sprach kaum, sah finster drein und war stumm mit seiner Tischdame beschäftigt. Aber ständig kamen von links und rechts hohe und höchste Herren der Banken und Wirtschaft, der Politik und der Verwaltung und redeten mit ihren Anliegen auf ihn ein. Er nickte manchmal aufmerksam und reichte dann jedem zum Abschied, noch mal nickend, die freie Hand. – Nach einer Stunde etwa fragte ich ihn: »Herr Bundesminister und Parteivorsitzender Dr. Strauß, wie können Sie die vielen Anliegen nur im Kopf behalten?«

Er sagte: »Nicht im Kopf. Ein Mächtiger muß nur stumm zuhören können, dann glaubt sich der Bittsteller schon erhört«.

Dann blieb er den ganzen Abend schweigsam. Auf meine vielen

Fragen zur Opposition meinte er nur noch einmal ziemlich ungnädig: »Es gibt eine Zeit des Redens und eine Zeit des Schweigens. Jetzt ist die Zeit des Schweigens.« –

Bei einem Jubiläum einer Sektkellerei durfte ich die Festrede halten. Zu Beginn gab es in den Kellern einen Willkommenstrunk. Die Familie des Hausherrn hatte Gäste zu begrüßen. Strauß stand allein da. Ich näherte mich ihm. Da fragte er mich plötzlich: »Nun, wissen Sie was Nymphen sind?« – Ich antwortete wie ein Schüler: »Die Nymphen gehörten bei den alten Griechen zu den Halbgöttern, Herr Ministerpräsident.« – Er war mit der Antwort nicht zufrieden. »Nein, Nymphen sind weibliche Naturgöttinnen, sitzen als Najaden in den Quellen und als Dryaden in den Bäumen. Die Halbgötter sind ja wir Ministerpräsidenten.«

Beim Salvatoranstich Anfang der sechziger Jahre war er gern der letzte Gast. Ich durfte Filmaufzeichnungen für die »Münchner Abendschau« machen. Ziemlich bierisch sagte er unerwartet und nicht für die Öffentlichkeit bestimmt: »Auch ein Msgr. hat den hl. Geist nicht gepachtet. Ich soll mich zehn Jahre lang jeder politischen Betätigung enthalten? – So ein Schmarrn! Hochwürden haben keine Ahnung, daß in der sogenannten Spiegelaffäre alles erstunken und erlogen ist. Ich habe für Konrad Adenauer den Kopf hingehalten – in gewohnter Treue zum Chef – wie es in Deutschland einmal üblich gewesen.«

Ich hab es ihm geglaubt und war stolz, so einer vertraulichen Mitteilung »in aller Diskretion« gewürdigt worden zu sein.

Von 1966 bis '69 gehörte er dem Kabinett Kurt Kiesinger als Finanzminister an, in dem auch Sozialdemokraten saßen. Willy Brandt war Außenminister, Prof. Karl Schiller, der bekannte Nationalökonom, Wirtschaftsminister und auch Sozialdemokrat. Er wurde der Hauptgegner von Strauß in ein und demselben Koalitionskabinett. Strauß ärgerte Schiller besonders mit seinem Stabilitätsgesetz. Damals, als Bundesfinanzminister, hat er die Umsatzsteuer von 4 % in eine Mehrwertsteuer von 8 % umwandeln müssen. Obwohl der Begriff des Mehrwertes von Karl Marx stammt. Heut ist die Produktion selbstverständlich optimal, der Verkauf, der Umsatz, ist das gewinnbringende Problem.

Noch zwei persönliche Erinnerungen an diesen bedeutenden Mann: Einmal hat er mich wegen meines Wahlspruches: »Wir brauchen keinen König, aber schöner wär's«, energisch gemahnt: »Was haben'S denn mit Ihrem schöner wär's? Gfallt's Ihnen bei mir nicht?« – Kleinlaut sagte ich: »Schon, Herr Ministerpräsident, aber es fehlt halt der Glanz der Krone.« – Er lächelte und antwortete: »So ein Schmarrn! Ich strahl auch ohne Krone einigen Glanz aus!« Die Szene spielte im Deutschen Theater im Fasching. Er war ja als Valentinordensträger mein Ordenbruder. Und er saß mit dem Rücken zum Bundeskanzler Kohl. Ich wollte den Tisch für den Herrn Ministerpräsidenten räumen. Da sagte der Herr Bundeskanzler gutgelaunt: »Bleibn'S sitzen, so macht er mir's immer.«

Zwei Jahre vor seinem Tod fragte ich ihn, anläßlich eines Geburtstagfestes: »Wer wird jetzt Fernsehdirektor, Burckhardt oder Feller?« Er zuckte die Achsel. Da wandte sich sein Freund Josef März mir zu und rief: »Natürlich wird's Feller. Was gefällt Ihnen nicht an Herrn Feller?« Ich erwiderte überraschend schlagfertig: »Ich dachte, Sie handeln mit Rindviechern und nicht mit Fernsehdirektoren«. Jetzt lachte Strauß hellauf und sagte: »Ihm sitzt der Schalk im Nacken!«

Trotzdem, was über den Toten auch erzählt wird, eine so originelle, gescheite, universalpolitische, volksnahe und weltweit denkende Persönlichkeit wird in Bayern so schnell nicht wieder aufstehen.

War er auch nie Bundeskanzler geworden, sondern 1978 »nur« bayerischer Ministerpräsident, er war der führende Kopf der deutschen Politik gewesen. Oder wie Abt Friesenegger von Andechs anno 1648 beim Friedensschluß von Münster und Osnabrück gesagt hat: »Jedermann achtet unseren Kurfürsten.«

Er ist gestorben in der ältesten Hauptstadt Bayerns, in Regensburg, am 3. Oktober 1988. Sein Leichnam wurde in der Kapelle der königlich-bayerischen Residenz in München aufgebahrt. Der Trauerzug bewegte sich durch die Ludwigstraße zum Siegestor. So feierlich wird in Bayern nur ein König beerdigt.

Max Streibl

Er hat zwar zu den stilleren, aber bei Gott nicht zu den schlechtesten Ministerpräsidenten gehört. Es hat ja überhaupt keine schlechten gegeben. Als Stellvertretender Ministerpräsident und Finanzminister ist Max Streibl dem jäh verstorbenen Franz Josef Strauß immediat nachgefolgt – freilich durch die Wahl des Parlamentes. Aber das war zu erwarten gewesen. Stoiber mußte warten, Ministererfahrung sammeln. Max Streibl hatte zudem seine großen Verdienste. Als erster Umweltminister hatte er neue Gesetze für den Naturschutz und für die bayerische Raumplanung geschaffen. Ja, er mußte erst Meßgeräte erfinden lassen, mit denen die Umweltschäden Anfang der siebziger Jahre gemessen werden konnten. Als Finanzminister galt ihm die Stabilität des Haushaltes als hohes Gebot. Wieviele Aufklärungsschriften hat er herausgeben, wie die Vereine, wie die Bürger Steuern sparen könnten.

Als Ministerpräsident waren ihm – ohne viel Aufhebens und ohne großen Pressewirbel – bedeutende Höhepunkte vergönnt: Er hat fünf neue Fachhochschulen einrichten lassen, so daß, wie er selber sagt: »Es in jeder Region Bayerns eine Hochschule gibt.« Ganz besonders muß es seiner Initiative als Ministerpräsident angerechnet werden, daß er sofort und ohne Aufhebens auf die Wiederaufbereitungsanlage in Wackersdorf verzichtet hat. Wieviel ist an diesem Bauzaun demonstriert worden, wieviele Polizisten sind dabei verletzt worden!

Das Europa der Provinzen ist eine wichtige Idee des starken Föderalisten Max Streibl gewesen. Er hat sich mit den Regionalpräsidenten und Präfekten in Italien und Frankreich und München getroffen. Die gesamtdeutsche Ministerpräsidentenkonferenz am 20. und 21. Dezember 1990 in München wurde von Max Streibl angeregt, und alle Ministerpräsidenten Deutschlands bekannten sich zum Föderalismus, dem Garanten für Freiheit und Demokratie. Die Konferenz war historisch. Denn bereits 1947 hatte Ministerpräsident Ehard die Ministerpräsidenten ganz Deutschlands nach München gerufen.

Die Presse hat der Bedeutung der Münchner Erklärung vom 21. Dezember viel zu wenig Aufmerksamkeit geschenkt.

Die bayerische Eigenstaatlichkeit zu sichern, trotz dem Ja zu den Verträgen von Maastricht, geht auf Streibls bayerisch-föderative Initiative zurück.

Daß unter seiner Ministerpräsidentschaft vier bedeutende Bauvorhaben zu Ende gebracht werden konnten, vergolden die Zeit seiner Administration (1988 bis 1993). Der Containerbahnhof wurde fertig, den Franz-Josef-Strauß-Flughafen konnte er feierlich eröffnen, ebenso den Rhein-Main-Donaukanal endlich vollenden und auch die neue Staatskanzlei am Hofgarten einweihen.

Wieviel wäre da noch nachzutragen! Zum Beispiel Ludwigs II. Leib-Pferde-Galerie des Malers Pfeiffer im Marstallmuseum zu Nymphenburg. Mit großer Anteilnahme hat Ministerpräsident Max Streibl die Restaurierung dieser kgl. Gemälde mit den über 30 Gebirgshütten Ludwigs II. verfolgt und war auch bei der Eröffnung persönlich zugegen, damals noch kurz vor dem Tode Franz Josef Straußens als Finanzminister.

Und doch wurde er mit der Verleumdung der persönlichen Bereicherung abgedankt, weil er sich von einem Industriellen nach Brasilien hat einladen lassen? Einem Flugzeugbauer aus Memmingen, dem er mit seinen »Bonner Beziehungen« vielleicht den Bau etlicher militärischer Aufklärungsflugzeuge zubringen sollte und wollte. Aber für so eine kleine Firma war der Auftrag der berufenen Konkurrenz vielleicht zu groß? – Läßt sich ein Bauern-Bürgermeister auf eine Hochzeit laden, ist wahrscheinlich die Flugreise eines Ministerpräsidenten nicht wesentlich unvergleichbarer. Freilich das große Gehalt für die Vorstandschaft jener oberfränkischen Firma? Sie galt rechtens dem jeweiligen bayerischen Ministerpräsidenten. Strauß hat sie kassiert. Max Streibl hat das Geld genommen. Erst Edmund Stoiber hat auf die über 300 000 Mark verzichtet. Streibl war halt nicht vollkommen. Er war eine stille, eine introvertierte Natur. Er kannte die benediktinische Tugend der Taciturnitas, der Verschwiegenheit. Er war nicht zufällig ein Zögling Ettals. Pater Anselm war sein Klassenkamerad. Es hat schon einen Großonkel im Habit gegeben, den Pater Eberhard Streibl von Metten, einen Mathematiker. Vielleicht hätte auch Max ein Benediktiner werden wollen?

Aber die Welt war, trotz des Passionsspieldorfes Oberammergau, zu kräftig gewesen. Als politisch-ökonomische Vorbilder fungierten sein Herr Vater, der Oberammergauer Hotelier und Besitzer des renommierten Hauses »Wittelsbach«, wo Max auch manchmal als freundlicher Portier aushelfen mußte. Streibl war also ein geborener Wittelsbacher! Wenigstens dem Hotelnamen nach: Ein wenig vornehm und ein bißchen leger. Die benediktinische Erziehung bis zum Abitur blieb an ihm zu spüren. Denn ein sehr starkes politisch-ökonomisches Vorbild war für ihn der Ettaler Pater Coellerar, der Pater Johannes, ein Freund Ludwig Erhards. Er hat den Ettaler Klosterlikör weltberühmt gemacht. Manche sagten gar, Ludwig Erhard wäre zur Idee der freien und doch auch ein wenig sozialen Marktwirtschaft von P. Johannes angeregt worden.

Max Streibl ging früh zur CSU, machte das Staatsexamen und kam als Assessor zur Regierung von Oberbayern. Er wurde rasch Gemeinderat in Oberammergau, Bezirksvorsitzender der Jungen Union in Oberbayern und hat öfters in der Passion mitgespielt: Als Grabengel, Pilatusdiener und Lazarus.

1960 war er Landesvorsitzender der Jungen Union. Mit 38 Jahren gehörte er bereits dem Landesvorstand der CSU an und war bis zur Abdankung als Ministerpräsident, Landesvorsitzender der CSU von Oberbayern.

Seine Arbeit in der bayerischen Staatsregierung – als Minister für Umweltschutz unter dem Kabinett Goppel – begann er 1970.

Ich habe ihn schon wegen seiner benediktinischen Erziehung gemocht. Und mag ihn auch heut noch. Trotz der »Vorkommnisse«.

Denn insgeheim hab ich von seiner Sympathie für die Könige Bayerns gewußt, besonders über seine Gebirgswanderungen zu den Hütten König Ludwigs II. wie zum Beispiel zur Brunnkopfhütte über Linderhof.

Edmund Stoiber

Das hätte niemand gedacht, daß aus dem Buben eines kleinen Geschäftsmannes in Oberaudorf einmal Bayerns Ministerpräsident werden wird. Er wurde am 28. September 1941 in Oberaudorf, im Sternzeichen der Waage geboren, 26 Jahre später als Franz Josef Strauß. Lakonisch heißt es im offiziellen Lebenslauf: »Katholisch, verheiratet seit 1968 mit Frau Karin, drei Kinder«. Nach der Volksschule absolvierte er als Fahrschüler in Rosenheim das Gymnasium. Er diente als Gebirgsjäger in Bad Reichenhall und in Mittenwald. Er studierte dann die Rechte an der Ludwig-Maximilians-Universität in München und hörte auch politische Wissenschaften.

Als Referendar hat er schon geheiratet. Damals dachte er noch an eine wissenschaftliche Karriere. Er wurde Mitarbeiter am Lehrstuhl für Strafrecht an der neugegründeten Universität Regensburg. 1971 legte er dann doch das Staatsexamen ab.

Seine politische Laufbahn begann Stoiber bei der Jungen Union. Bereits in den frühen Siebziger Jahren – bis 1976 – war er Kreisvorsitzender der Jungen Union des Landkreises Bad Tölz – Wolfratshausen. Seit 1975 gar schon gehörte er dem Bezirksvorstand der CSU Oberbayerns an. Ein politischer Senkrechtstarter. War er doch damals erst 34 Jahre alt.

Max Streibl, der Vorsitzende der CSU Oberbayerns und erste Minister für Landesentwicklung und Umweltschutz, hatte ihn schon vier Jahre vorher, 1971/72 als persönlichen Referenten in sein Ministerium geholt, wo er es vom persönlichen Referenten des Ministers rasch zum Leiter des Ministerbüros gebracht hat.

1978, in dem Jahr als Franz Josef Strauß das Amt des Bayerischen Ministerpräsidenten übernommen hat, wurde Dr. Edmund Stoiber Generalsekretär der CSU. 1982 übernahm er als Staatssekretär die Leitung der Bayerischen Staatskanzlei und war zugleich in der Partei Stellvertreter von Franz Josef Strauß. 1986 bekam er endlich den längst verdienten Ministerrang.

Es hätte nicht viel gefehlt und er wäre nach dem Tod von Franz Josef Strauß bereits 1988 zum Ministerpräsidenten gewählt worden. Er kannte sich aus in der Staatskanzlei. Bei ihm sind seit Jahren die Fäden der Administration zusammengelaufen. Und war er auch nicht Stellvertreter des Ministerpräsidenten, wie Max Streibl, der Finanzminister, so war er doch Straußens Stellvertreter als CSU-Landesvorsitzender gewesen. Stoiber macht die Arbeit in der Staatskanzlei, sagten die Leut, Franz Josef Strauß repräsentiert den Freistaat und die Partei.

Aber das weißblaue Land hat in diesen fünf Jahren das Warten und Kommen, manchmal auch das Drängen dieses Innenministers gespürt. Er ist geradezu explodiert vor Einfällen, Mut und dynamischen Reformen für dieses bayerische Land, dem er seine ganze Existenz seit Jahren gewidmet hatte. Das Asyl- und Ausländerrecht hat ihn besonders gefordert. Wir wissen es heute, Bayern hat noch nie so einen motivierten und eifrigen Landesherrn gehabt, dem obendrein seine meisten Unternehmungen glücken! Was hilft all der Eifer ohne Fortune? – Warum diese Begeisterung für Edmund Stoiber? Er hat – ohne Ansehen der Person – den Ministern, Abgeordneten und Beamten die Möglichkeit einträglicher Nebenverdienste beschnitten, ja ganz unmöglich gemacht. Selbst seine großen Gönner Streibl und Strauß haben da Lorbeerblätter eingebüßt. Er würde sich selbst anklagen, hat er einmal gesagt, denn die alten Zeiten der deutschen Wirtschaftswunderlichkeiten seien lange dahin. Die fleißige, selbstlose und sparsame Aufbaugeneration ist abgestorben. Heut wollen alle mehr Freizeit und ein besseres Leben, wollen steuerfreie Nebeneinkünfte, größere Autos, prächtigere Wohnungen und Villen und weltweite Urlaubsflüge. Selbstverständlich haben auch die zahlreicher gewordenen hohen und höchsten Beamten Anteil an diesem Luxusleben. Luxus für alle, heißt die Devise. Anfangs der fünfziger Jahre hatte ein Landratsamt kaum 50 Beamte, heute 500! – Und die Beamten sind trotz ihrer beschworenen Integrität auch gewerkschaftlich organisiert – und haben viele Privilegien.

Nur ein reinigendes Donnerwetter mit Staatsanwalt und Untersuchungshaft kann diese Gesellschaft aufrütteln. »Die Hoffnung, daß unsere Wirtschaft nur eine schmale konjunkturelle Talsohle zu überwinden hätte, hat sich als trügerisch erwiesen«, sagt der besorgte Ministerpräsident in einer seiner Regierungserklärungen. »Die Zahlen sind alarmierend.« Worte allein bringen diese Wohlstandsgesellschaft nicht zur Besinnung. Es müssen die schlechten Gewissen aufgerüttelt werden. Die Leute sollen erfahren, wie, wo und bei wem die Korruption Zigtausende eingebracht hat, wer alles Steuern hinterzogen hat in Millionenhöhe, und wo die Nebenverdienstgeschäfte am größten sind oder waren!

So ließ er denn, Fanfaren der Apokalypse gleich, etliche Paukenschläge donnern, daß ganz Bayern aufgeschreckt ist. Mehr Ehrlichkeit und inkorrupte Ordnung der hohen und höchsten Beamten! Stoppt jede scheinheilige Unehrlichkeit! Vor den Steuergesetzen sind alle Bürger gleich! Alte Wahrheiten eines Idealisten. Aber er hat die Praktiken hoher und höchster Persönlichkeiten, große Gelder zu machen, bloßstellen lassen. Es war ein Fressen für die Journaille! Immer mehr Steuersünder und bestechliche Beamte kamen in Untersuchungshaft. Die Tat eines Herrschers! Die Luft ist reiner geworden.

Das Ziel, die wirtschaftliche Gesundung unseres Staates ist ein hohes! Die soziale Solidarität in der freien Marktwirtschaft ist durch diese Reinigung zum Anfang der Administration von Dr. Edmund Stoiber wenigstens wieder sichtbar geworden. Bei den vielen kleinen Leuten, aber auch bei den einsichtigen Managern und Direktoren ist diese Inkorruptions-Aktion unseres Ministerpräsidenten ehrlichen Herzens verstanden worden. »Endlich ein Ministerpräsident, der sowas gewagt hat«, sagen die Leut landauf, landab. Und daß er nicht einmal seine Vorgänger geschont hat, das hat die reinigende Kraft dieser Offensive für die Zukunft Bayerns noch verstärkt.

Jetzt kann er auch von den übertriebenen Sozialleistungen etwas stutzen. »Denn die soziale Marktwirtschaft ist nur funktionsfähig bei einem ausgewogenen Verhältnis zwischen volkswirtschaftlicher Leistung einerseits und sozialer Wohlfahrt anderseits, zwischen Eigenverantwortung und Solidarität, zwischen Eigenleistung und Sozialleistungen«, sagt er in seiner letzen Regierungserklärung vom 23. Mai 1996.

Die gehobelten Späne sind schmerzlich herumgeflogen – vielleicht einmal zu schmerzlich – und enthüllten Peinliches. Die Schlacht war nicht nur mutig eröffnet, sie war auch schon halb gewonnen. Das Volk ist ihm dankbar. Bayern ist gesäubert. Steuerhinterzieher und korrupte Beamte gibt es im Freistaat kaum mehr. Edmund Stoiber sitzt nach nur dreijähriger Amtszeit so fest im Sattel wie vor ihm kein anderer Ministerpräsident. Er wirkte reinigender als die selbstbetroffenen Vorwürfe der Opposition. Klagen über eine Korruption gegen die CSU sind nicht mehr möglich. Stoiber hat niemand geschont, gerade auch nicht seine Vorgänger. Das kann nur einer vollbringen, der selber ein reines Gewissen hat.

Ein Anfang war gemacht. Jetzt konnte er – abermals offensiv – an die wirtschaftliche Zukunft Bayerns denken.

Um in die Zukunft zu investieren, braucht der Staat große Summen. »Nicht besitzen, sondern gestalten« soll der Staat. Stoiber verkaufte Staatsbetriebe, die ohnehin privatisiert gehörten. Bayern verkaufte den Dasa-Anteil für 409 Millionen an die Merzedes-Benz AG, die Bayernwerk AG für zunächst 2,3 Milliarden an die Viag AG, die Rhein-Main-Donau AG für 800 Millionen an die Bayernwerk AG, kleinere Energiebetriebe für 90 Millionen. Insgesamt betrugen die ersten Privatisierungserlöse 3 Milliarden.

Mit diesen Geldern werden Hochschulen, klinische Forschungsprogramme, Kommunikationstechnologien, Existenzgründungen und Hochleistungsrechner finanziert. Andere Millionen will Stoiber in die regionale Wirtschaftsförderung stecken, in die berufliche Bildung, in die Erschließung neuer Märkte, in den neuen Forschungsreaktor Garching, in die Festkörperphysik, in den Umweltschutz, ins Kopfklinikum Würzburg, in den »Inova High-Tech-Park« usw. So viele wesentliche Details über staatliche Fördermaßnahmen kenne ich in keiner anderen Regierungserklärung als in dieser, des Ministerpräsidenten Dr. Edmund Stoiber vom 23. Mai 1996. – Diese Investitionen in die technisch-wirtschaftliche Zukunft werden sich bald bezahlt machen. Man darf wieder ein wenig optimistischer werden.

Er fordert eine föderalistische EU-Politik und bemüht sich um EU-Mittel wenigstens für unsere Bauern. Sein gewichtiges Taktieren als

Bundesratspräsident erregt Aufsehn. Seine Reden kommen auch in norddeutschen Städten an. An wichtigen Einfällen fehlt es ihm nicht. Dem Vorsitzenden der CSU, Herrn Dr. Theo Waigel, soll der bayerische Herr Ministerpräsident manchmal fast ein wenig zu avantgardistische Pläne zu rasch verwirklichen wollen. Aber der Gegensatz der Positionen vereint immer wieder die notwendige gemeinsame Anstrengung. Und auf Herrn Dr. Stoiber ist Verlaß, er ist ein Mann von Fortune.

Dazu die charmante Frau Karin an seiner Seite! Sie vermag seinen energischen Tatendrang, seine unermüdliche Begeisterung für dieses weißblaue Land, mit Charme und stiller Sympathie zu unterstützen und die Gegensätze mildern: Seine intelektuelle Überzeugungskraft, sein Bemühen um Verständlichkeit und wissenschaftliche Klarheit, sein stets politisch-abwägendes Taktieren. Sie ist eine Schönheit aus dem vierten Stamm der Bayern, wie Wilhelm Hoegner es formuliert hätte, schlicht und elegant, eine Landesmutter, auf die wir stolz sein können.

Ich komme ins Schwärmen, hab schon einmal gesagt: Frau Stoibers schöne Herzlichkeit erinnert mich an die erste Königin Bayerns, an die als Schönheit geltene Caroline, die zweite Gemahlin Maximilians I., eine gebürtige Prinzessin von Baden.

Warum sollte ich es hier am Ende dieser vielen Gschichten aus der Geschichte (und als Ehrenpräsident der Königstreuen in Bayern) nicht noch mal sagen? »Bis wir wieder einen Wittelsbacher auf dem Bayerischen Thron sehen, ist Dr. Edmund Stoiber, der gewählte Ministerpräsident und Landesvater unser König: Seine Majestät, der Herr Ministerpräsident«.

Von einer schneller rechnenden Staatsverwaltung (Die kybernetische Zukunft der Administration)

Mit dem Erlös aus dem Verkauf der Bayernwerke und der Rhein-Main-Donau AG hat Edmund Stoiber auch regionale Schnellrechnungszentren in Planung und Bau gegeben. Für diese ist es nun einmal gleich, ob sie über 100 oder einhunderttausend Container abrechnen oder die Journale über zweitausend Ärzte, Krankenschwestern und zwanzigtausend Betten führen.

Bild links: *Erhard Auer, ehemaliger bayerischer Innenminister, Landtagsvizepräsident und Vorsitzender der bayerischen SPD*

Bild Mitte: *Prof. Josef Baumgartner (Bildmitte) auf der Anklagebank beim sogenannten »Spielbankenprozeß«*

Bild unten: *Vier bayerische Ministerpräsidenten auf einem Bild. Von links: Alfons Goppel, CSU (1962–1978), Hans Ehard, CSU (1946–1954; 1960–1962), Wilhelm Hoegner, SPD (1945/46; 1954–1957) und Franz Josef Strauß, CSU (1978–1988).*

*Ministerpräsident Dr. Edmund Stoiber
zusammen mit seiner Gattin Karin
beim Sommerempfang des Landtages am 9. Juli
1996 im Neuen Schloß Schleißheim.*

Diese Schnellrechner werden bald viele Ämter – und noch mehr Beamte einsparen. Warum auch nicht? Die computergesteuerten Fabriken entlassen immerzu Arbeiter, nur die Beamten und Angestellten der Staatsverwaltung werden immer mehr.

»Ja, schaun's doch nur die dicken Haushaltbücher an, die müssen für jeden Haushalt geschrieben werden!« – Ich habe sie mir angesehen. Es wird immer ähnlich und gleich formuliert, abgeschrieben. »Aber die Zahlen!« werden doch heut schon von Rechnern errechnet und vom Computern zusammengestellt.

Ich kenne Fabriken, die heut mit hundert Angestellten mehr produzieren als noch 1986 mit tausend. – Nur die Staatsbehörden beschäftigen – trotz der zahlreichen »Verwaltungsvereinfachungen« immer mehr Beamte und Angestellte. Ein Böser hat einmal gesagt: »Manche Abteilung ist eigens für den Schwiegersohn eines bedeutenden Parlamentariers eingerichtet worden.« Das glaube ich aber doch nicht ganz.

Unser Landratsamt hat 1953 fünfzig Beamte und Angestellte gehabt, und damals haben schon viele Bürger über die ausufernde Bürokratie geschimpft, denn ein neues Landratsamt sollte gebaut werden. – Heute beaufsichtigen, genehmigen, registrieren und archivieren, d. h. sie legen Akten ab, in demselben Amt, des gewiß um ein Drittel gewachsenen Bezirks, über fünfhundert Beamte und Angestellte. Allein zehn Betriebausflüge müssen veranstaltet werden, sollte jeder Bus den Herrn Landrat in seiner Mitte haben können.

Es gäbe wesentlich mehr zu verwalten, mehr Neu- und Umbauten zu genehmigen und zu beaufsichtigen, viel mehr Handläufe an lebensgefährlichen Treppen anzubringen und viel mehr Müllcontainer seien zu bewältigen. Vom anfallenden Sperrmüll gar nicht zu reden! Auch mehr Sozialhilfen seien zu gewähren. Dazu müssen die Damen und Herren eines Landratsamtes die Oberaufsicht über mehr Schulen, Krankenhäuser und Autozulassungsstellen bedienen. Vom Kreisstraßenbau und den vielen Feuerwehren nicht zu reden! Usw. Wir haben mehr Gastarbeiter und Flüchtlinge, mehr Umschulungen und Ausbildungshilfen etc.

Die Gemeinden sind alle groß genug, um diese vielen Aufgaben selber zu bewältigen. Einige dieser Aufgaben – und nicht wenige – werden von den Rathäusern ohnehin schon erledigt. Muß denn alles doppelt und dreifach »verwaltet« werden? Die Finanzierung ist wichtig. Darum spart an den Personalkosten!

Außerdem benützt man auch in den Landratsämtern bereits

Schnellrechner, Computer, bargeldlose Überweisungen, Telefaxgeräte, Telefone, Autos und manchmal sogar Hubschrauber.

Viele »Überwachungen und Beaufsichtigungen« scheinen mir überflüssig geworden zu sein. Die Vertragswerkstätten haben dieselben Überprüfungsgeräte wie der TÜV.

Auch die Bauern haben schier die Hälfte ihre Hofbetriebe aufgegeben. Jedoch die Landwirtschaftsämter sind personalpolitisch um das Vierfache gewachsen. Obwohl schon manche größere Bauern über ihre Bildschirme die neuesten und wissenswertesten Daten abfragen können.

Übrigens sind einige Bauern von den akademischen Landwirtschaftsräten über manche Professoren von Weihenstephan bis zur Gant beraten worden: Vom Kuhstall zur Bullenmast, zum viehlosen Ackerbau und schließlich zur Schweinemast. Neuerdings zur Stallfütterung mit einem leichten Zug zur Massentierhaltung. Justament drei Jahre vor dem Rinderwahn. Der ja gottlob andere Erreger hat und von unserer sanften Massentierhaltung nie nicht berührt wird.

Wie gesund schienen die Milchkühe auf ihren Sommerweiden! Wann wird einem Ministerpräsidenten eine »kybernetische Administration der Zukunft« einfallen? – Das Problem liegt bei der Minderung der geschworenen Beamtenschaft. Werden in den Ämtern die Personen weniger, wächst die Verantwortung der wenigen Verbliebenen. Beinah ohne Delegation? Wer steht dann für wen oder was ein? – Der Schnellrechner kann nicht für eine millionenhohe Fehlplanung verantwortlich gemacht werden. Ohne Rückversicherung würde das Regieren und Verwalten fürchterlich werden.

Aber kaum noch lange wird es dauern und man wird in der Staatskanzlei des Ministerpäsidenten Edmund Stoiber nach einer Minderung der riesigen Verwaltungs-Apparate fragen. Das könnte zur Abschaffung einiger administrations-traditioneller Behörden und Ämter führen. – Natürlich nicht der Finanzämter, denn die betreibt ja der Bund. Sparen müssen die Länder. Darin unterschieden sich ja bei der Abfassung des Grundgesetzes die starken von den schwachen Föderalisten, als diese die Finanzhoheit der Länder in kleindeutschnationaler Unvermeidbarkeit, auf Herrenchiemsee 1949, verworfen haben, und Herzog Tassilo wie Dr. Josef Baumgartner ausgerufen hat, »aufs neue geblendet haben«.

Ohne dem Grundgesetz und den Verfassungen der Länder weh zu tun, sei die Frage erlaubt: Brauchen die Länder die schwerfälligen Beamtenhäuser des Mittelalters, besonders des 18., 19. und 20. Jahrhunderts noch? Damals haben reitende Boten die Befehle der königlichen oder fürstlichen Minister zu den Rentämtern gebracht. Und nach Registrierung und Archivierung dieser königlichen Anordnungen vielleicht weiter an die Herren Pfleger und Landrichter oder Bezirksamtmänner durch andere Boten weitergeleitet.

Jedes Telefax in einem ministeriellen Büro ist in der Lage in jedes ländliche Gemeindeamt täglich mehrere Telebriefe auf die Schreibtische der Mitarbeiter des Herrn Bürgermeisters zu legen. Ebenso können die Gemeinden prompt Auskünfte zurückfaxen. Die Telekommunikation und eine künftige Teleadministration (mit millimetergetreuen Lösungen in allen Regionen Europas) könnten schon bald unsere Regierungen in Ober- und Niederbayern, in Unter-, Mittel- und Oberfranken, in der Oberpfalz und wahrscheinlich auch in Schwaben, entbehrlich machen. Mit Sicherheit auch unsere 71 Landratsämter dazu!

An die fünf Milliarden Mark an Gehältern, Löhnen, Pensionierungen und Beamtenbeihilfen kann sich das Land dadurch allein in Bayern einsparen. Wenn nicht mehr? –

Denn durch menschliche Fehlleistungen, jetzt kaum zur Verantwortung gezogener Beamter, würden nicht nur die Personalkosten eingespart. Dazu kommen die Mieteinnahmen aus den landrätlichen Immobilien. In den Gemeinden weiß man vieles besser. Der Herr Bürgermeister sitzt näher an den Problemen des Landschaftsschutzes, der Wasserwirtschaft, der Biotope, der Bauerschließung, der Müllbeseitigung und der Freizeitgestaltungs-Flächen.

Also: Einer der regierenden und gewählten Bürgermeister ist auf ein Jahr der Landrat, damit wenigstens die bisherigen Landkreisgrenzen bleiben.

So wird es seit Jahrhunderten in der katholischen Kirche geübt: Einer der diensthabenden Pfarrherren wird zum Dekan erwählt. Bei den künftigen »Bürgermeister-Landräten« (mit dem Titel »Provinzialität«) sollte man jedes Jahr wechseln, damit ja nicht die Gemeinde eines Landrat-Bürgermeisters bevorzugt würde. Der Landrat wäre dann durch die Bürgermeisterwahl auch »gewählt«. – Außerdem sind ja die Bürgermeisterwahlen beim Volk aufregender als die bisherigen Landratswahlen.

Die Regierungsbezirksgrenzen und Traditionen bleiben auch erhalten. Der Posten des Regierungspräsidenten wird ein Ehrenposten. Er hat einen Stellvertreter, zwei Sekretärinnen und einen Dienstwagen samt Fahrer. Er muß ja in seinem Regierungsbezirk bei vielen Jubiläen und Volksfesteröffnungen die Staatsgewalt repräsentieren können. Auch die Bürgermeister-Landräte bekämen natürlich für ihre Landratsfunktion eine eigene Sekretärin. Realiter aber findet jedes Monat eine Ruralkapitel-Sitzung statt, bzw. ein Landratskapitel.

An so einem Provinzial-Kapiteltag, sagen schon die ältesten Staatsphilosophen, wie Kaiser Hadrian in seinem »Edictum perpetuum«, oder Papst Gregor der Große in seinem »Liber pastoralis« u. a., daß so eine Versammlung eines Provinzialkapitels oder Landpräfekten (später) Archipriester (noch später Dekane), daß an so einem Kapiteltag nur drei Themen abgehandelt werden dürfen. Und, heißt es, es möge alles nur eine Stunde dauern. Mit der Abstimmung nur eine Stunde! – Alles darüber sei ein Geschwätz!

Jetzt, wenn einer der 23 Bürgermeister ein recht heikles und strittiges Anliegen vorbringt, das er selber im Gemeinderat nicht lösen kann, dann mag er es hier vorbringen. Der Bürgermeisterlandrat wird den Fall den Experten in der europäischen Computeradministration millimetergetreu vortragen. Und diese kybernetische Spezialmaschine wird die knifflige Situation im Modell tausendfach zu lösen trachten und die beste Lösung in Sekunden abliefern. Brächten das hundert Oberregierungsräte in hundert Jahren fertig?

Gegessen und getrunken darf bis in die Nacht hinein werden. Das erlauben schon die ältesten Autoritäten. Darum sollen sie leben, die kommenden Ministerpräsidenten! Sie werden endlich mit einem kleinen Apparat regieren lassen können. Menschlich ist dann wieder die Repräsentation wichtiger als das Regiment. Es gibt nur noch Ministerien und Abgeordnete, Bürgermeister und Gemeinderäte.

Privilegierte Staatsbeamte sind nur noch die Richter, Staatsanwälte, Polizisten, Offiziere und die Lehrer, aber allzugroß sollen deren Privilegien auch nicht sein. Immun sind ohnehin nur die Damen und Herren Abgeordneten, die »Immunitäten«.

Register

(Mitglieder des Hochadels werden nur unter ihrem Vornamen geführt)

Abälard, Peter 82
Abel, Karl von 192 f.
Adalbero (Bischof von Augsburg) 52
Adalbert (Diener Arbeos) 38
Adalbert (Poppone) 48
Adalbert (Prinz) 357
Adalbert von Calw 62
Adaloard 29
Adelheid von Savoyen 148 f., 153
Adenauer, Konrad 352, 363–365, 378 f., 382
Adolf von Nassau 105
Afra (Heilige) 25
Agilulf (Langobardenkönig) 28 f.
Agnes (Kaiserin) 58 f., 63 f., 72, 82
Agnes von Frankreich 80
Agnes von Schlesien 101, 104
Aist, Dietmar von 90
Albert von Straubing-Holland 111 f.
Albert von Tirol 86
Albertus Magnus 94 f.
Albrecht von Bayern 30
Albrecht I. (Herzog) 109
Albrecht III. (von München) 119 f., 122 f.
Albrecht IV. (der Weise) 123–125, 128, 130
Albrecht V. 132–134
Albrecht (Erbprinz) 354–356, 357 f.
Albrecht Alcibiades v. Brandenburg-Kulmbach 138–140, 142
Albrecht von Habsburg 99 f., 105
Albrecht von Hohenzollern 142
Albrecht II. von Österreich 111
Alexander II. (Zar) 209
Alkuin 44
Alt, Salome 144 f.
Altmann von Passau (Bischof) 59, 63 f.
Andreas von Regensburg 114
Andreas von Ungarn 99
Anianus (Märtyrer) 27
Anna von Bourbon 118
Anna von Braunschweig 190
Apian, Peter 132
Arbeo (Bischof) 38 f., 41, 43
Arco-Valley, Anton Graf von 280, 282
Aristoteles 19, 82
Arn (Erzbischof) 45
Arnold von Brescia 74
Arnulf von Kärnten 46–48, 80
Arnulf der Böse 49–52, 79
Arnulf (Pfalzgraf) 52
Arnulf (Prinz) 263
Asam (Fam.) 162
Attalongus 46
Audulf 45
Auer, Anna 358
Auer, Erhard 270, 273, 279, 281–285, 307, 359–361, 365, 370, 372, 391

Auer, Ignaz 360
Auersperg, Josef Franz von 169 f.
August von Sachsen 141
Auguste von Toscana 220 f.
Aurelia von Regensburg 60
Authari (Langobardenkönig) 28
Auvera 162
Aventin (Johann Turmair) 48, 105, 112
Axelrod, Tobias 292

Bacher, Gideon 142
Baeyer, Adolf 213
Bandel, Ernst von 185
Barbarossa (s. Friedrich Barbarossa)
Bärenkopf (N.N.) 367
Bauer (N.N.; Bürgermeister) 221
Bauerreiß, Romuald 120
Baumgartner, Josef 351–353, 363, 366–368, 371, 373–375, 391, 394
Bayerstorff, Sophie (Petin) 189 f.
Beauharnais, Auguste de 181, 183
Beauharnais, Eugen de 181, 183
Beatrix (Prinzessin) 81
Beatrix von Burgund 78
Bebel, August 235, 360
Beck, Ludwig 351
Beethoven, Ludwig van 199, 231
Behaim, Martin 113
Behr, Michael 187–189
Bela von Ungarn 87, 99
Benedikt (Heiliger) 28
Benedikt XV. (Papst) 146
Berchem, M. von 171
Berlichingen, Götz von 130
Bermeter, Hans 129
Bernauer, Agnes 119 f., 123
Bernhard von Clairvaux 71, 73, 81
Berthold (Herzog) 52, 79
Berthold von Aquilea 81
Berthold von Moosburg 67
Bethmann Hollweg, Theobald von 267
Bezold, Otto 366
Bibiena, Galli 165
Bischof, Theodor von 197
Bismarck, Otto von 201–208, 211, 214 f., 217, 223, 233, 242, 267, 302, 358, 360
Bogen, Albert v. 85
Böhaimb, Albert v. 86 f.
Böhm, Hans 127 f.
Bonifatius (Heiliger) 26 f., 33–35
Bonifaz (Papst) 115
Boos zu Waldeck, Carlotta 184
Bormann, Martin 341
Borscht, Wilhelm 243
Bosl, Karl 66
Boucher, François 206
Boulanger, Georges 212, 214
Brandt, Willy 382
Branca, Alexander von 173
Bray, Otto von 205

Breitkopf, (N.N.) v. 262
Brentano, Lujo 232
Brettreich, Friedrich 272, 274
Bretzenheim, Karl v. 175
Brug, (N.N.) v.
Brunhilde (PN) 30
Brünig, Heinrich 331, 333
Bülow, Bernhard von 214, 225, 234
Bulscu (Ungarnfürst) 53
Burckhart (PN) 383

Canaris, Wilhelm 351
Candid, Peter 147
Caprivi, Leo von 236
Carl (Prinz) 189 f., 201–203
Caroline (Königin) 183, 189, 390
Casselmann, Leopold 229
Celtis, Conrad 113
Cetto, August von 223
Charlotte (Kaiserin) 183
Charlotte von der Pfalz 143
Childebert (Frankenkönig) 31
Chilperich (Frankenkönig) 30
Chlotar (Frankenkönig) 30
Christian von Brandenburg-Ansbach 143
Christian von Zweibrücken 177
Christian Alexander von Ansbach 167
Christian Ernst von Bayreuth 149–151
Christoph der Starke 123 f.
Christoph (Prinz) 357
Cicero 19, 121
Claudius (Kaiser) 21
Clemenceau, Georges 212, 214
Clemens (Herzog) 177
Clemens IV. (Papst) 98
Crailsheim, Friedrich von 216, 225 f., 239
Craven, Elisabeth 167
Cube, Walter von 374
Cuvilliés, François 158, 172

Dagobert (Frankenkönig) 34
Daller, Balthasar von 223 f., 228 f., 239
Dandl, Otto von 265, 269, 271, 274 f., 277
Dard, Émile 300
Deinlein, Michael von 210
Dellmensingen, Konrad Krafft von 257, 261
Dengg, Michl 234
Deroy (General) 181
Desiderius (Langobardenkönig) 37
Dientzenhofer (Familie) 152, 162
Dietrich, Sepp 347
Dietrich, Wendel 141
Dirscherl, Hans 12
Divitiacus (PN) 19
Doennges, Wilhelm von 193 f.

Döllinger, Ignaz 210 f.
Dollmann, Georg von 206, 208, 213
Dörfler (N.N.) 311
Draskovich, Maria Gräfin von 356
Dreher, Konrad 233
Drexler, Anton 311
Drusus 18
Dschingis Khan 80
Dürer, Albrecht 113, 324

Eberhard (Herzog) 51, 79
Eberhard von Salzburg 86 f.
Eberhard von Württemberg 98
Ebermayer (N.N.) 246
Eberswind (Abt) 41
Ebert, Friedrich 291, 321
Echter von Mespelbrunn, Julius 134, 140 f., 144, 185
Echter (N.N.) 207
Eck, Johann von 132
Eck, Leonhard von 132
Eckbert (Bischof) 80
Edel, Carl 195
Edelinde (Etelinde) von Nordheim 60 f.
Edigna von Puch 60 f.
Effner, Joseph 158
Egk, Werner 373
Eglhofer, Rudolf 294 f.
Ehard, Hans 303, 363–366, 369, 373 f., 384, 391
Eisenberger, Georg 235
Eisner, Kurt 78, 248, 264 f., 270–276, 278–280, 281 f., 289, 317, 344 f., 359
Eicke (Kommandant von KZ Dachau) 343
Elisabeth von Thüringen (Heilige) 80
Elisabeth (Tochter Otto II.) 87, 96
Elisabeth von Österreich (Kaiserin) 354
Elisabeth – Isabeau (Königin von Frankreich) 115, 116–118
Elisabeth (Königin von Preußen) 183
Elisabeth von Sizilien 122
Elisabeth von Ungarn 99 f.
Elisabeth von der Pfalz 130
Emmeram (Heiliger) 26 f., 32, 39
Engelbert (Bischof) 57
Epp, Franz von 263, 291 f., 296, 336, 340, 345
Ehrembert (Bischof) 26
Erhard, Ludwig 366, 385
Erminold (Abt) 66
Ernst (Herzog) 119 f.
Ernst v. Bayern (Bischof) 134
Erthal, Franz Ludwig von 169 f.
Eschenrich, Georg 305, 315
Esser, Hermann 320, 338
Etelinde s. Edelinde

397

Etzel (König) 54
Eugen (Prinz) 155
Eulenburg, Philipp zu 214
Eustasius (Heiliger) 32

Fastrade (Königin) 44
Faulhaber, Michael 286, 301, 308, 356
Fäustle, Johann Nepomuk 216
Fechenbach, Felix 272, 281
Feichtmayr (Fam.) 162
Felicitas (Heilige) 60
Feller, Wolf 383
Fenzel (Hoftänzer) 191
Ferdinand I. 140
Ferdinand II. 148
Ferdinand (Herzog) 134 f.
Ferdinand (Kurprinz) 155
Ferdinand Maria 148 f.
Filser, Josef 224, 228
Fink, Wilhelm 83
Fischer, Johann Michael 162
Forbach, Marianne 177
Frank (Maler) 206
Frank, Hans 338, 347
Franz I. 168
Franz (Erbprinz) 30, 356 ff.
Franz Josef von Österreich (Kaiser) 141, 263
Frauendorfer, Heinrich von 244 f., 247 f., 270, 299
Frays (N.N.) 191
Fredegunde (Frankenkönigin) 30
Freisehner (N.N.) 352, 367 f.
Friederike von Ansbach 166
Friedrich von Staufen 68, 72
Friedrich I. Barbarossa 68, 73, 75–79, 82, 220
Friedrich II. 84, 86 f., 96
Friedrich III. 121
Friedrich II. (König von Preußen) 165 f.
Friedrich VIII. von Augustenburg 201
Friedrich von Bayreuth 166, 185
Friedrich von Böhmen 92
Friedrich von Landshut 112, 114, 116
Friedrich von Österreich 97
Friedrich der Schöne 103–107
Friedrich der Streitbare 87, 89
Friedrich der Weise 125, 132
Friedrich Michael von Zweibrücken 177
Friesenegger (Abt) 383
Frutolf von Michelsberg 82
Fuchs, Theobald 271
Fuetterer, Ulrich 122
Fugger, Jakob 185

Gabert, Volkmar 371
Gailswintha (PN.) 30
Gallus (Heiliger) 33
Gambetta, Léon 211
Ganghofer, Ludwig 258
Garibald (Herzog) 29 f.
Gärtner, Friedrich von 186
Gaubald von Regensburg (Bischof) 26
Gebhard (Bischof) 59, 63, 67
Gebhard von Hirschberg 91

Gebsattel (General) 260
Geibel, Emanuel 197
Geilswintha, Anastasia 25 f.
Geiselhöringer (N.N.) 367 f.
Geith, Adolf 247
Gembinski (N.N.) 352, 367
Georg V. von Hannover 203
Georg (Markgraf) 139
Georg der Reiche 120–122, 124, 130
Georg Friedrich von Ansbach-Bayreuth 142 f.
Gerhard von Augsburg 52
Gerhard (Kardinallegat) 69
Gerhoh von Reichersberg 64, 70, 82
Gerold (Heiliger) 43 f.
Gertrud (Herzogin) 69, 72, 75
Gertrud von Ungarn 80
Geßler, Otto 271
Geyer (Kommandant von KZ Flossenbürg) 342
Geyer, Florian 129
Gisela von Burgund 56
Gisela von Ungarn 54, 58
Gisela (Prinzessin) 263
Gertrudis (Heilige) 46
Glaser (N.N.) 311
Glück, Alois 363
Godin, Michael von 308
Goebbels, Josef 326, 346, 348
Goethe, Johann Wolfgang von 89, 187
Goppel, Alfons 364 f., 374–376, 386, 391
Göring, Hermann 341, 346, 348
Gotthard (Bischof) 56
Graf Oskar Maria 233, 283
Gregor I. der Große (Papst) 396
Gregor III. (Papst) 26, 28 f., 33
Gregor VII. (Papst) 58, 62 f., 67
Greiffenklau, Philipp von 168
Grifo (PN) 35 f.
Grimoald (Herzog) 34, 39
Grüber (General) 263
Grünwalder, Johann 123
Gudden, Bernhard von 214 f.
Gundipera 29
Gunetzrhainer, Johann Baptist 162
Günther, Ignaz 162
Gürtner, Franz 303, 313, 319, 325
Guthsmuths, Willy 366

Haag, Hubertus von 252
Hadrian (Kaiser) 23, 396
Hadrian IV. (Papst) 73 f.
Hanauer, Rudolf 368
Hartmann (General) 210
Hartlieb (N.N.) 120
Hatto (Bischof) 48
Heckel (Maler) 206
Hedwig (Heilige) 80, 87
Hedwig von Polen s. Jadwiga
Heim, Georg 228 f., 268, 301, 304–306, 321, 373
Heinrich I. 50 f.
Heinrich II. der Heilige 54, 56 f.
Heinrich III. 55–59
Heinrich IV. 58 f., 61 f., 65, 67, 70, 82

Heinrich V. 65 f., 68
Heinrich I. (Herzog) 52
Heinrich II. der Zänker (Herzog) 53–55
Heinrich IX. der Schwarze (Herzog) 68
Heinrich X. der Stolze (Herzog) 68 f., 72
Heinrich Jasomirgott (Herzog) 72 f., 75 f.
Heinrich der Löwe 68, 72–78, 92
Heinrich XIII. (Herzog) 88, 91 f., 96, 98 f.
Heinrich der Natternberger 101, 103
Heinrich der Reiche 118–121
Heinrich V. von England 118
Heinrich von Schweinfurt 56
Heinrich von Trier (Bischof) 54
Heinrich von Glogau 100
Heinrich von Istrien 81
Heinrich von Kärnten 53
Heinrich der Luitpoldinger (Bischof) 53
Heinrich von Regensburg (Bischof) 99
Heinrich (Prinz) 263
Heinrich (Prinz) 250
Held, Heinrich 310–313, 317, 319–322, 325, 332, 336 f., 339
Hellpach, Willy 321
Hemma, Königin 47
Herluka (Selige) 60
Hertling, Georg v. 227, 247 f., 263, 267–269, 286
Hertling (N.N.) 263
Heß, Rudolf 309, 320, 341
Heuss, Theodor 264
Heydrich, Reinhard 338, 351
Hildegard (PN) 44
Hildebrand, Adolf v. 230 f.
Hiltrudis (PN) 35 f.
Himmler, Heinrich 214, 338, 341–344, 346, 351, 373, 377
Himmler, Konrad 341
Hindenburg, Paul v. 313, 321, 331–333, 347
Hitler, Adolf 282, 300, 303–311, 313, 315, 318, 319 f., 322–326, 329–331, 333–341, 345–347, 349, 356, 359, 362, 365
Hoegner, Wilhelm 13, 352, 361–366, 369–372, 374, 390 f.
Hoffmann, Johannes 289, 292, 294, 296, 357
Hofmiller, Josef 283
Hohenlohe-Schillingsfürst, Chlodwig zu 212, 214
Höhn, (N.N.) v. 262
Holl, Elias 141
Honorius Augustodunensis 82
Huber, Johannes 210
Hugibert (PN) 34 f.
Huller (General) 263
Hundhammer, Alois 362, 364 f., 373 f., 379 f.
Hus, Jan 127
Hutten, Christoph Franz von 152
Huzenauer (N.N.) 237

Ickstatt, Johann Adam 172
Innozenz II. (Papst) 69
Irmingard (Heilige) 46 f.

Jadwiga (Hedwig) v. Polen 121 f.
Jäger, Raimund 228
Jägeradam 156 f.
Jakobäa v. Holland 109, 112
Jandun, Johann v. 107
Joachim v. Brandenburg-Bayreuth 143
Joachim Ernst v. Ansbach 143, 166
Johann (Bischof) 112
Johann v. Böhmen 110
Johann ohne Furcht 116
Johann v. München (Herzog) 112, 114, 116 f., 119
Johannes XXII. (Papst) 106
Johannes (Bischof) 26
Johansdorf, Albrecht v. 89
Jolly, Philipp 197
Jörg, Josef Edmund 228
Jorhan, Christian 162 f.
Joseph I. 158
Joseph II. 175
Josephine (Kaiserin) 181
Judith v. Bayern 52, 55
Judith v. Flandern 61
Judith (Welfin) 68

Kahr, Gustav v. 304, 306–309, 314 f., 317, 356
Kamel (Sultan) 84
Kant, Immanuel 171
Karl Martell 34 f., 39, 41
Karl d. Große 29, 37, 41–47, 80
Karl d. Dicke 46–48
Karl IV. 109–112
Karl V. 133, 139 f.
Karl VI. 164
Karl VII. Albrecht 158, 164 f., 171
Karl v. Anjou 96–100
Karl VI. v. Frankreich 115–117
Karl August v. Zweibrücken 177
Karl Theodor (Kurfürst) 170, 174–176, 179
Karl Theodor (Herzog in Bayern, Augenarzt) 354
Karl Wilhelm Friedrich v. Ansbach 166
Karlmann 35, 37, 42
Karlmann (Karolinger) 46 f.
Karlrobert v. Anjou 100
Karlstadt, Andreas 128
Kasimir v. Kulmbach 139
Katharina v. Alençon 118
Katharina v. Frankreich 118
Katharina v. Habsburg 92
Kaulbach, Wilhelm 206
Keim, Josef 17
Keller, (N.N.) v. 238
Keralio, Agathon v. 177
Ketteler, Wilhelm 358
Kiefhaber, (General) 263
Kiesinger, Kurt 382
Kilian (Heiliger) 26, 32
Klenze, Leo v. 185 f.
Knilling, Eugen v. 305–307, 314 f.
Knöringen, Heinrich von 135

Knoeringen, Waldemar v. 361, 364, 370–372
Knoller, Martin 162
Köberl (N.N.) 291
Köbl, Ludwig 297
Koch, Erich 326
Koch (General) 263
Koch (Ingenieur) 213
Kohl, Helmut 383
Kolumban (PN) 27, 33
Kolping, Adolf 338
Konrad I. 49 f.
Konrad II. 57 f.
Konrad III. 68, 71–73, 82
Konrad IV. 87, 96
Konrad (Herzog) 48
Konrad von Hohenstaufen 92
Konrad v. Bibra 129
Konradin 88, 96–99
Konstantin (Prinz) 357
Korbinian (Heiliger) 26 f., 32, 38
Krafft, Adam 113
Kreitmayr, Wigoläus Xaverius 172
Kreß von Kressenstein, Georg 262
Kriechbaum (General) 157
Kritzer, Peter 365
Krumper, Hans 147
Krupskaja, Nadesha Konstantinowa 231
Küchel (Baumeister) 152
Kunigunde (Kaiserin) 55 f.
Kunigunde (Herzogin) 122
Kunstmann, Heinrich 54
Kürenberger (N.N.) 90
Kurz, Maximilian von 148

Ladislaus von Ungarn 100
Lambsdorff (Graf) 225
Landauer, Gustav 284 f., 288–292, 297
Landmann, Robert von 230
La Roche, Heinrich von 220
Lasso, Orlando di 133
Leo XIII. (Papst) 223
Lenin, Wladimir Iljitsch 231 f., 292 f., 360
Leonhard (Heiliger) 33
Leonrod 220
Leopold I. 150 f., 154
Leopold von Babenberg 56, 72, 82
Leopold von Habsburg 103, 107
Leopold II. von Toscana 221
Leopold (Prinz) 263
Leopold (Prinz) 357
Leopoldine (Erzherzogin) 176
Lerchenfeld, Hugo Graf von 227, 234, 316
Levien, Max 292
Leviné, Eugen 292
Ley, Robert 326
Lidl (Fischer) 214
Liebig, Justus von 196 f.
Ligsalz, Katharina 123
Lipp, Theodor 290
Liutwinda (PN) 47 f.
Lohmeier, Nikolaus 381
Lori, Johann Georg von 172
Lothar von Supplinburg 69, 71 f.

Luber, Georg 338
Ludendorff, Erich 267, 271, 286, 306–309, 317, 319, 346, 356
Ludmilla von Bogen 83–85
Ludwart (Bischof) 46
Ludwig der Fromme 45, 47
Ludwig der Deutsche 47
Ludwig das Kind 46, 47 f.
Ludwig IV. der Bayer 94, 103–109, 114, 122
Ludwig I. (König) 13, 104, 181–188, 190–194, 217, 220 f., 249, 256, 262, 287, 355, 357
Ludwig II. (König) 12, 184, 199 f.; 204–224, 227, 246, 250, 255 f., 298, 365, 374, 384 ff.
Ludwig III. (König) 30, 146, 184, 204 f., 235, 248, 250–252, 254–256, 264, 266 f., 271, 273, 287, 301 f., 340, 357 ff.
Ludwig XIV. von Frankreich 153, 155, 205
Ludwig I. der Kelheimer 81, 83–85
Ludwig II. der Strenge 88, 91, 92 f., 96–99, 105, 122
Ludwig der Brandenburger 108–110, 122
Ludwig V. von Niederbayern 103
Ludwig von Ingolstadt (im Bart) 117–120
Ludwig von Ingolstadt (der Höckrige) 118
Ludwig der Reiche 120 f.
Ludwig VI. (Herzog) 109
Ludwig (Herzog) 131
Ludwig (Prinz) 357
Ludwiga (Herzogin) 183
Lueger, Karl 324
Luis, Jean 213
Luitbirga (Luitpirg) 37, 41 f.
Luitpold (Markgraf) 48 f.
Luitpold von Österreich 69
Luitpold (Prinzregent) 183 f., 209, 215–230, 234 f., 237–239, 241–243, 246–249, 251, 253, 256, 261, 340
Luitpold (Prinz) 357
Luther, Martin 132
Lutz, Johann von 210 f., 216, 223, 228

Magnus 27, 33
Mair, Martin 121 f.
Manfred von Tarrent 96
Mann, Thomas 227
Manteuffel, Edwin von 204
Marc Aurel 23
Margarethe von Burgund 116
Margarethe von Habsburg 98
Margarethe von Holland 108, 122
Margarethe von Österreich 111
Margarethe von Straubing-Holland 116
Maria von Brabant 92, 122
Maria Amalie 158
Maria Antonia 154
Maria Franziska von Zweibrücken 177
Maria Theresia (Kaiserin) 164–166, 171

Maria Theresia (Königin) 250–252, 273, 287 f., 301
Marianne (Kurfürstin) 148, 153
Marie Gabriele 354
Marie von Preußen (Königin) 193
Marinus (Märtyrer) 27
Marlborough, John Churchill 155
Marsilius von Padua 107
Marwitz, Wilhelmine von 165
Marx, Karl 284, 382
Marx, Wilhelm 321
März, Josef 383
Mathilde (Heilige) 51
Mathilde von Tuscien 65
Maultasch, Margarethe 108–110
Max von Baden 286
Max (Herzog in Bayern) 357
Maximilian I. (Kaiser) 121, 130 f.
Max I. Joseph (König) 176 f., 179–182 f.
Maximilian II. (König) 191, 192–199, 206, 217
Maximilian I. (Kurfürst) 135–138, 144, 146–148
Max II. Emanuel 149, 153–159, 164
Maximilian III. Joseph (Kurfürst) 171–173 f.
Mayer, P. Rupert 349
Mayr aus Zolling 157
Mechthild von Habsburg 91, 104 f.
Meichelbeck, Karl 193
Meinhard von Tirol 109–111
Melanchthon, Philipp 132
Meng, Ludwig 263
Merey, Franz 138
Metellus von Tegernsee 50, 81, 83
Metternich, Clemens Fürst 159, 185
Metzenleitner, Rupert (Abt) 286 f.
Miller, Ferdinand von 227 f.
Mirofsky, Wenzel 163
Molière, Jean Baptiste 199
Moltke, Helmuth von 242, 256
Montez, Lola 191–193
Montgelas, Maximilian von 175, 179, 182, 189, 316
Mord, Hermann 129
Möricke, Eduard 89
Moritz von Sachsen 139 f.
Moy, Grafen von (Fam.) 226, 230, 317
Mozart, Wolfgang Amadeus 54, 161, 172, 175, 199
Muelich, Hans 133
Mühsam, Erich 284 f., 289–292
Müller, Josef (Ochsensepp) 351, 353, 362, 364 f., 373, 378, 380
Mussolini, Benito 313, 322

Napoleon I. 161, 177, 180 ff., 184
Napoleon III. 203
Nawiasky, Hans 363
Neidhart (Landgerichtsdirektor) 308
Neidhardt von Reuenthal 90
Neuhauser, Johann 123
Neumann, Balthasar 152, 162
Nigo (Graf) 45

Niklaus von Abensberg 124 f.
Nikolaus (Heiliger) 33
Nikolaus IV. (Papst) 99
Noske, Gustav 291
Notker der Stammler 52
Oatilo, Odilo (Herzog) 35 f., 41, 43
Occam, Wilhelm von 107, 110
Orterer, Georg 228 f., 238
Osten-Sacken (N.N.) 227
Othilo von St. Emmeram 65
Otilo (Herzog) 29
Ottheinrich (Kurfürst) 130, 139
Öttlinger, Konrad 105
Otto I. 51–53, 79
Otto II. 53 f.
Otto (König) 213, 215, 217, 221–223, 250, 287, 298
Otto I. von Wittelsbach 68 f., 73–80, 89, 92
Otto II. der Erlauchte 79, 85–88, 93, 96
Otto III. (Herzog, König von Ungarn) 92, 99–101, 104
Otto V. der Faule 109 f., 122
Otto VII. von Andechs 80 f.
Otto VIII. von Andechs 81
Otto von Freising 50, 76, 79, 82
Otto der Heilige von Bamberg 66, 69, 70, 364
Otto IV. von Braunschweig 84
Otto von Nordheim 59, 61
Otto VII. von Wittelsbach (Pfalzgraf) 81
Otto, Nikolaus 213
Ottokar von Böhmen 87 f., 91 f., 98 f.
Ow, Freiherr von 218
Owen (General) 296
Öxl, Georg 148

Papen, Franz von 333, 347
Pappenheim, Grafen von (Fam.) 317
Paris Lodron (Bischof) 143
Patton, George Smith (General) 378
Paul, Jean 185
Paulus von Bernried 60
Paulus Diaconus 30
Paumgarten (N.N.) 133
Perner, J. Iganz 213
Perron, Philipp 206
Petin, Sophie s. Bayerstorff
Petrus Canisius 131
Petrus von Wien 82
Pettenbeck, Maria 135
Pettenkofer, Max von 197
Pfeffinger von Salmannskirchen, Degenhart 132
Pfistermeister (N.N.) 207
Pforden, Ludwig von der 202
Philipp von Schwaben 81
Philipp von Frankreich 80
Pichler, Franz Seraph 228 f.
Pienzenau, Hans von 130
Pilgrim von Passau (Bischof) 54 f.
Pilitrud (Herzogin) 34, 39
Pippin 34–39, 41
Pirckheimer, Willibald 113

399

Pius V. (Papst) 175
Plato 82
Podewils, Clemens von 226, 247 f.
Pohle (N.N.) 380
Pöhner, Ernst 303, 306
Prugger, Niklaus 147
Pufendorf, Samuel 168

Quirinus (Heiliger) 83

Radulf (Herzog) 31
Rahewin (PN) 74
Ranke, Leopold von 193
Rasso (PN) 80
Rasso (Prinz) 357
Ratold (PN) 80
Ratzinger, Georg 237
Rauchenberger (General) 363
Rechberg, Alois Graf 191
Redwitz (N.N.) 317
Reinmar von Brennenberg 90
Reisach, Karl August von 192
Reithmann (Uhrmacher) 213
Reitzenstein, Freiherr von 217
Renate von Lothringen 133
Richardis (Heilige) 46–48
Riedel, Emil von 216
Riezler, Sigmund von 79
Rindsmaul, Albert 106
Ringer, Lorenz von 245 f.
Röhm, Ernst Julius 317–320, 322, 338, 344–348
Romuald (Abt) 60
Rosenberg, Alfred 319 f.
Roßhaupter, Albert 289
Roth, Christian 306
Rottmayr, Johann Michael 163
Rubens, Peter Paul 315
Rüdiger (Bischof) 87
Rudolf von Habsburg 88, 91 f., 95, 98, 104 f.
Rudolf (Herzog) 103, 105
Rudolf (Kronprinz) 212, 214 f.
Rupert (Bischof) 27, 32
Rupert I. (Abt) 83
Ruprecht von der Pfalz 130
Ruprecht (Kronprinz) 254–257, 260, 262, 265 f., 280, 302 f., 309, 315–317, 336, 350 f., 354, 356 f., 366, 378
Rust, Bernhard 326

Saint-Pierre (Baumeister) 165
Salabert, Peter (Abbé) 177, 189
Schacky, Eugen von 247
Schädler, Franz Xaver 225 f., 228 f.
Schäffer, Fritz 332, 362 f.
Schappeler, Christoph 128
Scharnagl, Karl 362, 379
Schauer (Weihbischof) 288
Scheffel, Victor von 55
Scheidemann, Philipp 291
Schelling, Friedrich Wilhelm von 193
Schemm, Hans 338
Scherenberg, Rudolf von 125, 127
Scherr, Gregor von 198, 210

Scheurl (N.N.) 132
Schiller, Friedrich von 116, 199
Schiller, Karl 382
Schirach, Baldur von 341
Schlittenbauer, Sebastian 268, 373
Schmeller, Andreas 90
Schmid, Kaspar von 148
Schmidhuber (N.N.) 380
Schmidt, Helmut (Bundeskanzler) 377
Schmuzer (Fam./Altb.) 162
Schneidhuber, Gustl 347
Schneppenhorst, Ernst 289, 292, 299
Schnorr von Carolsfeld, Julius 219, 246
Schoch, Ritter von 259, 262
Schönborn, Franz Georg von 168
Schönborn, Friedrich Carl von 151 f.
Schönborn, Johann Philipp von 151 f.
Schönborn, Lothar Franz von 151 f.
Schönerer, G. von 324
Schuh, Ritter von 243
Schumacher, Kurt 360
Schweppermann, Seyfried 106
Seidel, Hanns 364, 368 f., 371, 374
Seidl, Gabriel von 230
Seidlein, Lorenz von 248
Seinsheim, Adam Friedrich von 161, 167 f., 170
Seinsheim, Maximilian von 167
Seitz, Rudolf 206
Senftl (N.N.) 173 f.
Sesselmann (N.N.) 311
Siebenpfeifer, Jakob 187 f.
Siebert, Ludwig 338
Sigibert (Frankenkönig) 30
Sigismund (Kaiser) 118
Sigismund (Herzog) 123
Sigismund von Schrattenbach 161
Sigl, Johann B. 217
Sobieski (König von Polen) 153
Soden-Frauenhofen, Max von 309, 317
Sophie (Herzogin in Bayern) 209
Sophie von Hirschberg 91
Sophie von Polen 142
Sophie von Ungarn 68
Spinoza, Baruch 167
Stein, Hans 366
Stephan von Polen 143
Stephan der Heilige von Ungarn 57 f.
Stephan I. von Niederbayern 103
Stephan II. mit der Hafte 108, 110 ff., 122 f.
Stephan III. der Kneißl 112, 114–117
Stilp, Karl 163
Stoiber, Edmund 13, 372, 384–391, 394
Stoiber, Karin 386, 390 f.
Stoß, Veit 113
Strasser, Gregor 319 f., 326, 330, 334 f., 345–347

Strasser, Otto 326, 330
Straub, Johann Baptist 162
Strauß, Franz Josef 13, 364 f., 368, 373 f., 376–383, 385–387, 391
Streibl, Eberhard 385
Streibl, Max 376, 383–387
Streicher, Julius 311, 323 f., 344
Stresemann, Gustav 313, 322
Stuart, Maria 251
Susanne (Gemahlin Ottheinrichs) 139
Sustris, Friedrich 134
Swanahild (PN) 34

Tagino (Bischof) 56
Tann, Ludwig von der 210
Tannhäuser 89
Tassilo I. 29, 31 f., 36 f.
Tassilo II. 34 f.
Tassilo III. 41–44, 394
Tasso (PN) 27
Teroval, Xaver 233
Teutelinde s. Theodolinde
Thadäa Visconti (Herzogin) 115
Thälmann, Ernst 321
Theobald (Herzog) 34
Theodebert (Herzog) 34
Theodebert (Sohn Tassilos III.) 42
Theoderich der Große 29
Theodo (Herzog) 33 f., 36, 39
Theodo (Sohn Tassilos III.) 41 f.
Theodolinde 27, 30
Theodor (Missionar) 27
Theodora Komnena 76
Theresa von Österreich Toscana 357
Therese von Sachsen-Hildburghausen (Königin) 220
Thiemo von Salzburg 66 f.
Thiersch, Friedrich (Architekt) 230
Thoma, Ludwig 228, 232 f., 238, 255 f., 258, 268, 280
Thomas von Aquin 94
Thompson, Benjamin, Graf Rumford 175
Tilly, Johannes Tserclaes 135, 138
Tirpitz, Alfred 268
Titus Claudius Sextilius 25 f.
Toller, Ernst 264 f., 290, 292–295
Trajan 23
Trotzki, Leo 360

Ulrich von Augsburg (Bischof) 52–55
Urban IV. (Papst) 96, 98

Valentin, Karl 123
Veit Arnpeck 110
Victor II. (Papst) 59
Virgil von Salzburg 27
Vischer, Peter 113
Visconti, Elisabeth 119
Vivilo von Passau 26, 35
Vogel, Hans Jochen 372

Vollmar, Georg von 228 f., 235, 271, 359, 372

Wagner, Adolf 311, 335, 338–340
Wagner, Richard 199 f., 207 f., 212
Waigel, Theo 390
Waldburg, Gebhard Truchseß von 134
Waldemar (der Falsche) 109
Walderade (PN) 30
Wallenstein, Albrecht von 138
Walther von der Vogelweide 90
Wandinger, Maria 102
Watten (N.N.) 206
Weber, Christian 320
Wehner, Anton von 226
Welf I. 59, 61, 64 f.
Welf II. 65 f., 68
Welf (Graf) 73, 77
Wendel, Joseph (Kardinal) 371
Wenzel von Böhmen 99 f.
Werinher (Werner) von Tegernsee 89
Werner, Emil 371
Werth, Johann von 138
Westenrieder, Lorenz von 165
Widukind 51
Wieland, Franz 235
Wigbert (Bischof) 56
Wilhelm I. 219, 222, 242
Wilhelm II. 225, 233–235, 254 f., 257, 265–267, 272
Wilhelm von München (Herzog) 119 f.
Wilhelm IV. 131
Wilhelm V. der Fromme 133, 134–136
Wilhelm von Hirsau 61–63
Wilhelm der Holländer 109, 111 f., 116
Wilhelmine von Bayreuth (Friederike Sophie Wilhelmine) 165–167
Willibald (Bischof) 26
Wilson, Thomas Woodrow 287
Wiltrud 52
Wimmer, Thomas 361, 370
Wirt, Christoph 253
Wohlmuth, Georg 310, 321
Wohlgemut (N.N.) 113
Wohnhas (N.N.) 368
Wolf Dieter von Raitenau 144
Wolfgang von Regensburg (Heiliger) 54–56
Wolfgang (Herzog) 123
Wolfgang (Prinz) 357
Wolfram 243
Wrede, Karl Philipp von 182, 188
Wulfhilde, (Herzogin) 68
Wutzlhofer, Johannes 292

Zimmermann, Fritz 380
Zink (Arzt) 220
Zuccalli (Familie) 158
Zwentibold (PN) 80
Zwicknagel, Marianne 379